KB251996

New 서림바둑사전 10

New 끝내기사전

서림 바둑 편찬회 엮음

서림문화사

차 례

머리말

　한 판의 바둑을 승리로 이끌기 위해서는 포석·정석·중반 등등 다양한 분야에 수많은 난관을 통과 해야만 합니다.

　돌의 능률을 추구하는 포석 단계가 중반전에 대비한 전초전의 성격이 짙다면 중반전은 본격적인 영토 전쟁이 벌어지는 단계입니다. 그리고 이 중반전이 끝난후 비로소 승부의 최종 결과를 결정짓는 끝내기 단계에 접어들게 됩니다.

　그런데 실력이 강하면 강할수록 승부에 상당한 영향을 미치는 분야가 바로 끝내기 단계입니다. 포석이나 중반전에서 아무리 성공적으로 이끌었다고 해도 집을 최종적으로 마무리 짓는 끝내기가 약하다면 그만큼 승리를 쟁취하기가 쉽지 않기 때문입니다.

　특히 상수와 하수의 접바둑을 보면 끝내기 단계에서 30여 집의 차이는 간단히 극복되어 버리는 현상을 자주 목격할 수 있습니다.

　바둑을 두다보면 내용면에서는 이겼지만 승부의 결과에선 지는 경우를 볼 수 있는데 이 모든 것이 다 끝내기 실력에서 비롯된다고 할 수 있습니다.

　끝내기는 포석이나 중반전에 비해 상대적으로 무미건조한 분야에 속하지만 승리를 위해서는 반드시 익혀두어야 할 필수 분야라는 결론에 다다르게 됩니다.

　이 책은 실전에서 흔히 등장하는 끝내기의 기본 유형들을 난이도별로 구성한 것입니다.

　학습 효과를 극대화시키기 위해 문제 형식으로 내용을 구성함으로써 독자 여러분의 기력 향상에 큰 도움을 줄 수 있으리라 기대 됩니다.

2011년 가을에

제 1 장

초급편

1

초급편

자충을 활용

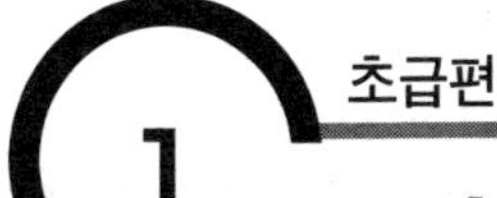

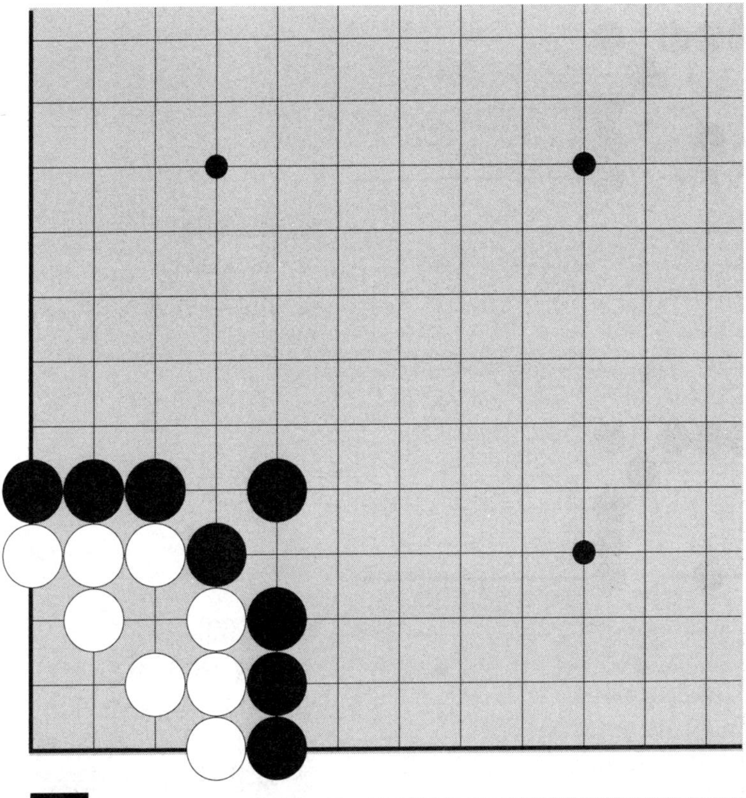

귀의 백은 아직 완전치 않다. 백의 약점을 추궁하는 급소는?

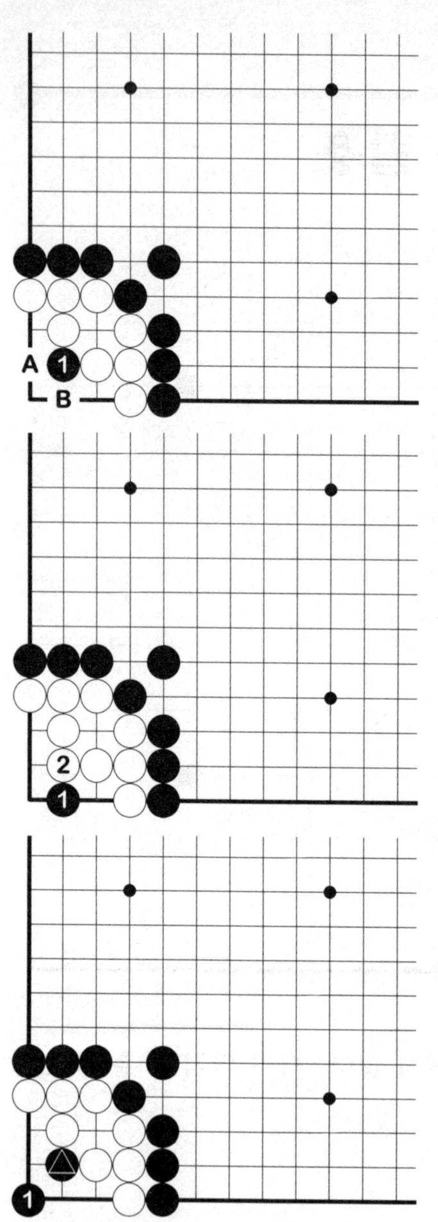

● 1도(정해)

흑1이 급소이다. 이를 백 A에는 흑B로 뻗어서 빅이 된다. 백B로 단수쳐도 흑A로 뻗어서 그만이다.

● 2도(실패)

흑1은 잘못된 급소. 백2로 잇고 나면 흑이 잡히고 만다.

● 3도(패)

흑▲때 백이 손을 뺀다면 흑1로 두는 수가 성립한다. 이후 백은 패를 피할 수 없는 모습.

2 사석을 활용

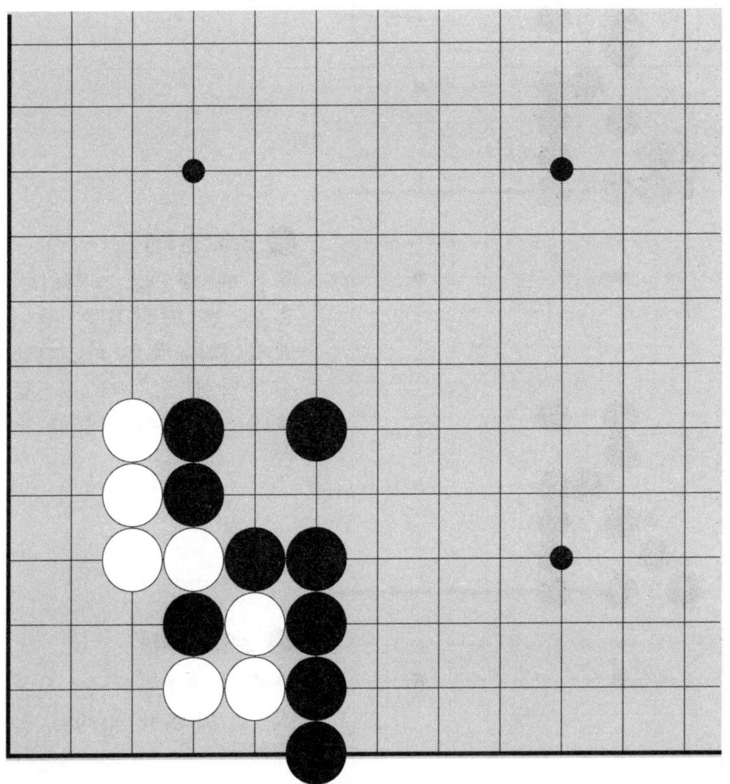

잡혀있는 흑 한 점을 최대한 활용할 수 있어야 한다.

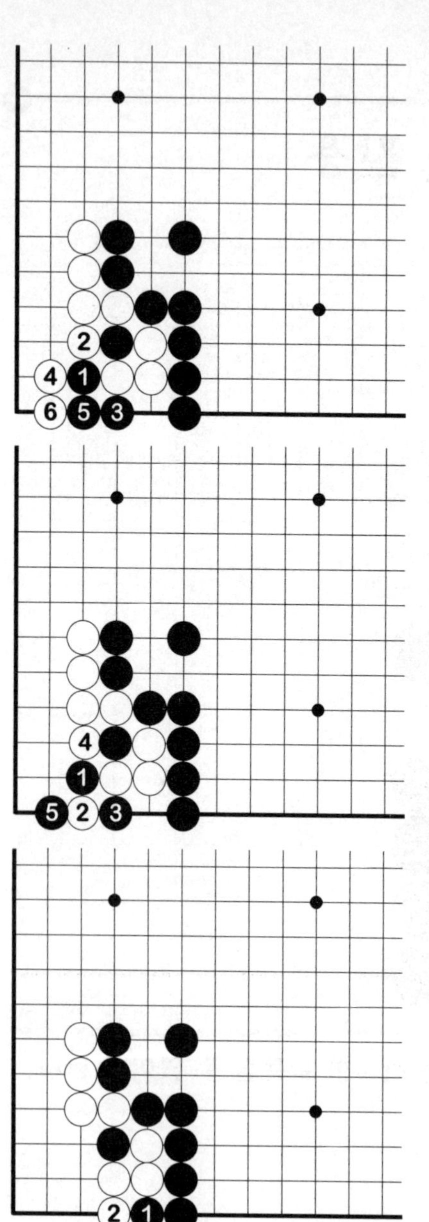

● 1도(정해)

흑1로 젖히는 것이 정답
이다. 백2로 따낸다면 흑
3으로 젖혀서 연결이 가
능하다.

● 2도(변화)

흑1 때 백2로 젖힌다면
흑3으로 먹여치는 것이
맥점이다. 백은 4로 따낼
수가밖에 없는데 흑5로
따내서 연결이 가능한 모
습.

● 3도(실패)

단순히 흑1로 두는 것은
백2로 막아서 실패로 돌
아간다.

3 1선 돌을 활용

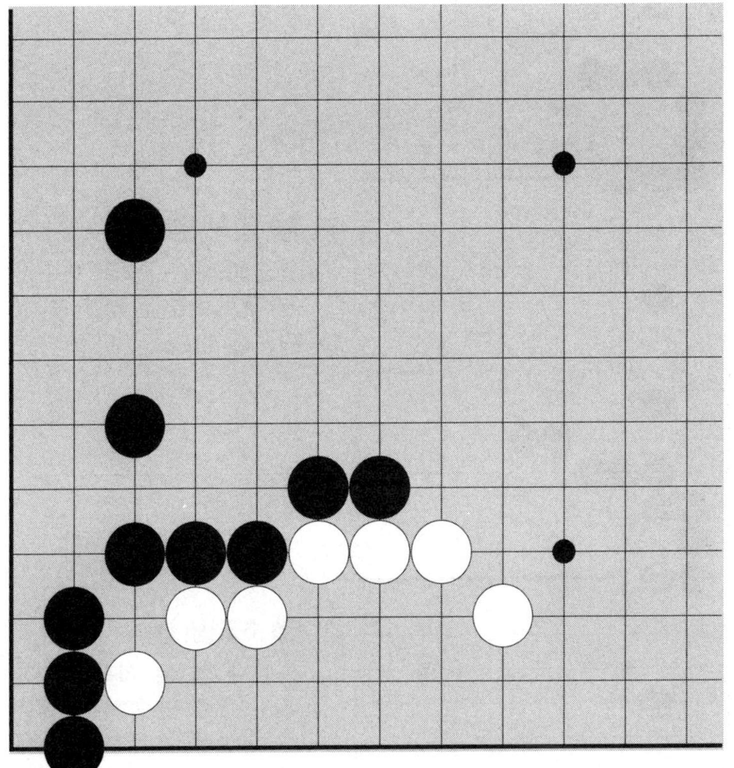

1선에 내려서 있는 흑 한 점을 활용해서 최대한으로
백집을 줄여야한다.

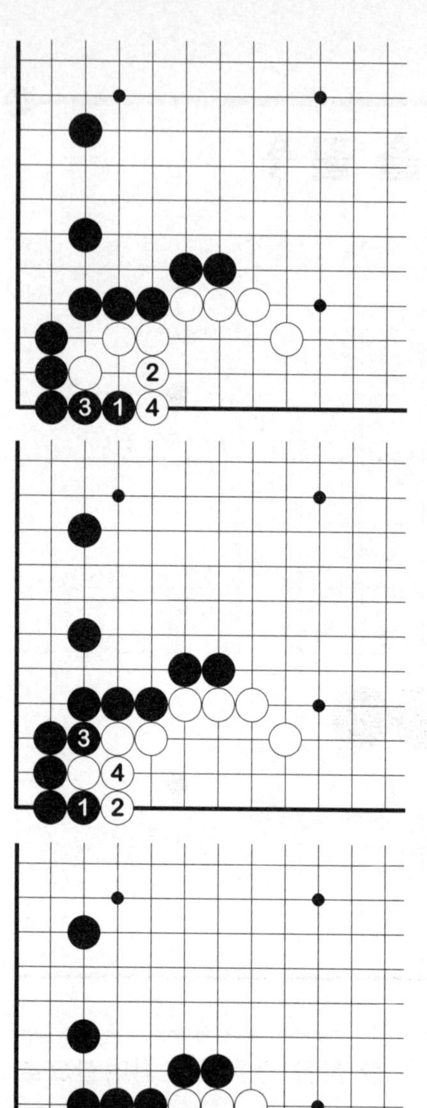

● 1도(정해)

흑1로 치중하는 것이 정답이다. 계속해서 백은 2로 늦출 수밖에 없는 데 흑3 . 4까지 선수로 끝내기한 모습이다.

● 2도(실패)

단순히 흑1·3으로 선수하는 정도로는 만족할 수 없다.

● 3도(변화)

흑1 때 백2로 차단한다면 흑3·5로 단수쳐서 백은 큰 손해를 초래한 모습이다.

초급편

4 사석을 활용

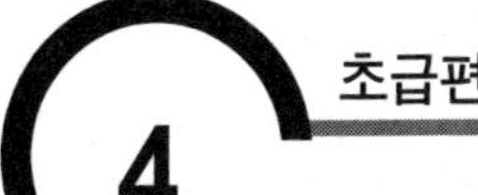

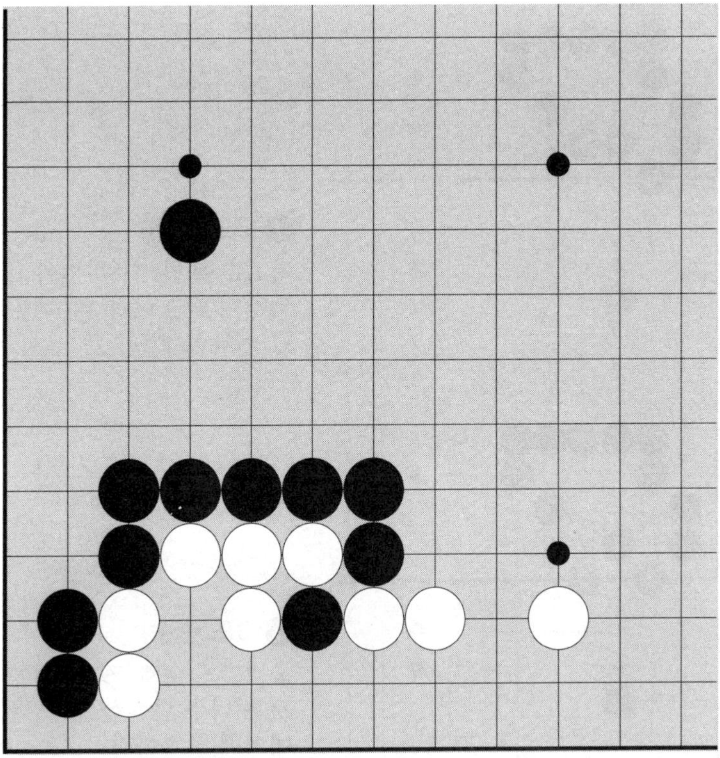

잡혀 있는 흑 한 점을 활용하면 의외의 성과를 거둘 수 있다.

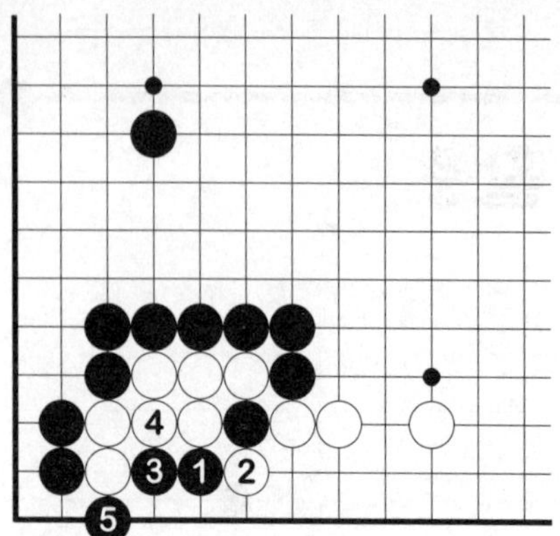

● 1도(정해)

흑1로 단수치는 수가 성립한다. 백2 때 흑3을 선수한 후 5에 넘으면 선수로 상당한 이득을 취할 수 있다.

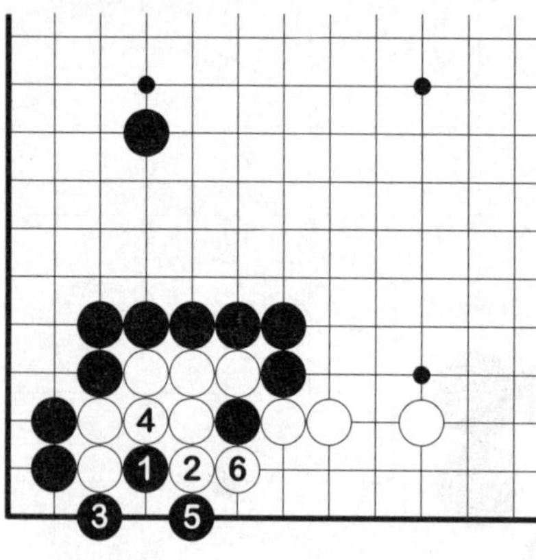

● 2도(실패)

흑1로 붙인 수도 일종의 맥점이지만 이하 백6까지 큰 이득이 없다.

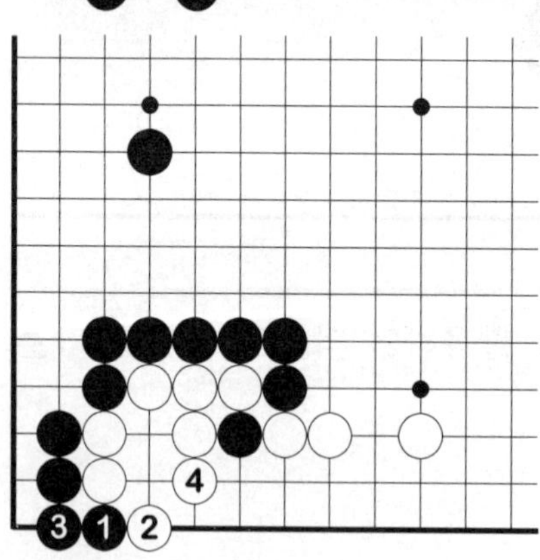

● 3도(단순)

흑 1 · 3 으로 젖혀 잇는 것은 너무 단순한 선수 끝내기에 불과하다.

초급편

5 모양의 급소

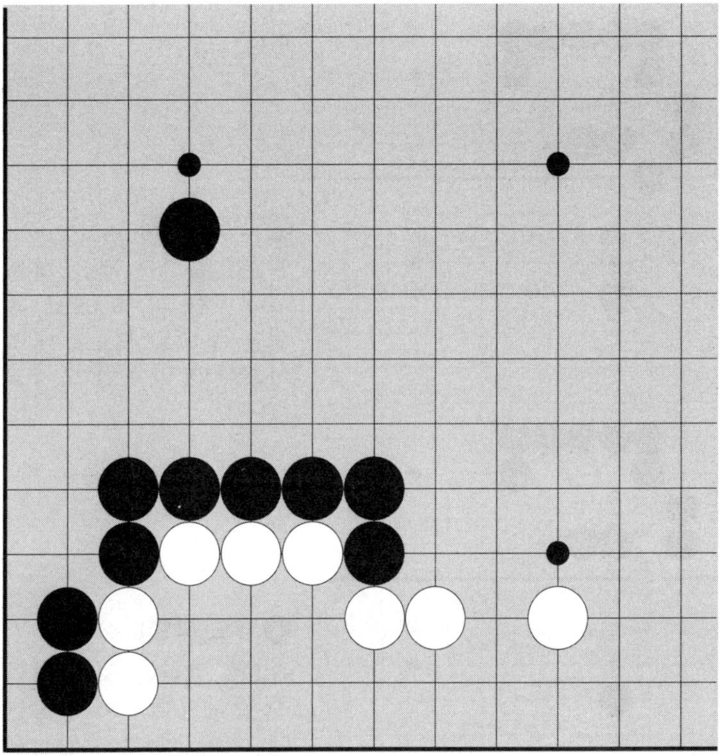

바둑은 모양이 중요하다. 끝내기에서도 모양의 급소는 동일하다.

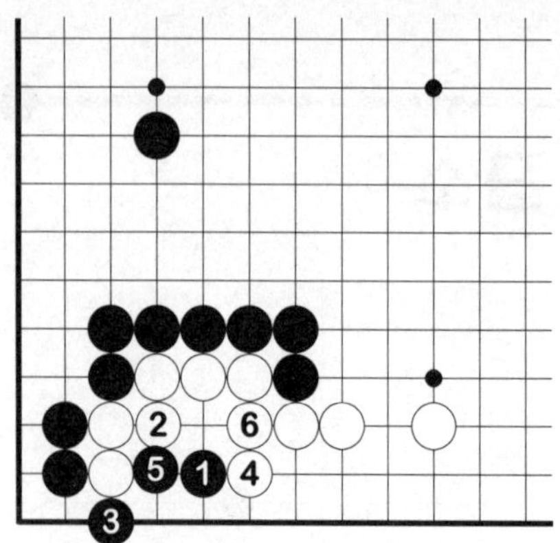

1도(정해)

흑1이 '석 점의 중앙'에 해당하는 급소이다. 계속해서 백2로 잇는다면 흑3이 호착으로 이하 백6까지 선수로 이득을 취할 수 있다.

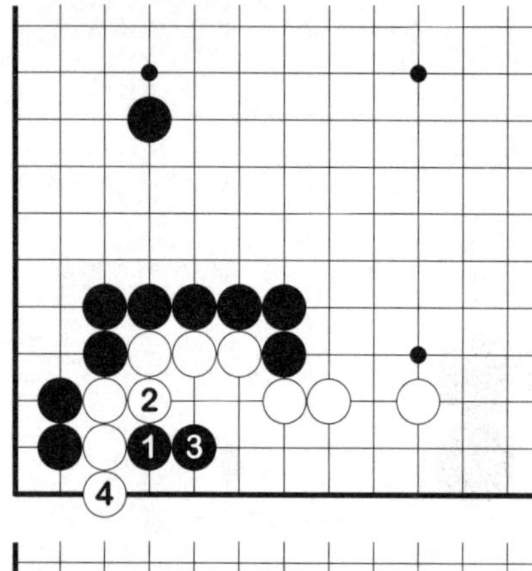

2도(실패)

흑1로 붙이는 것은 의문이다. 백2 때 흑3으로 욕심을 부려도 백4로 내려서고나면 아무런 소득도 없다.

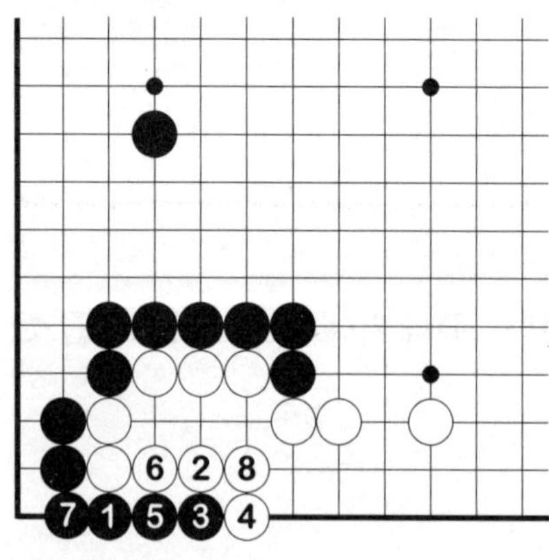

3도(평범)

흑1로 젖히는 것은 평범한 끝내기에 지나지 않는다. 이하 백8까지 일단락인데 흑은 성공을 거두었다고 보기 힘들다.

6 두 집으로 유도

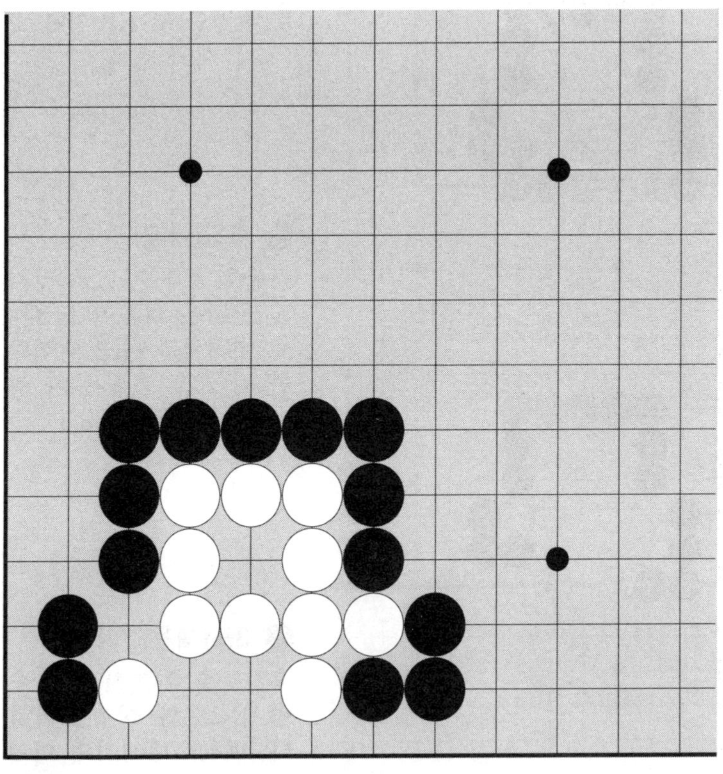

실전에 흔히 등장할 수 있는 형태이다. 백을 두 집으로 유도하는 요령은?

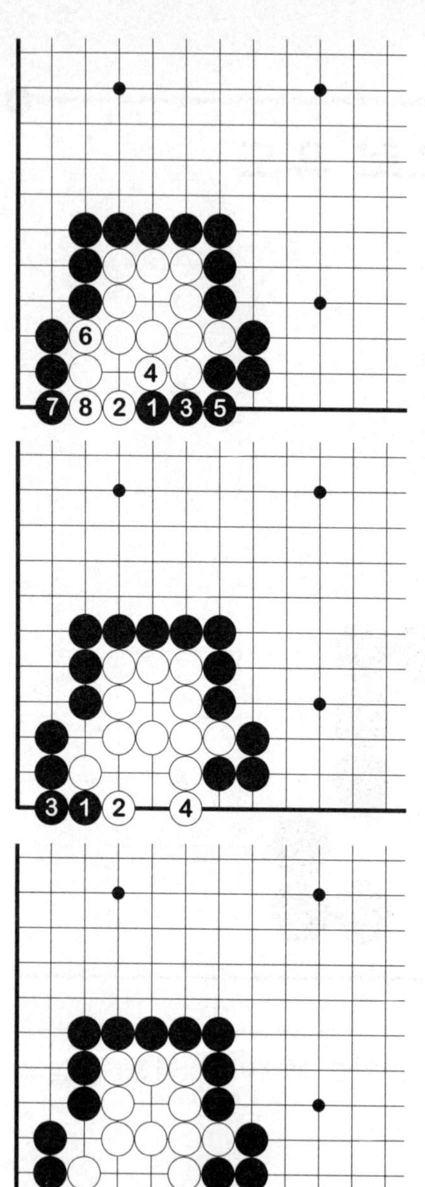

● 1도(정해)

흑1로 치중하는 것이 급소이다. 계속해서 백2로 물러설 수밖에 없을 때 이하 백8까지 선수로 처리하면 백은 두 집뿐이다.

● 2도(실패)

단순히 흑1·3으로 젖혀 잇는 것은 의문이다. 백4로 내려서고 나면 백집이 한 집 늘고 흑집은 한 집이 줄어든다.

● 3도(대동소이)

흑1·3으로 젖혀 잇는 수 역시 2도와 대동소이하다. 백4로 내려서면 역시 흑의 실패.

7 선수로 처리

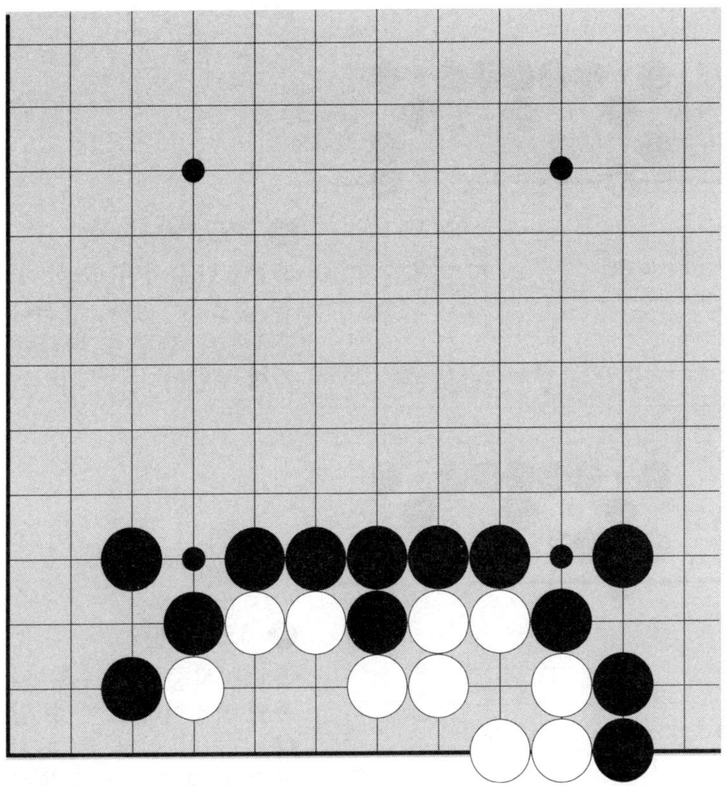

흑은 백이 잇는 것을 선수로 방해하고 싶다. 어떻게
처리하는 것이 최선일까?

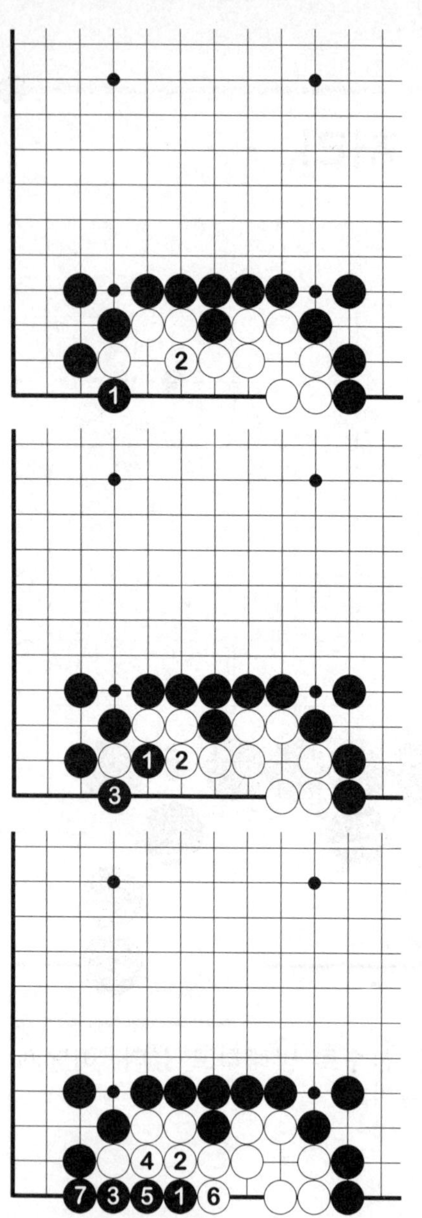

● 1도(정해)

흑1로 단수치는 것이 묘미있는 수이다. 이후 백이 2로 잇는다면 선수로 이득을 취했다. 백2를 손을 빼면 2의 곳에 단수쳐서 백 석 점을 선수로 잡을 수 있다.

● 2도(후수)

흑1로 단수치면 백 한 점을 잡을 수 있다. 그러나 흑3까지 후수가 된다는 것이 불만이다.

● 3도(실패)

흑1로 치중하는 수도 일종의 맥점이라고 할 수 있다. 그러나 이하 흑7까지 후수가 된다는 것이 불만이다.

8 사석을 활용

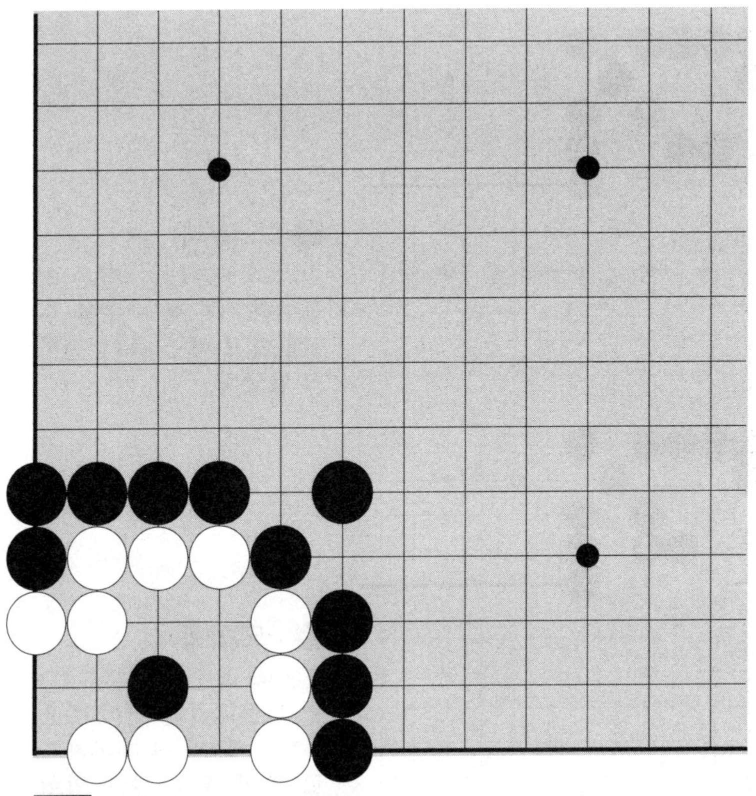

잡혀있는 흑 한 점을 활용하는 문제이다. 빅을 만들 수 있으면 성공이다.

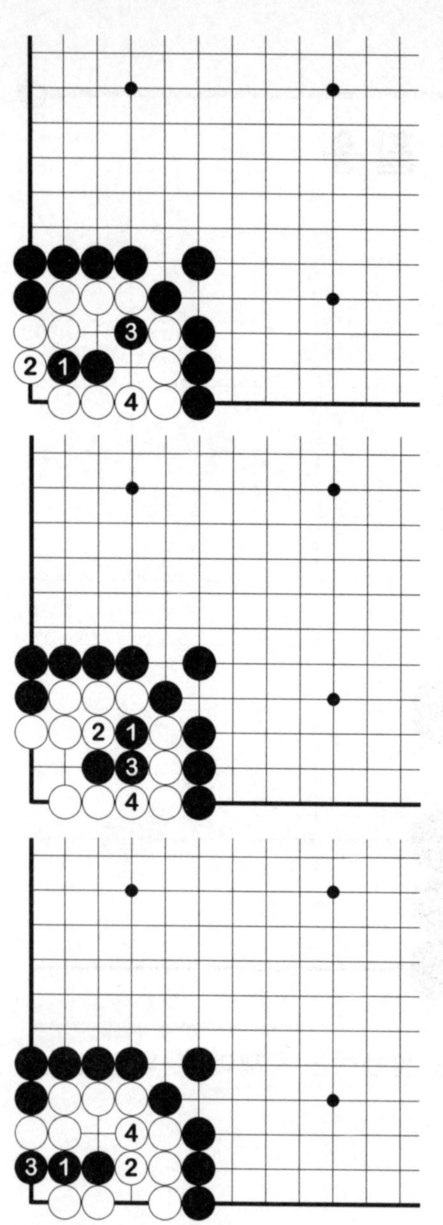

● 1도(정해)

흑1, 백2를 선수한 후 3
으로 끊는 것이 수순이다.
백4가 불가피하므로 흑은
선수 빅으로 만들었다.

● 2도(실패)

먼저 흑1로 끊는 것은 의
문이다. 백2로 단수친 후
4에 잇고 나면 흑이 잡히
고 말았다.

● 3도(변화)

흑1 때 백2로 둔다면 흑3
으로 돌파하는 것이 중요
하다. 백4가 불가피하므
로 역시 흑의 선수 빅이
된다.

9 정교한 수순

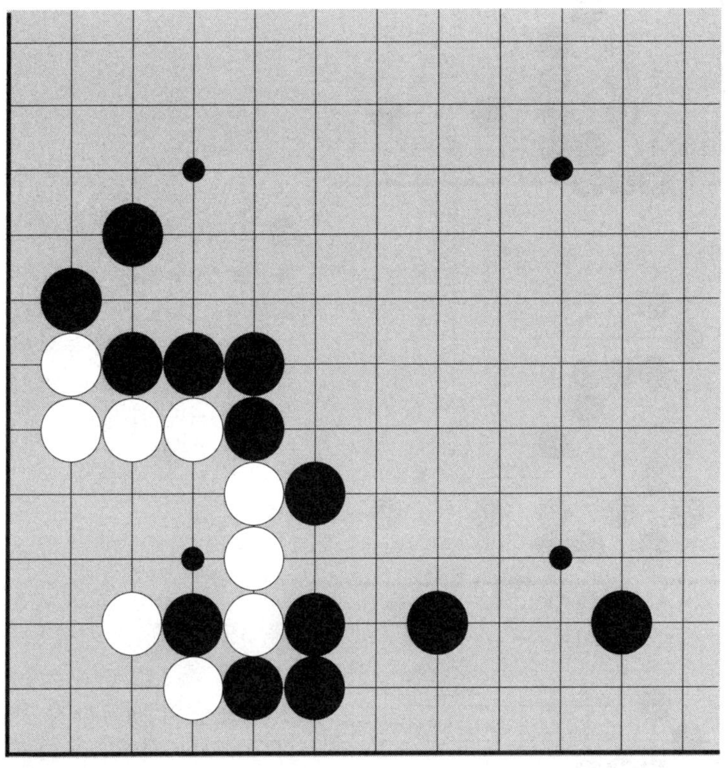

정교한 수순으로 흑 모양을 결정짓는다. 수순이 중요하다.

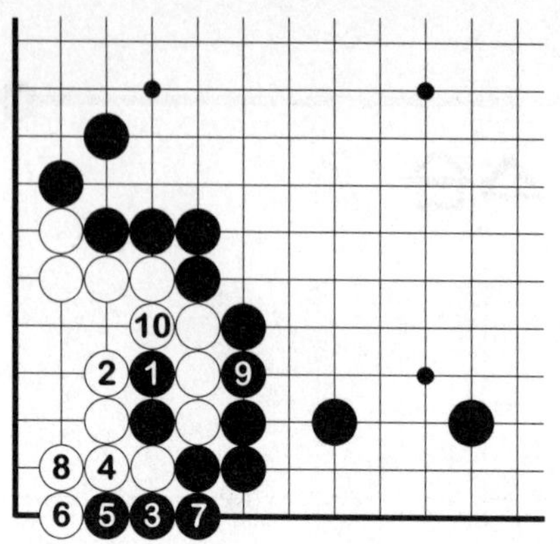

● 1도(정해)

흑1로 나간 후 백2 때 흑3
으로 단수치는 것이 수순
이다. 이하 백10까지 흑
은 양쪽을 모두 처리했다.

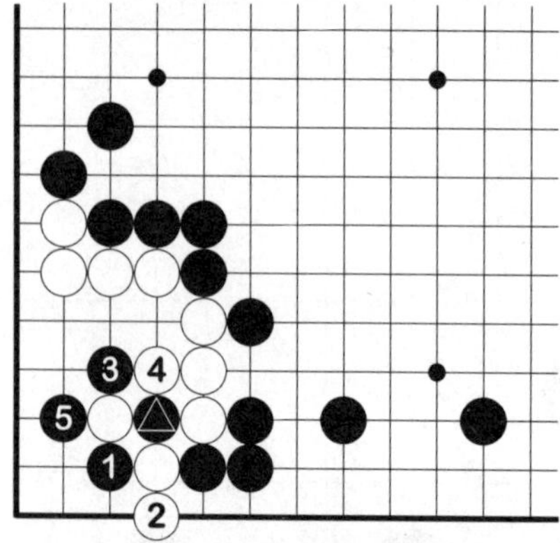

● 2도(변화)

흑1로 단수치는 것은 무
모하다. 백은 2로 내려서
는 것이 강수. 계속해서
흑3·5에는 백6으로 이어
서 아무 수단이 없다.
(백⑥…흑▲)

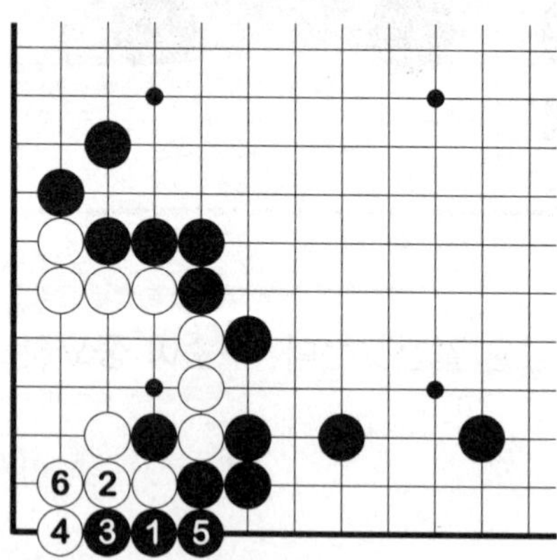

● 3도(실패)

단순히 흑1로 단수치는
것은 수순이 정교하지 못
하다. 이하 백6까지 선수
할 수 있지만 중앙의 찌름
은 백의 차지가 된다.

10

초급편

사소한 약점

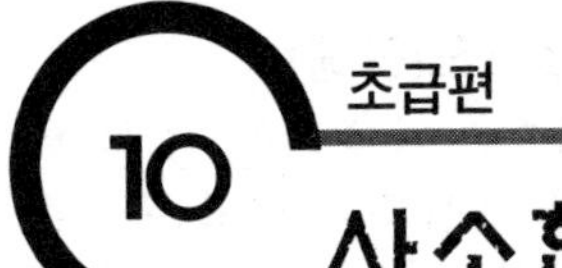

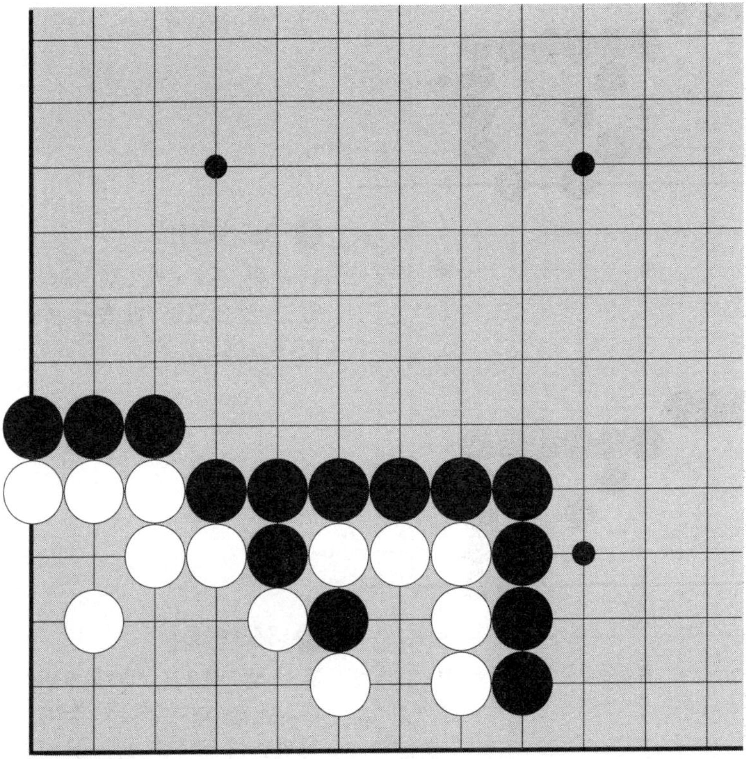

끝내기 단계에선 상대의 사소한 약점이라도 끈질기게 물고 늘어질 수 있어야한다.

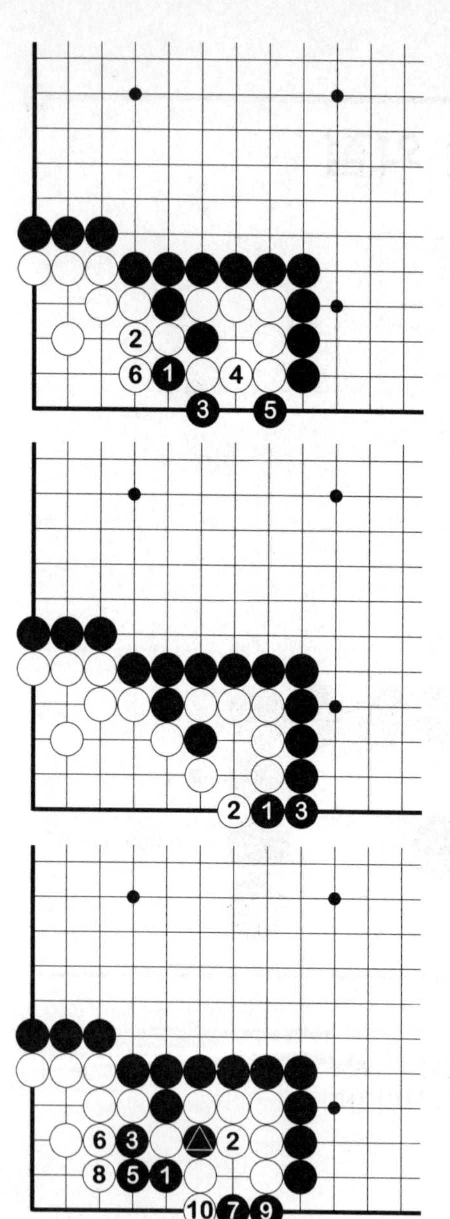

● 1도(정해)

흑1로 단수치는 것이 백
의 약점을 추궁하는 수순
이다. 백2로 이을 때 흑
3·5로 처리하면 상당한
이득을 취했다.

● 2도(변화)

단순히 흑1·3으로 젖혀
있는 것으로는 만족할 수
없다.

● 3도(변화)

흑1 때 백2로 따낸다면
흑3으로 단수치는 수가
성립한다. 이하 백10까지
일단락인데 흑은 선수로
상당한 이득을 취했다.
(백④…흑▲)

11

초급편

두 점을 활용

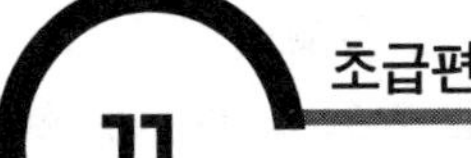

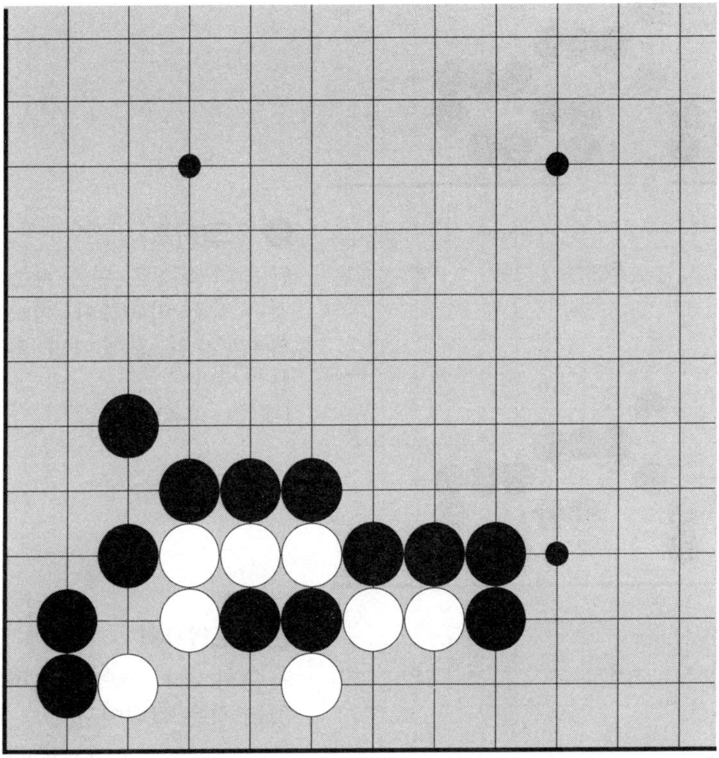

흑 두 점이 단수 상태에 있다. 흑은 두 점을 활용하는 방법을 모색해야 한다.

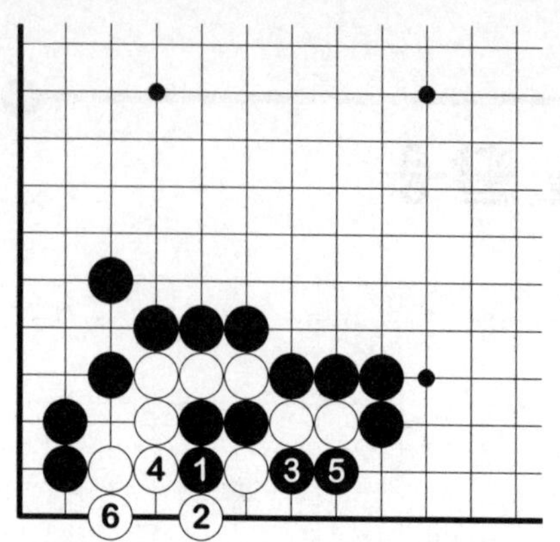

● 1도(정해)

흑1로 키운 후 백2 때 흑3으로 단수치는 것이 정답이다. 이하 백6까지 선수로 마무리 짓는다.

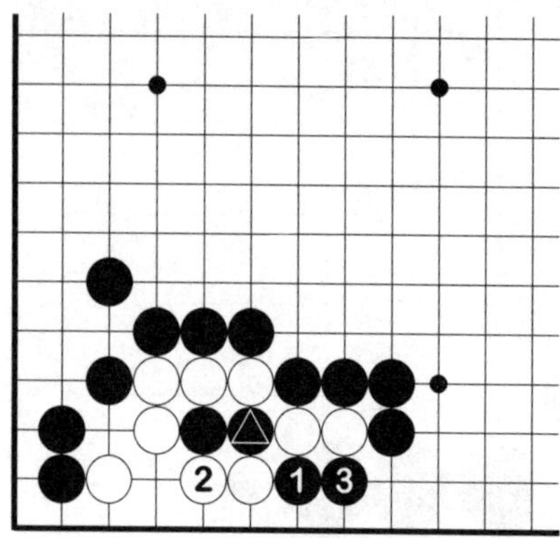

● 2도(미흡)

단순히 흑1로 단수치는 것은 약간 미흡하다. 이하 백4까지의 진행이면 흑 불만이다.
(백④…흑▲)

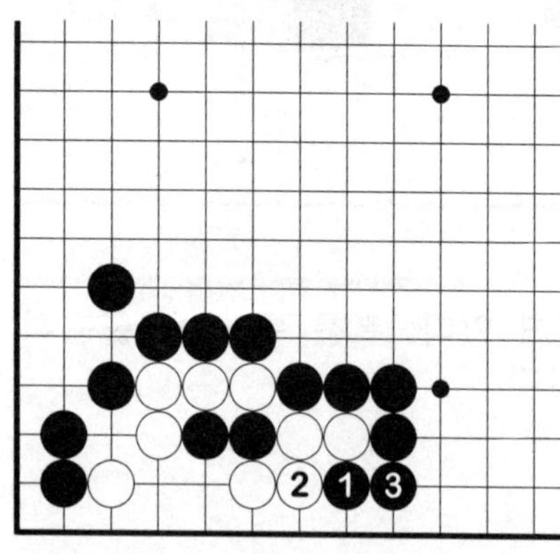

● 3도(실패)

단순히 흑1·3으로 젖혀 잇는 것은 실패이다.

12 초급편

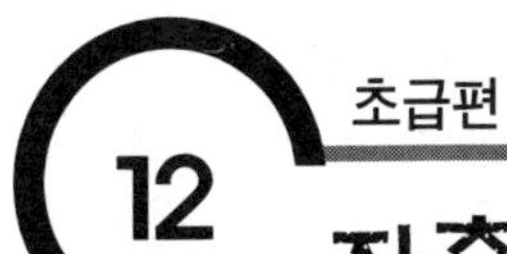

자충을 활용

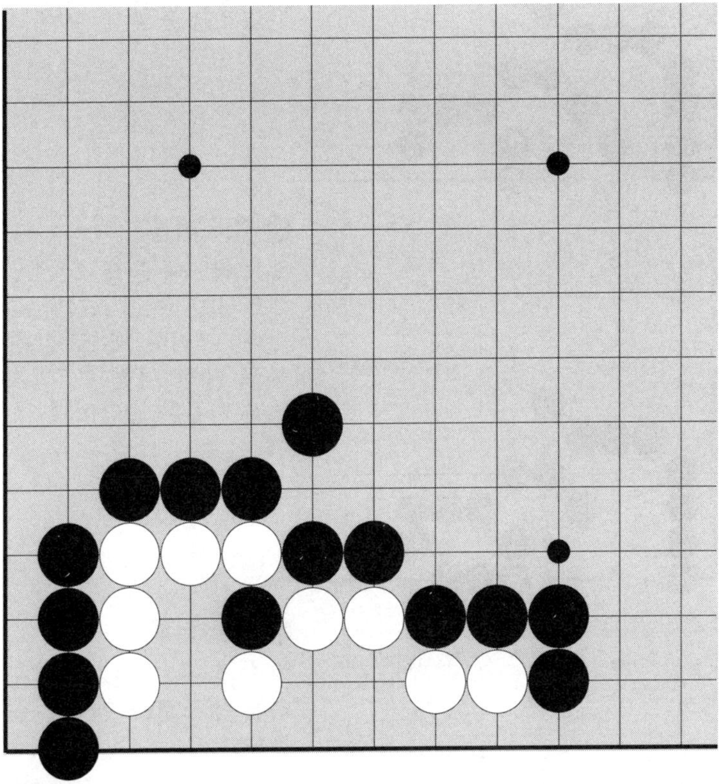

상대의 자충을 활용해야한다. 수순이 중요한 문제.

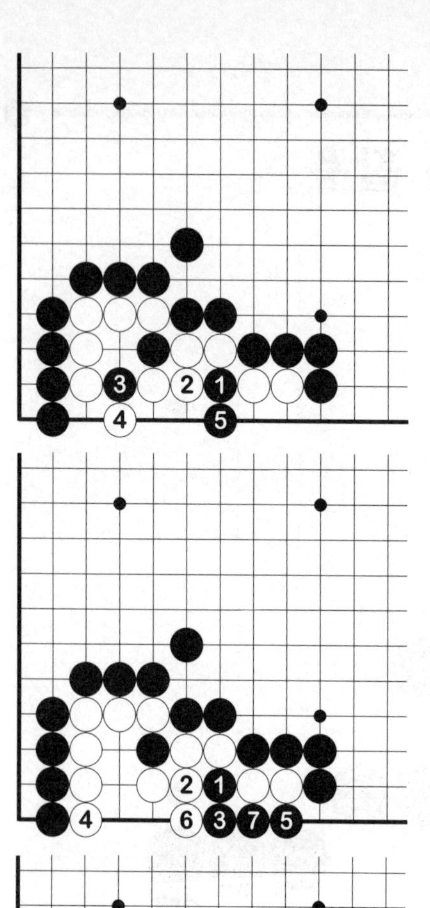

⬤ 1도(정해)

흑1로 단수친 후 백2 때 흑3으로 끼우는 것이 좋은 수순이다. 백4로 단수 친다면 흑5로 내려서서 양자충을 노릴 수 있다.

⬤ 2도(미흡)

흑1, 백2 때 곧장 흑3으로 내려서는 수도 고려할 수 있다. 그러나 백4로 보강 하고 나면 이하 흑7까지 약간 미흡한 결말이다.

⬤ 3도(실패)

단순히 흑1, 백2를 선수 하는 정도로는 만족할 수 없다.

13 비마에 대한 대응

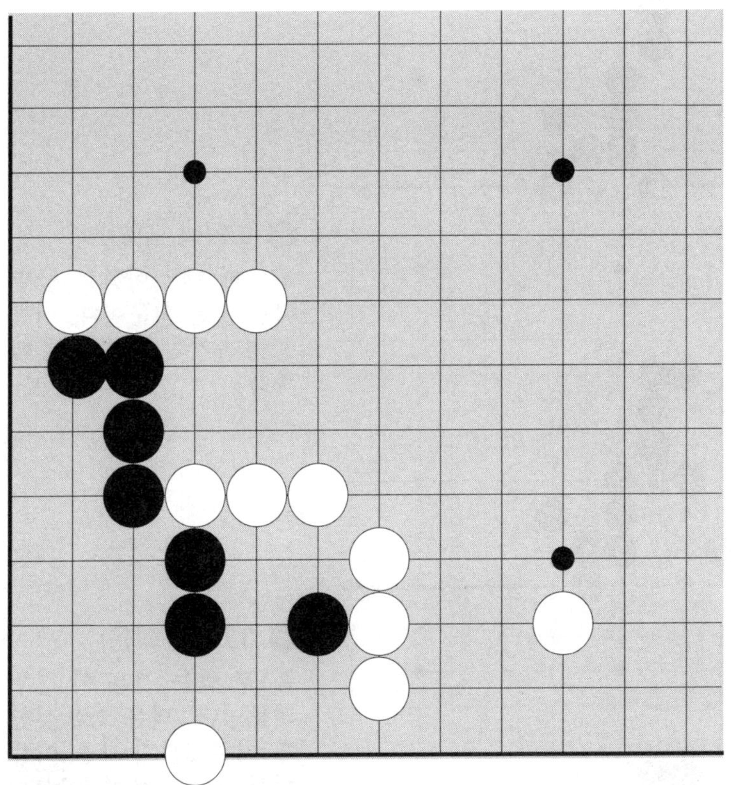

백이 비마 끝내기를 해 온 문제이다. 적절한 대응법은?

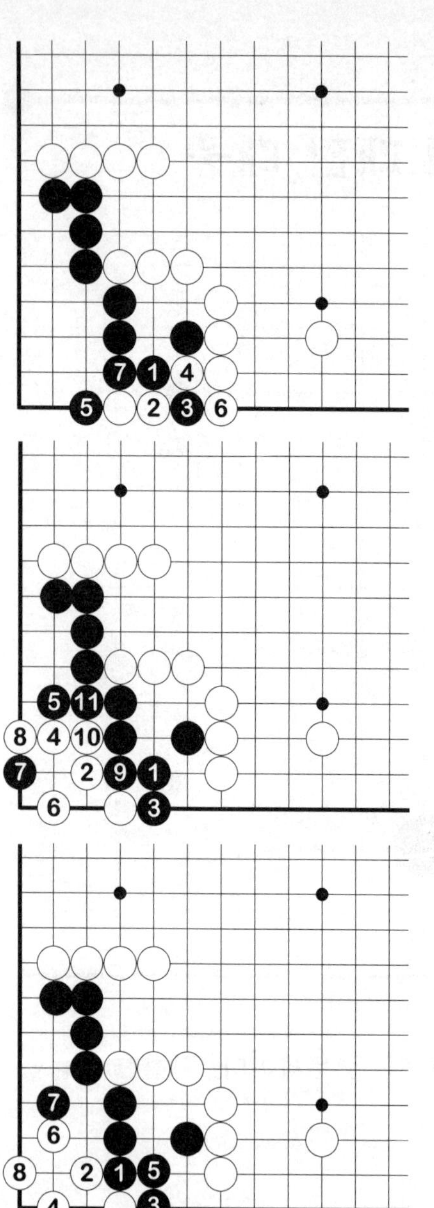

● 1도(정해)

흑1이 정답이다. 백2에는 흑3으로 젖힌 후 이하 7 까지 처리해서 집을 완성 시킨다.

● 2도(백, 무리)

흑1 때 백2 이하로 반발 하는 것은 의문이다. 이하 흑11까지의 진행이면 백 죽음.

● 3도(흑, 의문)

흑1로 받는 것은 이 경우 의문이다. 백은 2로 젖힌 후 이하 8까지 패를 이용 해서 수단을 부리게 된다.

14 약점을 추궁

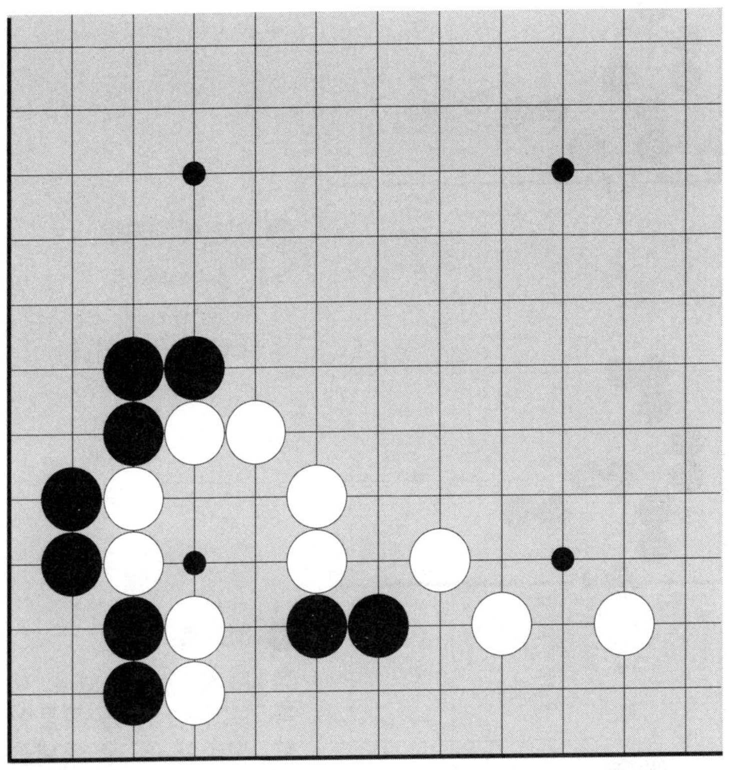

백의 약점을 최대한으로 추궁해서 이득을 취한다.

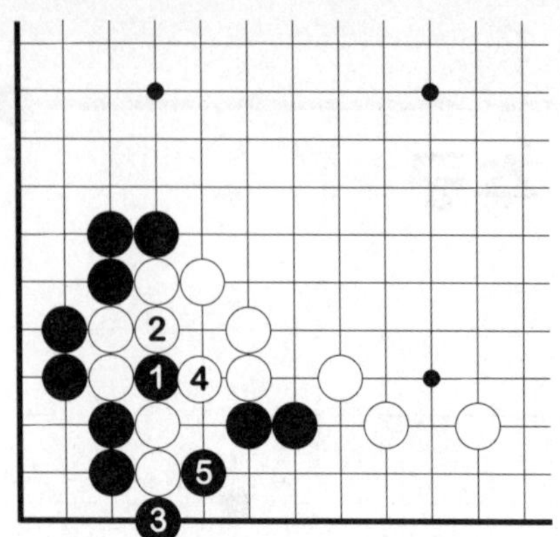

● 1도(정해)

흑1로 단수친 후 3으로 젖히는 것이 정답이다. 백4로 물러선다면 흑5로 넘어서 만족이다.

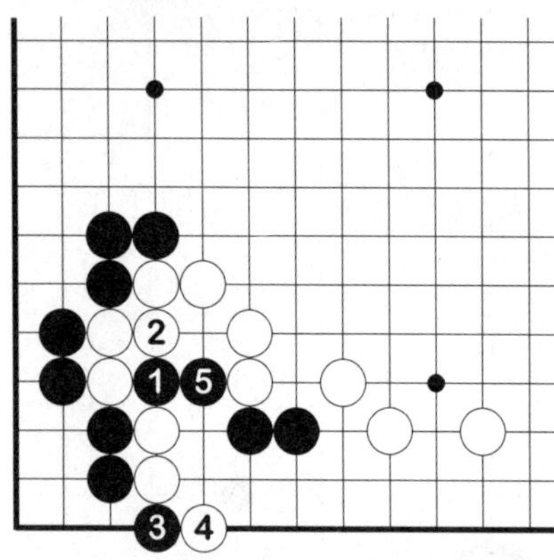

● 2도(백, 무리)

흑1·3 때 백4로 막는 것은 의문이다. 흑5로 나가고 나면 백 전멸이다.

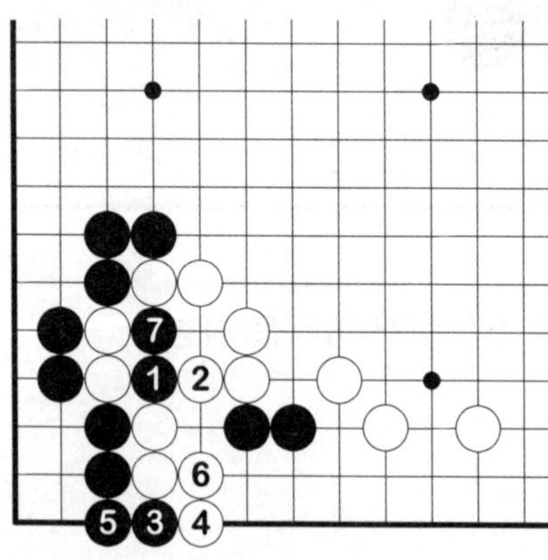

● 3도(흑, 미흡)

백4까지 진행되었을 때 흑5로 잇는 것은 의문이다. 백6 때 흑7로 따내는 정도로는 약간 미흡하다.

15 최대한으로 추궁

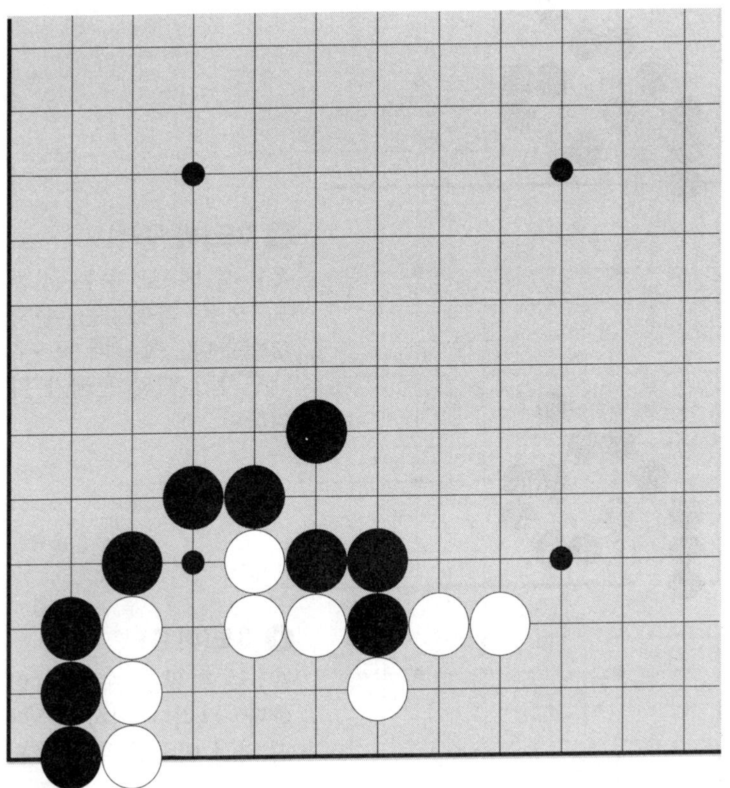

가장 효과적인 방법으로 백의 약점을 추궁해야 한다.

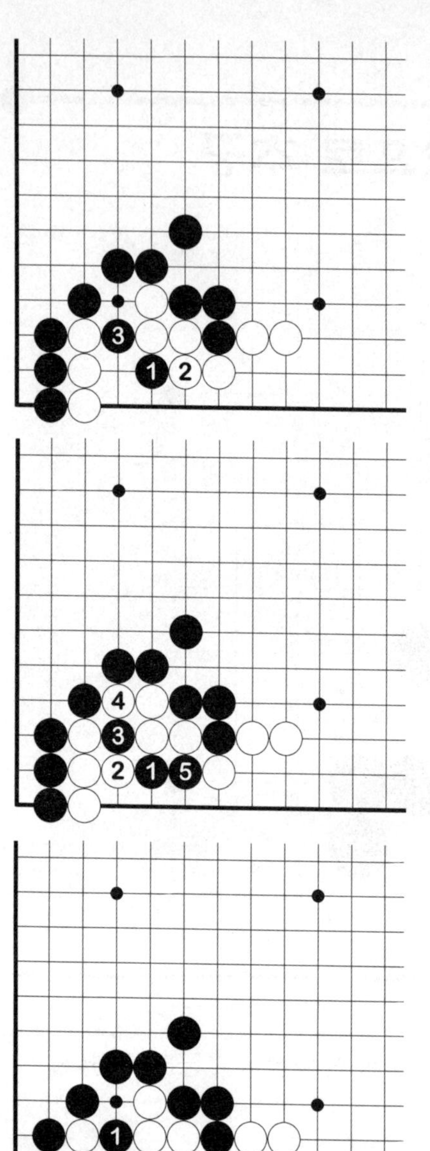

● 1도(정해)

흑1로 붙이는 것이 정답이다. 백2에는 흑3으로 끼워서 백 석 점을 잡을 수 있다.

● 2도(백,무리)

흑1 때 백2로 두는 것은 흑3으로 먹여치는 수가 성립한다. 백4 때 흑5로 단수치면 백의 손해가 막심하다.

● 3도(미흡)

흑1로 끼워도 수는 성립한다. 그러나 이하 흑5까지 약간 미흡한 결말이다.

16 정교한 급소

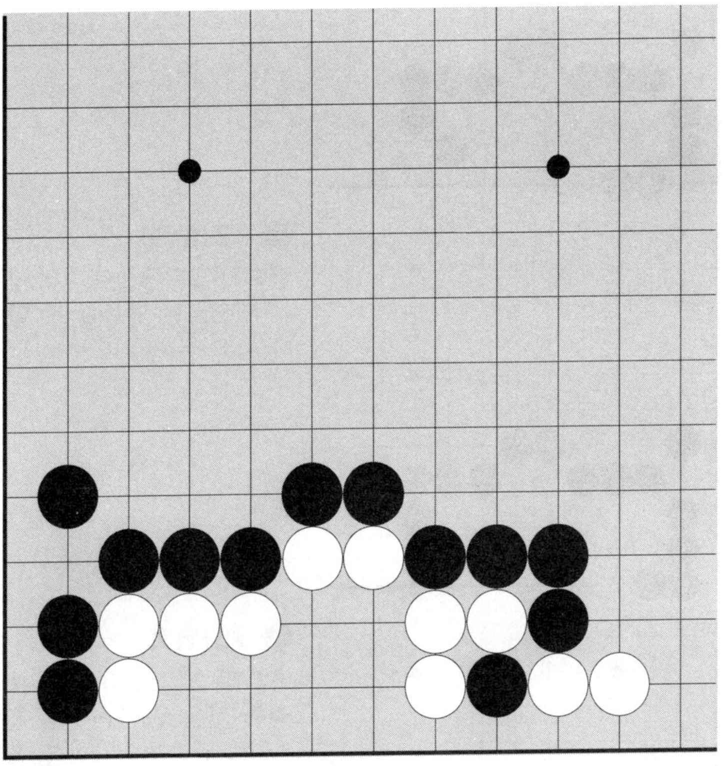

단순히 젖혀 잇는 것으로는 만족할 수 없다. 끝내기
의 급소는 ?

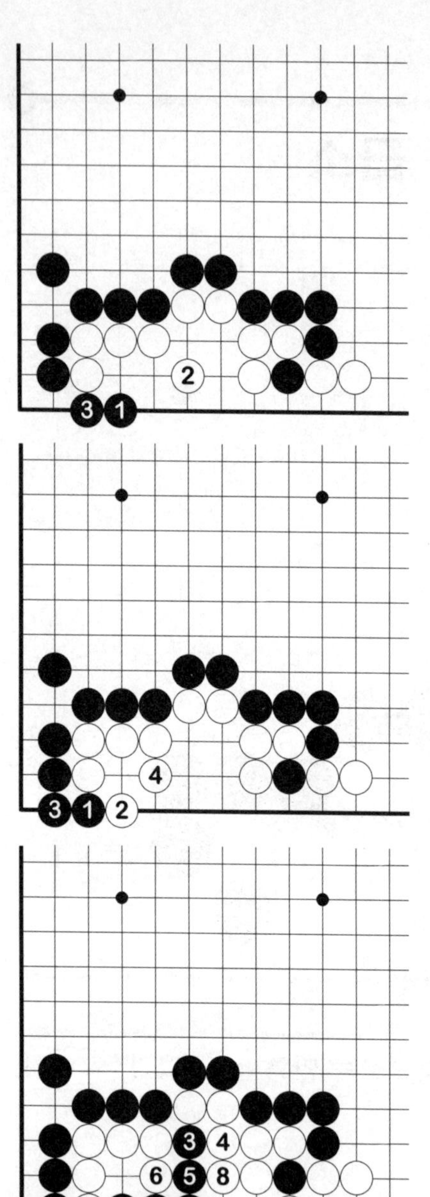

● 1도(정해)

혹1로 치중하는 것이 급소이다. 백은 2로 물러서야 하는데 혹3으로 연결이 가능하다.

● 2도(실패)

단순히 혹1·3으로 젖혀 잇는 정도로는 만족할 수 없다.

● 3도(변화)

혹1 때 백2로 욕심을 부리는 것은 무리수이다. 혹3으로 단수친 후 이하 혹11까지의 진행이면 백은 전멸이다.

17 초급편

귀의 8궁

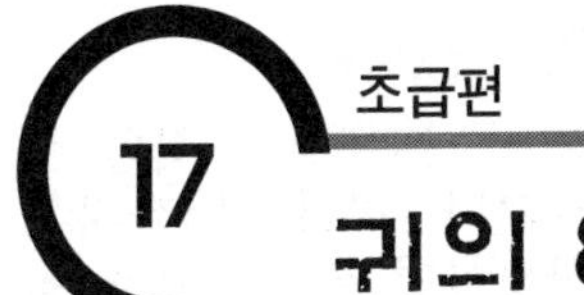

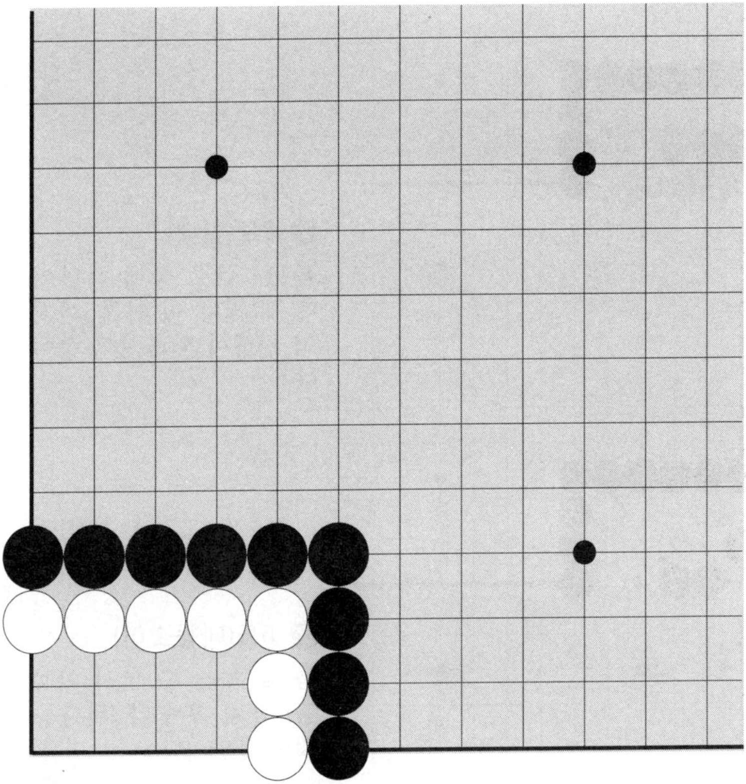

공배가 모두 메워진 귀의 8궁은 흑이 먼저 두면 수가 나는 형태이다.

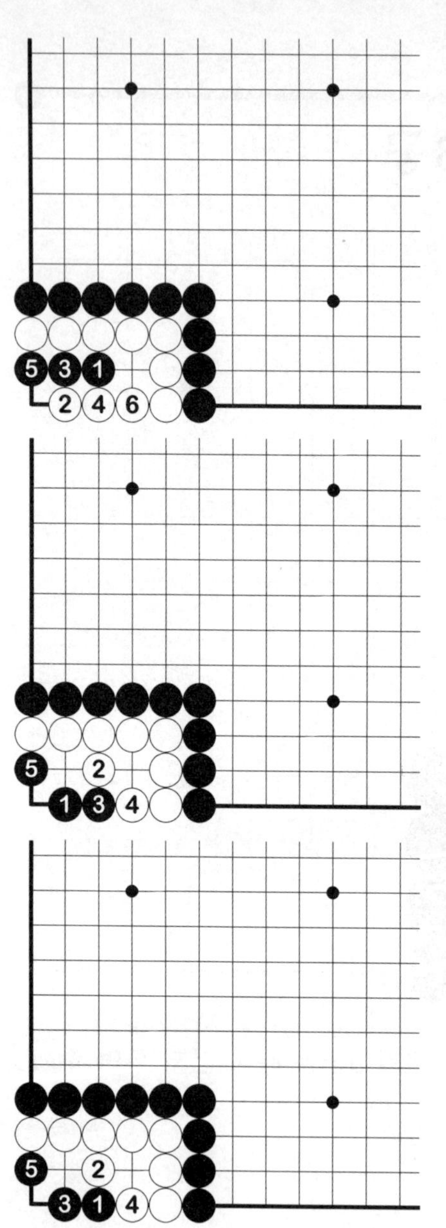

● 1도(정해)

흑1로 치중하는 것이 정답이다. 이하 백6까지의 진행이면 흑이 선수로 빅을 만들었다.

● 2도(실패)

흑1도 급소 중에 하나이다. 그러나 이하 흑5까지의 진행이면 흑이 후수이다.

● 3도(대동소이)

흑1로 두는 수 역시 이하 흑5까지 후수가 된다는 것이 불만이다.

18 절묘한 급소

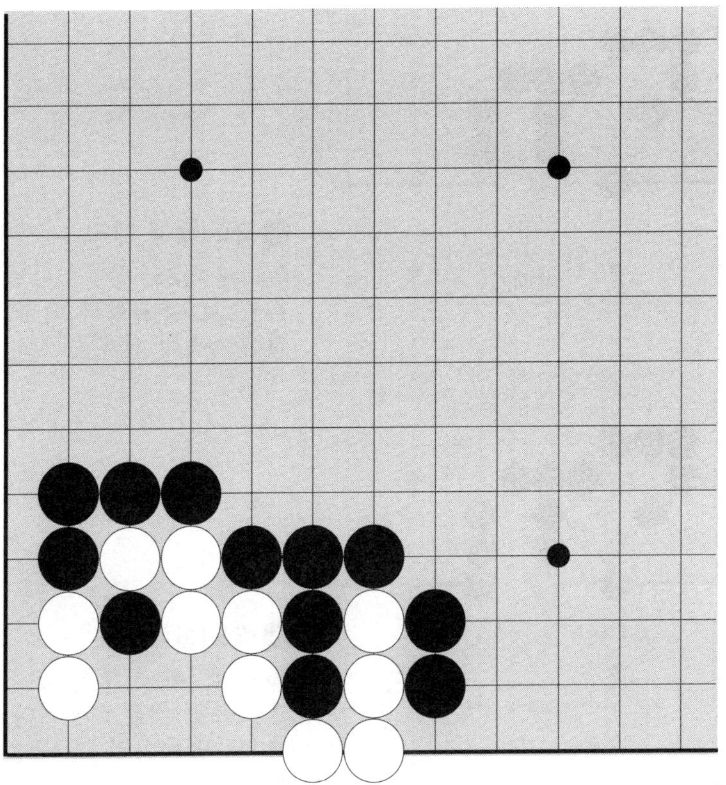

상대의 약점을 추궁하는 절묘한 급소가 있다. 자충을 활용한다는 것이 초점.

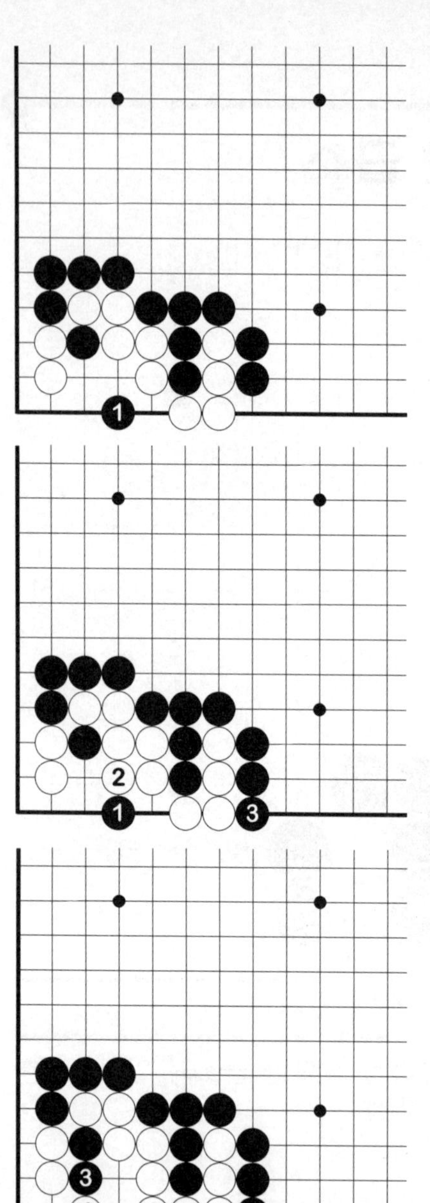

1도(정해)

흑1의 치중이 절묘한 급소이다. 이 한 수로 오른쪽 백 넉 점은 살 수 없다.

2도(정해 계속)

흑1 때 백2로 응수한다면 흑3으로 단수쳐서 백 넉 점이 자충이 된다.

3도(실패)

흑1, 백2를 선수한 후 3으로 두는 것은 의문이다. 백4로 단수치면 흑 죽음이다.

19 초급편

빅을 유도

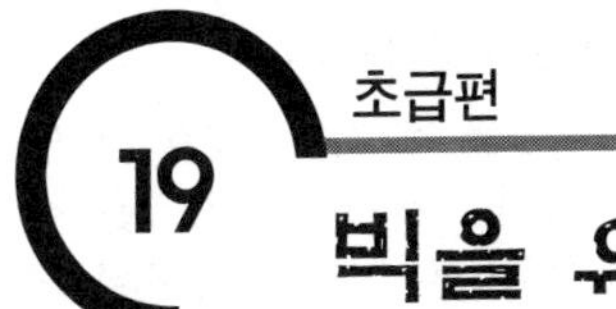

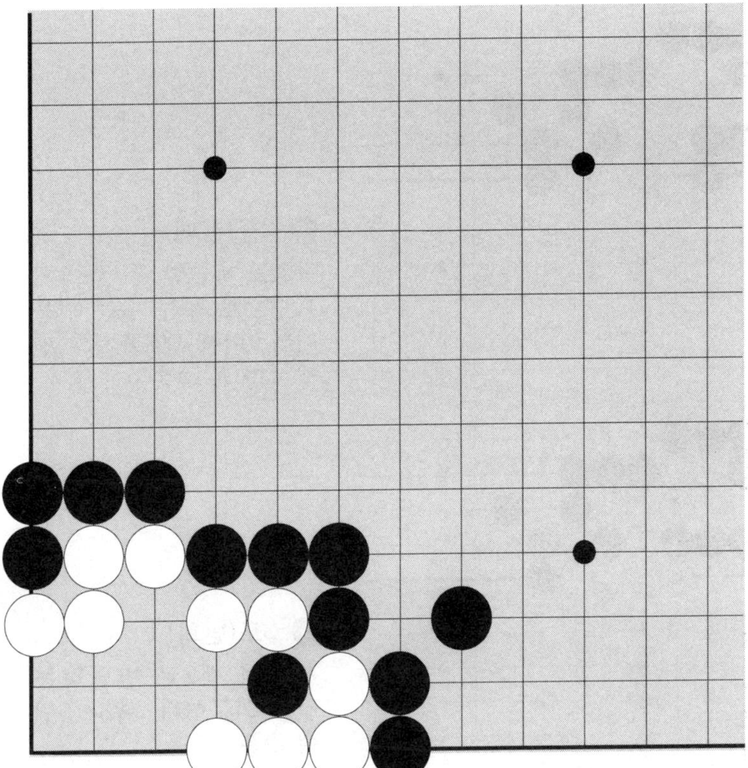

상대의 약점을 활용해서 빅을 만드는 문제이다.

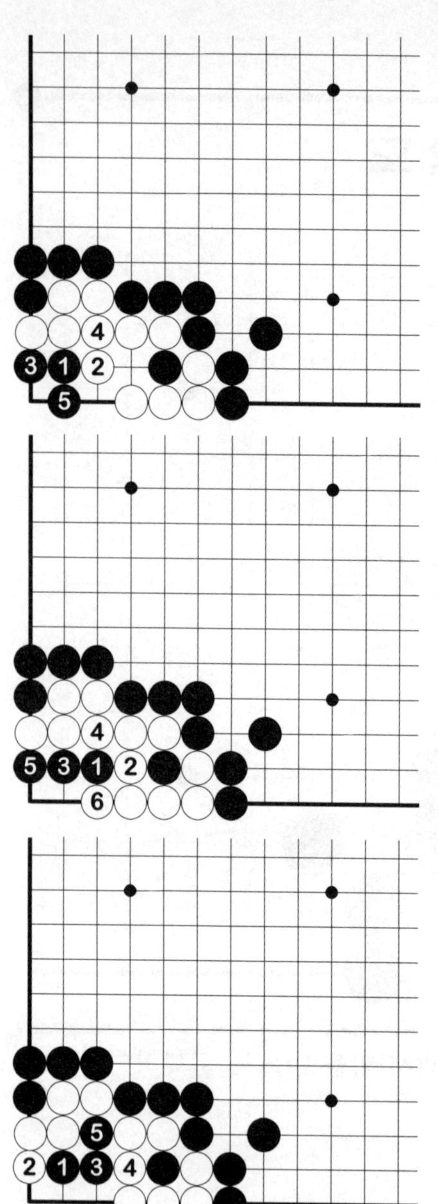

● 1도(정해)

흑1로 붙이는 것이 정답이다. 백2에는 흑3을 선수한 후 5에 내려서서 빅이 된다.

● 2도(실패)

흑1로 치중한 후 3·5의 요령으로 두는 수는 의문이다. 이하 백6까지의 진행이면 흑 죽음.

● 3도(변화)

흑1 때 백2로 반발하는 것은 의문이다. 흑3·5면 백 죽음.

초급편

20 최선의 끝내기

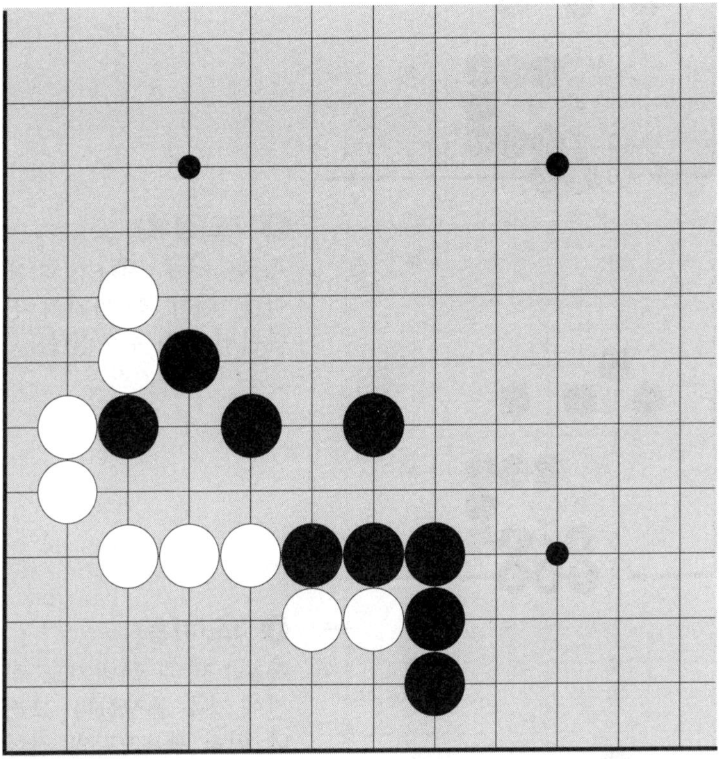

어떻게 끝내기하는 것이 가장 효과적인지를 묻는 문제이다.

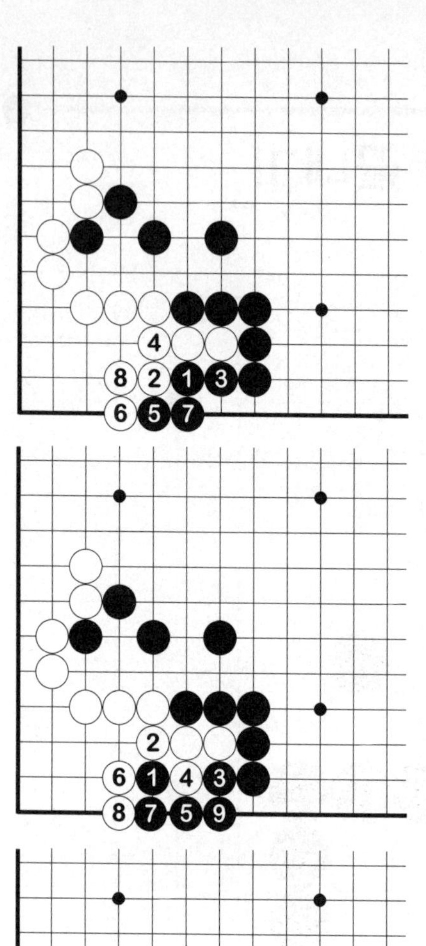

● 1도(정해)

흑1로 붙이는 것이 정답이다. 백2에는 흑3으로 단수친 후 이하 백8까지 선수로 처리할 수 있다.

● 2도(실패)

흑1은 너무 지나친 의욕이다. 이하 흑9까지의 진행이면 흑이 후수이다.

● 3도(미흡)

흑1의 비마 끝내기도 실전에 자주 등장한다. 그러나 이하 백8까지의 진행이면 정답과 비교할 때 약간 미흡하다.

초급편

21 선수 끝내기를 예방

백의 선수 끝내기를 예방하는 문제이다. 어떤 방법으로 처리해야할까?

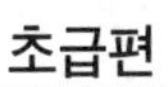

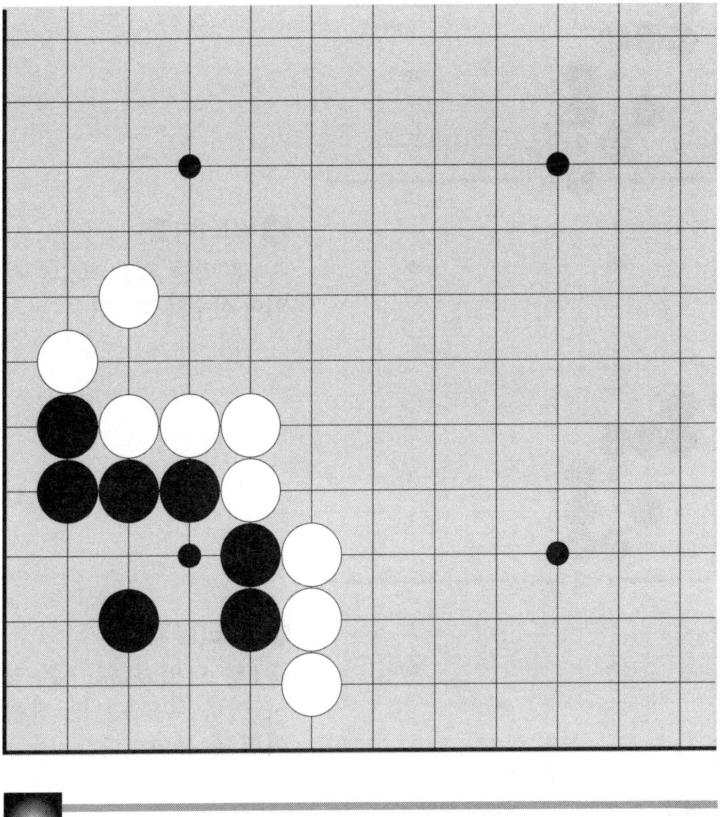

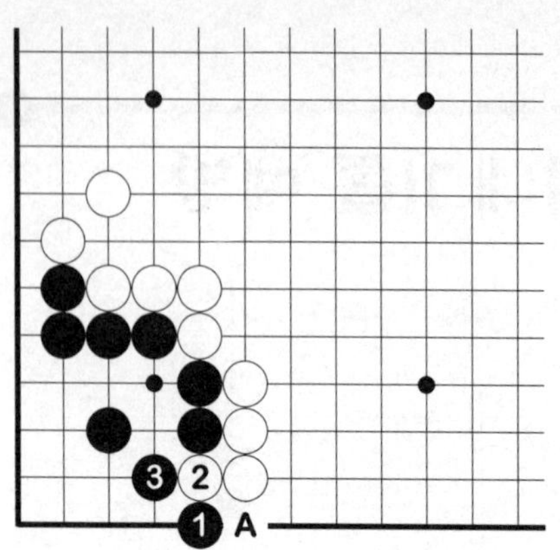

● 1도(정해)

흑1로 한 칸 뛰는 것이 정답이다. 백2, 흑3 이후 A의 곳은 흑의 권리가 될 가능성이 높다.

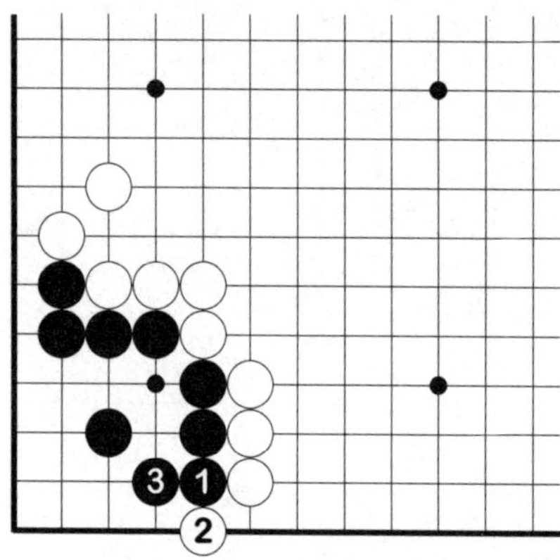

● 2도(미흡)

흑1로 막는 것은 백2의 젖힘이 선수로 듣는다.

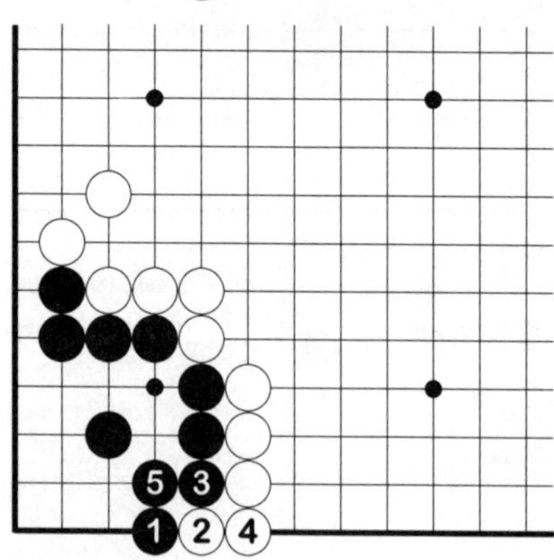

● 3도(실패)

흑1로 날일자하는 수 역시 이하 흑5까지의 진행이면 흑 불만이다.

초급편

22 한 점을 이용

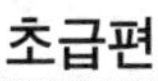

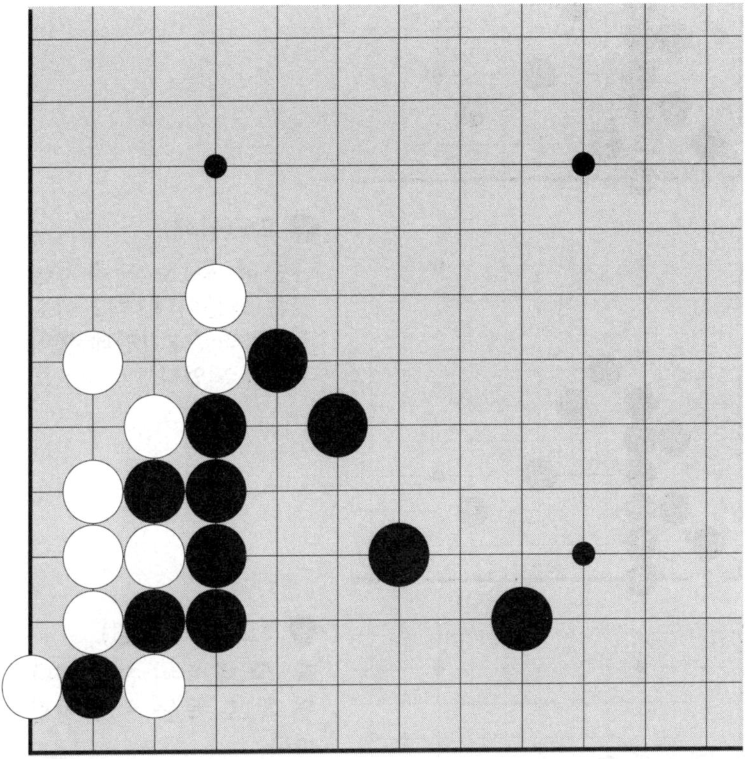

잡혀있는 흑 한 점을 어떤 방법으로 활용할 것인지가 관건이다.

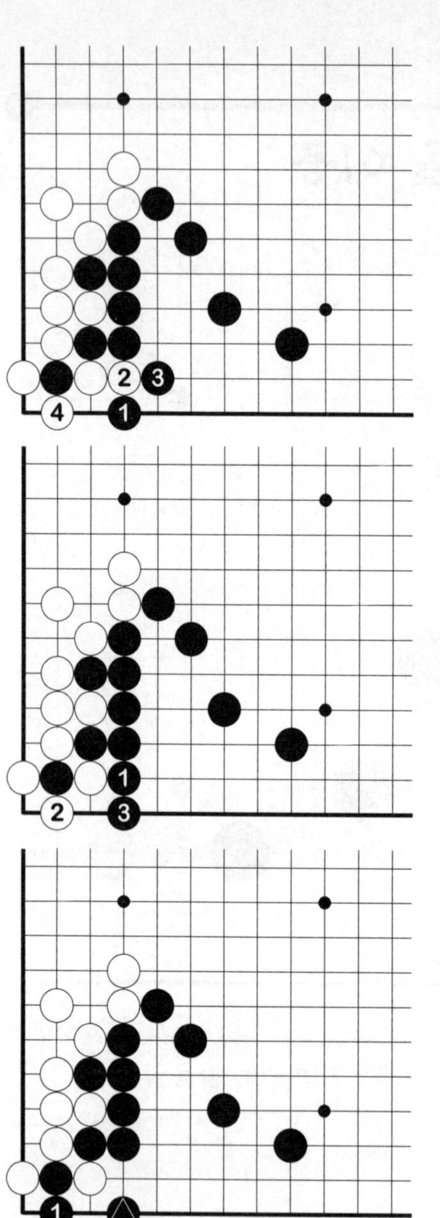

● 1도(정해)

흑1로 한 칸 뛰는 것이 정답이다. 백2·4라면 흑이 선수로 끝내기 했다.

● 2도(실패)

단순히 흑1로 단수치는 것은 의문이다. 백2 이후 흑3은 역끝내기인데 흑이 후수가 되었다.

● 3도(흑의 노림)

흑 ▲ 때 백이 손을 뺀다면 흑1로 두는 수가 성립한다.

23 끊음을 활용

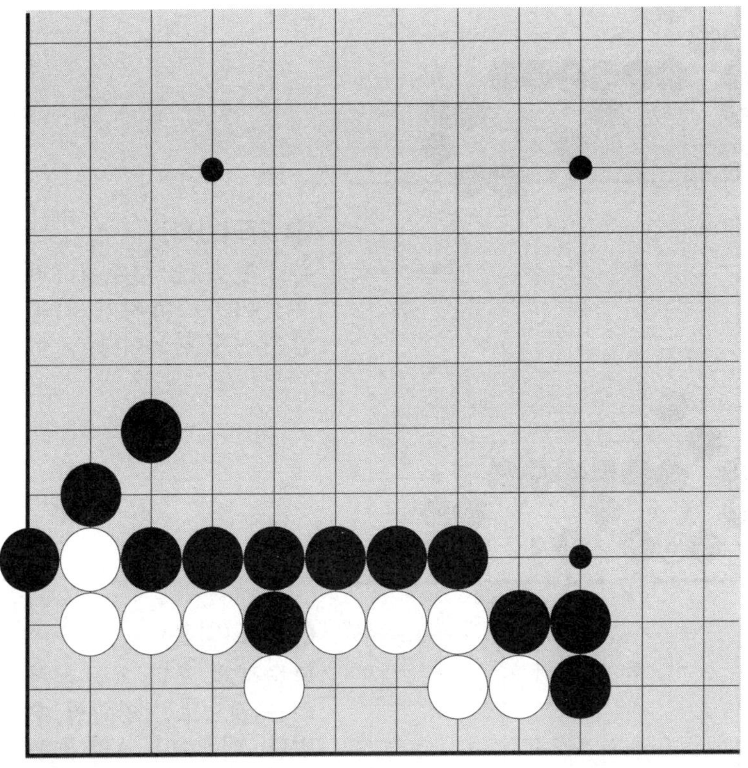

단순하게 끝내기하기 보다는 좀 더 효율적인 방법을 찾아야 한다.

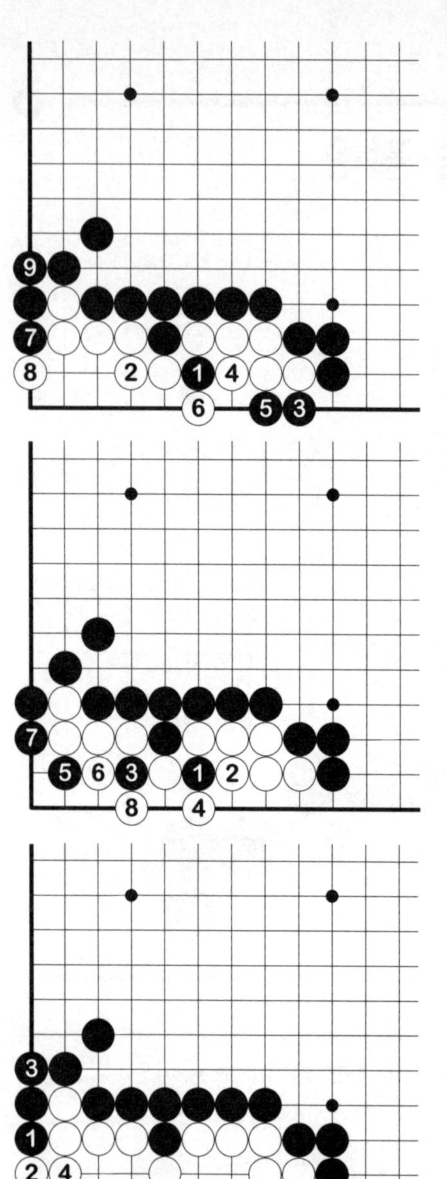

● 1도(정해)

흑1로 끊는 것이 정답이다. 백2에는 흑3·5가 기분 좋은 선수 활용. 백6 때 흑7·9도 선수가 가능하다.

● 2도(변화)

흑1 때 백2로 단수친다면 흑3 이하 7까지가 기분 좋은 선수 활용이다.

● 3도(미흡)

단순하게 흑1·3을 젖혀 잇는 것으로는 만족할 수 없다. 백4 이후 A의 곳은 백의 권리가 될 가능성이 높다.

24 정교한 수순

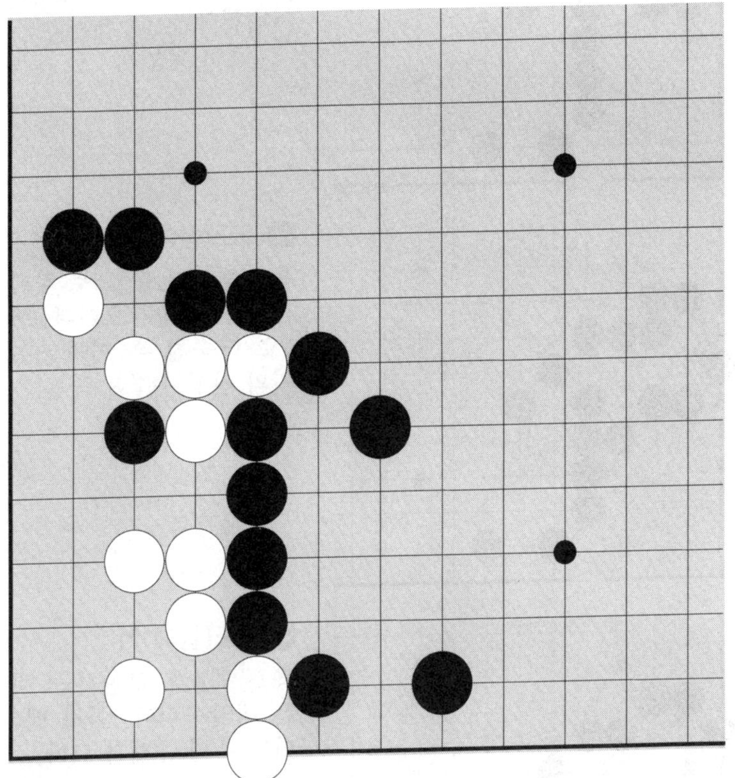

앞에서도 비슷한 문제를 접했었다. 수순이 정확해야
한다.

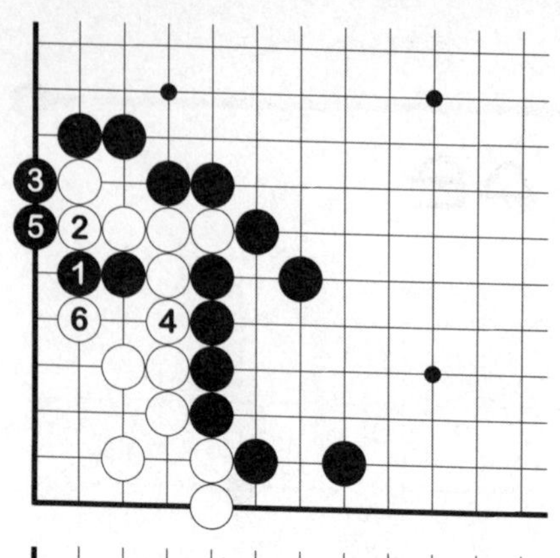

● 1도(정해)

흑1로 내려선 후 3으로 젖히는 것이 정답이다. 백은 4로 물러서는 정도인데 흑5로 젖혀서 선수로 처리했다.

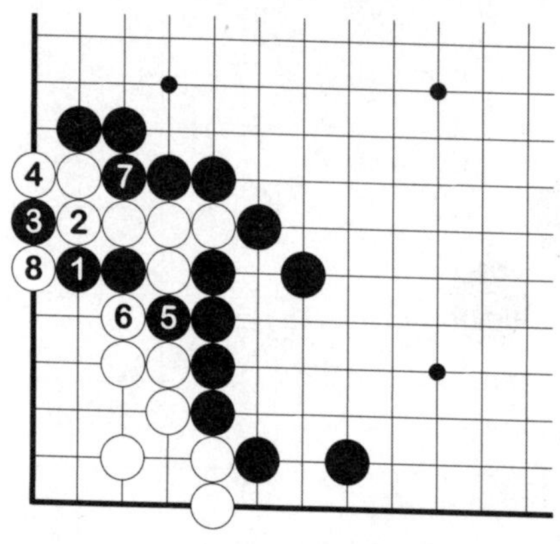

● 2도(실패 1)

흑1, 백2 때 흑3으로 젖히는 것은 방향착오이다. 백4로 단수친 후 이하 8까지의 진행이면 흑 죽음.

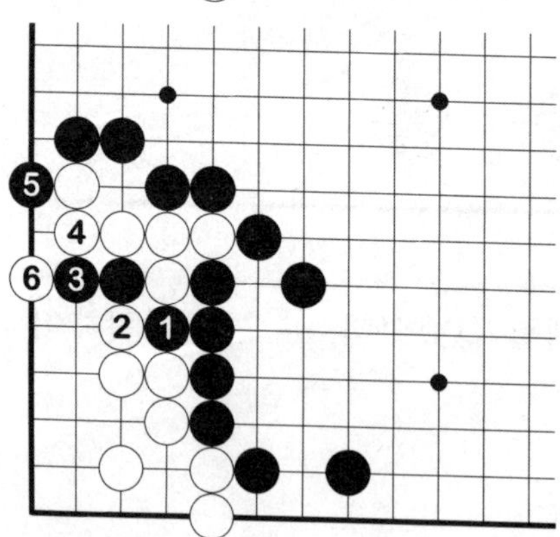

● 3도(실패 2)

흑1, 백2를 교환하는 것은 대악수이다. 이하 백6까지 흑의 손해가 크다.

25 반발을 고려

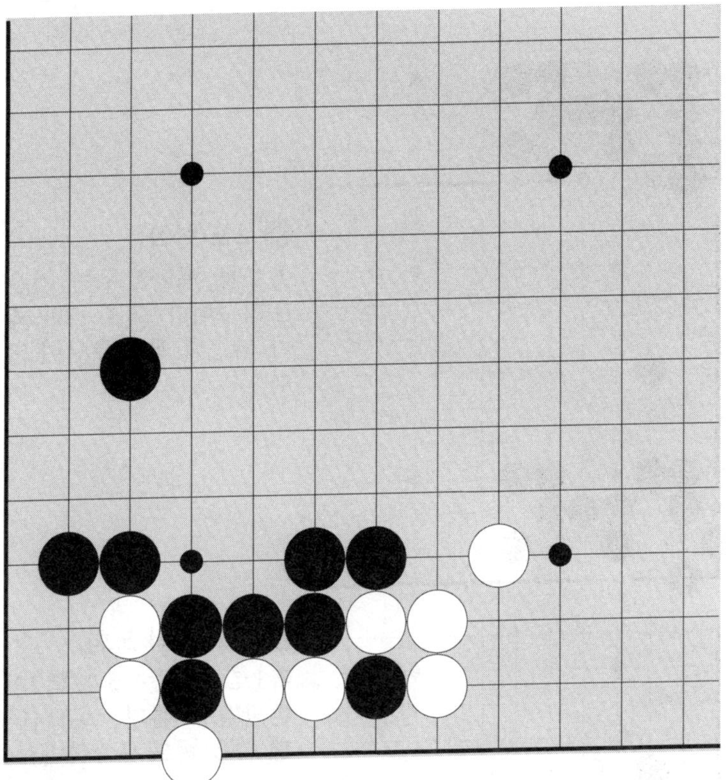

어떻게 두어도 같은 결과가 나온다고 속단해서는 안 된다. 정확한 끝내기의 맥점은?

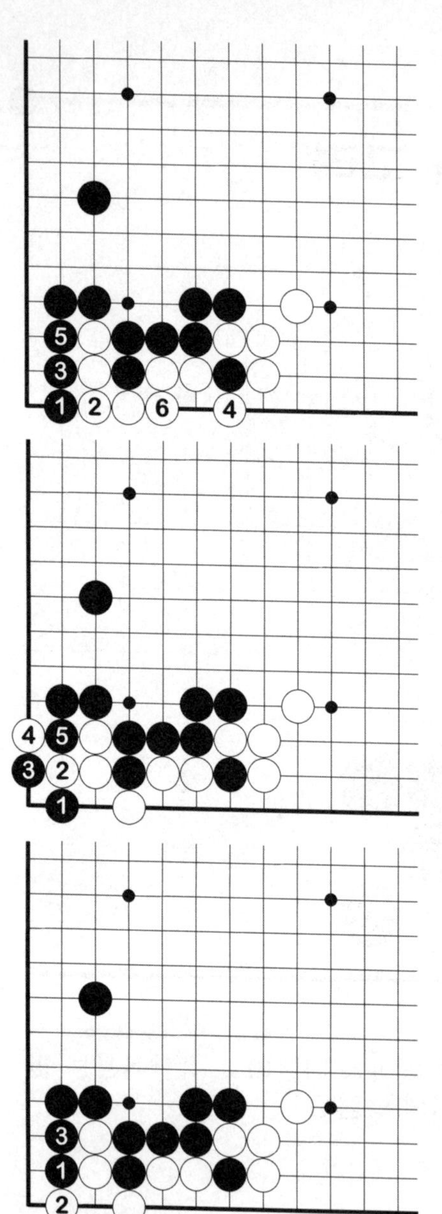

● 1도(정해)

흑1로 치중하는 것이 정답이다. 백2에는 흑3·5가 기분 좋은 선수 활용이 된다.

● 2도(변화)

흑1 때 백2로 두는 것은 무리수이다. 흑3·5면 패가 되는데 백의 부담이 크다.

● 3도(흑의 노림)

흑1로 붙이는 것은 백2의 반발을 부른다. 흑3이라면 손을 빼도 무방하다.

초급편

26 지중수

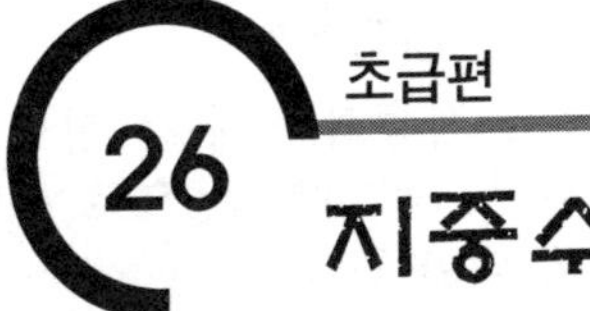

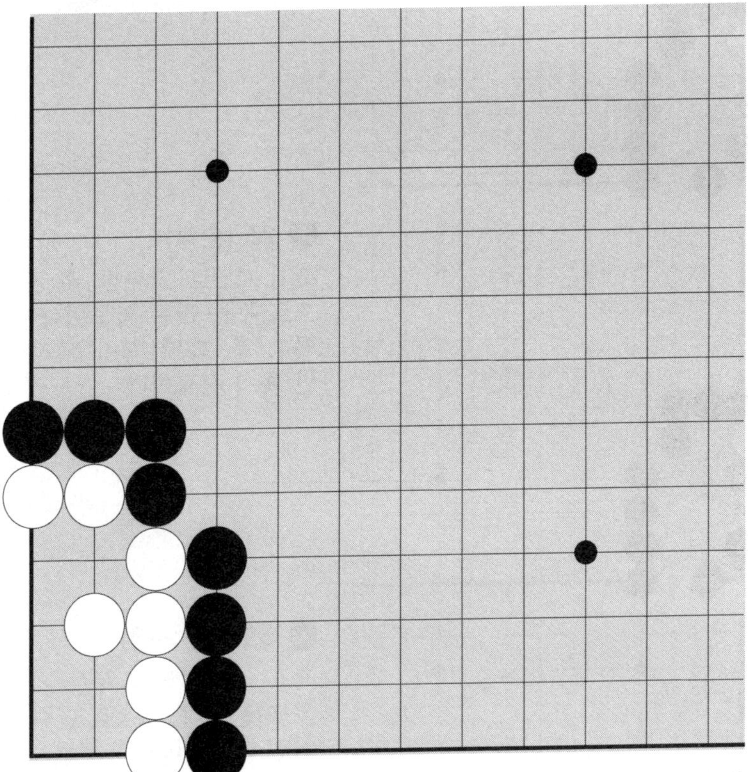

백집은 아직 완전치 않다. 급소 공격으로 빅을 유도한다.

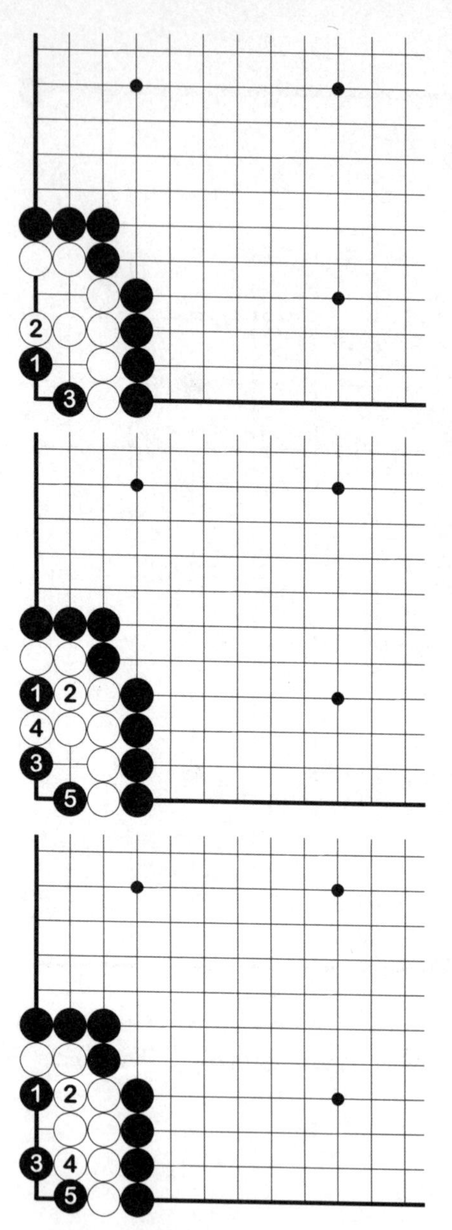

● 1도(정해)

1로 치중하는 수가 성립한다. 백2 때 흑3으로 두면 빅이 된다.

● 2도(손해)

흑1, 백2로 교환한 후 3으로 두는 것은 의문이다. 백4, 흑5까지 빅이 되지만 흑이 손해이다.

● 3도(백, 의문)

흑1·3 때 백4로 두는 것은 의문이다. 흑5로 단수치면 패가 된다.

27 1선 돌을 활용

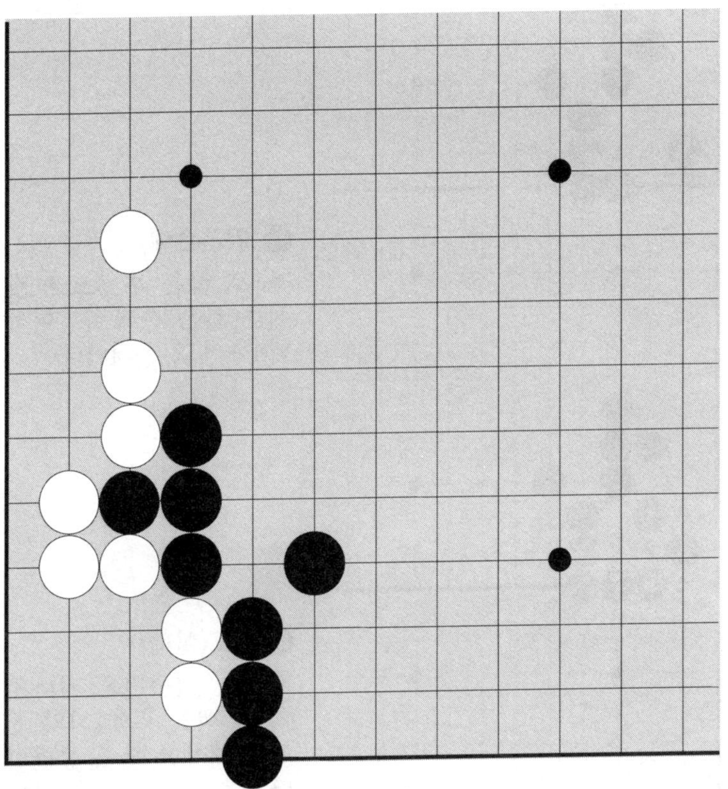

1선에 내려서 있는 한 점을 활용하면 백집을 침식할 수 있다.

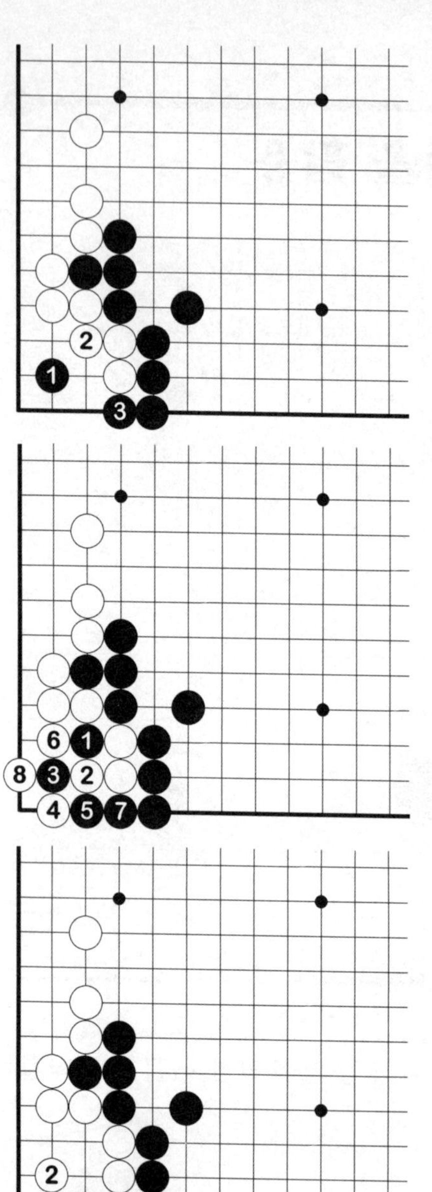

● 1도(정해)

흑1로 치중하는 것이 정답이다. 백2로 잇는다면 흑3으로 두어 연결이 가능하다.

● 2도(손해)

흑1로 끊은 후 3으로 젖히는 것은 손해 수. 이하 백8까지 흑 손해이다.

● 3도(실패)

흑1로 두는 것은 지나친 기교. 백2, 흑3까지의 진행을 예상할 때 흑 불만이다.

28 선수 끝내기

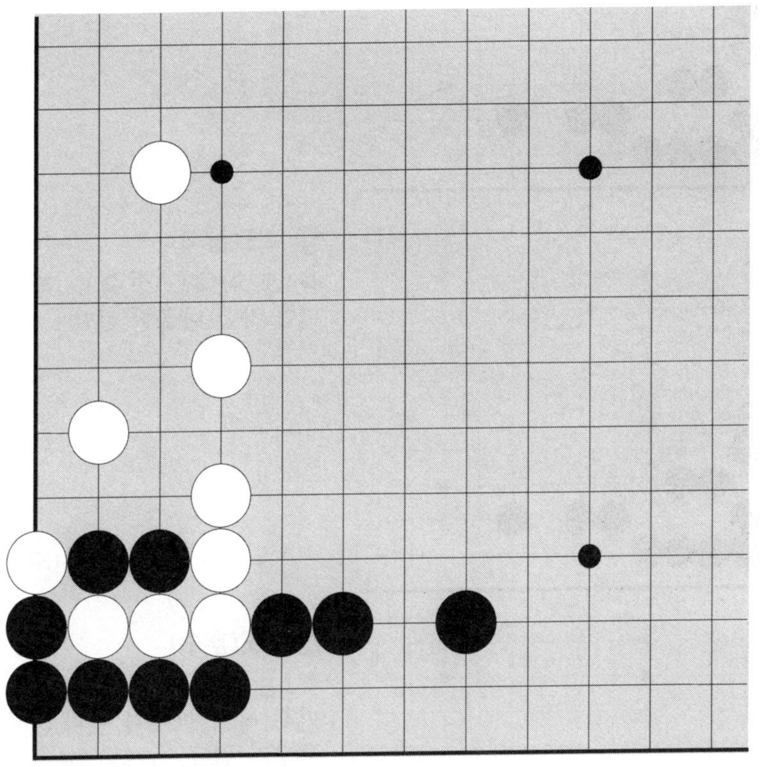

백 한 점을 잡는 것으로는 만족할 수 없다. 선수를
잡을 수 있어야 성공.

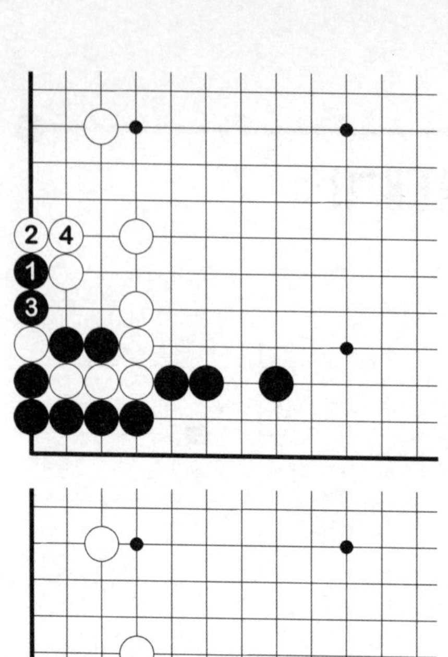

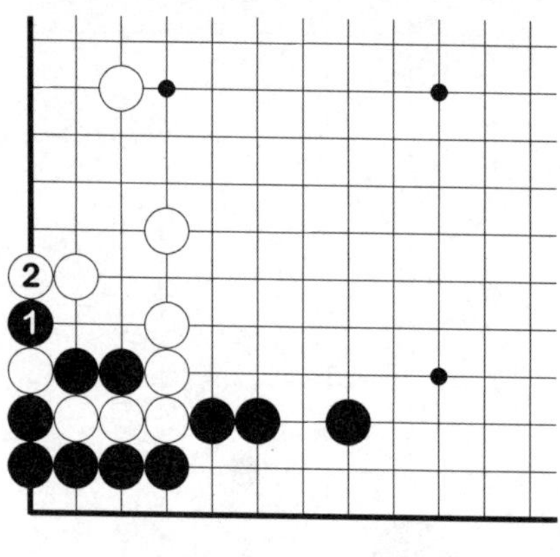

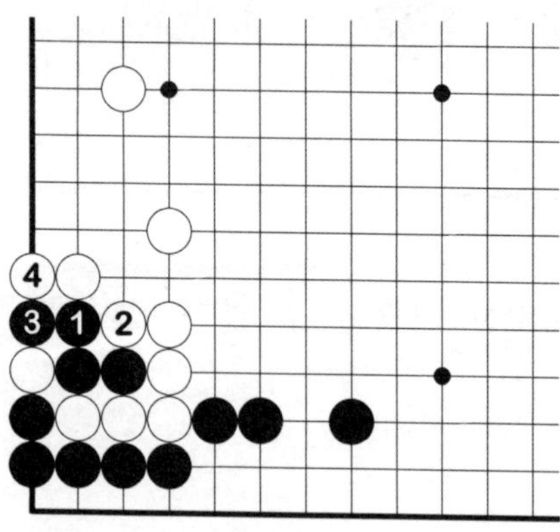

● 1도(정해)

흑1로 붙이는 것이 정답이다. 백2로 단수친다면 흑3으로 따내서 선수로 처리한다.

● 2도(실패)

흑1로 따내도 선수가 되지만 약간 미흡한 결말.

● 3도(후수)

흑1은 최악의 선택. 백4 이후 흑이 이어야 한다면 후수가 된다.

29 사석을 활용

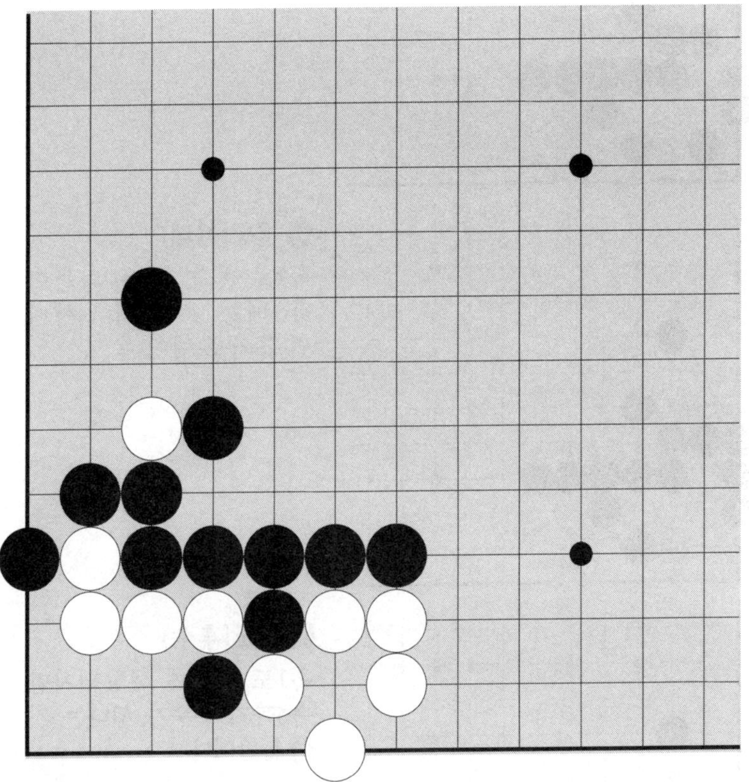

잡혀있는 흑 한 점을 활용할 수 있어야 한다. 최선의 끝내기는?

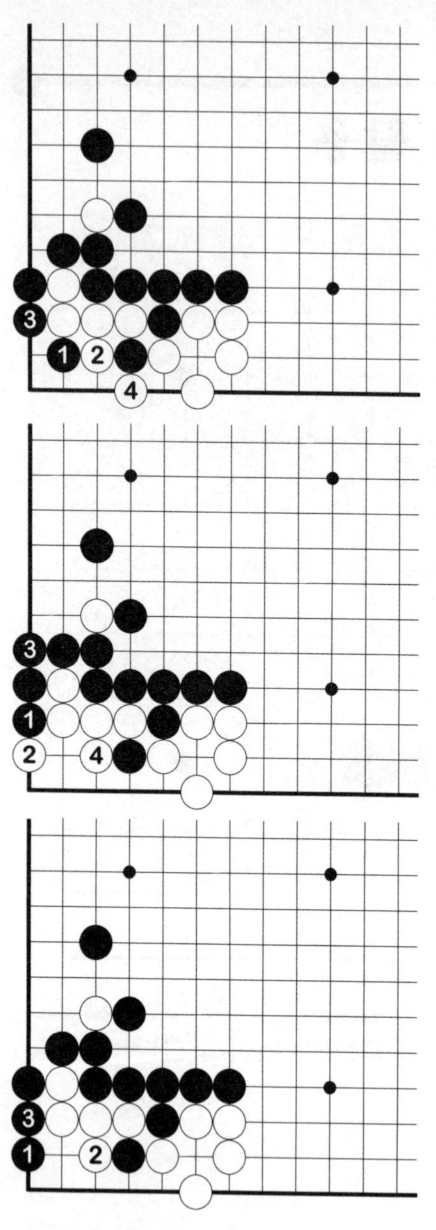

● 1도(정해)

흑1로 붙이는 것이 정답
이다. 백2 때 흑3으로 단
수치면 선수로 끝내기했
다.

● 2도(실패)

흑1로 두는 것은 의문이
다. 백2·4까지의 진행이
면 흑의 손해이다.

● 3도(후수)

흑1도 맥점에 해당되지만
흑3까지 후수가 된다는 것
이 불만이다.

30

초급편

사석을 활용

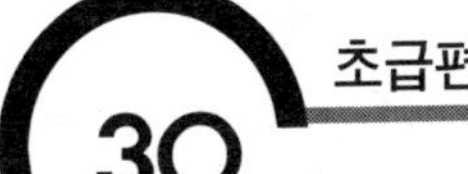

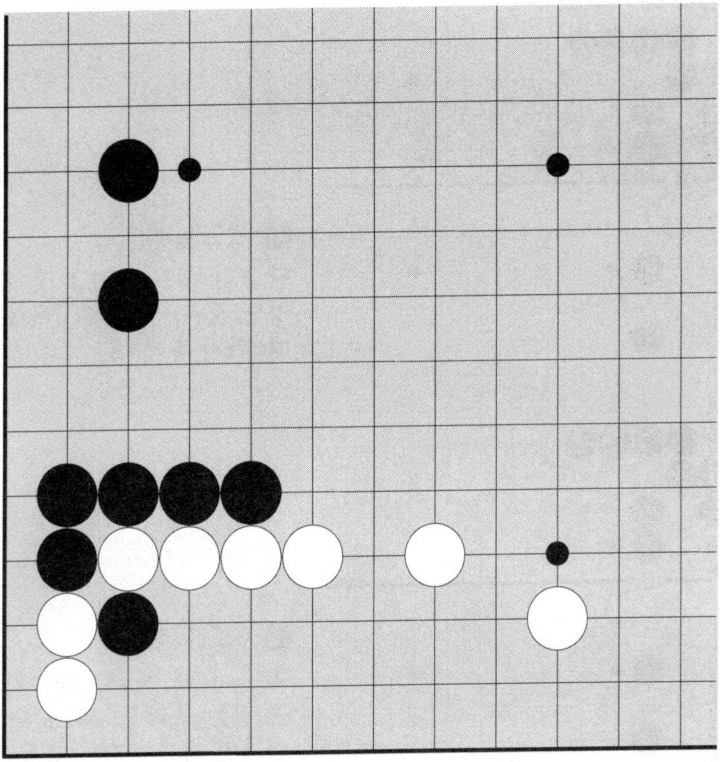

잡혀 있는 흑 한 점을 활용해서 끝내기하는 문제이다.

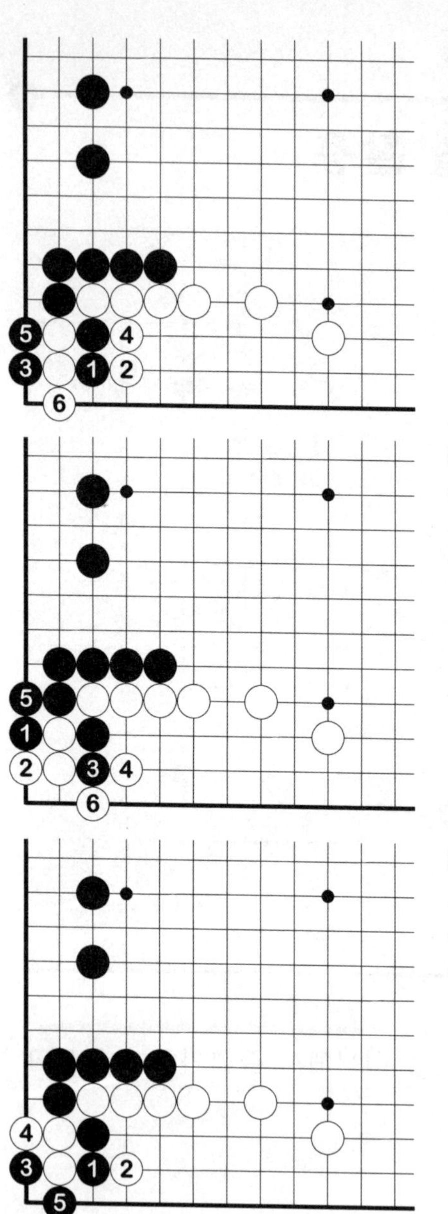

● 1도(정해)

흑1로 키운 후 백2 때 흑3
으로 붙이는 것이 정답이
다. 이하 백6까지 선수로
처리한다.

● 2도(실패)

단순히 흑1·3으로 젖혀
잇는 것은 미흡하다. 이하
백6까지 흑 손해.

● 3도(실패)

흑1·3 때 백4로 단수치
는 것은 무리수. 흑5로 단
수치면 패가 된다.

초급편

31 사활을 추궁

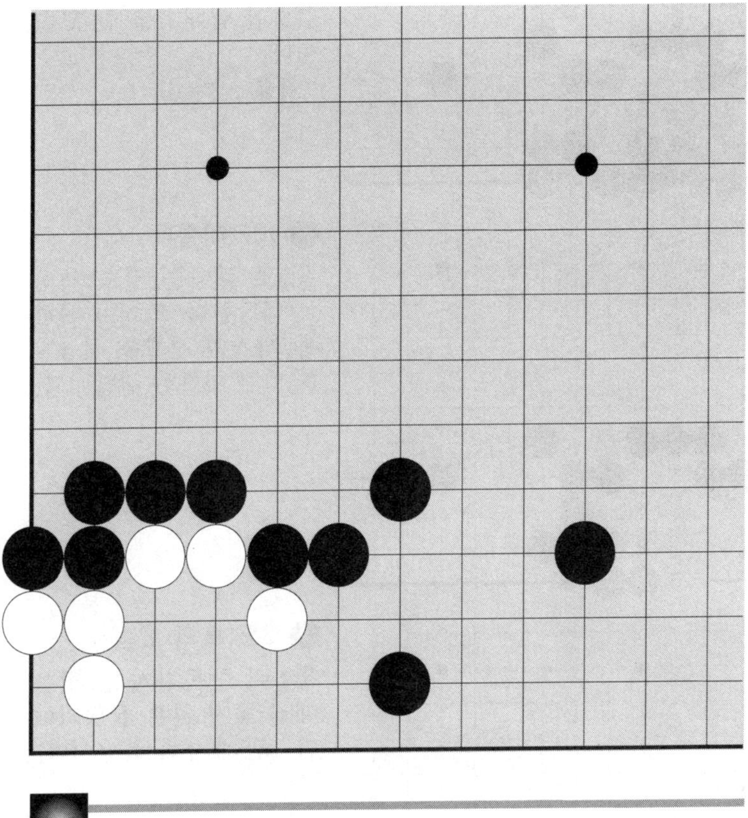

백의 사활을 추궁해서 이득을 취하는 문제이다.

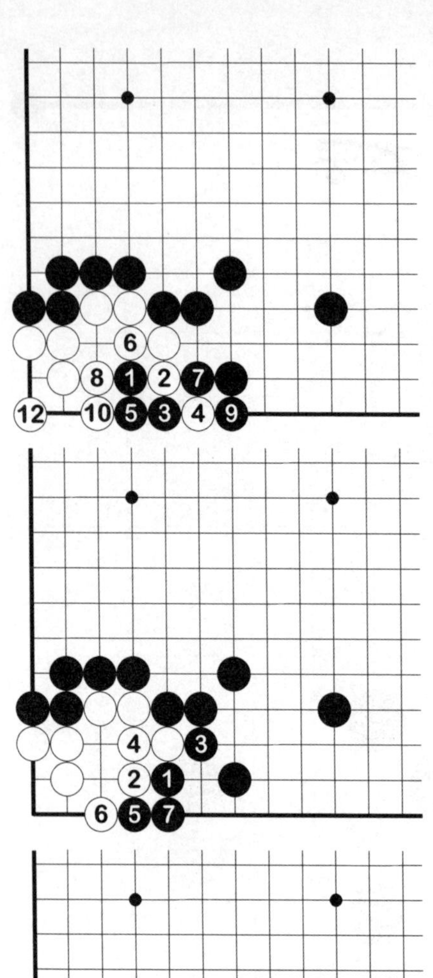

● 1도(정해)

흑1로 치중하는 것이 정답이다. 백2 때 흑3·5로 젖혀 잇는 것이 수순. 이하 백12까지의 진행이면 상당한 끝내기를 한 모습이다.

(흑⓫…백④)

● 2도(미흡)

흑1로 붙이는 것도 맥점에 해당한다. 그러나 이하 흑7까지의 진행을 예상할 때 약간 미흡한 결말이다.

● 3도(흑의 노림)

흑1로 눈목자하는 것은 제일 좋지 않은 끝내기이다. 흑5까지 흑 불만이다.

32 약점을 보강

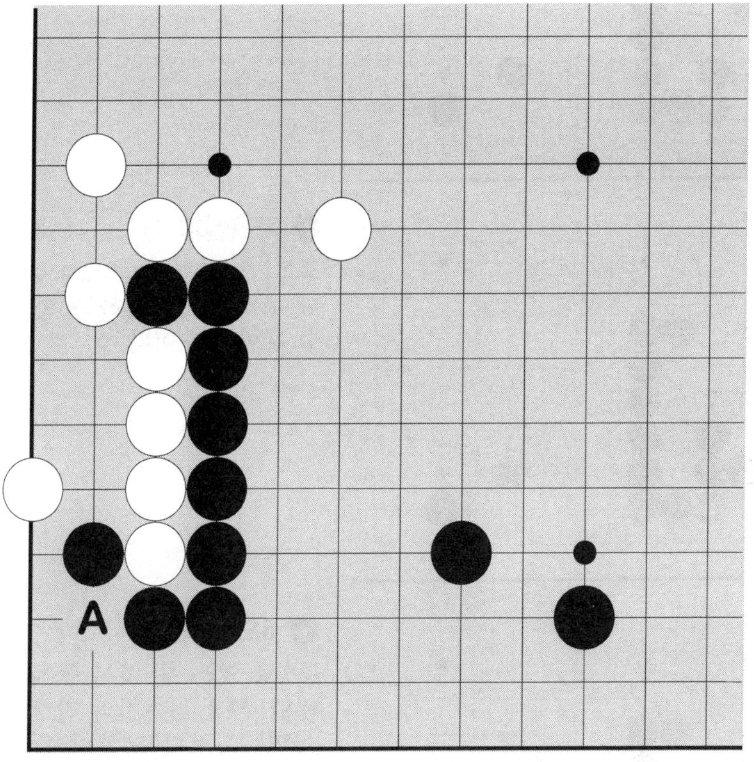

흑은 A의 약점을 선수로 보강하고 싶다. 어떤 수순을
밟아야 할까?

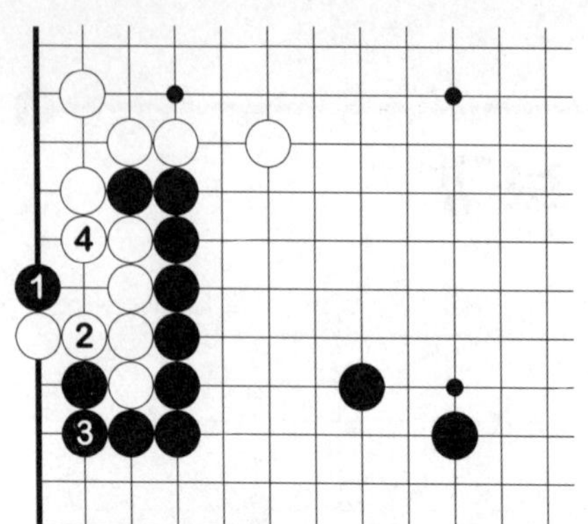

● 1도(정해)

흑1로 붙이는 것이 정답
이다. 백2에는 흑3으로
잇는 것이 선수가 된다.
백4로 이어서 흑이 선수.

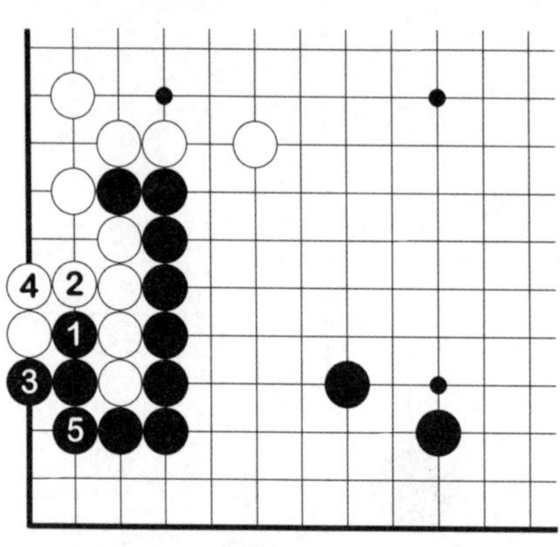

● 2도(실패 1)

흑1·3은 실수. 백2·4
때 흑5로 이어야하는 만
큼 흑이 후수이다.

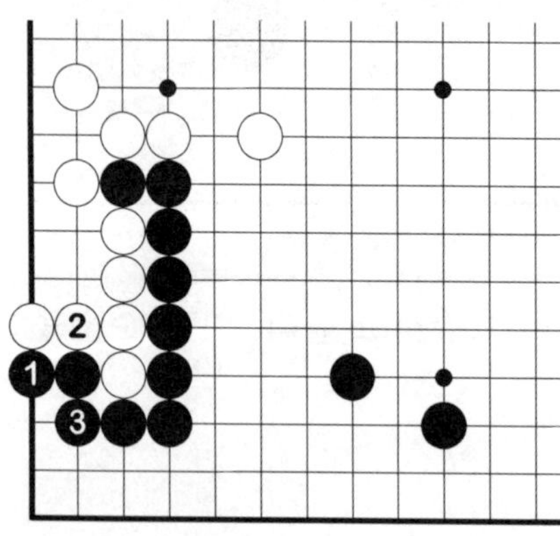

● 3도(실패 2)

흑1로 잇는 수 역시 좋지
않다. 백2·3까지의 진행
이면 2도보다도 흑이 더
욱 좋지 않다.

33 절묘한 추궁

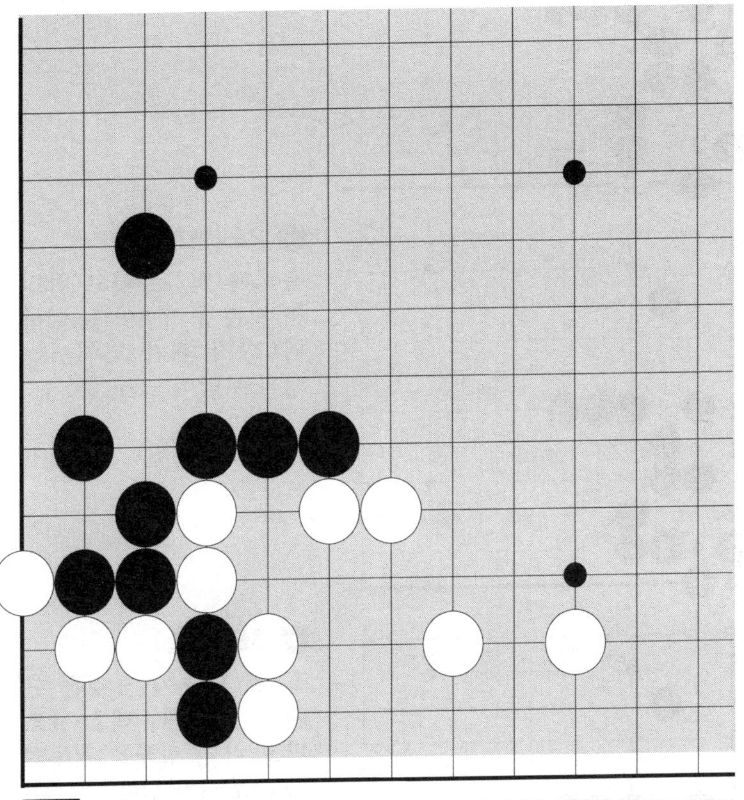

아무런 수도 없는 것 같지만 절묘하게 추궁하는 수단
이 준비되어 있다.

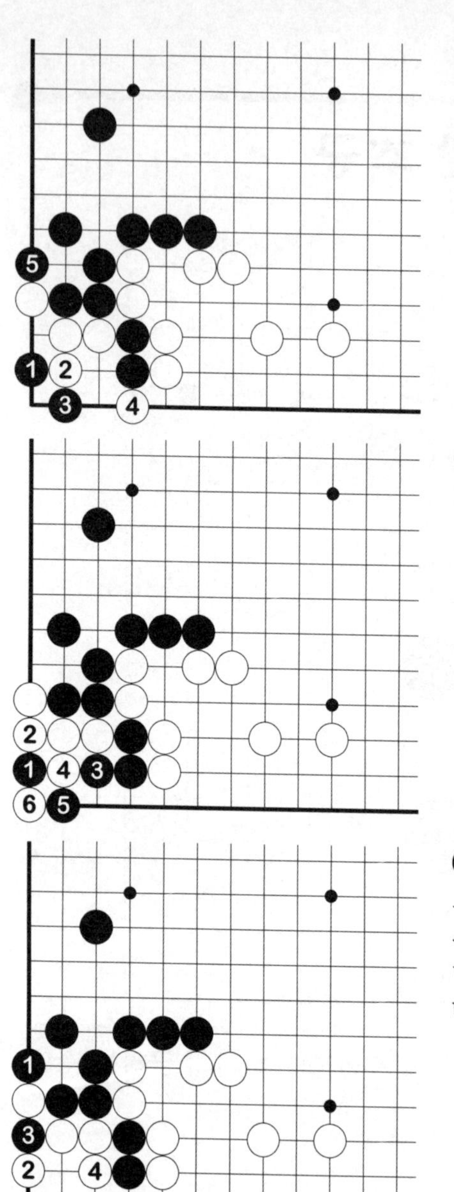

● 1도(정해)

흑1로 치중하는 수가 성립한다. 백2에는 흑3으로 둔 후 백4 때 흑5로 단수쳐서 백 한 점을 잡을 수 있다.

● 2도(변화)

흑1 때 백2로 잇고 버티는 것은 무리수이다. 이하 백6까지 패가 되어서는 백의 부담이 크다.

● 3도(미흡)

흑1로 단수치는 것은 단순한 끝내기. 백2·4로 받고 나면 성공을 거두었다고 보기 어렵다.

초급편

34 사활을 추궁

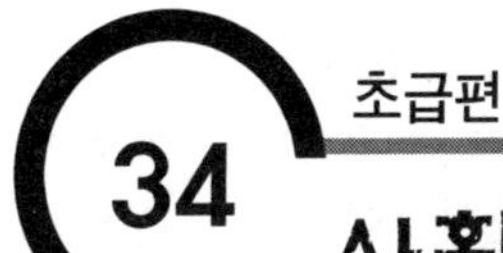

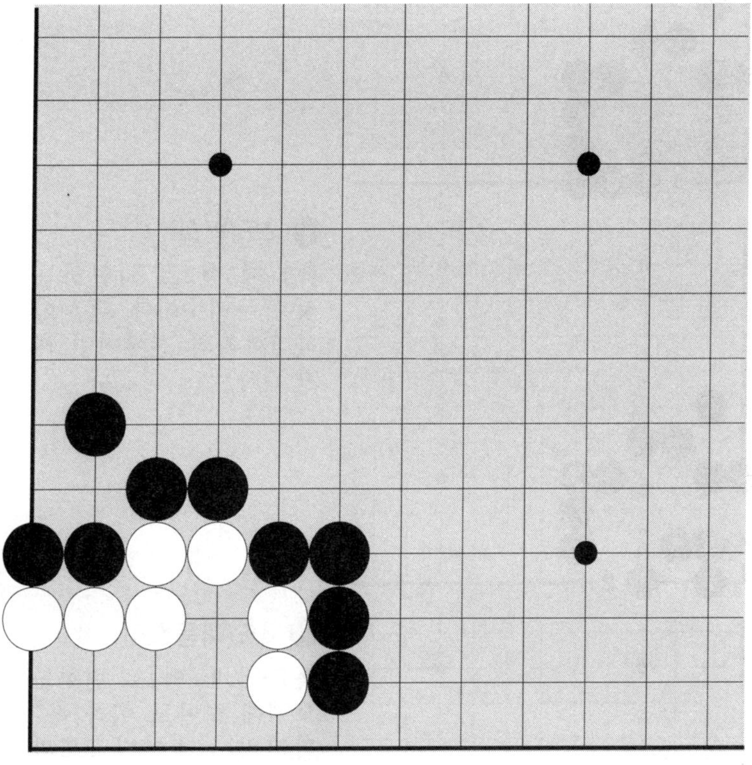

백의 사활을 추궁해서 이득을 취하는 문제이다. 첫수가 관건이다.

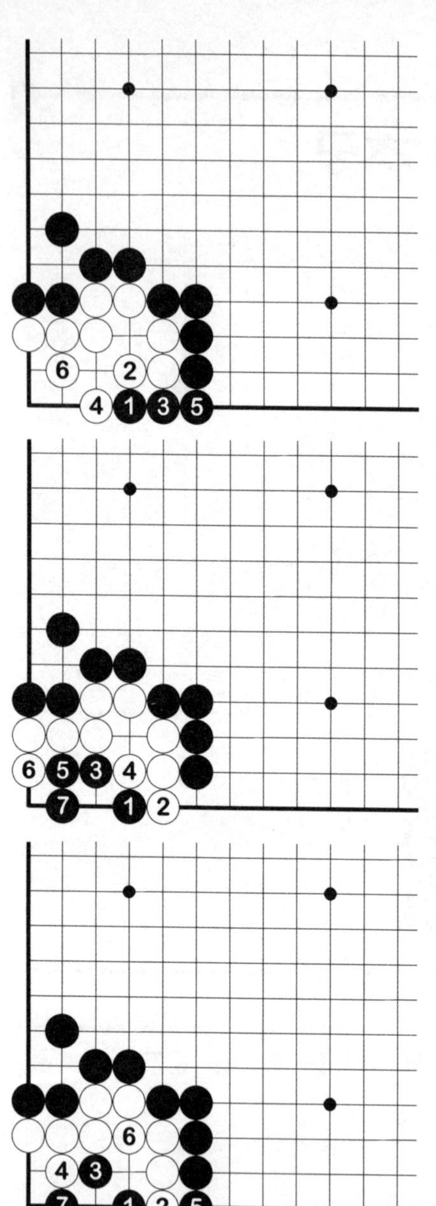

● 1도(정해)

흑1로 치중하는 수가 성립한다. 백2에는 흑3·5로 넘어서 흑이 선수이다.

● 2도(변화)

흑1 때 백2로 차단하는 것은 무리수이다. 흑3 이하 7까지의 진행이면 패가 된다.

● 3도(대동소이)

흑1·3 때 백4로 변화를 모색해 보아도 이하 흑7까지의 진행이면 2도와 대동소이한 결말이다.

초급편

35 침투의 깊이

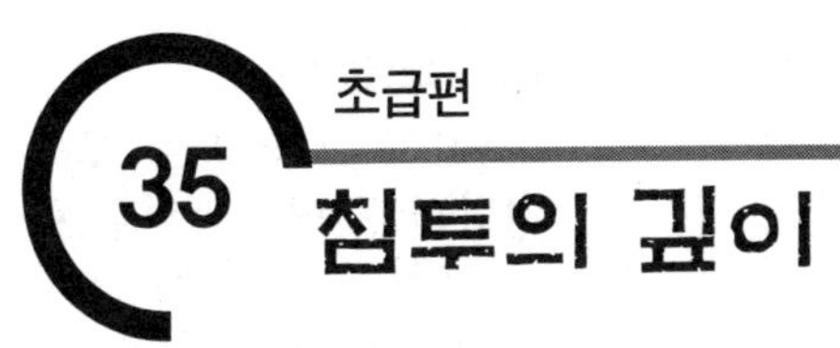

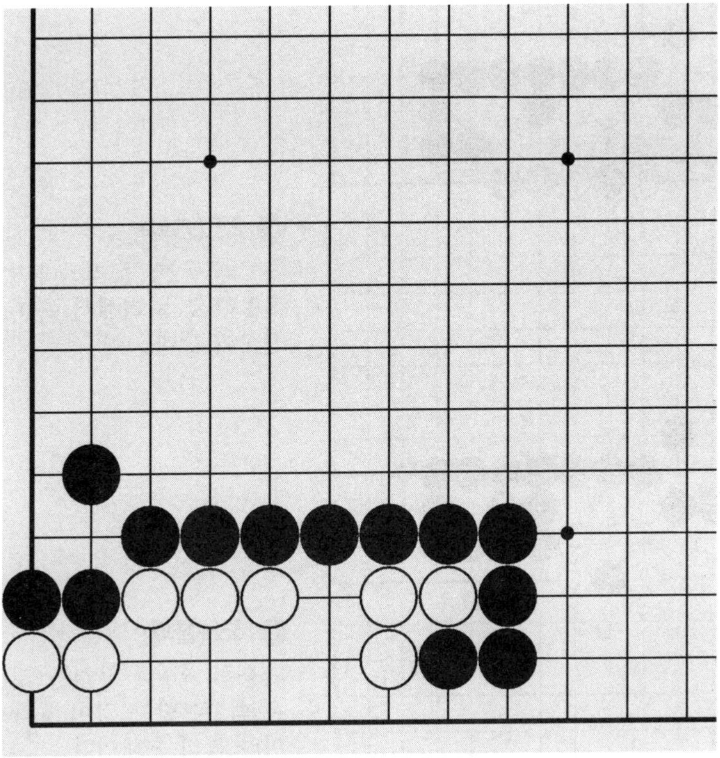

어느 선까지 침투해 들어갈 수 있느냐가 관건이다.

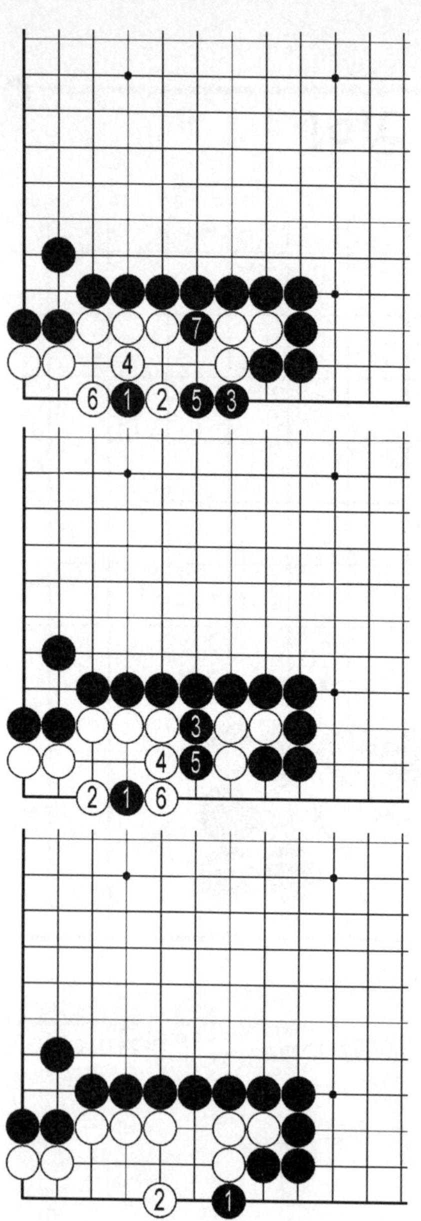

● 1도(정해)

흑1까지 침투하는 것이 정답이다. 백2에는 흑3으로 젖힌 후 이하 백7까지 백 석 점을 잡을 수 있다.

● 2도(변화)

흑1 때 백2로 물러선다면 흑3·5로 처리해서 흑이 선수가 된다.

● 3도(실패)

단순히 흑1로 젖히는 것은 백2로 받는 것이 호각이라 흑의 손해이다.

초급편

36 수순이 중요

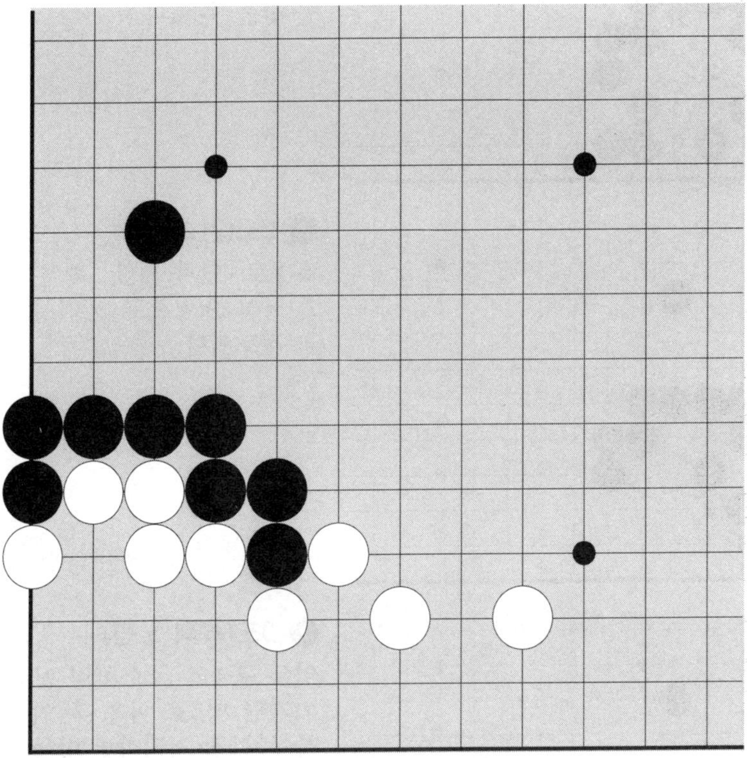

백 모양의 점을 추궁하기 위해선 수순을 특히 중시해야 한다.

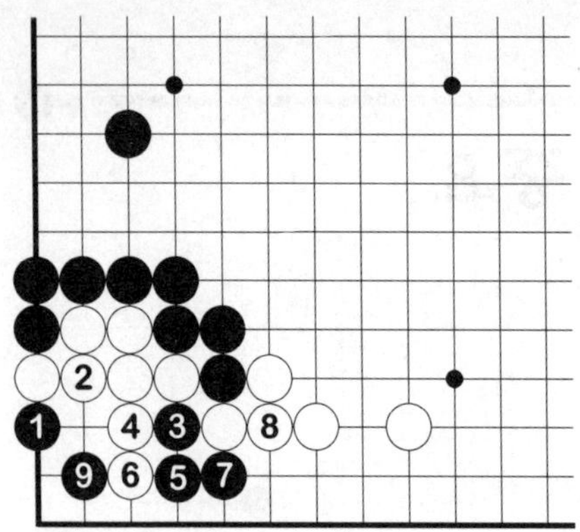

● 1도(정해)

흑1로 단수친 후 3으로 끊는 것이 정답이다. 계속해서 백4·6에는 흑7로 선수한 후 9에 붙여서 백을 잡을 수 있다.

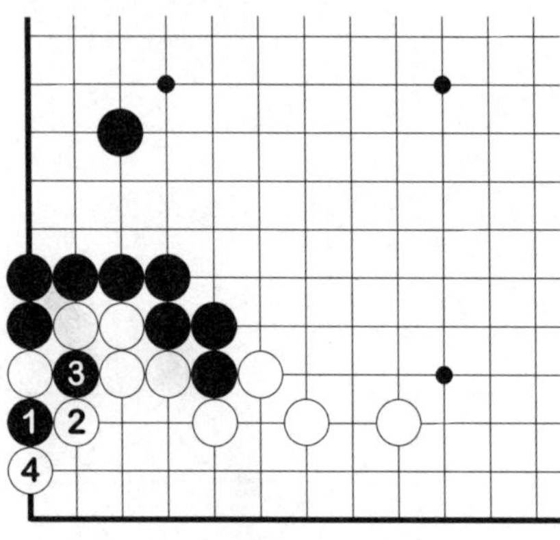

● 2도(변화)

흑1로 단수치면 백은 2·4의 요령으로 물러서는 정도이다.

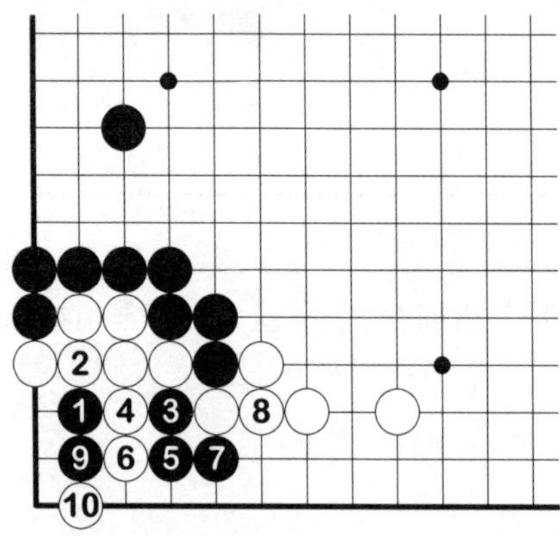

● 3도(흑의 노림)

얼핏 흑1이 급소처럼 보이지만 백2로 이은 후 이하 10까지 처리하면 아무런 수도 없다.

37 약점을 추궁

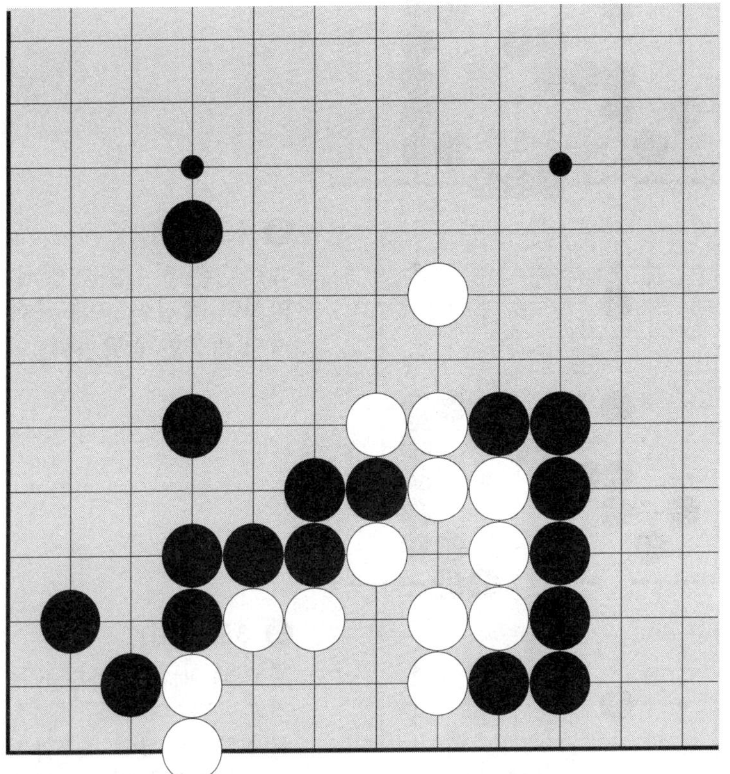

백의 약점을 추궁해서 끝내기하는 문제이다. 첫수가 중요하다.

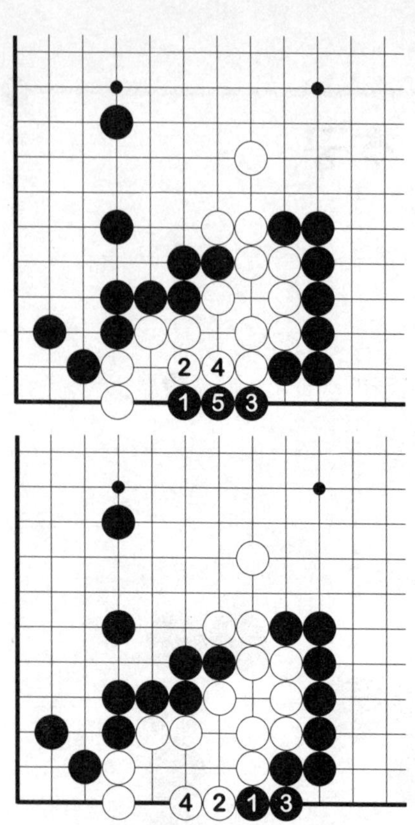

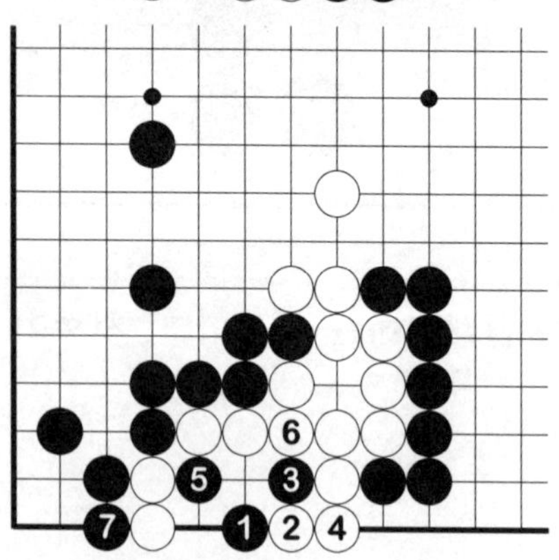

● 1도(정해)

흑1로 치중하는 수가 성립한다. 백2에는 흑3으로 넘어서 만족.

● 2도(미흡)

흑1·3은 선수를 취할 수 있지만 백집이 크게 굳어져서 미흡한 결말이다.

● 3도(변화)

흑1 때 백2로 차단하는 것은 무리수이다. 흑3을 선수한 후 이하 흑7까지의 진행이면 백 두 점이 잡힌다.

초급편

38 최대한 추궁

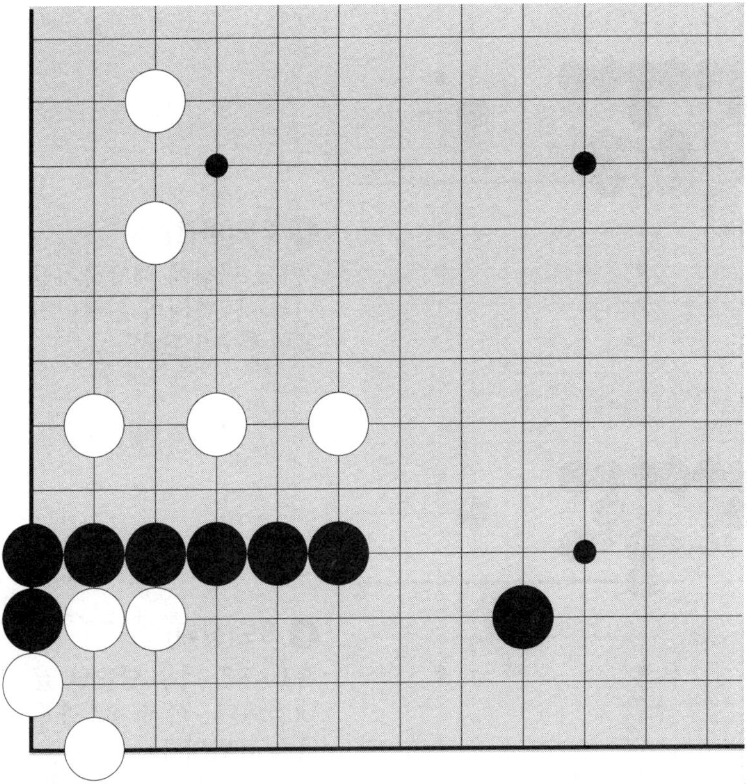

백집을 최대한으로 줄일 수 있는 방법을 모색해야 한다. 자신의 모양도 깔끔하게 정리할 수 있어야 한다.

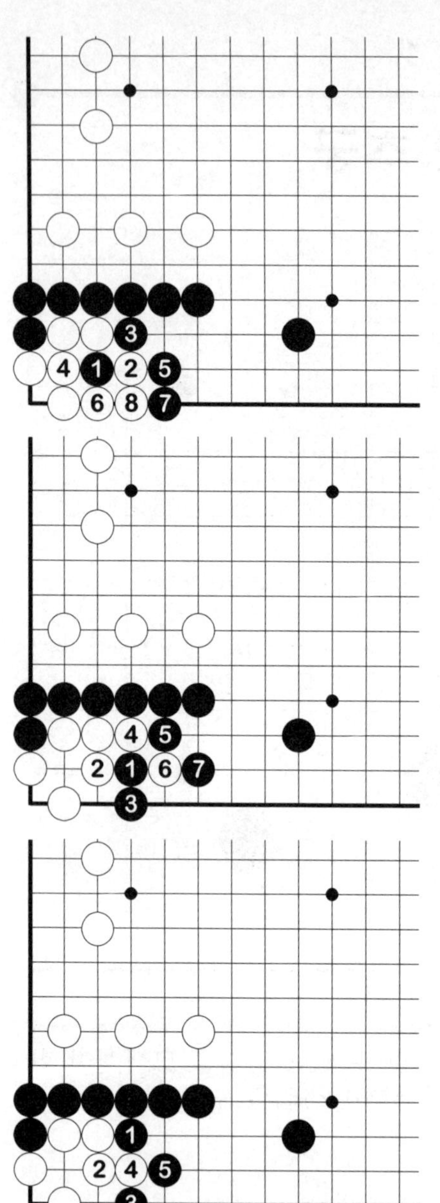

● 1도(정해)

흑1로 붙이는 것이 맥점이다. 백2에는 흑3을 선수한 후 이하 백8까지 선수로 깔끔하게 마무리 한다.

● 2도(미흡)

흑1도 맥점에 해당하지만 이하 흑7까지의 진행이면 흑이 후수가 된다.

● 3도(실패)

흑1·3은 너무 단순한 끝내기이다. 이하 흑5까지 흑의 불만이다.

39 비마 끝내기

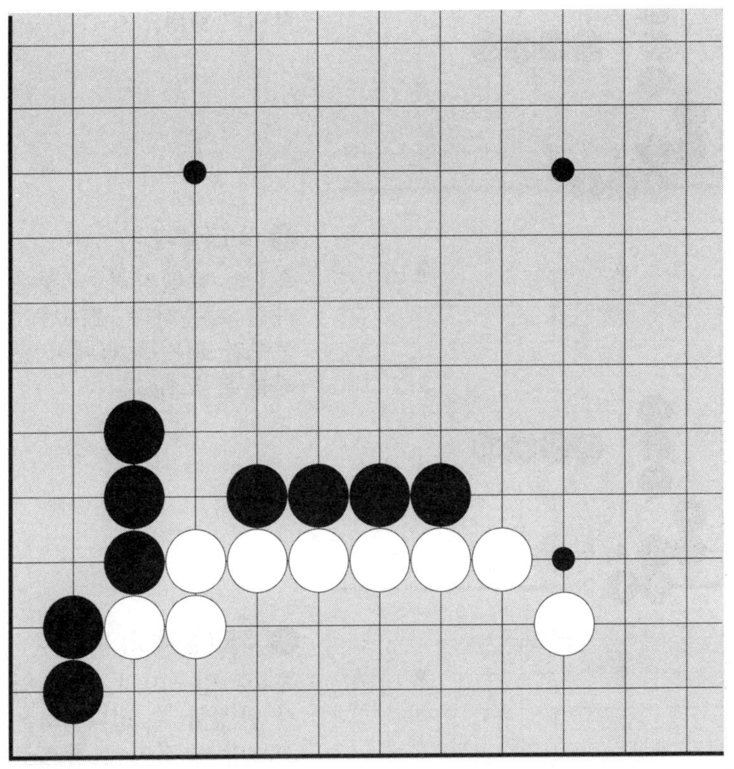

백집을 가장 침식할 수 있는 방법을 모색해야 한다.
가장 기본적인 끝내기의 맥이다.

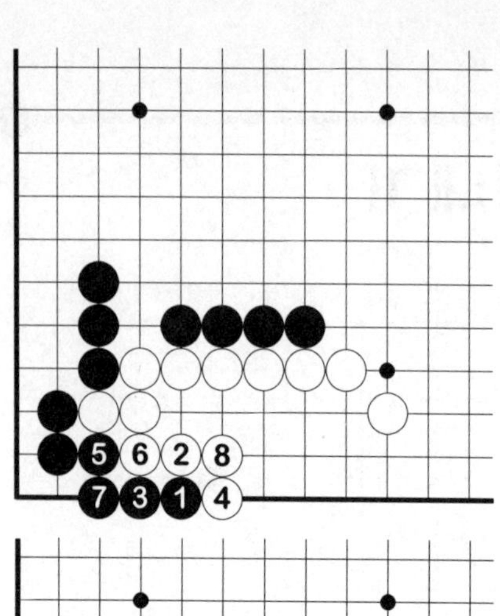

1도(정해)

흑1로 눈목자하는 것이 이른바 '비마 끝내기'이다. 계속해서 백2로 받고 이하 8까지 흑은 선수로 끝내기 했다.

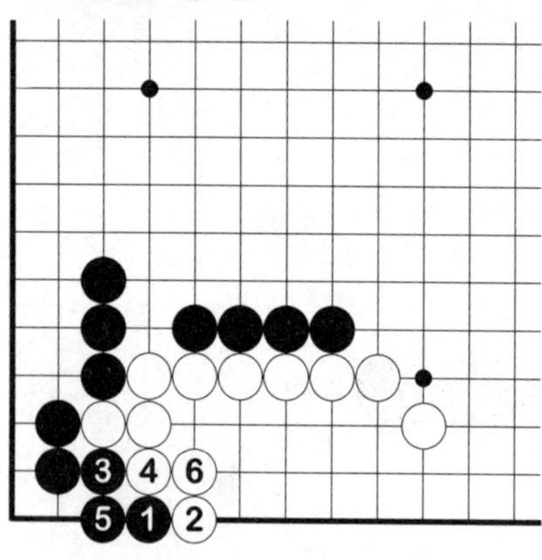

2도(실패 1)

흑1로 날일자하는 것은 약간 미흡하다. 백6까지 선수가 되지만 집에서 손해를 본 모습.

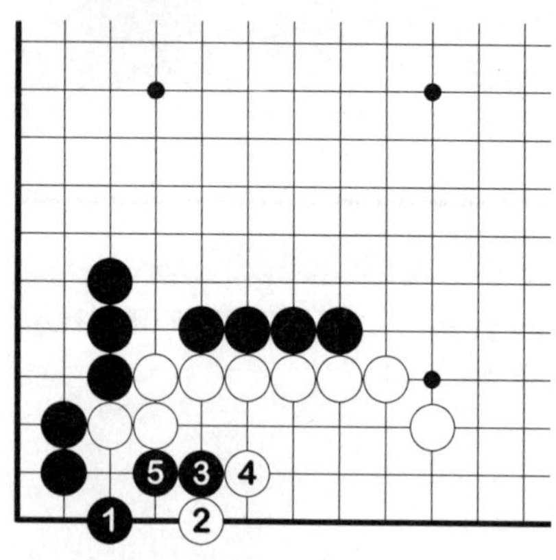

3도(실패 2)

흑1로 입구자하는 수 역시 찬성할 수 없다. 백은 2로 받는 것이 호착으로 흑3·5라면 선수가 된다.

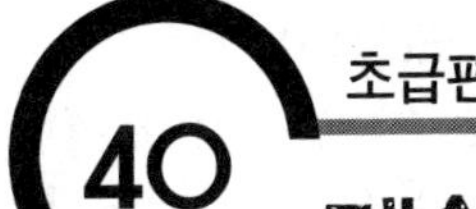

초급편

40 폐석을 활용

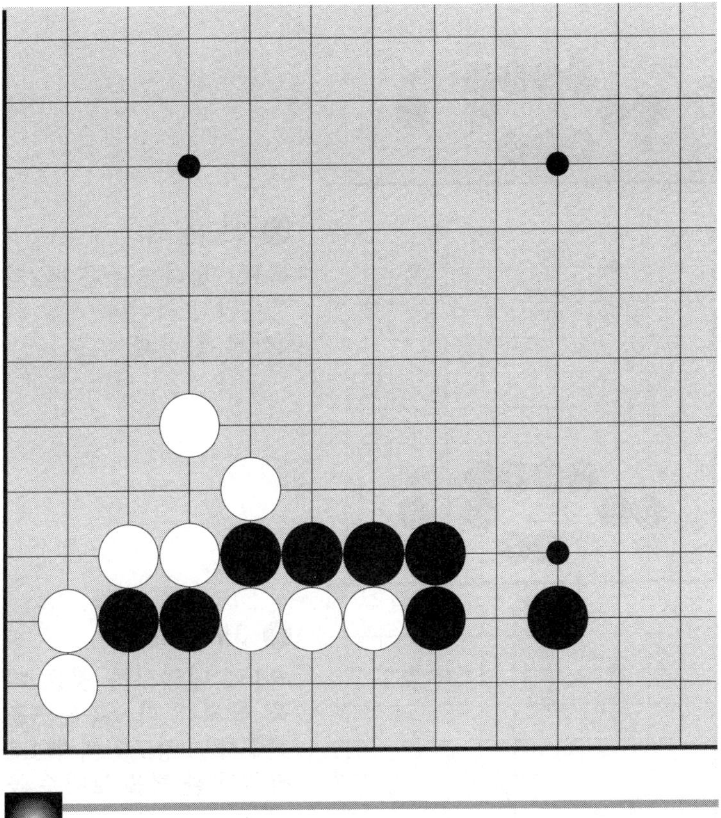

흑 두 점은 도저히 살릴 수 없는 돌이다. 그러나 사석으로 활용하면 상당한 이득을 거둘 수 있다.

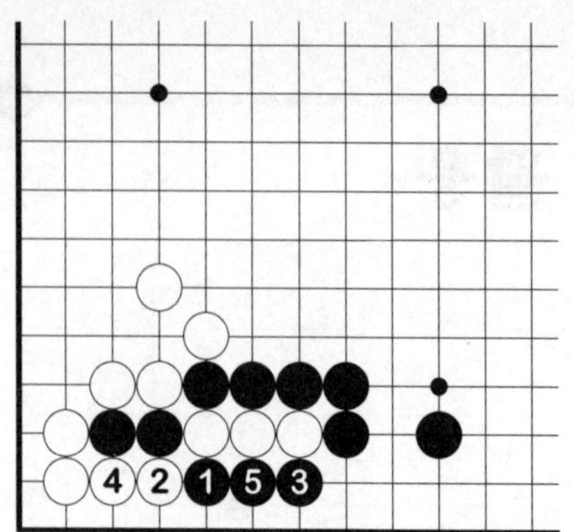

● 1도(정해)

흑1로 젖히는 것이 정답이다. 백2 때 흑3으로 단수치면 모양이 깔끔하게 정리된다.

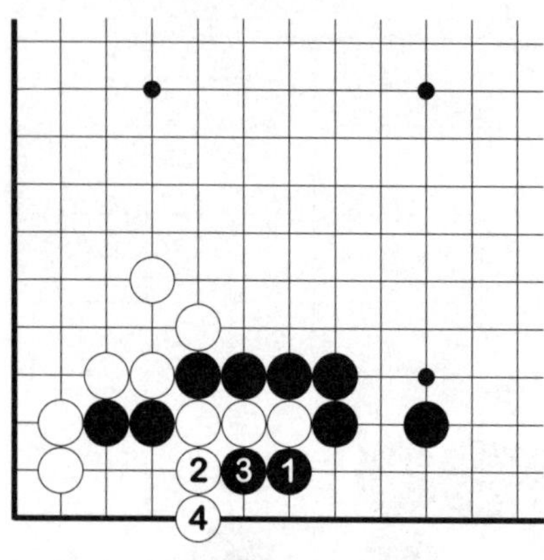

● 2도(실패)

흑1로 젖히는 것은 백2의 응수가 호착이다. 흑3, 백4까지 흑 실패.

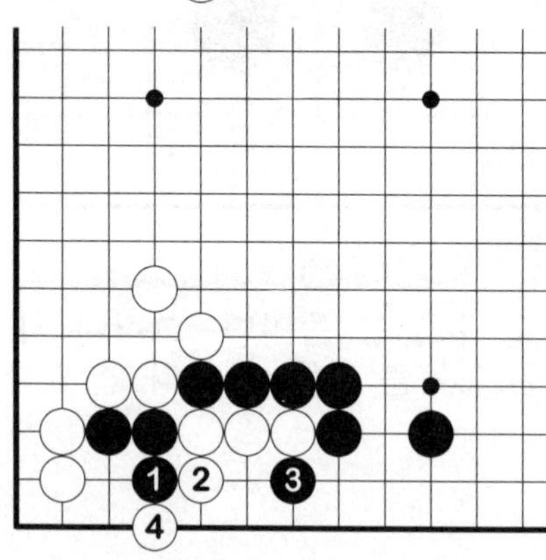

● 3도(손해)

흑1로 내려서는 것은 더욱 좋지 않다. 흑은 3을 선수하는 정도인데 백4로 잡혀서 한 점을 보태준 꼴이다.

41

버림돌 작전

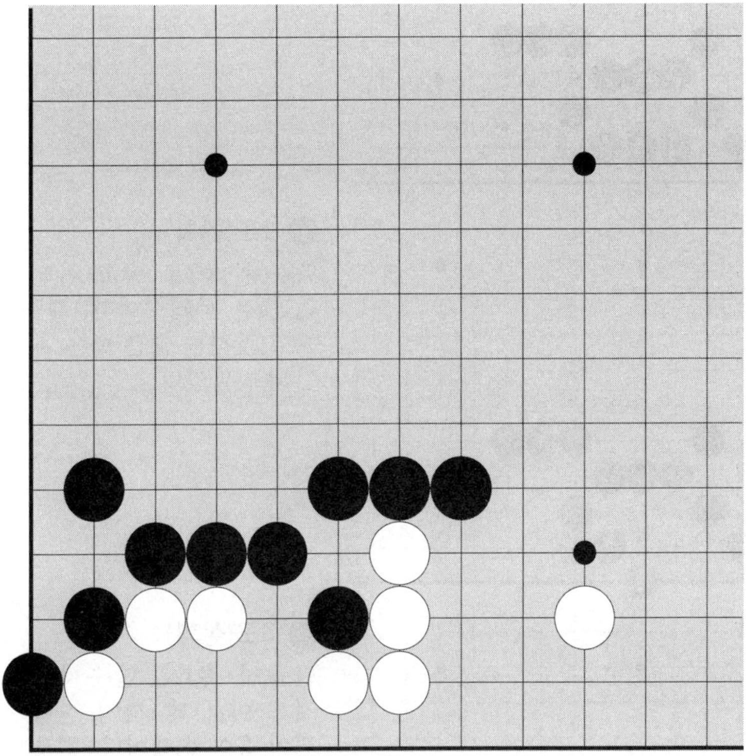

단순히 백 한 점을 잡는 것으로는 만족할 수 없다.
과연 어떤 방법이 있을까?

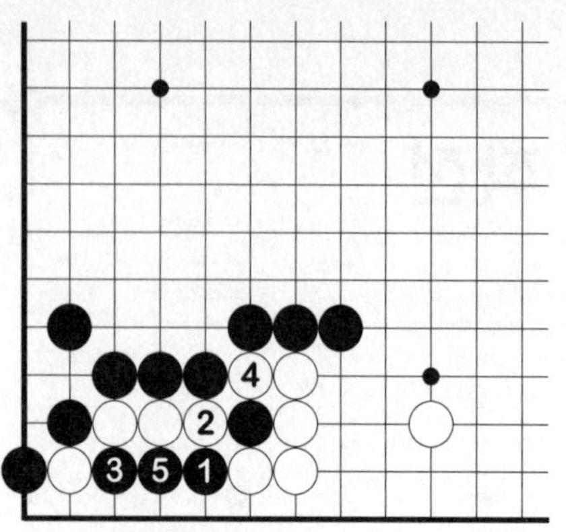

● 1도(정해)

흑1로 젖히는 것이 좋은 수이다. 백2에는 흑3·5로 단수쳐서 상당한 전과를 거둔다.

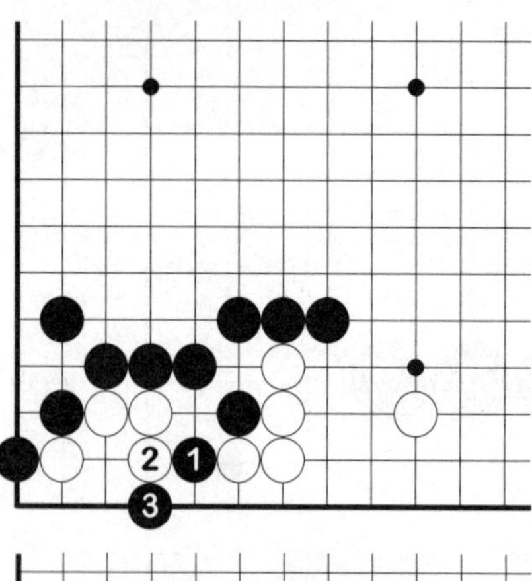

● 2도(변화)

흑1 때 백2로 막고 버티는 것은 무리수이다. 흑3으로 젖히는 순간 백은 차단되고 말았다.

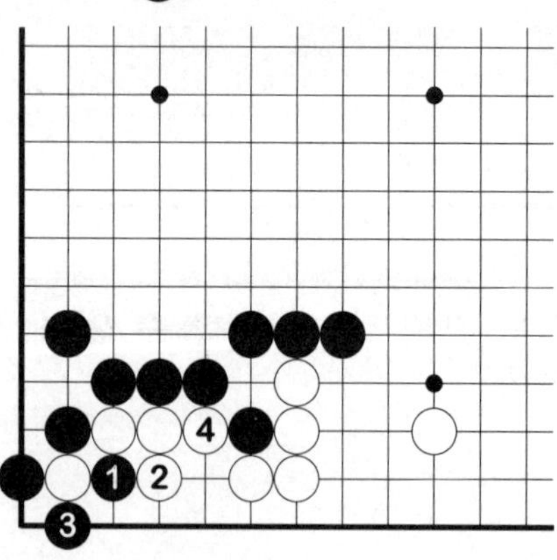

● 3도(실패)

단순히 흑1로 단수치는 것은 이하 백4까지 진행되어 흑이 손해이다. 경우에 따라서 백4는 손을 빼도 무방하다.

초급편

42 최선의 끝내기

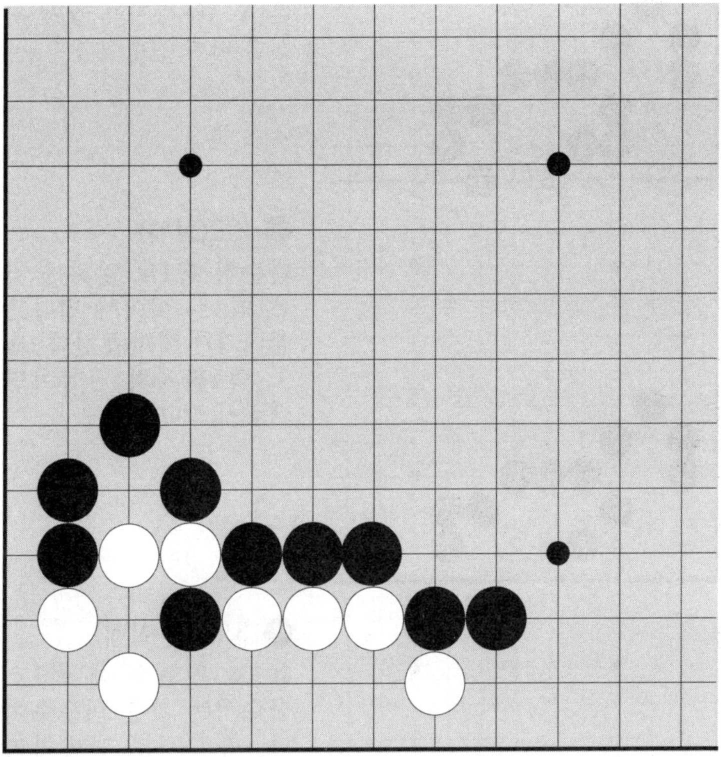

어떻게 두는 것이 백을 최대한 괴롭혀서 끝내기하는 방법일까? 백도 최강으로 응수해야 한다.

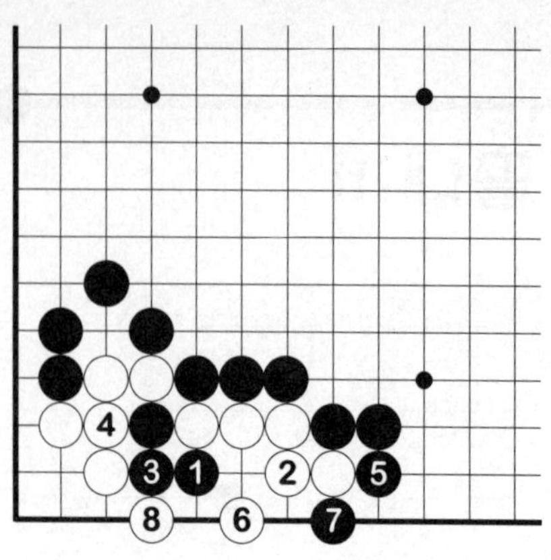

● 1도(정해)

흑1로 젖히는 것이 출발점이다. 이때 백2의 이음이 최선이자 최강의 버팀수. 계속해서 흑3으로 이은 후 백8까지가 쌍방 최선을 다한 진행이다.

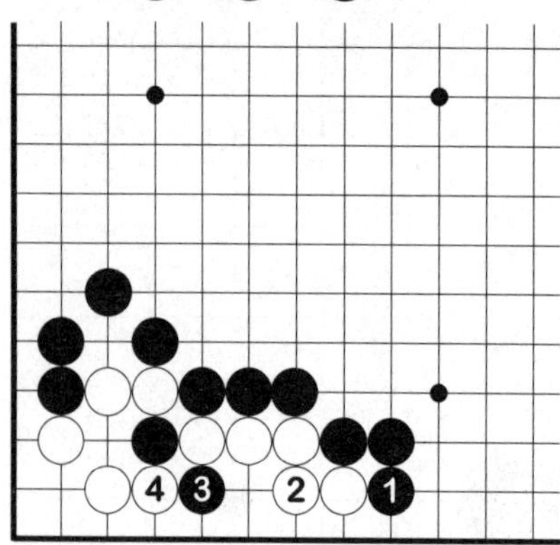

● 2도(실패)

단순히 흑1로 젖히는 것은 백2로 이어서 별다른 끝내기가 되지 못한다. 흑3, 백4까지의 진행이면 백집이 크다.

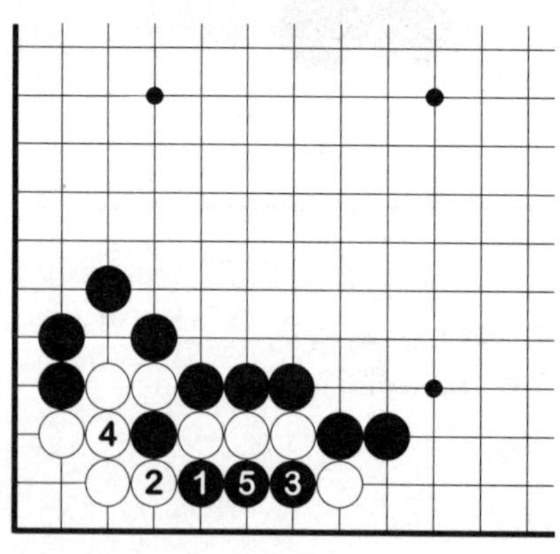

● 3도(백, 실패)

흑1로 젖혔을 때 백2로 단수치는 것은 의문수이다. 흑3·5로 단수치면 백의 손해가 크다.

43 자충을 활용

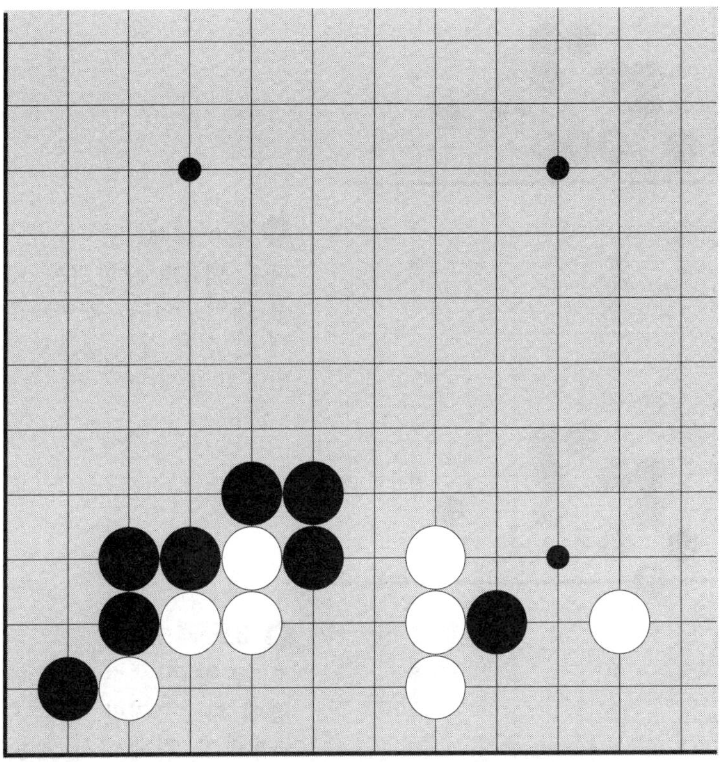

백 모양의 약점을 찔러 이득을 취하는 문제이다. 백을 자충으로 유도하는 수순이 중요하다.

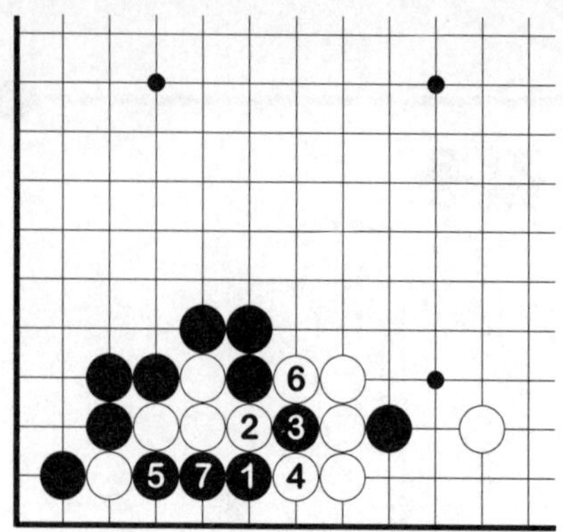

● 1도(정해)

흑1로 한 칸 뛰는 것이 좋은 수이다. 백2 때 흑3으로 막은 후 이하 흑7까지 처리하면 흑 만족이다.

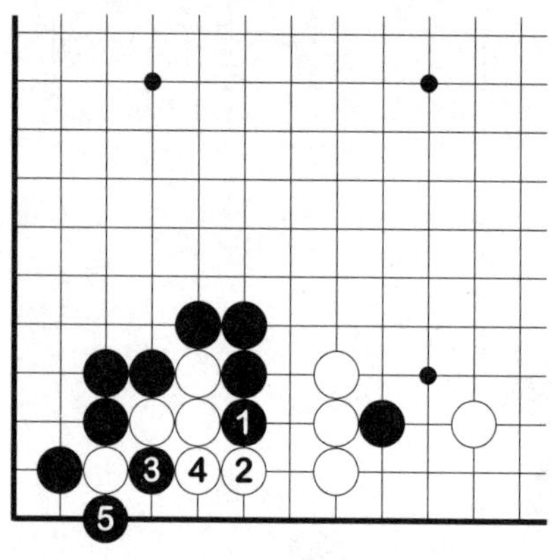

● 2도(실패)

흑1, 백2를 교환하는 것은 대악수이다. 흑3·5로 백 한 점을 잡는 정도로는 만족할 수 없다.

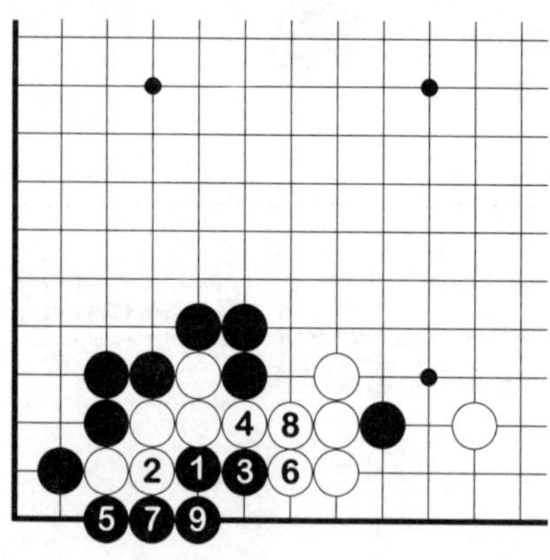

● 3도(후수)

흑1로 붙이는 수 역시 맥점에 해당하지만 이하 흑9까지의 진행에서 보듯 후수가 된다는 것이 불만이다.

44 초급편

절묘한 수순

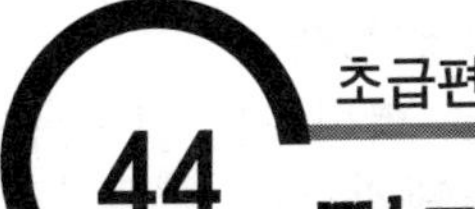

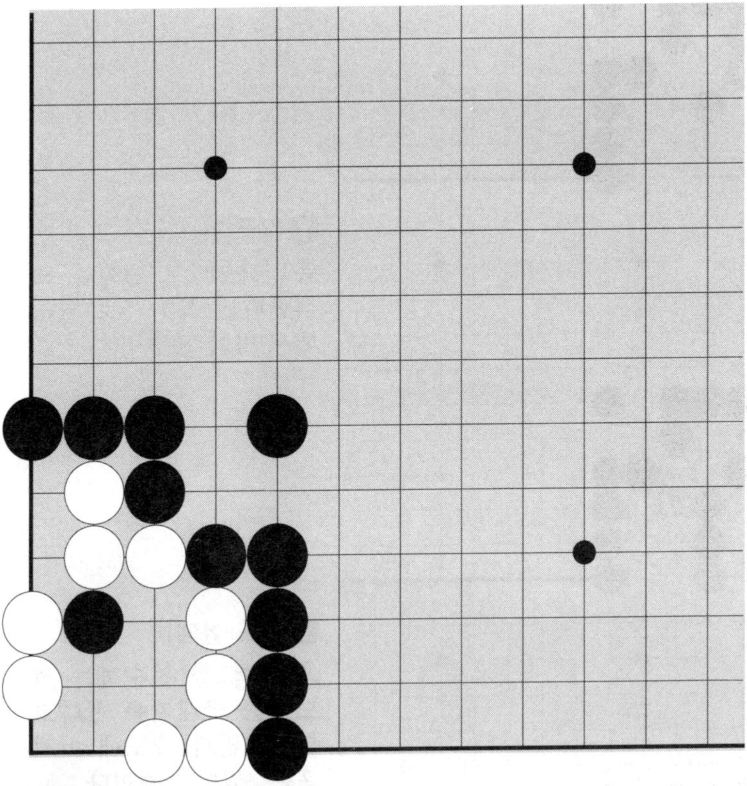

잡혀 있는 흑 한 점을 활용해서 끝내기를 하는 문제이다. 첫수가 절묘하다.

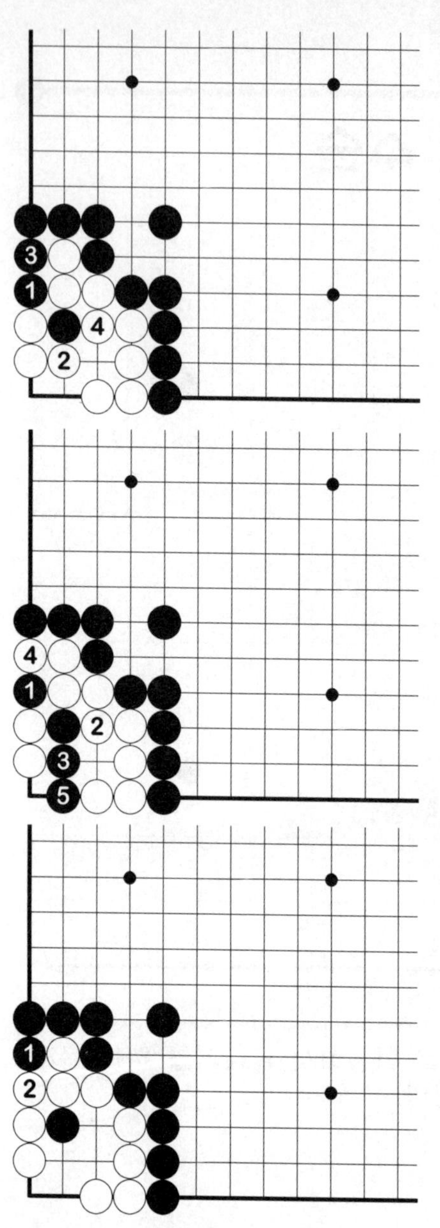

● 1도(정해)

흑1로 먹여치는 것이 좋은 끝내기이다. 백은 2로 물러설 수밖에 없는데 흑3, 백4까지 선수로 처리한다.

● 2도(빅)

흑1 때 백2로 변화를 모색한다면 흑3·5로 처리해서 빅이 된다.

● 3도(실패)

흑1, 백2를 선수하는 정도로는 끝내기를 했다고 할 수 없다. 2도에 비해 흑은 2집이 손해이다.

45

손해 없이 처리

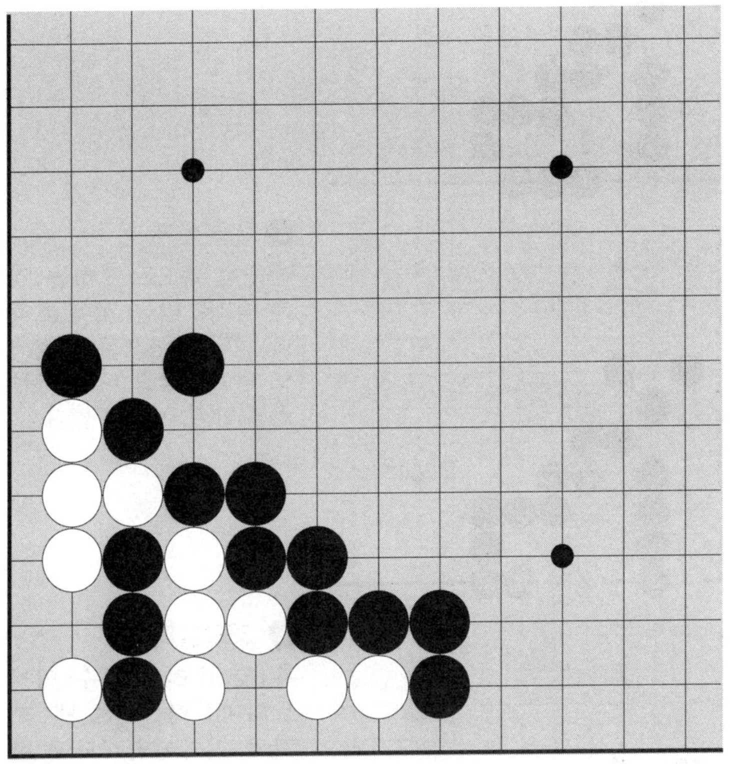

백의 약점을 추궁해서 이득을 취하는 문제이다. 손해가 없이 백을 조일 수 있어야 한다.

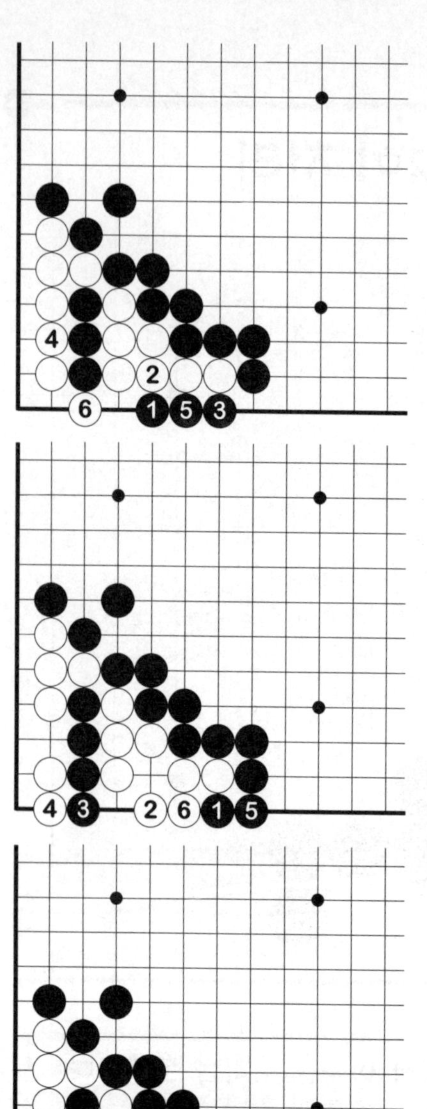

● 1도(정해)

흑1로 치중하는 것이 급소이다. 백2 때 흑3 이하 백6까지 조이면 흑은 손해 없이 이득을 취했다.

● 2도(실패 1)

단순히 흑1로 젖히는 것은 백2로 받는 것이 호착이 된다. 흑3으로 내려서도 백4로 막고 나면 아무런 수단의 여지도 없다.

● 3도(실패 2)

흑1로 내려서는 수 역시 무의미하다. 이하 백6까지의 진행이면 2도에 비해 두 점이나 더 보태줬다.

초급편

46 조이는 방법

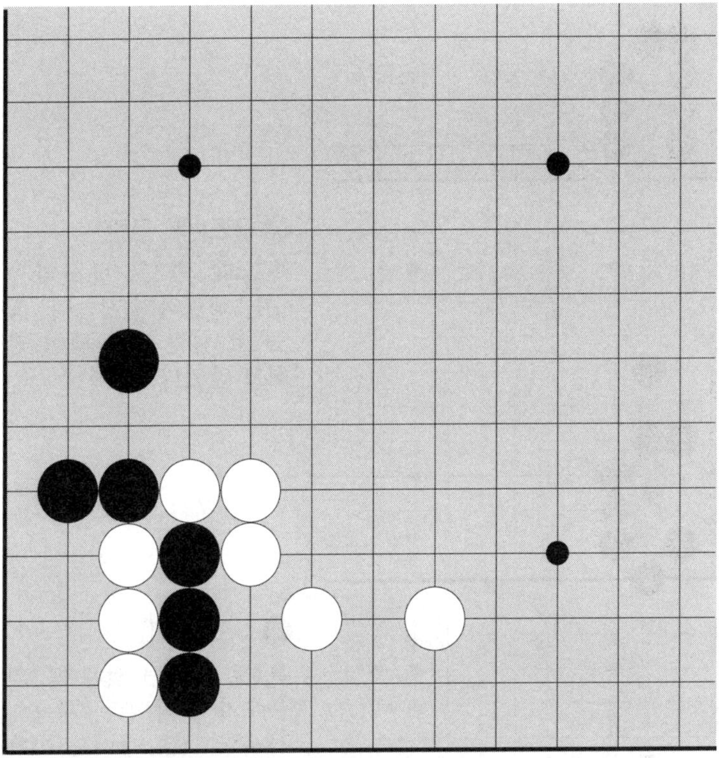

흑 석 점은 도저히 살리 수 없는 돌이다. 그렇다면 어떻게 조여서 이득을 취하느냐가 중요하다.

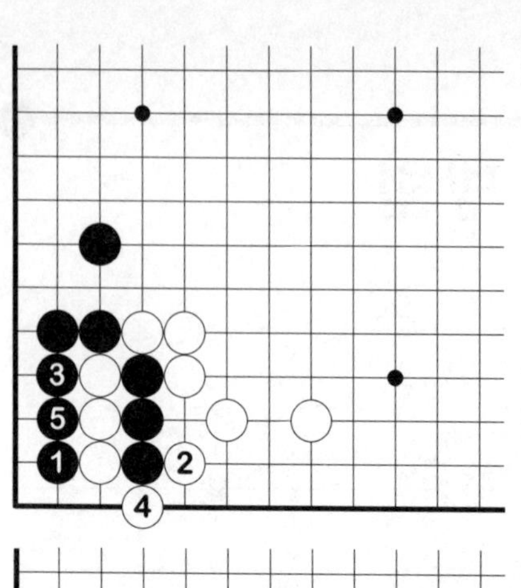

● 1도(정해)

흑1로 붙이는 것이 좋은 수이다. 백2에는 기분좋게 흑3 · 5를 선수할 수 있다.

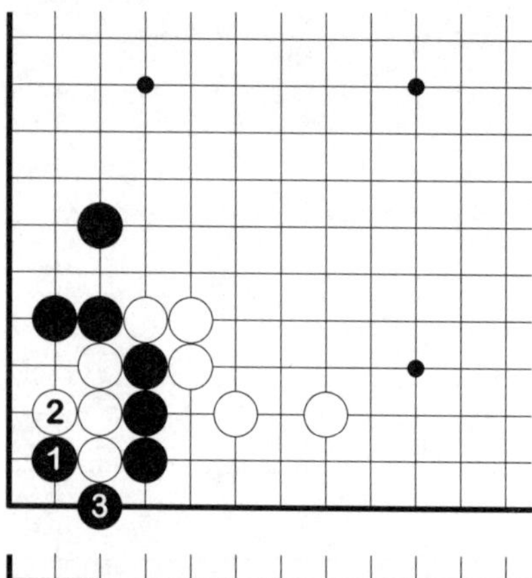

● 2도(백, 곤란)

흑1 때 백2로 반발하는 수는 성립하지 않는다. 흑3으로 넘는 순간 백이 잡히고 말았다.

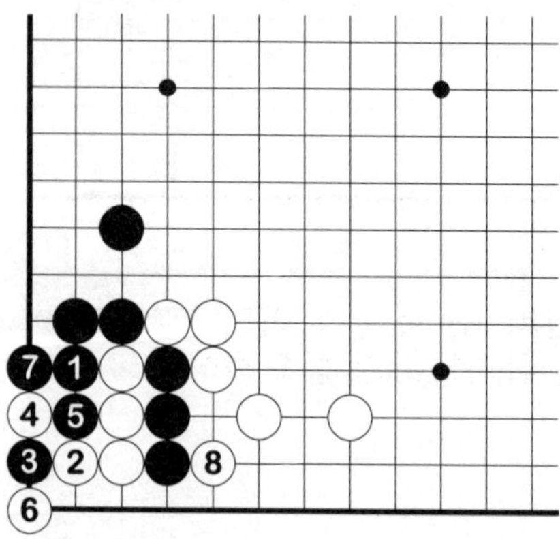

● 3도(실패)

흑1로 조이는 것은 백2의 응수가 호착이다. 계속해서 흑3 · 5로 두어도 이하 백8까지의 진행이면 2도에 비해 흑이 손해이다.

47 사석 작전

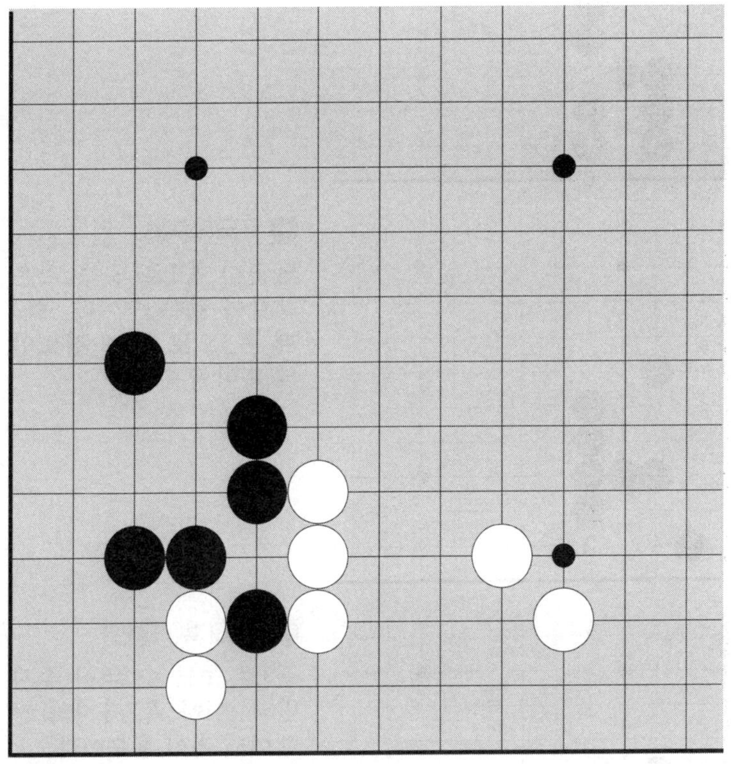

때로는 자신의 돌을 키워서 죽이는 것이 유리한 경우
가 많다. 과연 이 경우에는 어떨까?

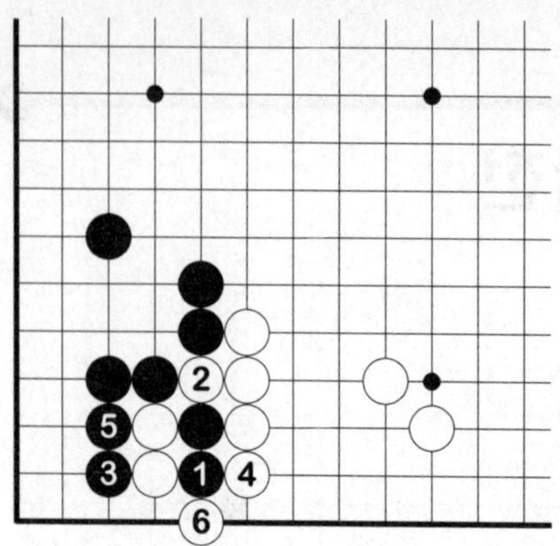

● 1도(정해)

역시 흑은 1로 키워서 죽이는 것이 좋은 수이다. 백2 때 흑3·5로 조이면 선수로 형태를 정비할 수 있다.

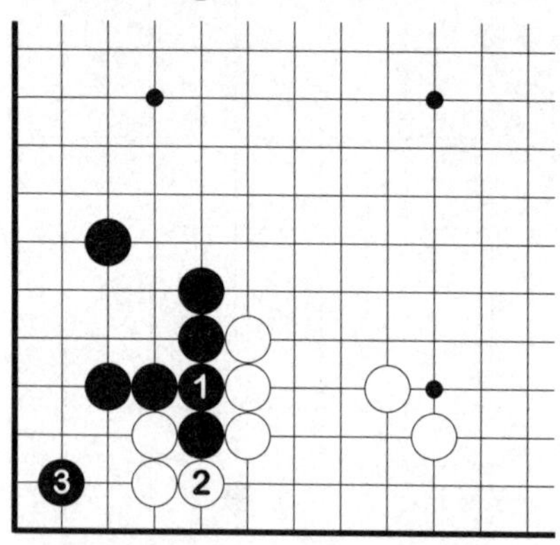

● 2도(실패)

단순히 흑1로 잇는 것은 생각이 짧은 수이다. 백2 때 흑3으로 두는 정도인데 흑이 후수이다.

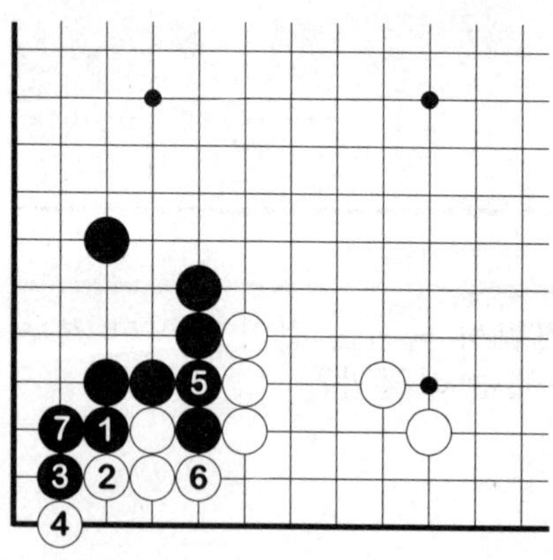

● 3도(흑, 불만)

흑1로 두는 수 역시 좋지 않다. 이하 흑7까지의 진행이면 흑이 후수이다.

48 자충을 이용

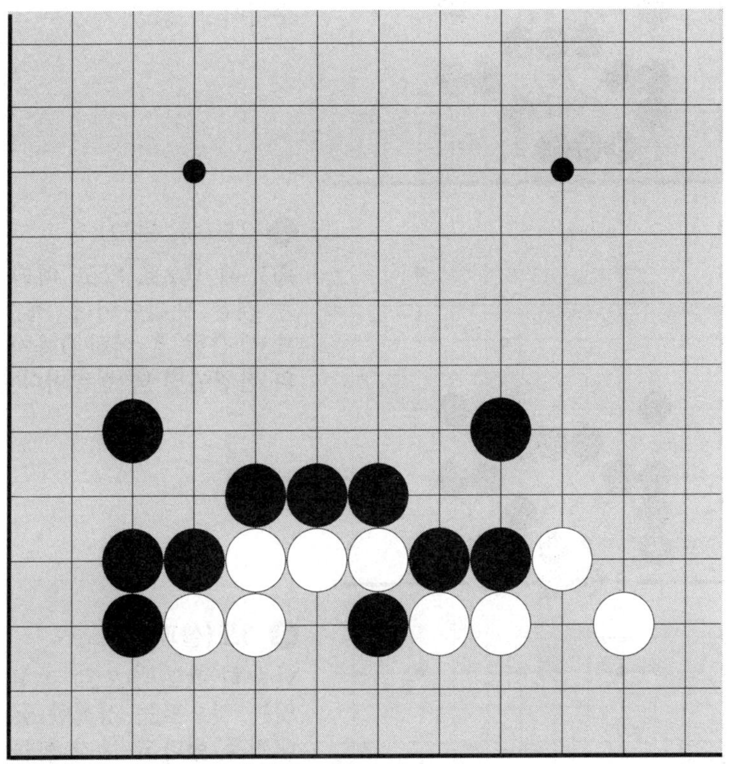

잡혀 있는 흑 한 점을 최대한으로 활용해야 한다. 상
대의 자충을 이용하는 것이 중요하다.

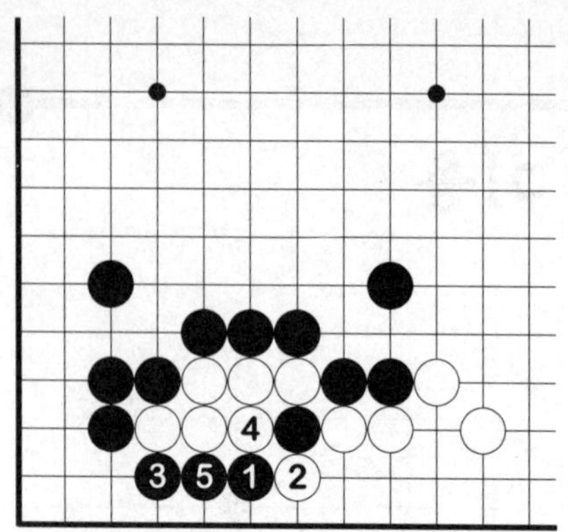

● 1도(정해)

흑1로 입구자하는 것이
좋은 수이다. 백2 때 흑3
으로 젖히면 백은 4로 따
낼 수밖에 없다. 흑5로 단
수쳐서 흑 성공.

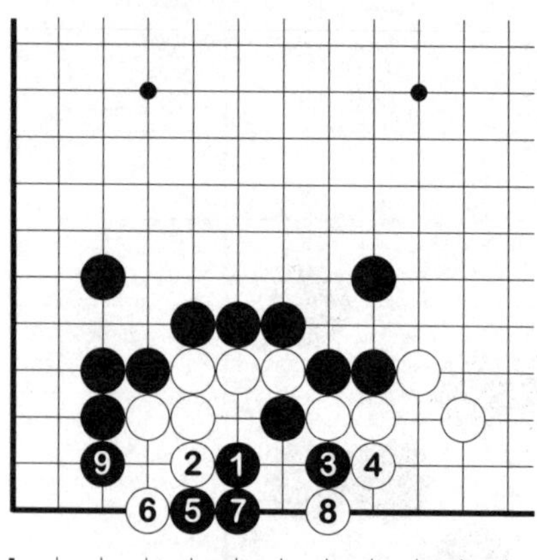

● 2도(백, 무리)

흑1 때 백2로 막고 버티
는 것은 무리수이다. 흑3
으로 젖힌 후 이하 9까지
의 진행이면 백 전멸이다.

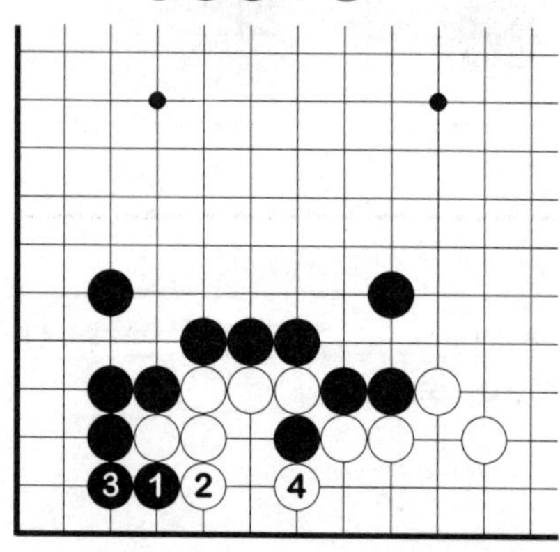

● 3도(실패)

단순히 흑1·3으로 젖혀
잇는 것으로는 정확한 끝
내기를 했다고 보기 힘들
다.

49

단수 이후가 관건

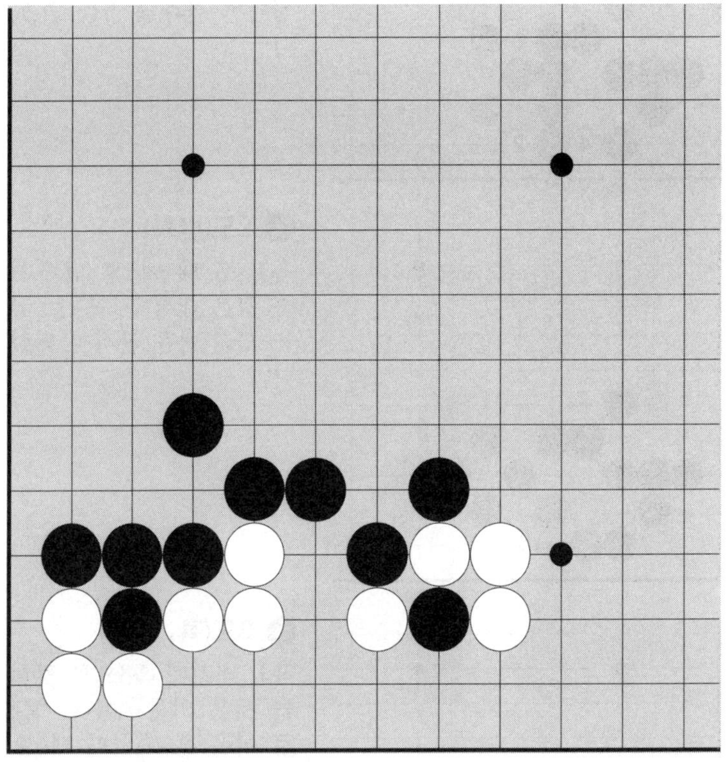

첫수는 간단한데 이후의 수순이 중요하다. 상대의
자충을 활용하는 것이 요령이다.

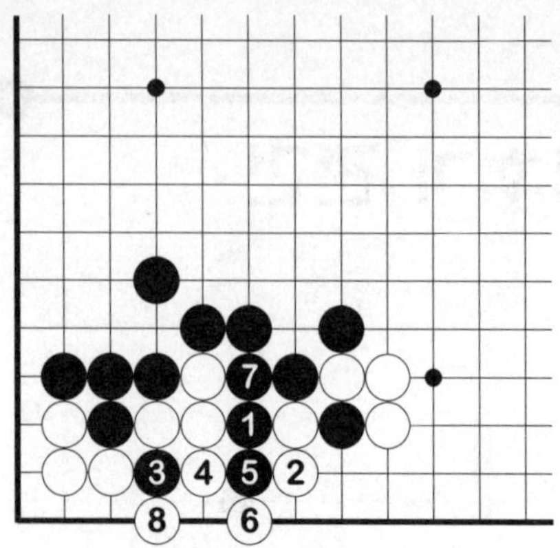

● 1도(정해)

흑1로 단수치는 것은 일단 절대적인 한 수. 백2 때 흑3으로 끊는 것이 중요한 수로 이하 백8까지 상당한 전과를 거둘 수 있다.

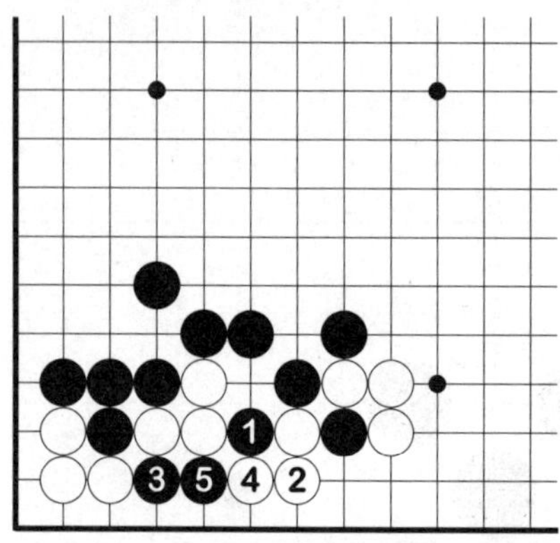

● 2도(변화)

흑1·3 때 백4로 단수치는 것은 대악수. 흑5로 끊는 순간 백은 환격이 되었다.

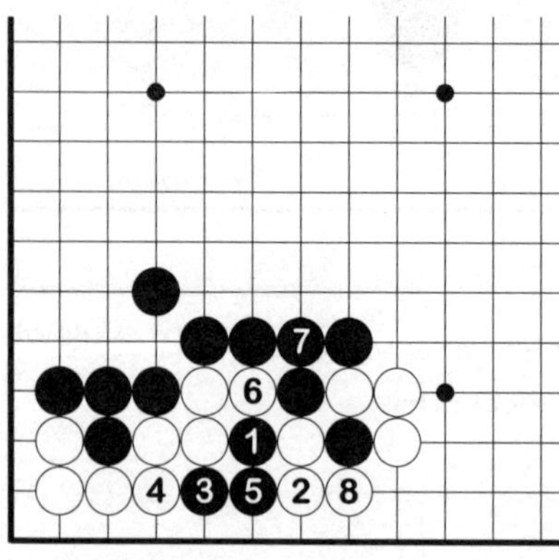

● 3도(흑, 죽음)

흑1, 백2 때 흑3으로 젖히는 것은 의문수이다. 백4로 이은 후 흑5 때 백6으로 절단하면 흑의 손해가 크다.

50 백 모양의 약점

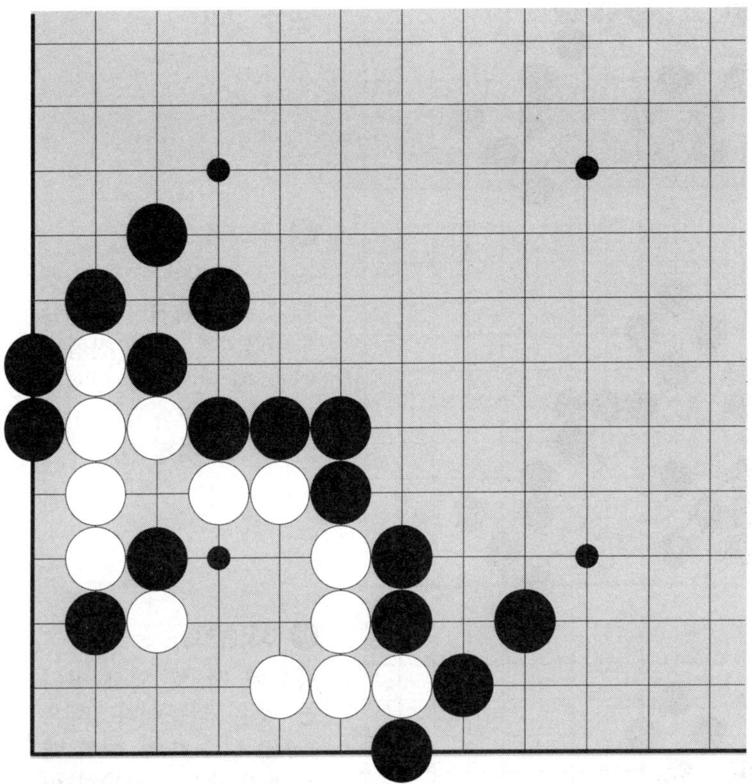

궁도가 넓어 보이는 백이지만 흑의 집요한 추궁에 상당히 시달리게 된다. 흑은 과연 어떤 수순을 밟아야 할까?

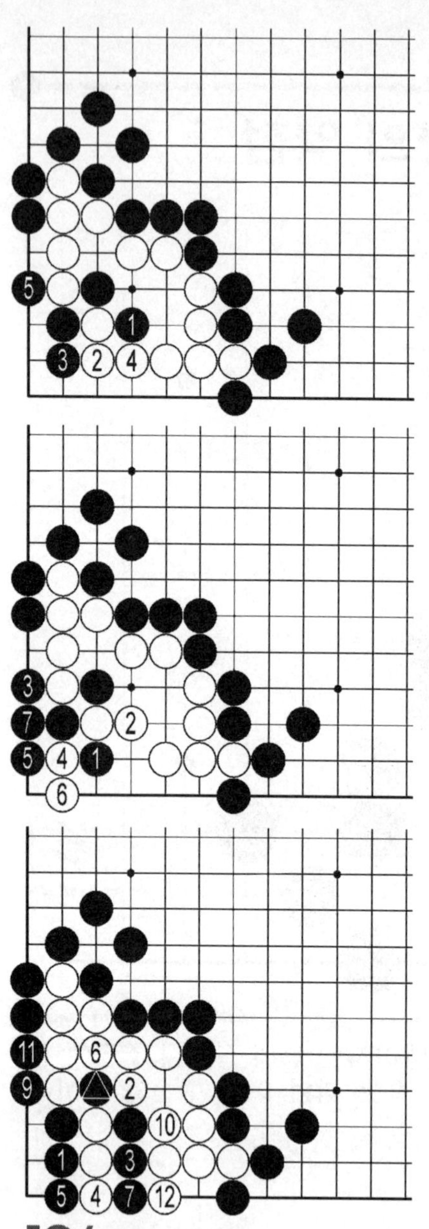

● 1도(정해)

흑1로 단수친 후 3으로 막는 것이 좋은 수이다.

백4로 보강한다면 흑5로 넘어서 상당한 전과를 거둘 수 있다.

● 2도(패)

흑1로 단수치는 것은 팻감이 많을 때에나 가능한 수이다. 백4까지 진행되었을 때 흑5로 단수쳐서 패. 백6, 흑7까지의 진행이면 흑도 버틸 만하다.

● 3도(변화)

흑1 때 백2로 잇고 버티는 것은 의문이다. 흑은 3으로 단수친 후 이하 백12까지 선수로 상당한 이득을 취할 수 있다.

(백⑧…흑▲)

51 초급편

상용형

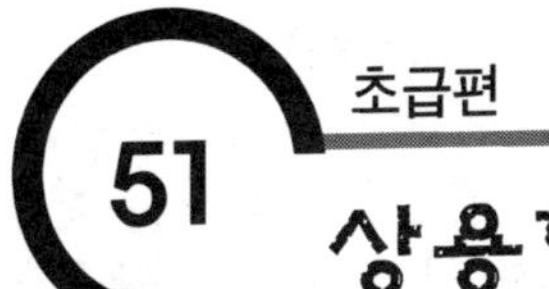

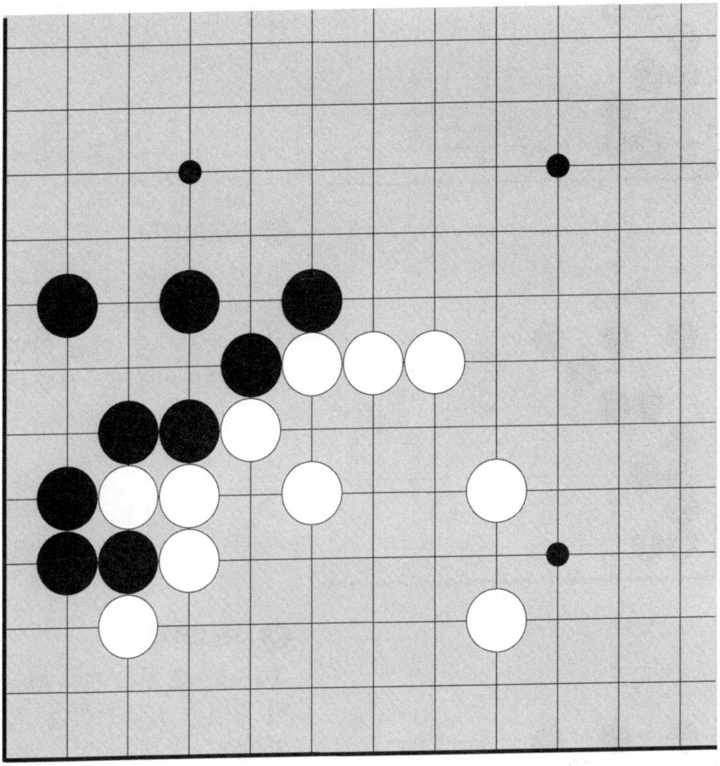

실전에서 흔히 등장하는 형태이다. 백의 약점을 최대한으로 추궁하는 수는 무엇일까?

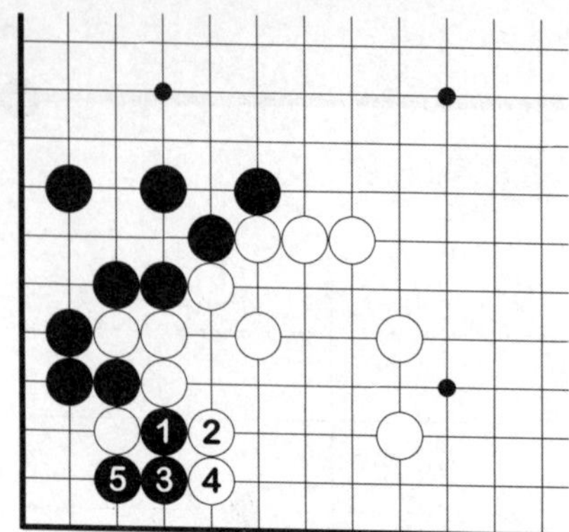

● 1도(정해)

흑1로 끊는 수가 성립한다. 백2의 단수에는 흑3으로 나간 후 백4, 흑5까지 상당한 전과를 거둘 수 있다.

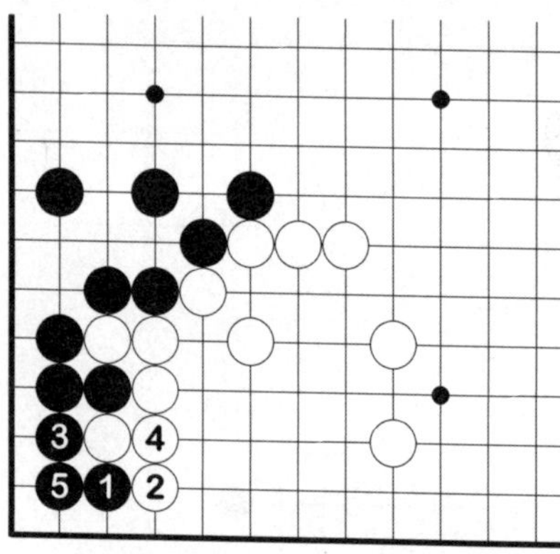

● 2도(미흡)

흑1로 붙이는 수도 일종의 맥점에 해당한다. 그러나 백2·4로 받고 나면 흑5까지 미흡한 결말이다.

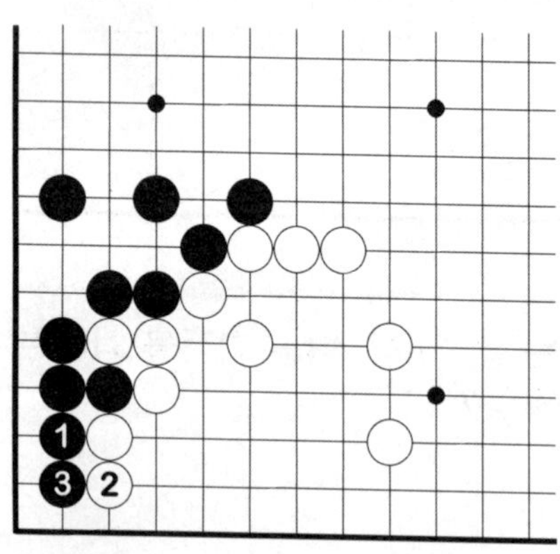

● 3도(변화)

흑1·3으로 두는 것은 지극히 평범한 끝내기이다. 흑의 실패.

52 옥집의 급소

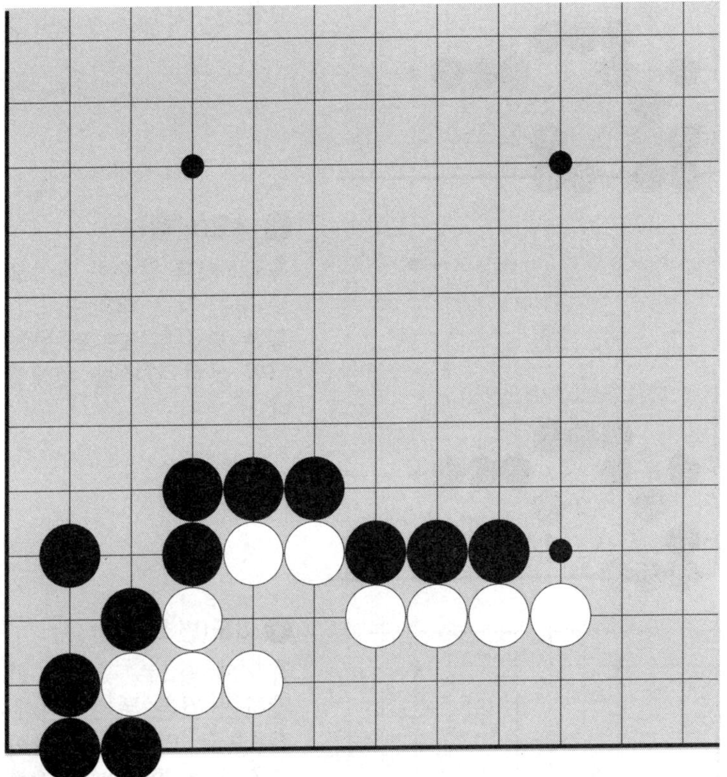

백 모양의 급소를 찔러서 이득을 취하는 문제이다.
과연 어느 곳이 급소일까?

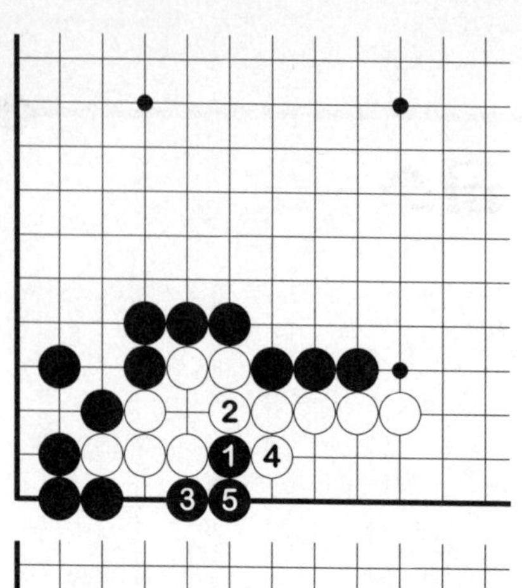

● 1도(정해)

흑1로 붙이는 것이 백 모양의 급소점이다. 계속해서 백은 2로 잇는 정도인데 흑3으로 젖혀서 쉽게 넘을 수 있다.

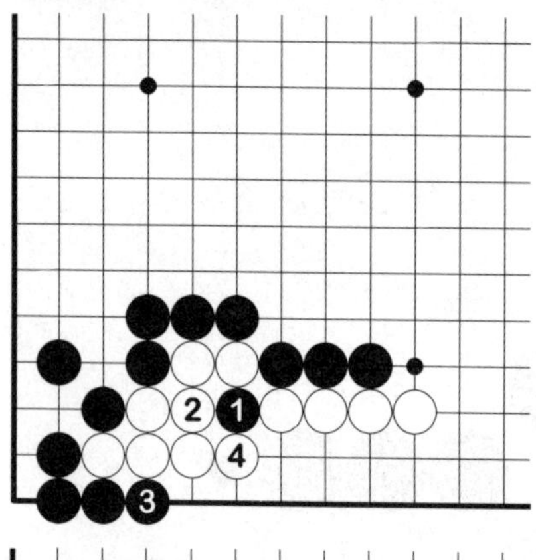

● 2도(실패)

흑1, 백2를 선수한 후 3으로 두는 것은 대악수이다. 흑은 단순히 3으로 두느니만 못한 결과를 초래했다.

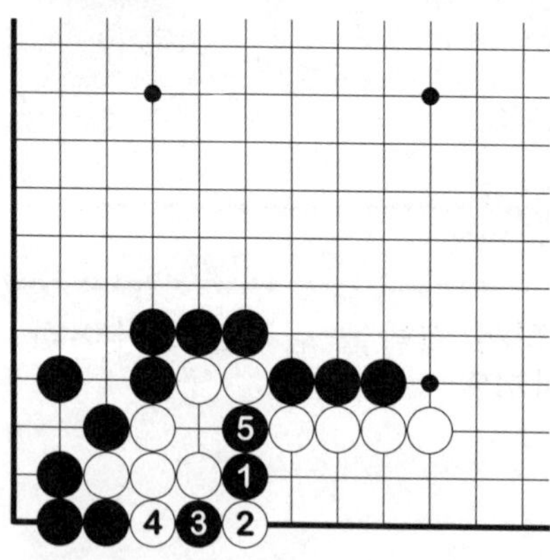

● 3도(변화)

흑1 때 백2로 젖혀서 반발하는 것은 무리수이다. 흑3으로 먹여치는 것이 호착으로 백4 때 흑5로 끊으면 백의 응수가 끊기고 만다.

53 귀의 처리가 관건

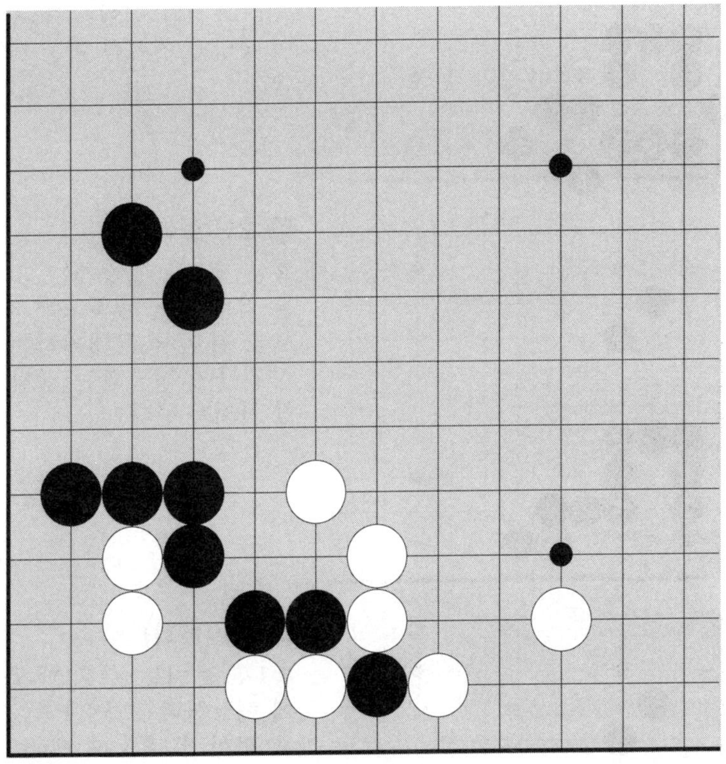

백 모양의 급소를 찔러서 이득을 취하는 문제이다.
과연 어느 곳이 급소일까?

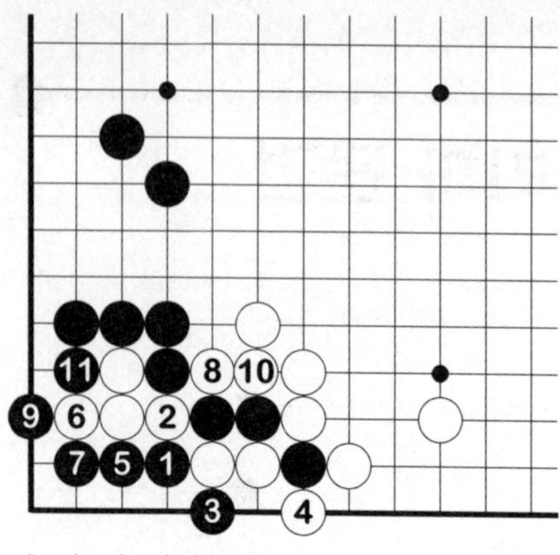

● 1도(정해)

흑1로 젖히는 수가 급소이다. 백2에는 흑3을 선수한 후 5에 밀고 들어가는 것이 중요하다. 이하 흑11까지의 진행이면 흑이 상당한 전과를 거둔 모습.

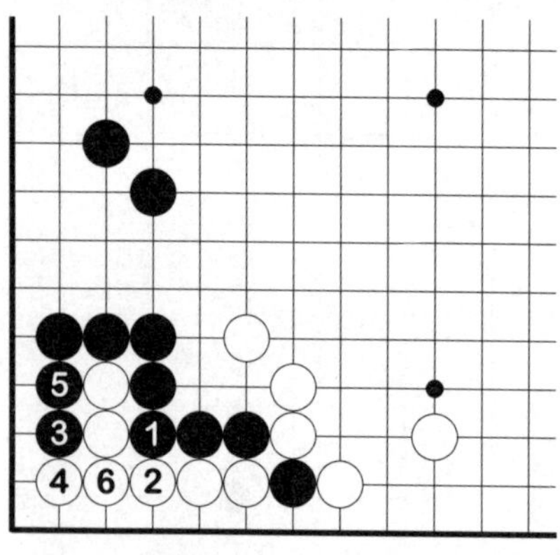

● 2도(실패)

흑1, 백2를 결정짓는 것은 의문이다. 이후 흑은 3으로 붙여서 끝내기하는 정도인데 정답과는 상당한 차이가 난다.

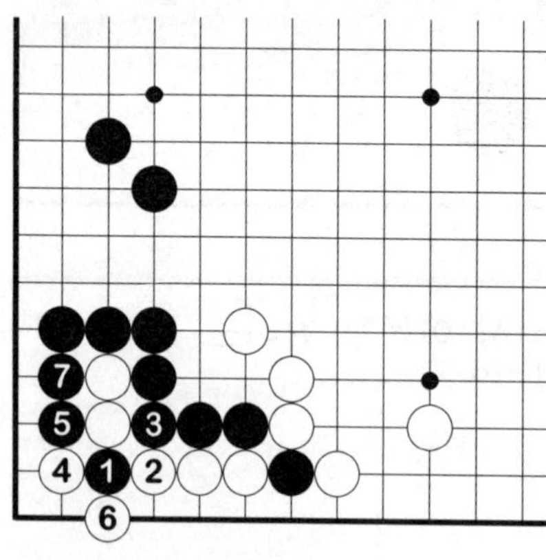

● 3도(변화)

흑1로 붙이는 수도 맥점에 해당한다. 그러나 백2로 젖힌 후 흑3 때 백4로 단수치고 나면 큰이득을 기대하기 힘들다.

초급편

54 상용의 맥점

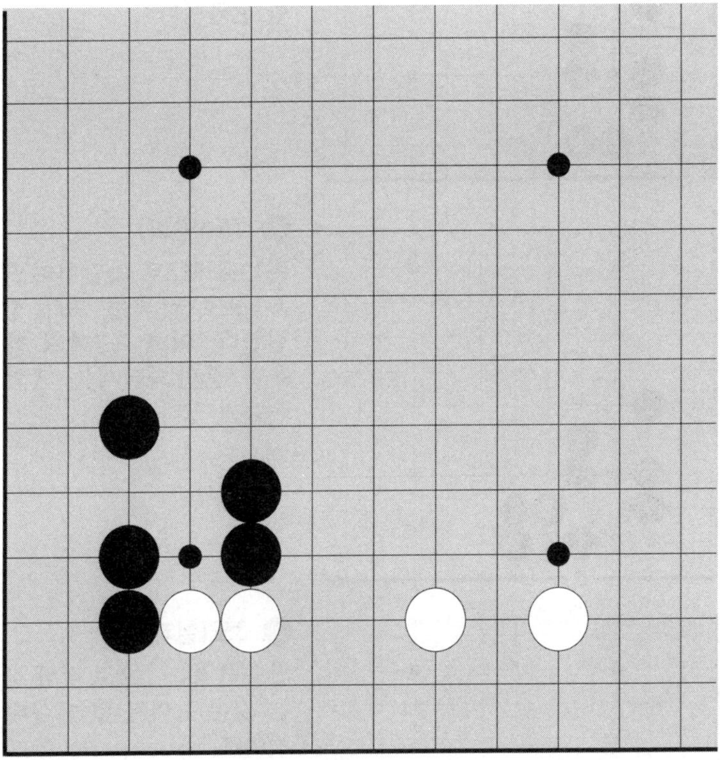

이런 형태에서 사용하는 상용의 맥점이 있다. 과연 급소는 어디일까?

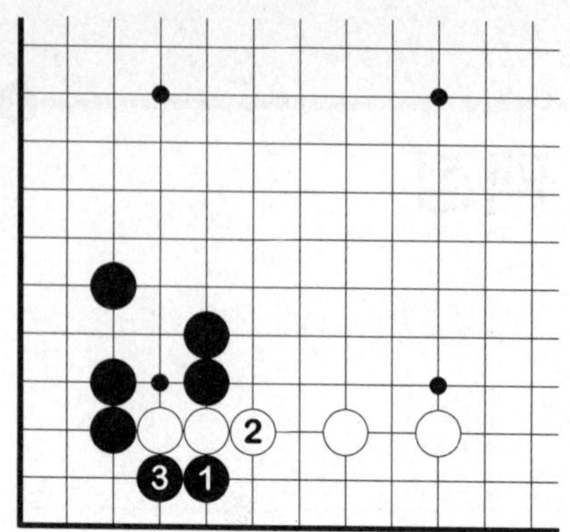

● 1도(정해)

흑1로 붙이는 것이 절묘한 맥점이다. 계속해서 백은 2로 물러서는 정도인데 흑3으로 넘어서 상당한 전과이다.

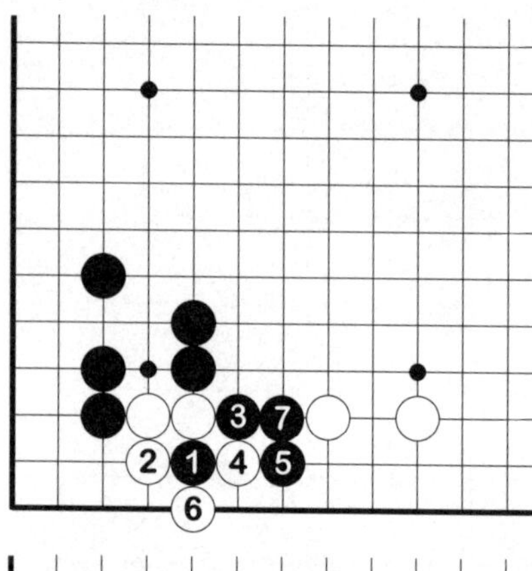

● 2도(변화)

흑1 때 백2로 차단한다면 흑3으로 젖히는 수가 성립한다. 이하 흑7까지 좌우가 분단되어서는 백의 손해가 크다.

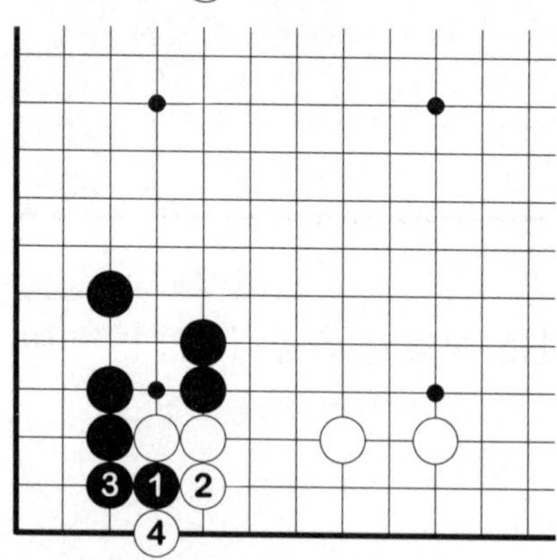

● 3도(실패)

단순히 흑1·3으로 젖혀 잇는 것은 묘미가 없는 끝내기이다.

55 자충의 급소

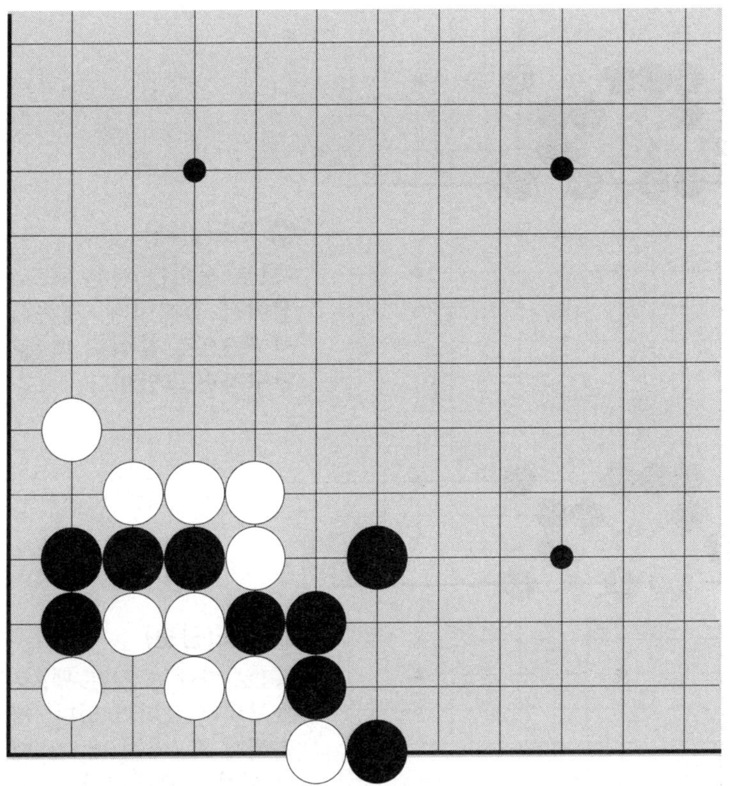

백 모양의 급소를 찔러 이득을 취하는 문제이다. 단순히 백 한 점을 따내는 정도로는 만족할 수 없다.

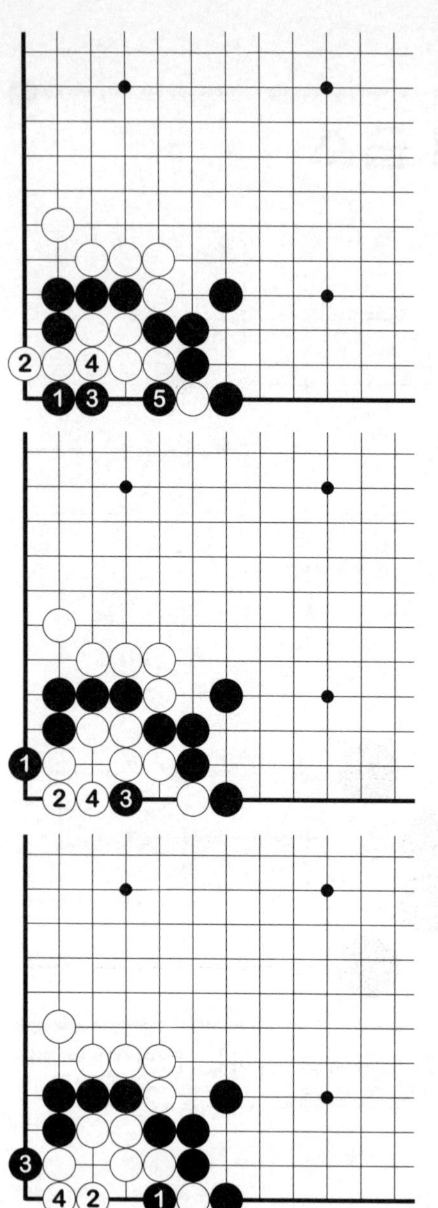

● 1도(정해)

흑1로 붙이는 것이 절묘하다. 백은 패를 피해 2로 물러서는 정도인데 흑 3·5로 연결이 가능하다.

● 2도(실패)

흑1로 젖히는 것은 백2로 뻗어서 실패이다. 계속해서 흑3으로 붙여도 백4로 단수치면 그만이다.

● 3도(단순)

흑1로 따내는 것은 백2로 호구쳐서 묘미가 없다. 계속해서 흑3에는 백4가 패를 피하는 요령이다.

56 선수 활용

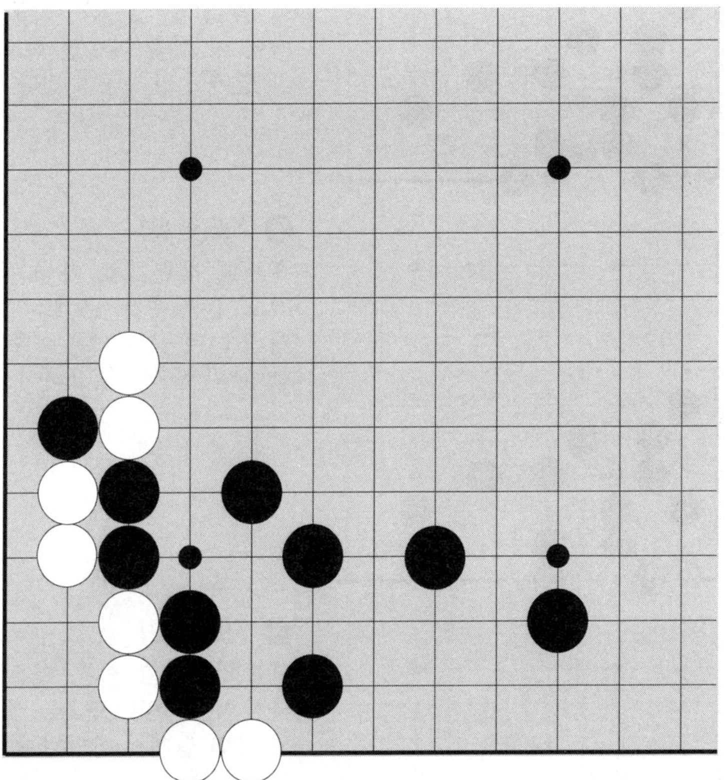

변을 막기 전야 활용해 두어야 할 긴요한 수순이 있
다. 과연 어떤 수순을 밟아야 할까?

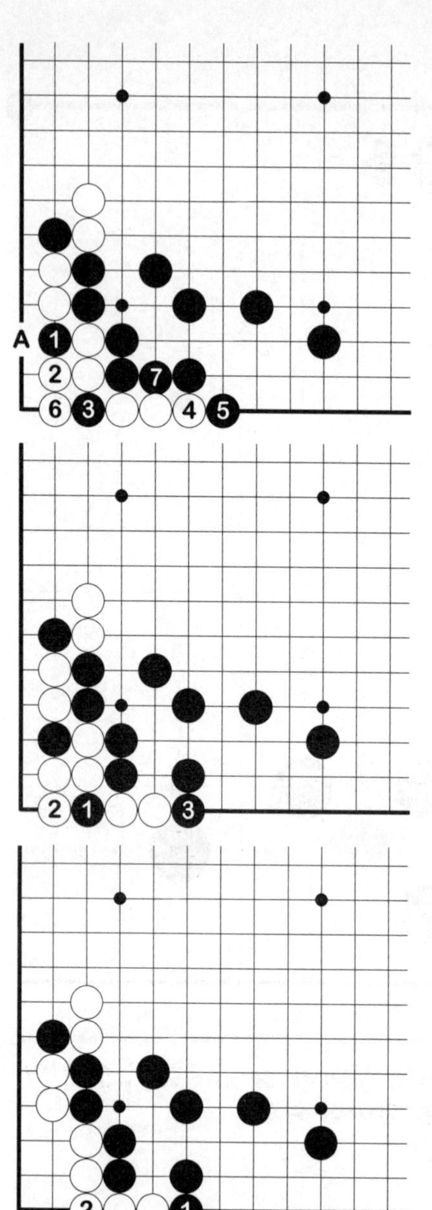

● 1도(정해)

흑1로 끊은 후 백2 때 흑3으로 먹여치는 것이 좋은 수순이다. 계속해서 백4에는 흑5·7로 단수쳐서 백 석 점을 잡는다. 이후 백이 석 점을 이으면 흑A로 뻗어서 양자충이 된다.

● 2도(변화)

흑1 때 백은 2로 따내는 정도이다. 흑은 3으로 막게 되는데 귀의 백은 이후 한 수 가일수가 필요하다.

● 3도(실패)

단순히 흑1로 막는 것은 약간 미흡하다. 백2로 잇고 나면 집에서 상당한 차이가 난다.

57 능률적인 추궁

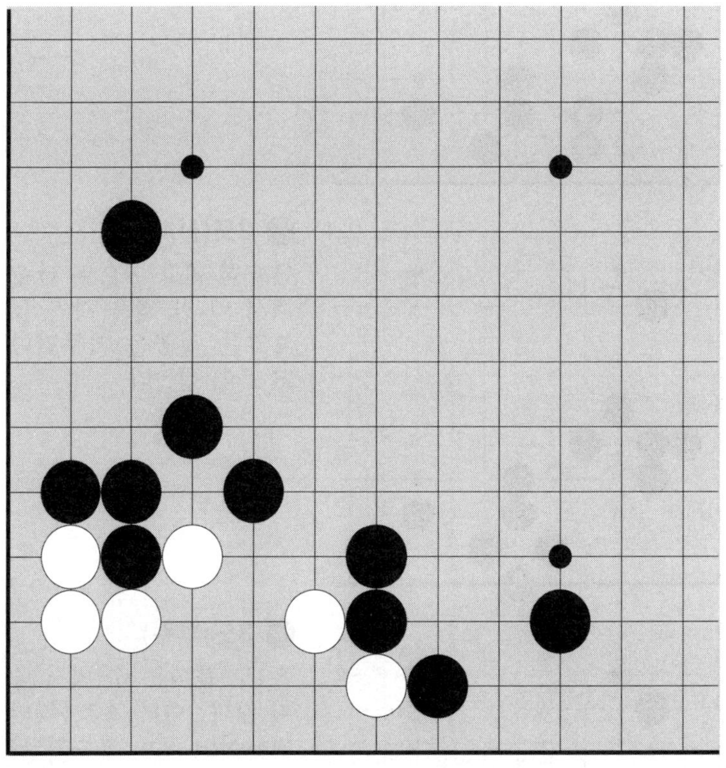

단순히 백 한 점을 잡는 것으로는 만족할 수 없다.
가장 능률적인 방법으로 백을 추궁한다.

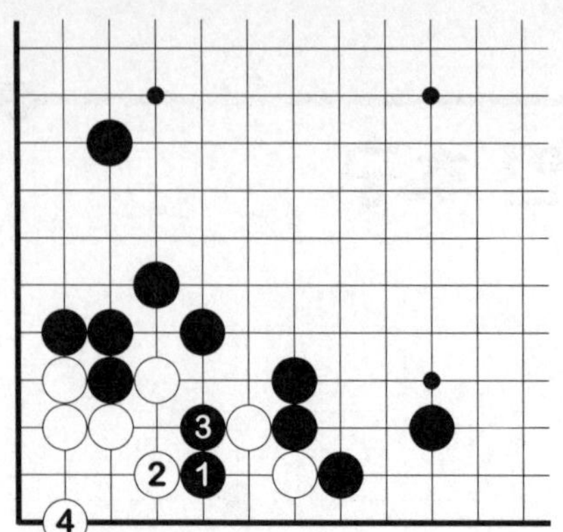

1도(정해)

흑1로 치중하는 수가 성립한다. 백은 2·4로 물러서서 삶에 연연할 수밖에 없다.

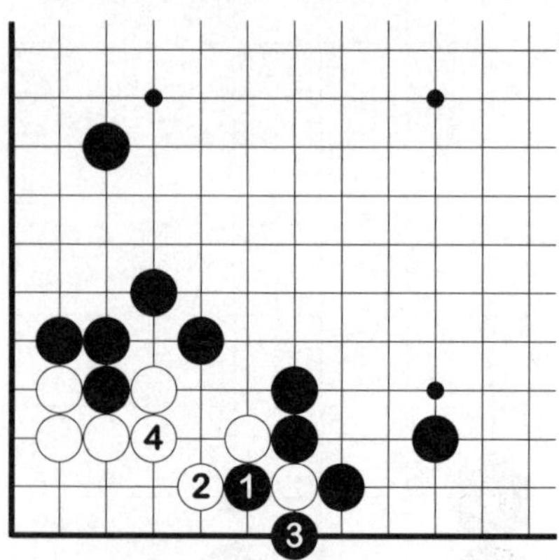

2도(실패)

단순히 흑1·3으로 단수쳐서 백 한 점을 잡는 것으로는 성공을 거두었다고 보기 힘들다.

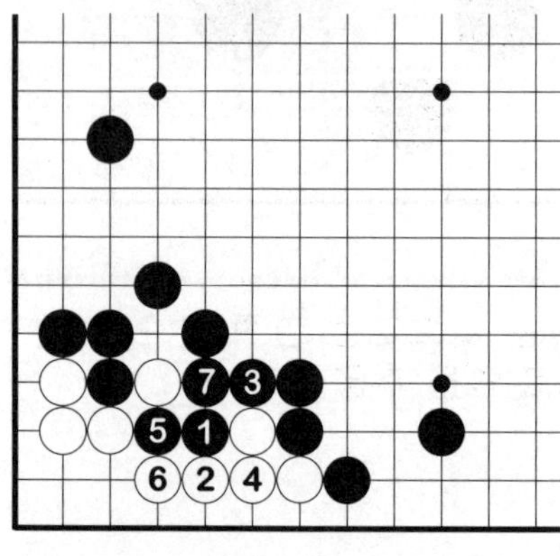

3도(후수)

흑1로 붙이는 수 역시 좋지 않다. 이하 흑7까지의 진행이면 흑이 후수가 된다.

초급편

58 귀의 기본형

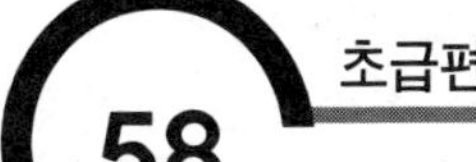

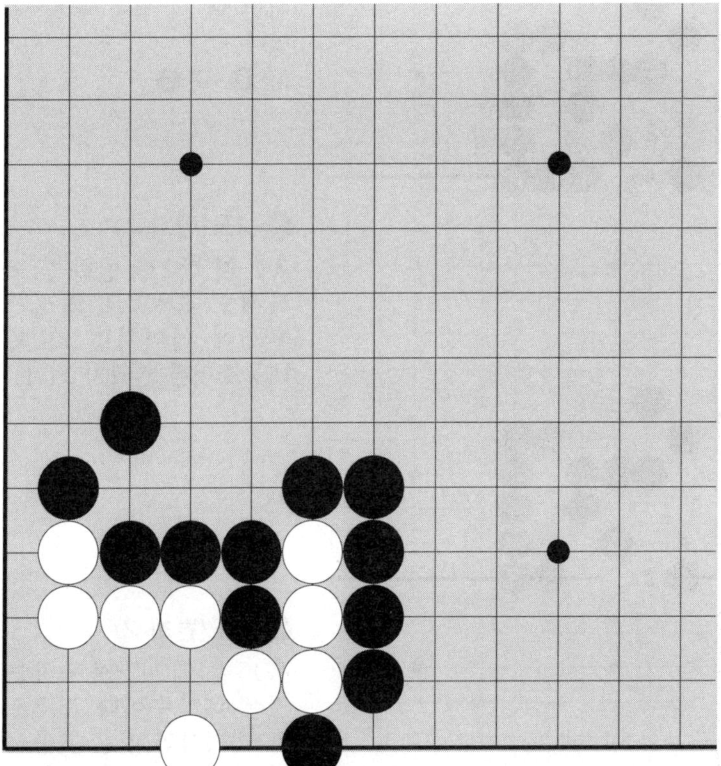

귀의 기본 사활에 해당하는 문제이다. 흑은 백의 사활을 추궁해서 이득을 취해야 한다.

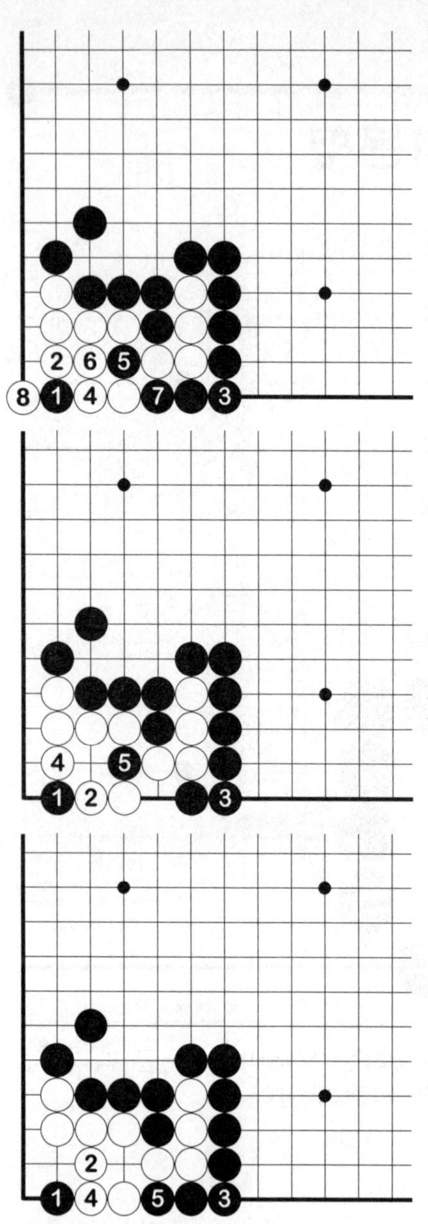

● 1도(정해)

흑1로 치중하는 것이 정답이다. 백2 때 흑3으로 내려서는 것이 긴요한 수로 이하 흑9까지의 진행이면 백 넉 점을 취할 수 있다.

(흑❾…흑❺)

● 2도(변화 1)

흑1 때 백2로 변화를 모색해도 흑3으로 내려선 후 5에 먹여치면 1도와 대동소이한 결과가 된다.

● 3도(변화 2)

흑1 때 백2로 응수하는 것은 대악수이다. 흑3으로 내려서면 백은 자충이 되어 전체가 잡히고 만다.

초급편

59 회돌이

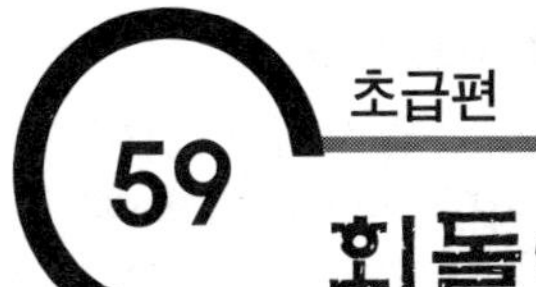

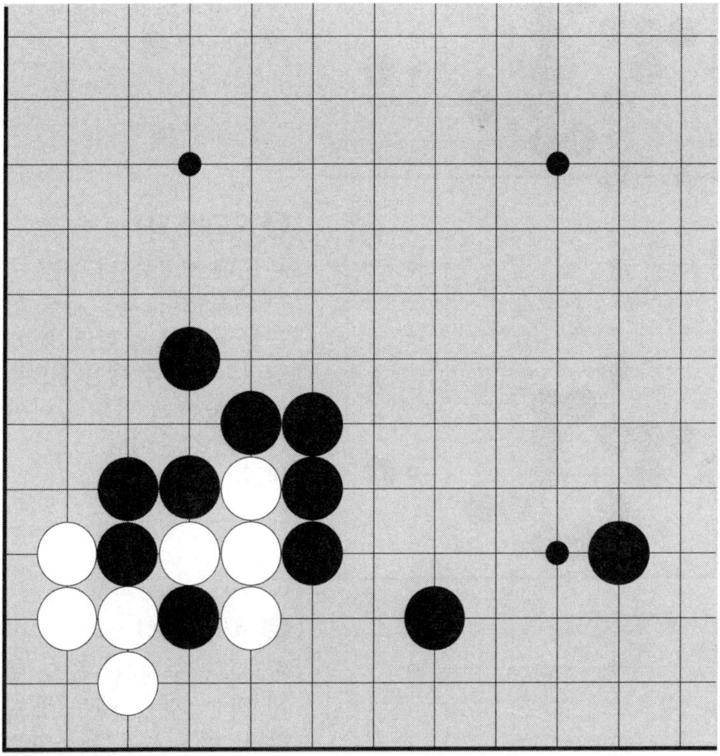

백은 한 눈에 보아도 모양이 부실하다. 부실한 백 모양의 약점을 추궁하는 수순은?

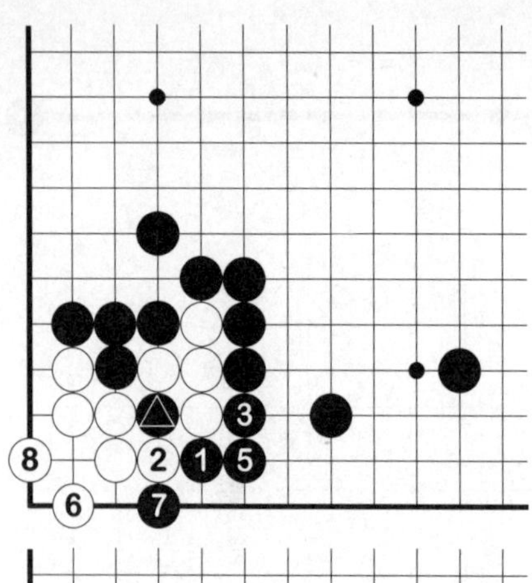

🔴 1도(정해)

흑1로 돌려치는 것이 정답이다. 백2로 따낼 때 흑3을 선수한 후 이하 백8까지 처리하면 선수로 상당한 전과를 거두었다.
(백④ …흑⦿)

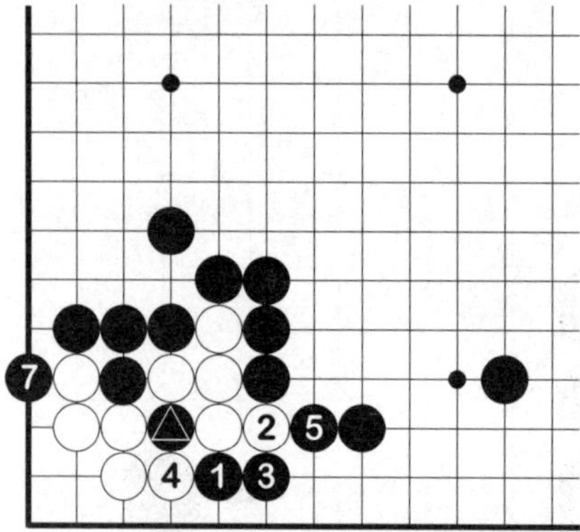

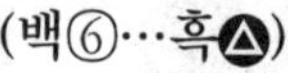

🔴 2도(변화)

흑1 때 백2로 나가는 수는 의문이다. 흑3 . 5를 선수한 후 7로 젖히면 백 전멸이다. 결국 백은 6으로 잇지 못하고 귀를 살아야 한다는 결론이다.
(백⑥…흑⦿)

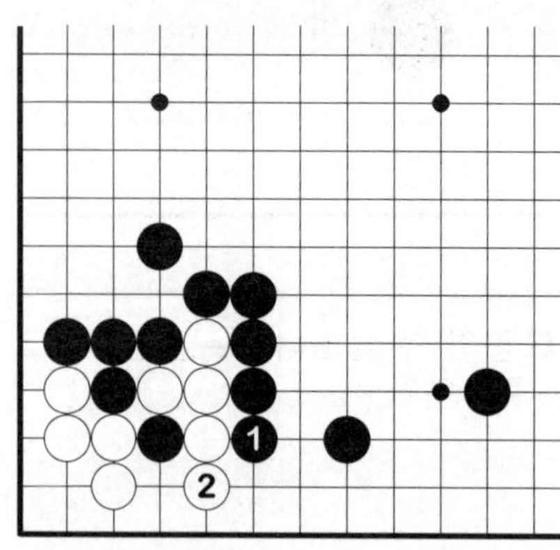

🔴 3도(실패)

흑1로 단수쳐서 백2로 뻗게 하는 것은 매우 좋지 않다. 이후 흑은 뒷문까지 열렸다.

60 초급편

사활을 추궁

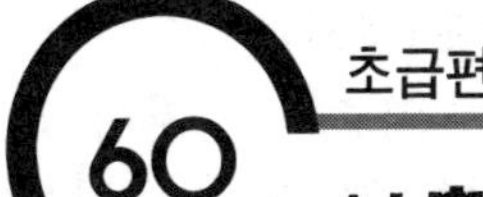

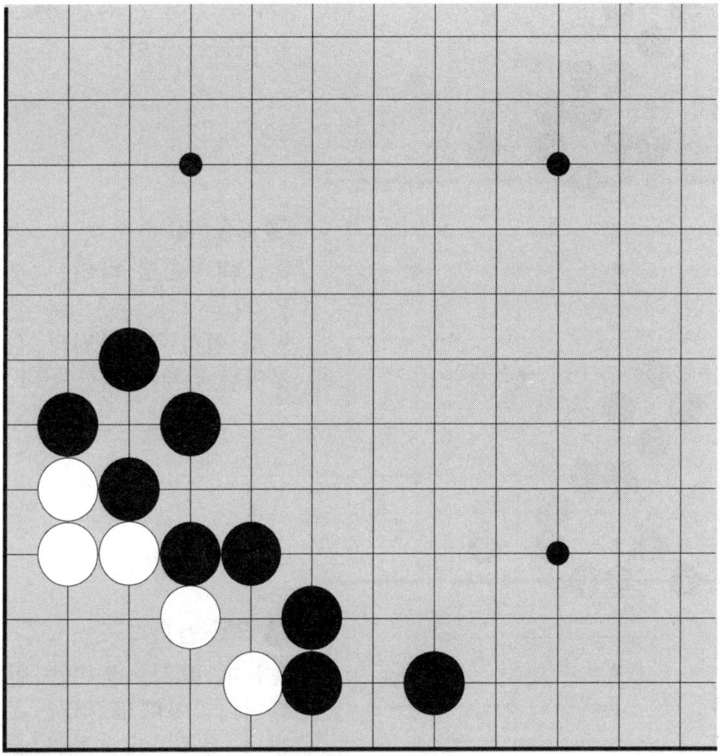

백의 사활을 추궁해서 이득을 취하는 문제이다. 첫 수가 성패를 가름한다.

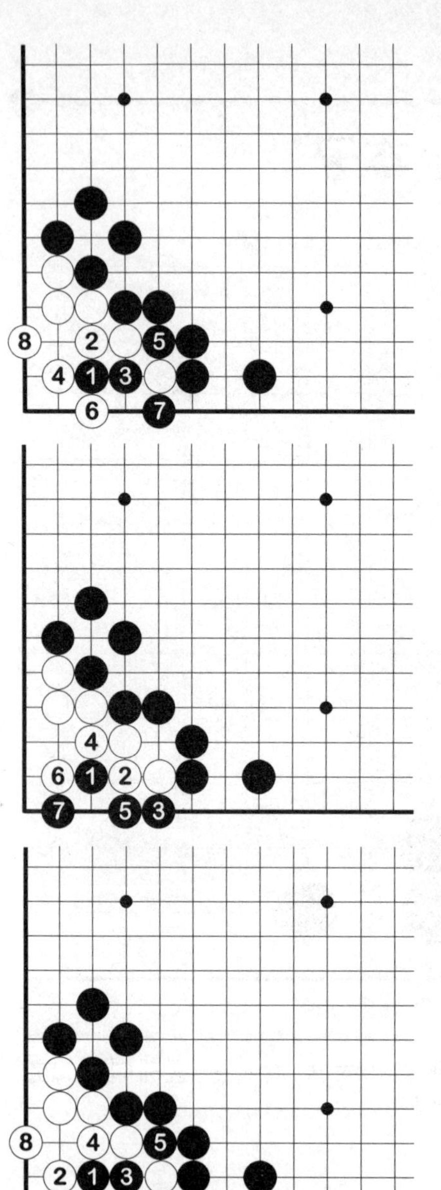

● 1도(정해)

흑1로 치중하는 것이 급소이다. 백2로 잇는다면 흑3으로 치받아서 쉽게 연결이 가능하다. 이하 백8까지 흑이 선수로 이득을 거둔 모습이다.

● 2도(패)

흑1 때 백2로 버티는 것은 의문이다. 흑3으로 젖힌후 이하 흑7까지의 진행이면 전체가 패가 된다.

● 3도(변화)

흑1 때 백2로 붙이는 변화이다. 이때도 역시 흑은 3·5로 넘는 것이 좋은 수이다. 이하 백8까지의 진행이면 정답과 동일한 결말이다.

제 2 장

중급편

중급편

1 모양의 약점

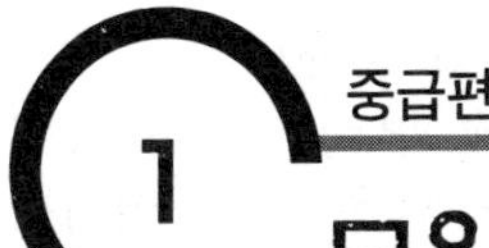

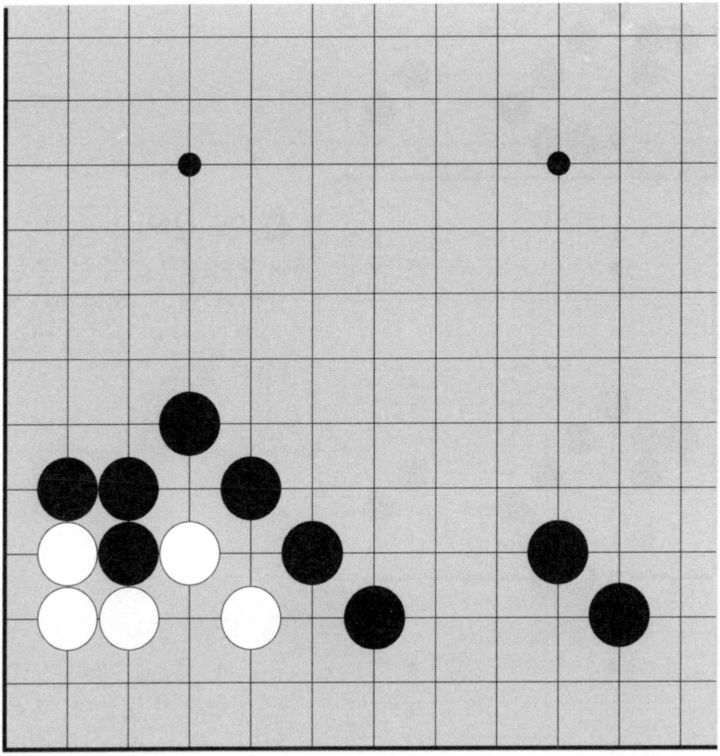

백 모양의 약점을 최대한으로 추궁할 수 있어야 한다. 과연 어느 곳이 급소가 될까?

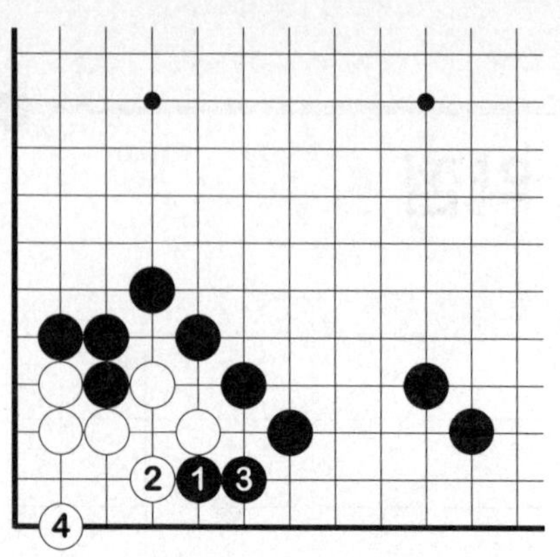

● **1도(정해)**

흑1로 붙이는 수가 성립
한다. 백은 2로 물러서는
정도인데 흑3, 백4까지
흑이 선수가 된다.

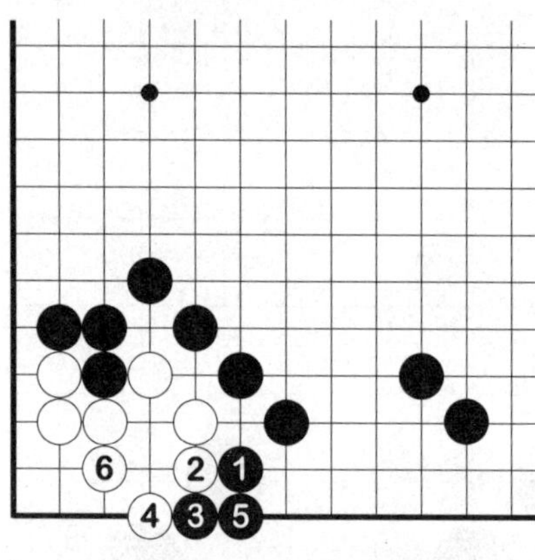

● **2도(실패)**

단순히 흑1로 두는 수는
묘미가 없다. 이하 백6까
지 백은 크게 살아서 만족
이다.

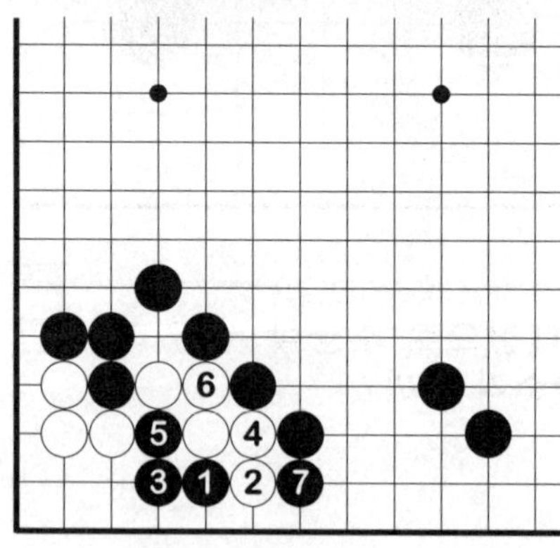

● **3도(변화)**

흑1 때 백2로 젖히는 수
는 성립하지 않는다. 흑은
3으로 뻗은 후 이하 7까
지 공략해서 백 전체를 잡
을 수 있다.

2 두 집으로 유도

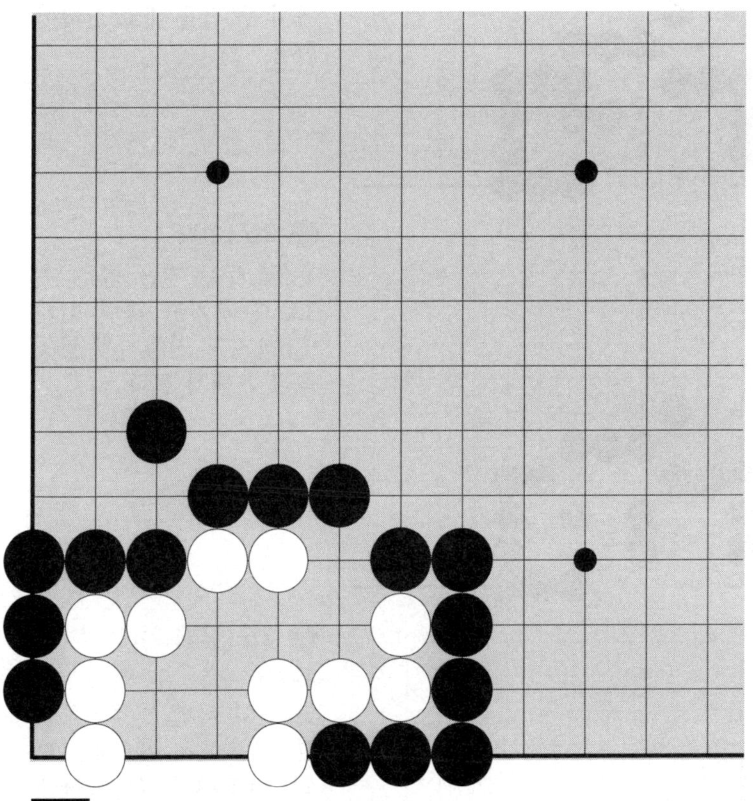

상당히 탄력적인 백의 형태이다. 그렇지만 흑의 급
소 공격에 백은 두 집을 내기에 급급하게 된다.

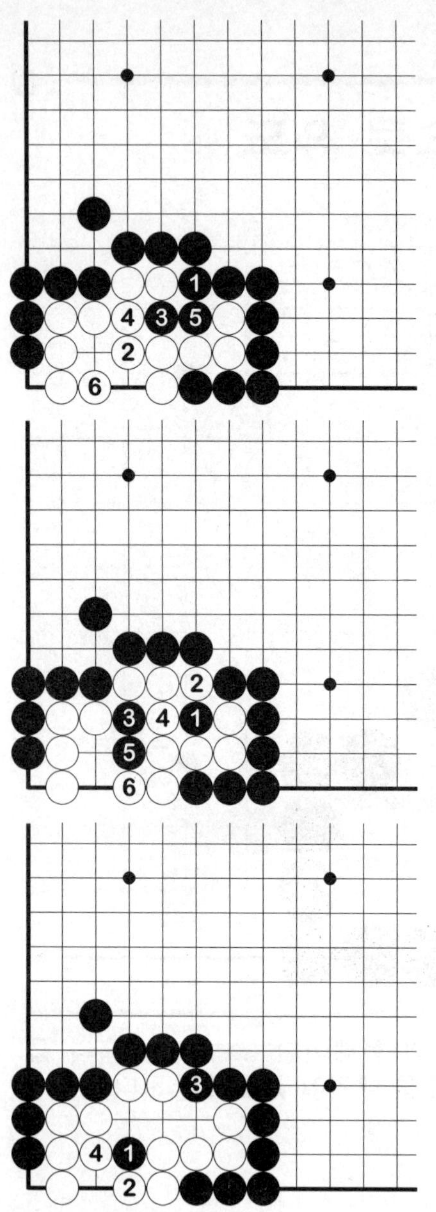

● 1도(정해)

흑1로 두는 것이 침착한 호착이다. 계속해서 백은 2로 물러서는 것이 최선의 응수법으로 이하 백6까지 두 집을 내고 살아야 한다.

● 2도(실패 1)

흑1로 두는 것은 의문. 백2로 단수치고 나면 이하 백6까지의 진행에서 보듯 흑의 손해가 크다.

● 3도(실패 2)

흑1로 두는 수 역시 백2로 받고 나면 별무신통이다. 계속해서 흑3에는 백4로 단수쳐서 그만이다.

3 완전치 못한 백 모양

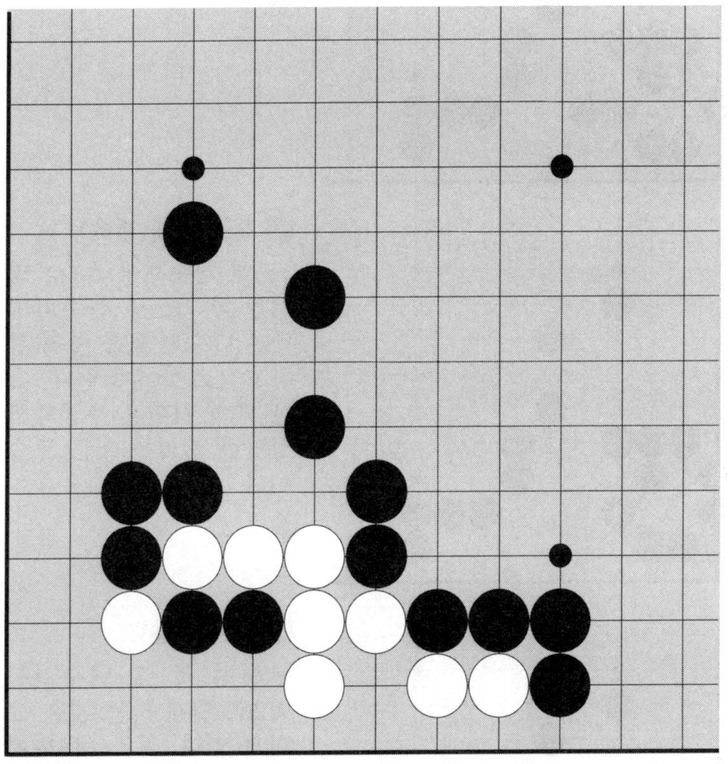

백 모양은 아직 사활이 완전치 못하다. 흑은 이를 집중적으로 추궁해야 한다.

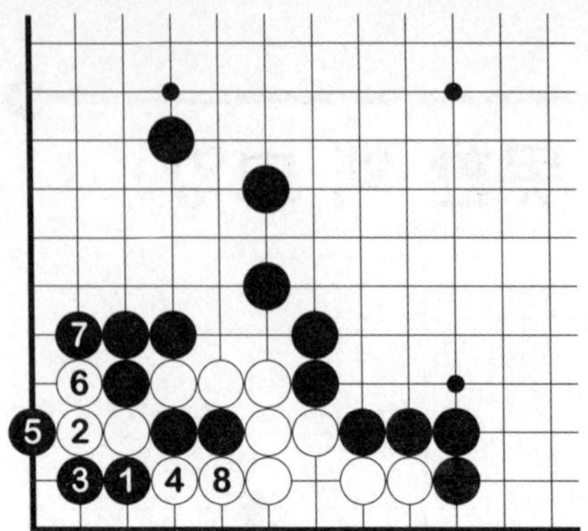

1도(정해)

흑1로 단수친 후 3으로 막는 것이 좋은 수순이다. 백4에는 흑5로 단수친후 이하 백8까지 키워 죽인 후…

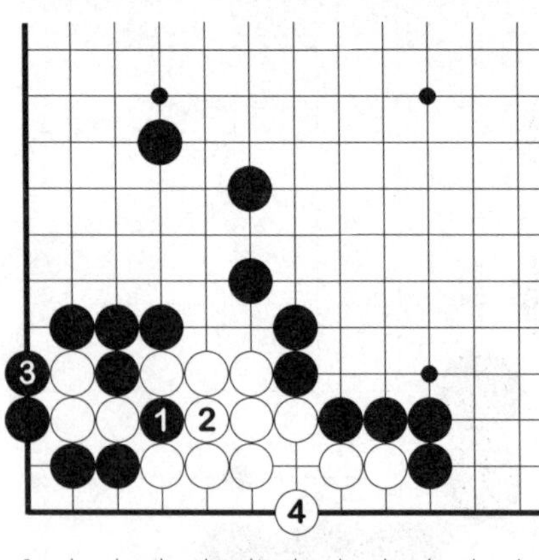

2도(정해 계속)

1도에 계속해서 흑1로 먹여친 후 3으로 단수치면 백은 단수된 곳을 잇지 못하고 4로 살아야 한다. 흑은 백의 사활을 추궁해서 상당한 전과를 거둔 모습이다.

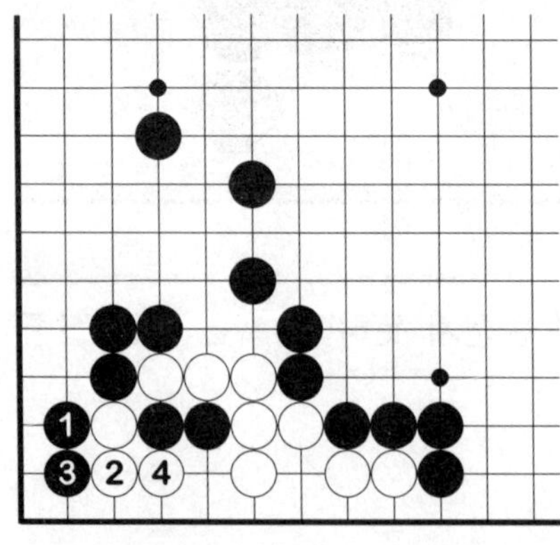

3도(실패)

단순히 흑1로 단수쳐서 백2로 잇게 하는 것은 묘미가 없다. 흑3, 백4까지 백집이 상당하다.

4 자충을 이용한 끝내기

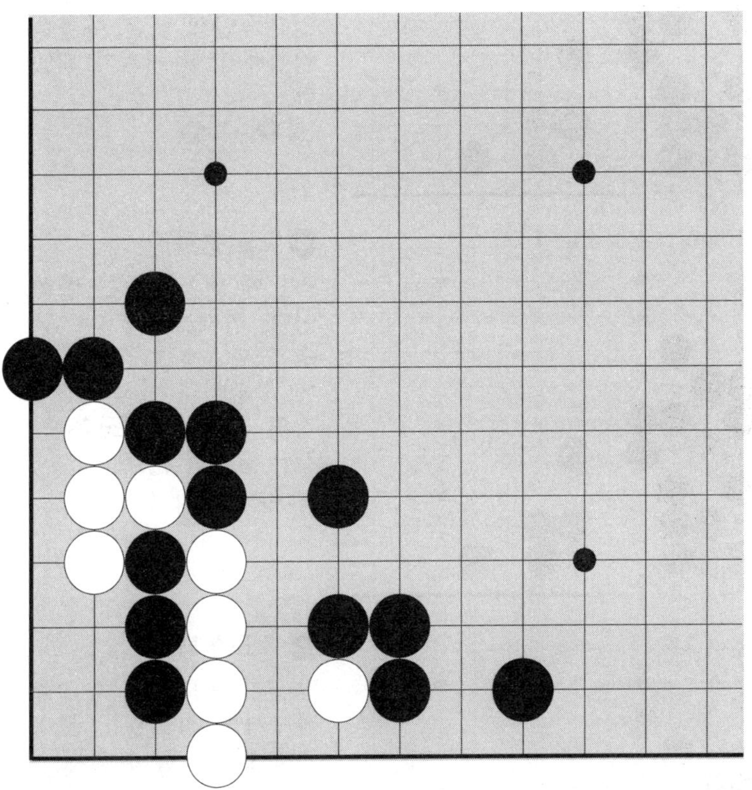

귀의 흑 석 점을 활용해서 끝내기하는 문제이다. 흑
석 점을 가장 능률적으로 활용하는 방법은?

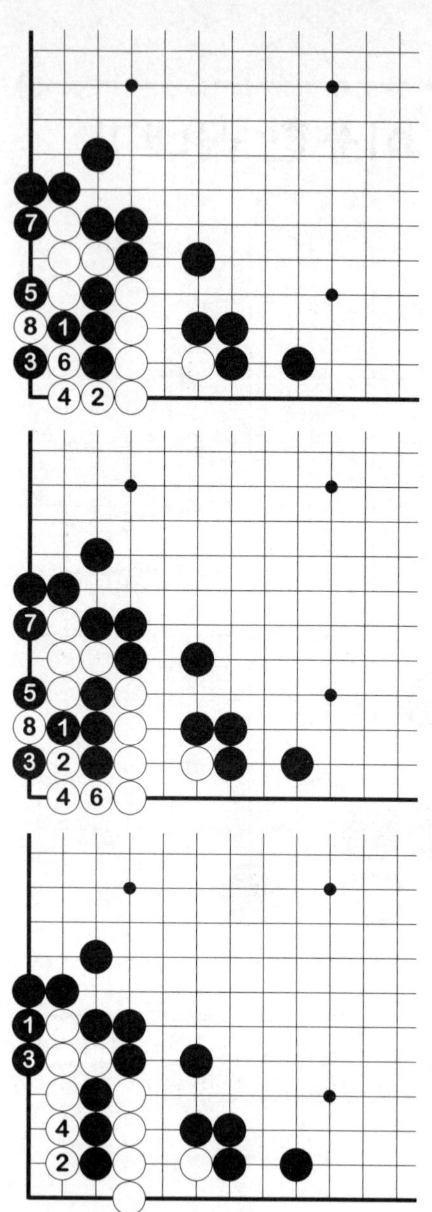

● 1도(정해)

흑1로 막는 것이 정답이
다. 백2에는 흑3이 절묘
한 급소. 계속해서 백4로
들여다보고 이하 흑9까지
일단락인데 백은 사활을
걱정해야 할 처지가 되었
다.
(흑❾…흑❶)

● 2도(변화)

흑1 때 백2로 두는 변화
이다. 이때는 흑3으로 단
수친 후 5에 호구치는 것
이 수순이다.이하 흑9까
지의 진행이면 **1도**와 똑
같은 결과이다.
(흑❾…흑❶)

● 3도(실패)

단순히 흑1로 민 후 3을
선수하는 정도로는 끝내
기를 했다고 볼 수 없다.

5 자충을 이용

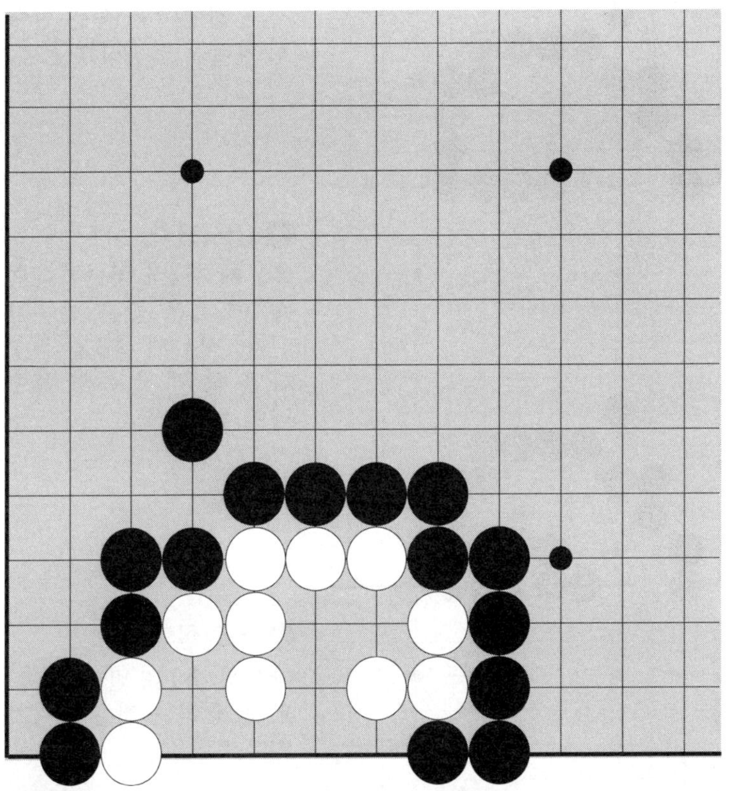

이런 형태는 한 눈에 정답을 발견할 수 있어야 한다. 자충을 이용하는 끝내기의 급소는?

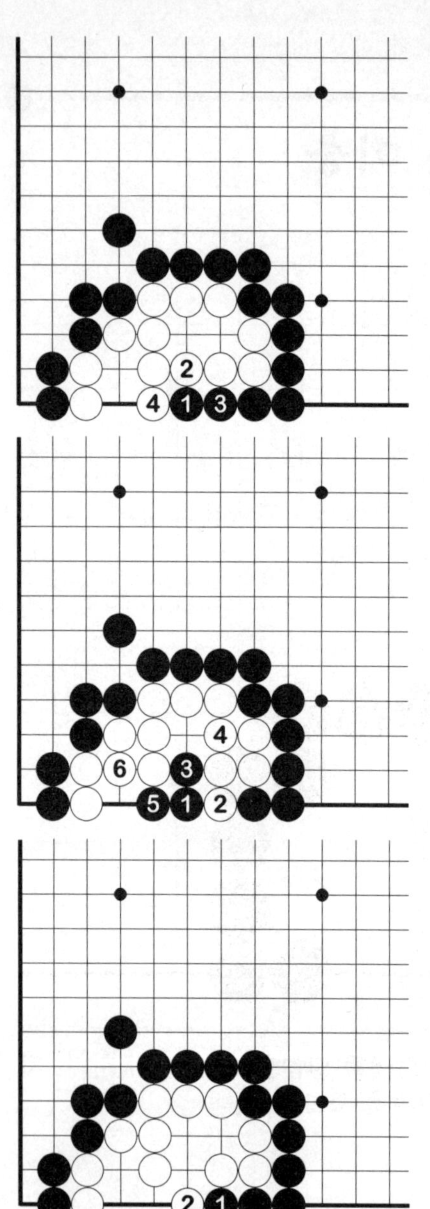

● 1도(정해)

흑1로 치중하는 것이 급소이다. 백은 자충관계상 차단하지 못하고 2로 물러서야 한다. 흑3, 백4까지의 진행이면 흑은 선수로 형태를 결정지었다.

● 2도(변화)

흑1 때 백2로 차단한다면 흑3이 기분 좋은 선수가 된다. 백4 때 흑5를 선수하면 백6까지 흑의 선수빅이 된다.

● 3도(실패)

단순히 흑1로 밀어서 백2로 받게 하는 것은 묘미가 없다.

6 정확한 수읽기

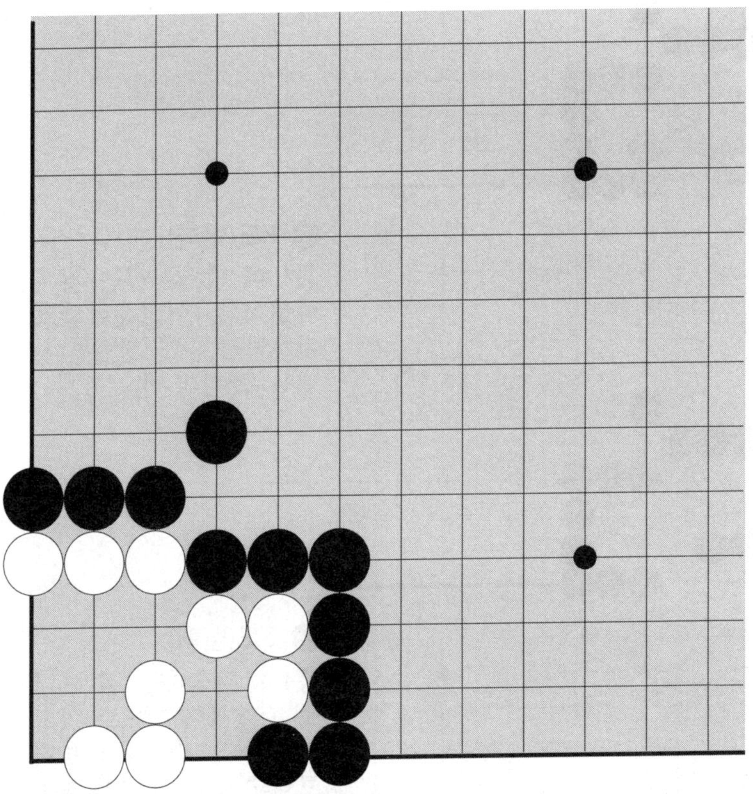

괜히 욕심을 부리다가는 화를 초래하게 된다. 과연 어느 곳이 끝내기의 급소일까? 정확한 수읽기 능력을 필요로 하는 문제이다.

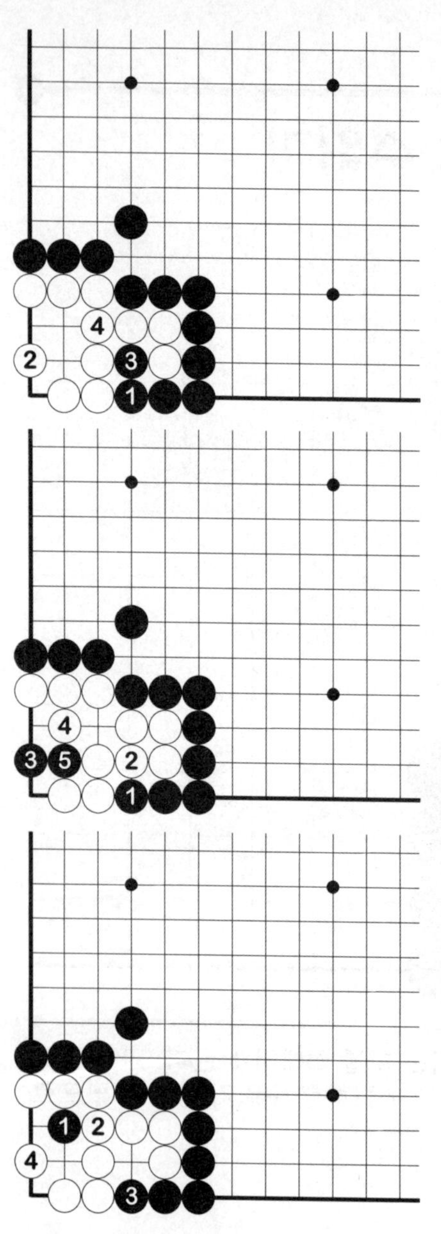

● 1도(정해)

욕심 부리지 않고 1로 밀어가는 것이 정답이다. 백2로 보강하는 정도일 때 흑3을 재차 선수할 수 있다.

● 2도(변화)

흑1 때 백2로 잇는 것은 의문이다. 이번에야말로 치중하는 수가 성립한다. 백4, 흑5까지 빅.

● 3도(실패)

흑1로 치중하는 것은 너무 경솔하다. 백2로 잇고 나면 흑3, 백4까지 괜히 보태준 꼴이 되었다.

7 사석을 활용

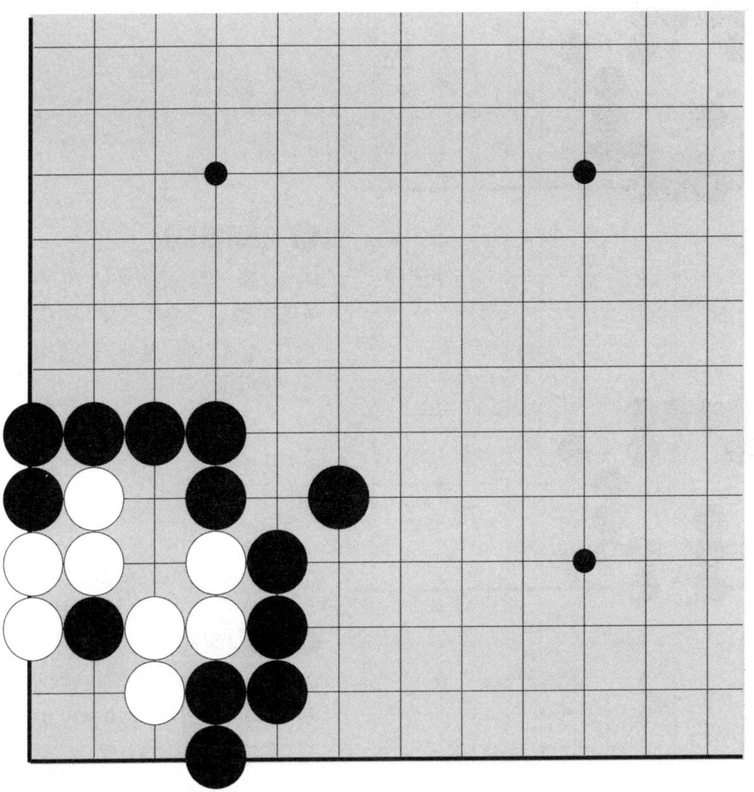

잡혀 있는 흑 한 점을 활용해서 끝내기하는 문제이다. 과연 어느 곳이 급소일까?

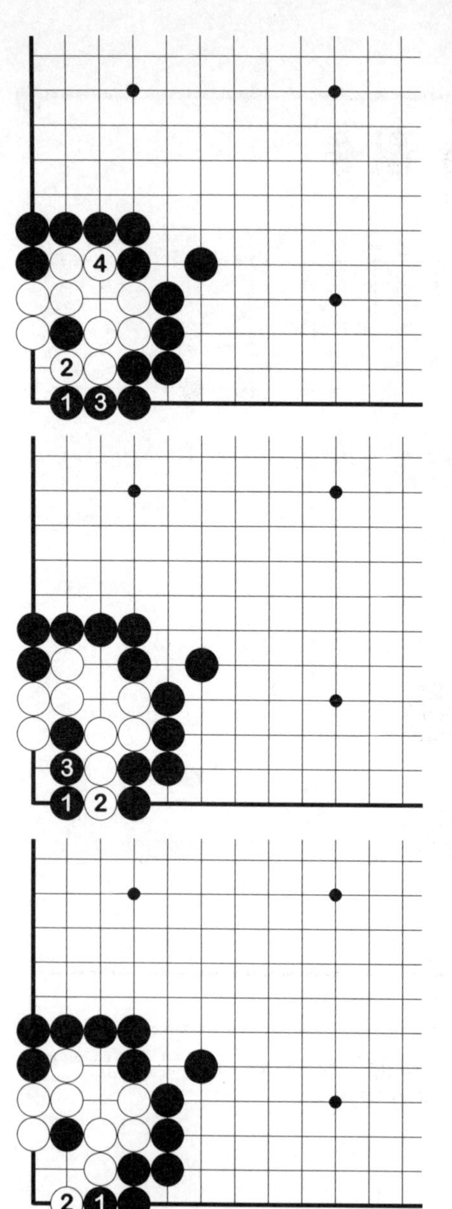

● 1도(정해)

흑1로 치중하는 수가 성립한다. 백2로 물러서는 정도일 때 흑3으로 연결해서 선수로 이득을 취한다.

● 2도(변화)

흑1 때 백2로 차단하는 수는 없다. 흑3으로 연결하는 순간 백 전체가 잡히고 만다.

● 3도(실패)

흑1로 밀어서 백2로 받게 하는 것은 의문이다. 더 이상 수단의 의지가 없는 모습.

중급편

8 빅으로 유도

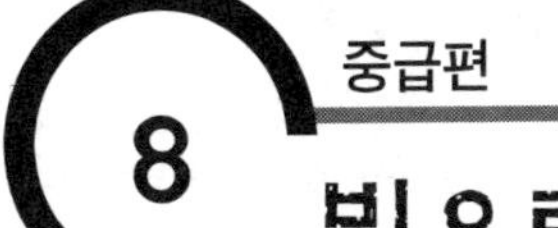

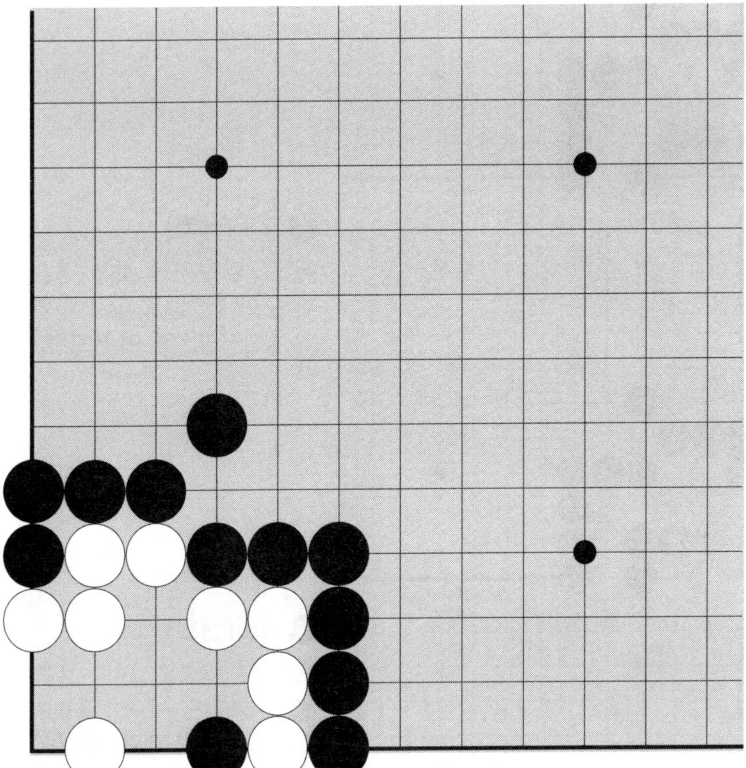

백 모양의 약점을 찔러서 빅을 유도하는 문제이다. 과연 어떤 수순을 밟아야 할까?

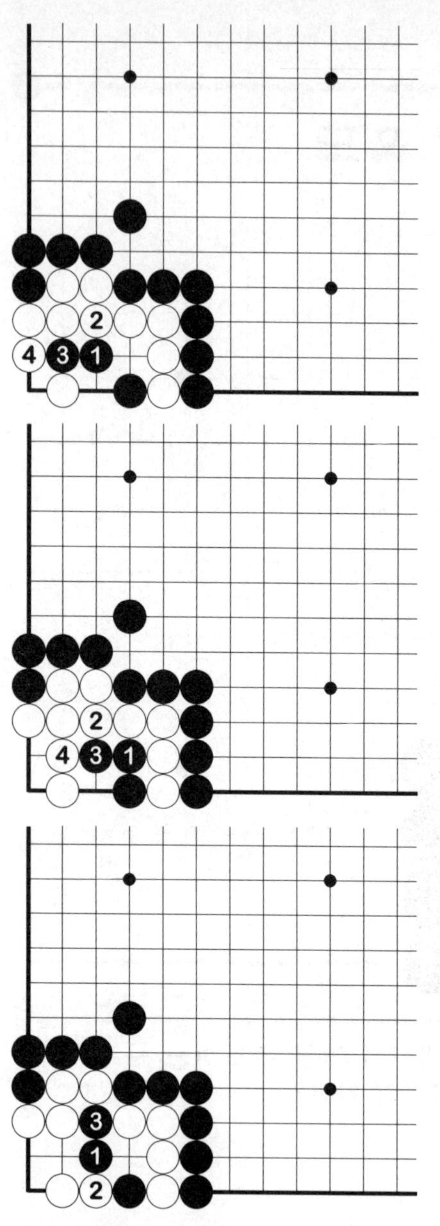

● 1도(정해)

흑1로 들여다 본 후 3으
로 찌르는 것이 정답이다.
백은 4로 받아야 하는데
흑의 선수 빅이 된다.

● 2도(실패)

흑1로 단수치는 것은 경솔
한 수이다. 백2로 잇고 나면
아무런 수단의 여지가 없
다.

● 3도(변화)

흑1 때 백2로 단수치는
것은 대악수이다. 흑3으
로 끊는 순간 백은 환격이
되었다.

9 빅을 유도

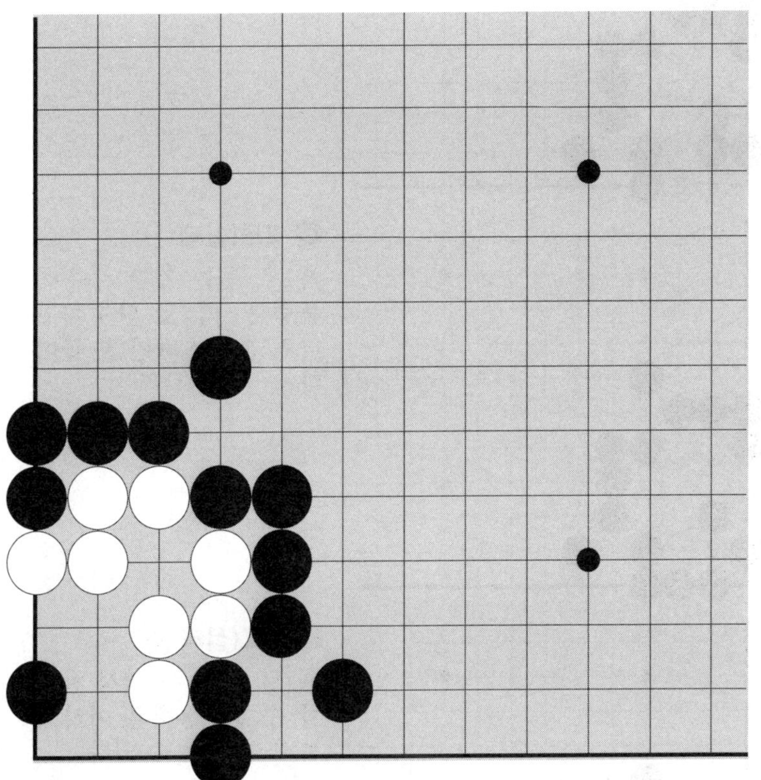

백의 사활을 위협해서 이득을 취하는 문제이다. 흑은 선수 빅을 유도해 본다.

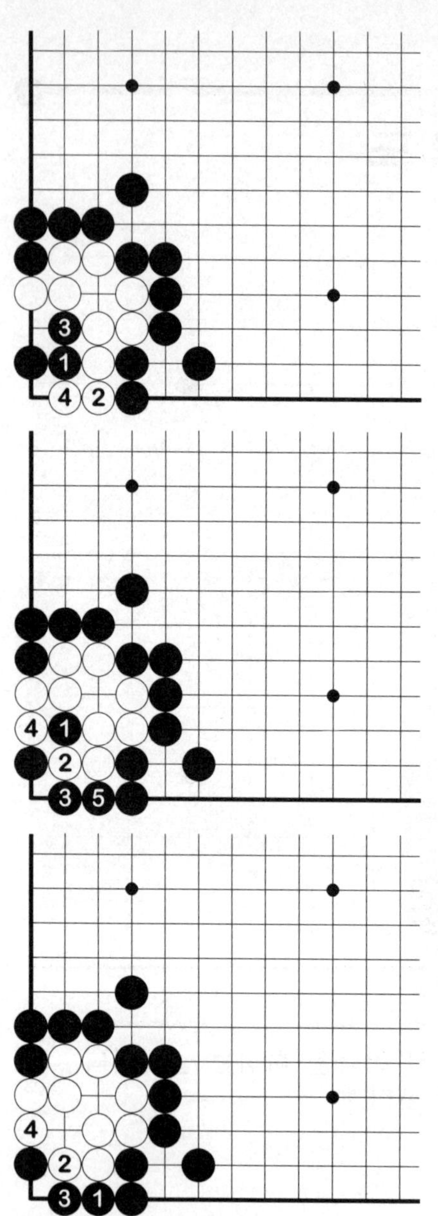

● 1도(정해)

흑1로 둔 후 백2 때 흑3으로 찝는 것이 좋은 수순이다. 백은 4로 보강해서 빅을 만드는데 급급해야 한다.

● 2도(실패 1)

흑1로 두는 것은 수순이 틀렸다. 백2로 단수치고 나면 괜히 손해만 본 꼴이다.

● 3도(실패 2)

흑1로 두는 수 역시 찬성할 수 없다. 백은 이하 4까지 쉽게 살 수 있다.

중급편

10 수순의 중요성

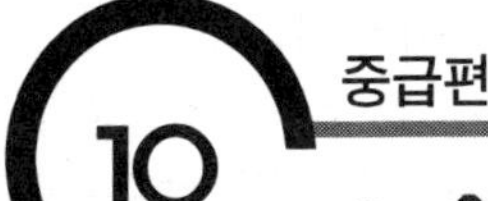

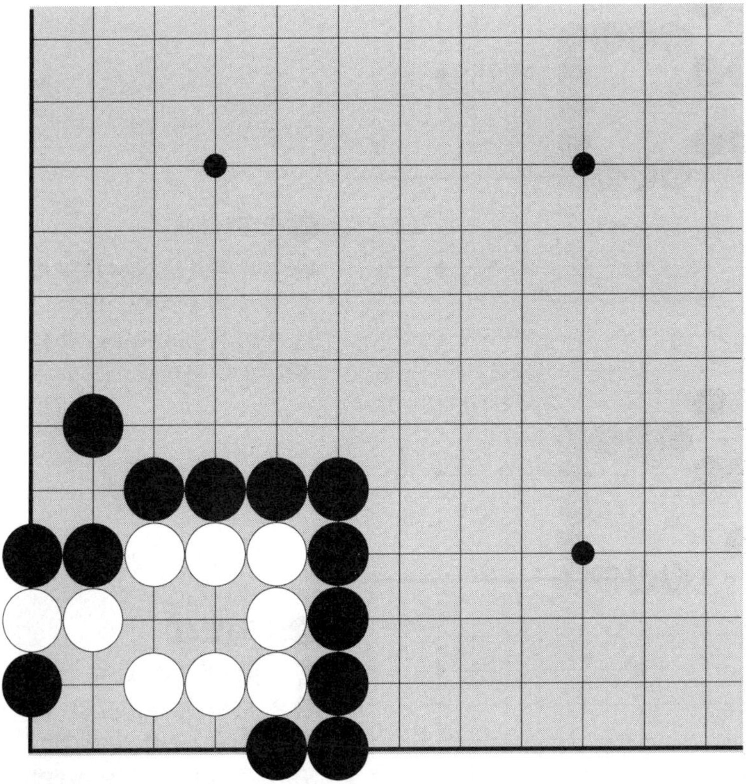

수순의 중요성이 특히 부각되는 문제이다. 백의 자충을 이용해서 이득을 취한다.

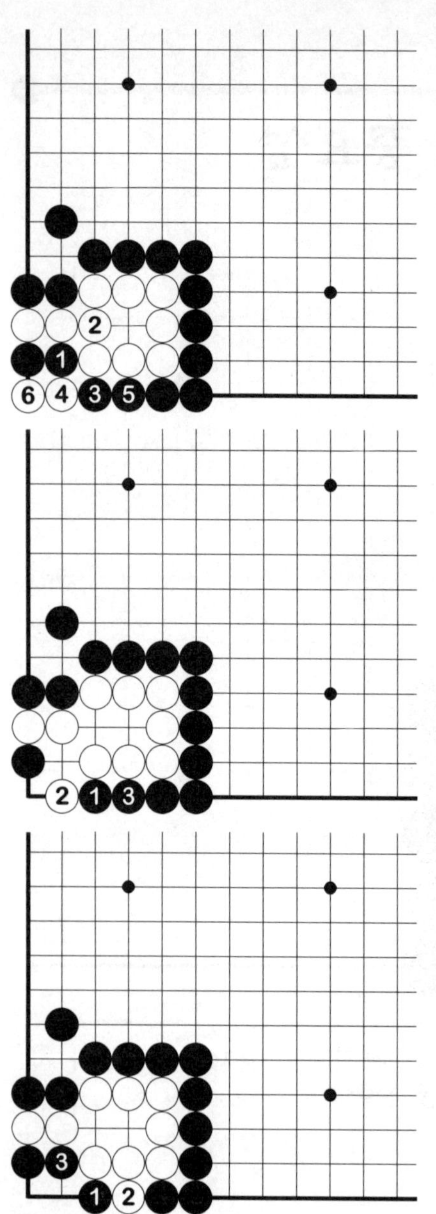

● 1도(정해)

흑1로 단수친 후 3으로 젖히는 것이 정확한 수순이다. 백4 때 흑5로 연결하면 선수로 이득을 취할 수 있다.

● 2도(실패)

단순히 흑1로 붙이는 것은 수순착오이다. 백은 2로 받아서 그만이다. 흑은 후수까지 잡았다.

● 3도(변화)

흑1 때 백2로 단수치는 것은 대악수. 흑3으로 단수치는 순간 백은 자충이 되어 두 점을 이을 수 없다.

중급편

11 사석을 활용

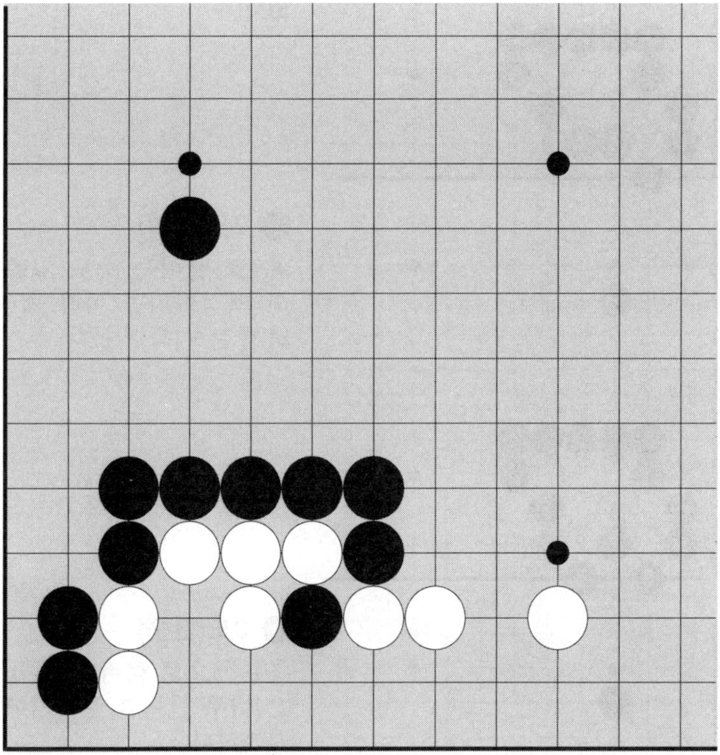

잡혀 있는 흑 한 점을 활용하면 의외의 성과를 거둘 수 있다.

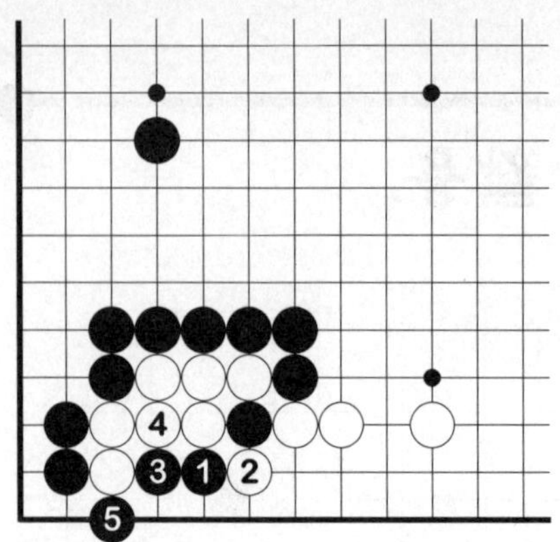

1도(정해)

흑1로 단수치는 수가 성립한다. 백2 때 흑3을 선수한 후 5에 넘으면 선수로 상당한 이득을 취할 수 있다.

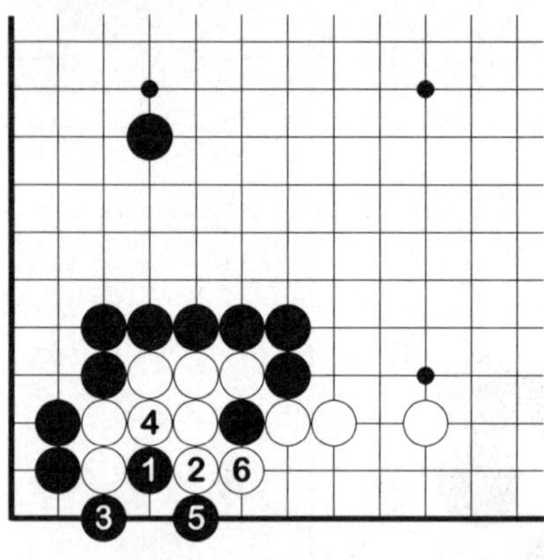

2도(실패)

흑1로 붙이는 수도 일종의 맥점이지만 이하 백6까지 큰 이득이 없다.

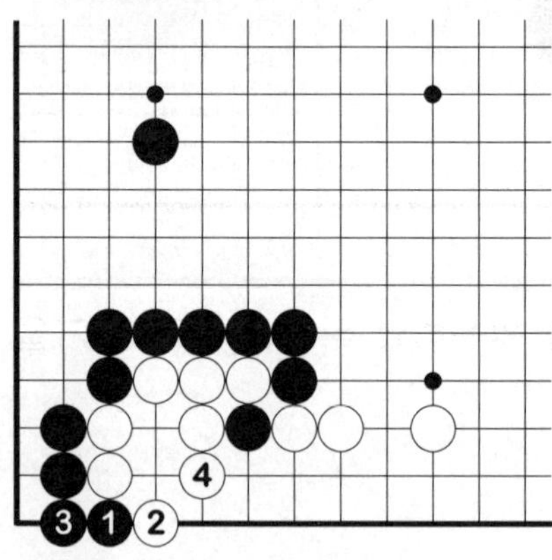

3도(단순)

흑1·3으로 젖혀 잇는 것은 너무 단순한 끝내기에 불과하다.

12 빅으로 유도

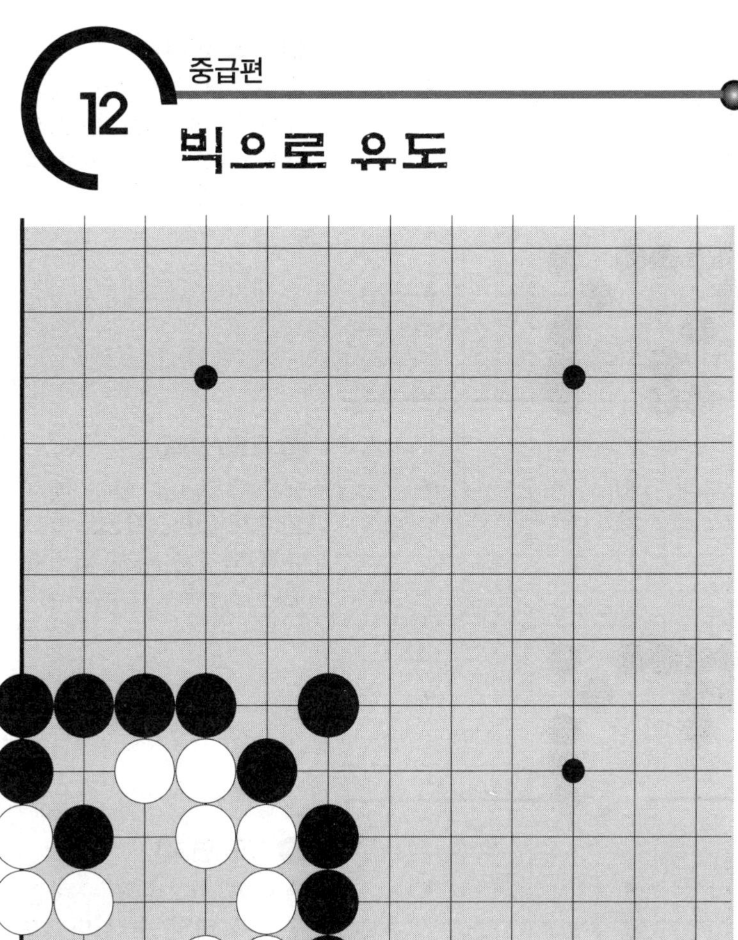

빅 모양의 약점을 최대한 추궁해서 빅으로 유도한
다.

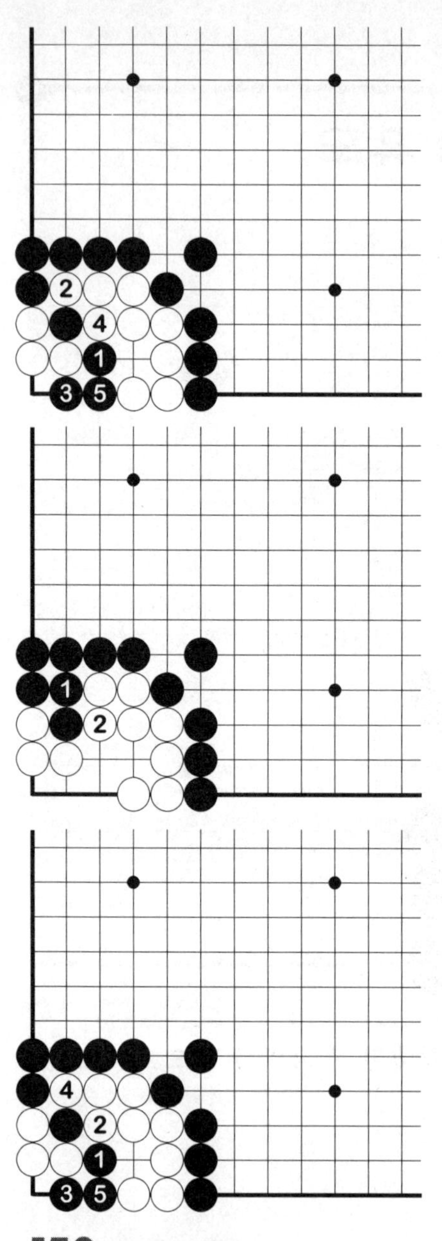

● 1도(정해)

흑1로 젖히는 것이 좋은
수이다. 백2에는 흑3으로
단수친 후 5에 이어서 빅
을 만들 수 있다.

● 2도(실패)

단순히 흑1로 잇는 것은
묘미가 없다. 백2로 막고
나면 백집은 다섯 집이나
된다.

● 3도(변화)

흑1 때 백2로 단수치는
수도 고려할 수 있다. 그
러나 흑3·5로 받고 나면
역시 빅을 피할 수 없다.

13

1선 돌을 활용

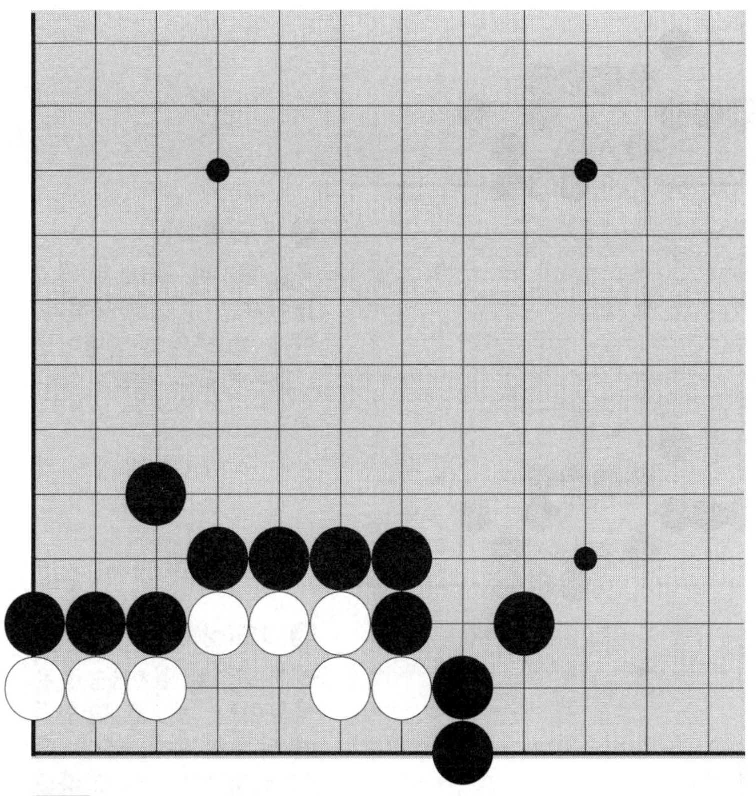

1선에 내려선 돌을 활용하면 상당한 이득을 취할 수
있다. 첫수가 관건이다.

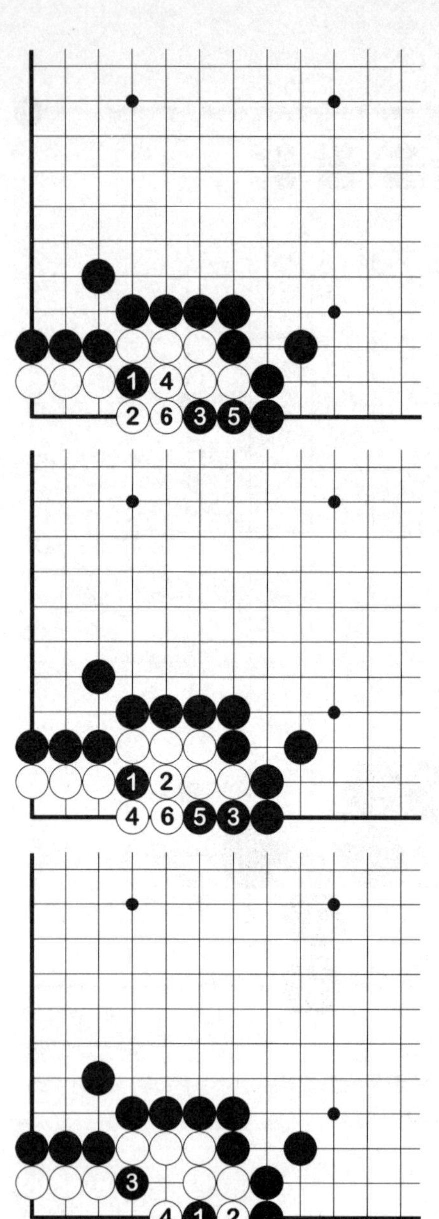

1도(정해)

흑1로 끊는 것이 맥점이다. 백2 때 흑3으로 붙이는 거의 수순. 이하 백6까지 흑 성공이다.

2도(변화)

흑1, 백2 때 흑3으로 밀고 들어가는 수도 가능하다. 이하 백6까지의 진행이면 1도와 똑같은 결말이다.

3도(실패)

먼저 흑1로 붙이는 것은 의문이다. 백2로 단수치면 아무런 수도 없다. 흑3으로 끊어도 백4로 따내 그만이다.

중급편

14 사소한 약점

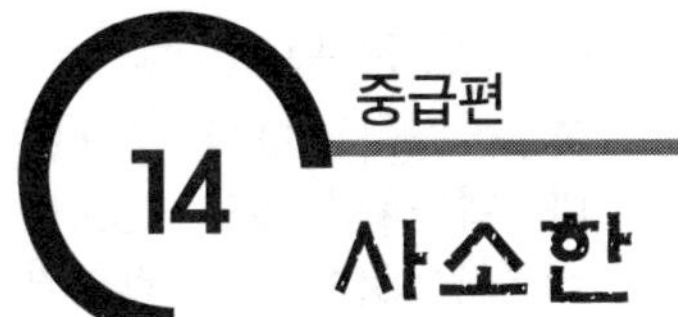

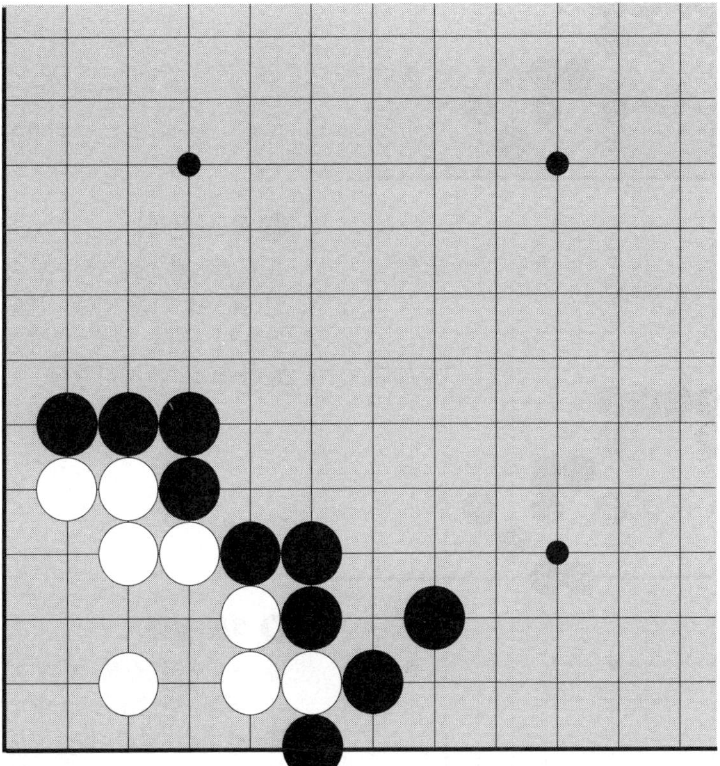

백의 사소한 약점을 추궁해서 끝내기 상 이득을 취한다.

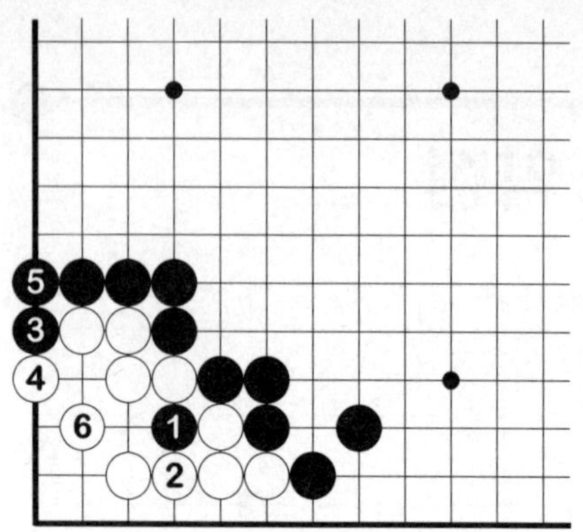

흑1로 끊는 것이 절묘하
다. 백2라면 흑3·5로 젖
혀 잇는 것이 흑의 권리가
된다.

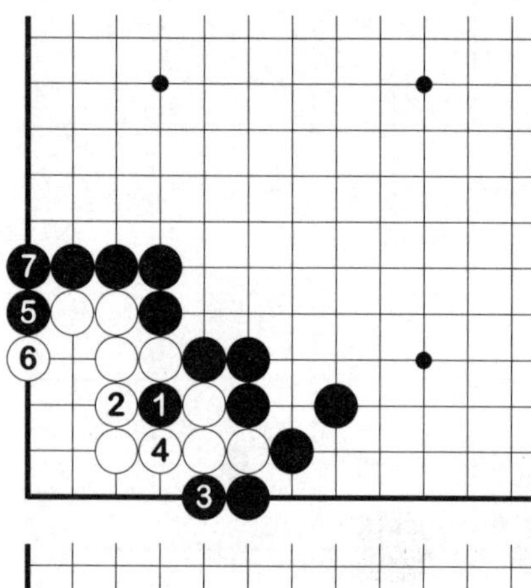

흑1 때 백2로 단수친다
면 흑3이 기분 좋은 선수
활용이 된다. 흑5·7이면
양쪽을 모두 처리했다.

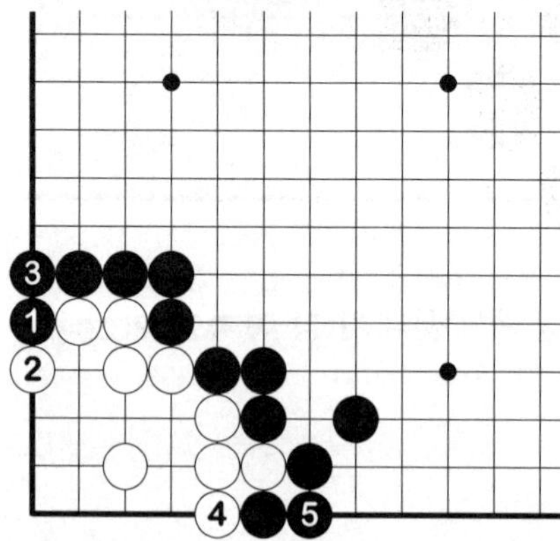

흑1·3으로 젖혀 잇는 것
은 너무 단순하다. 백4,
흑5까지의 진행이면 정답
과는 상당한 차이이다.

15 중급편

한 점을 활용

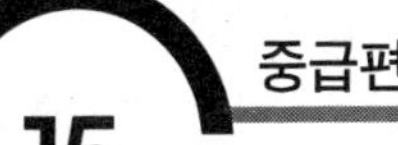

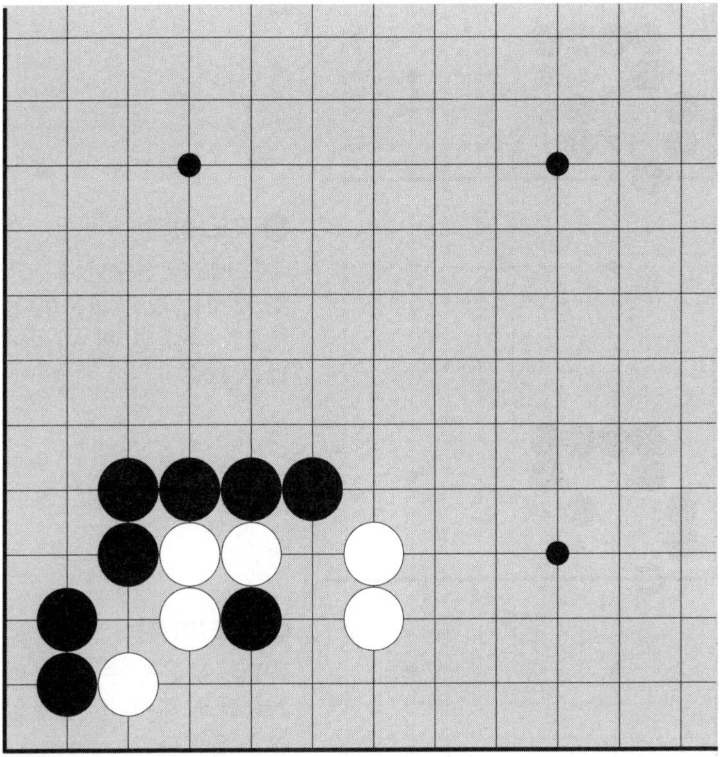

갇혀 있는 흑 한 점을 활용해서 끝내기하는 문제이다. 수순이 중요한 문제.

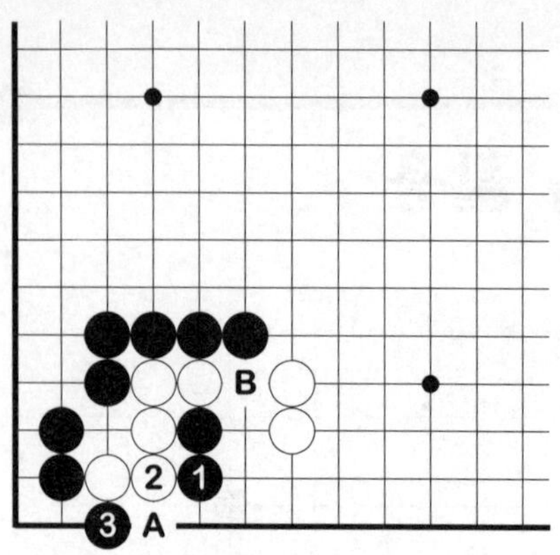

● 1도(정해)

흑1로 내려선 후 백2 때 흑3으로 젖히는 것이 좋은 수순이다. 이후 백A는 흑B로 끊는 수가 성립한다.

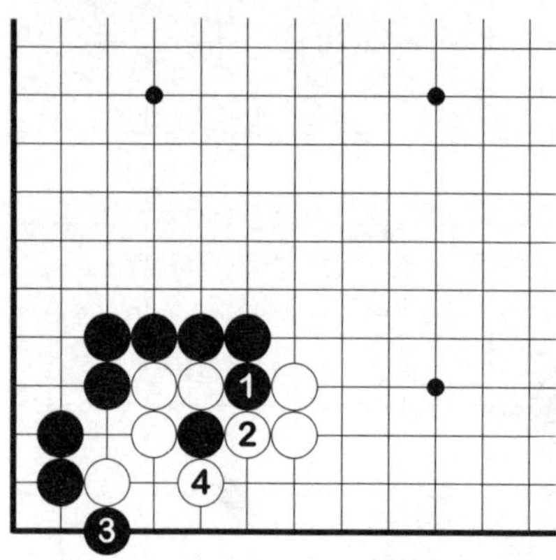

● 2도(실패)

흑1, 백2를 선수한 후 3으로 젖히는 것은 의문이다. 백4로 따내면 별 이득이 없는 모습.

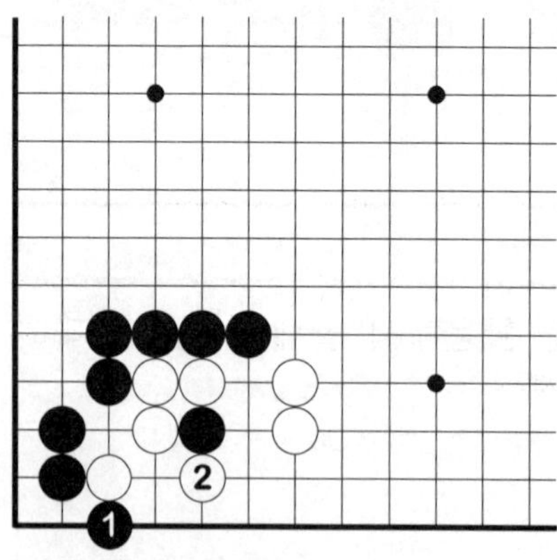

● 3도(미흡)

흑1로 젖히는 수 역시 백2로 받게 해서 큰 득이 없는 모습이다.

16 빅을 유도

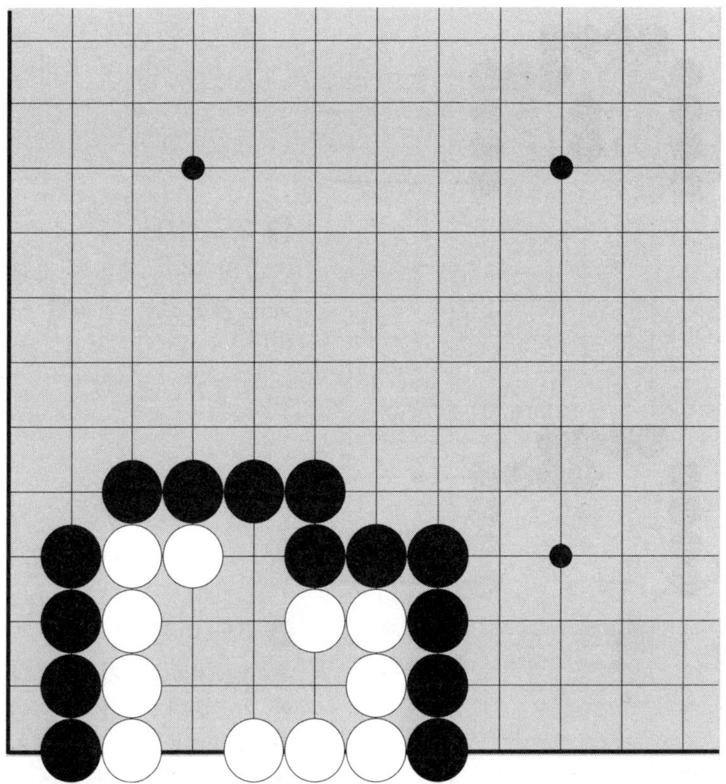

상당히 탄력적인 형태이지만 흑의 정확한 급소 공격
에 빅을 면치 못한다.

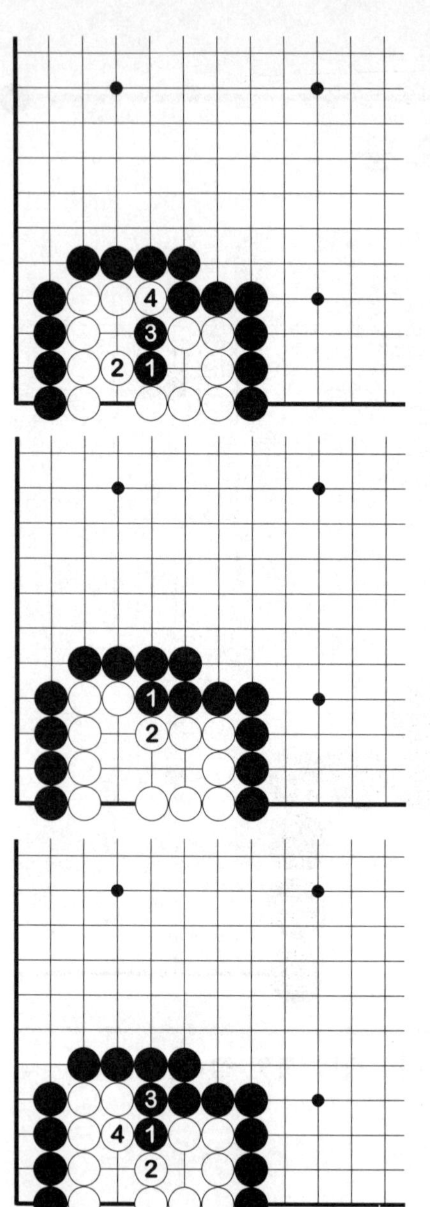

● 1도(정해)

흑1로 치중하는 것이 정답이다. 백2에는 흑3으로 절단해서 선수 빅이다.

● 2도(실패)

단순히 흑1, 백2를 교환하는 것으로는 만족할 수 없다.

● 3도(미흡)

흑1로 젖히는 것이 그나마 2도보다는 나은 수이다. 그러나 흑3, 백4까지 역시 만족할 수 없다.

17 중급편

백의 약점

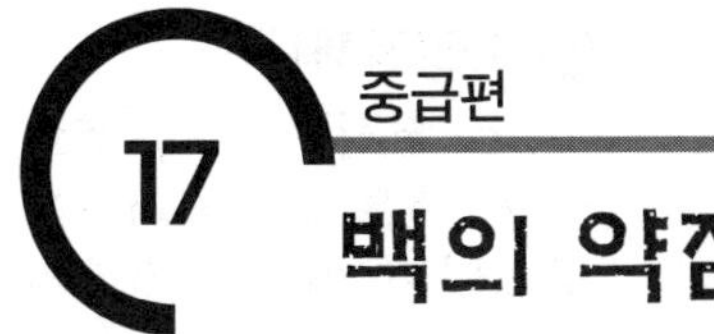

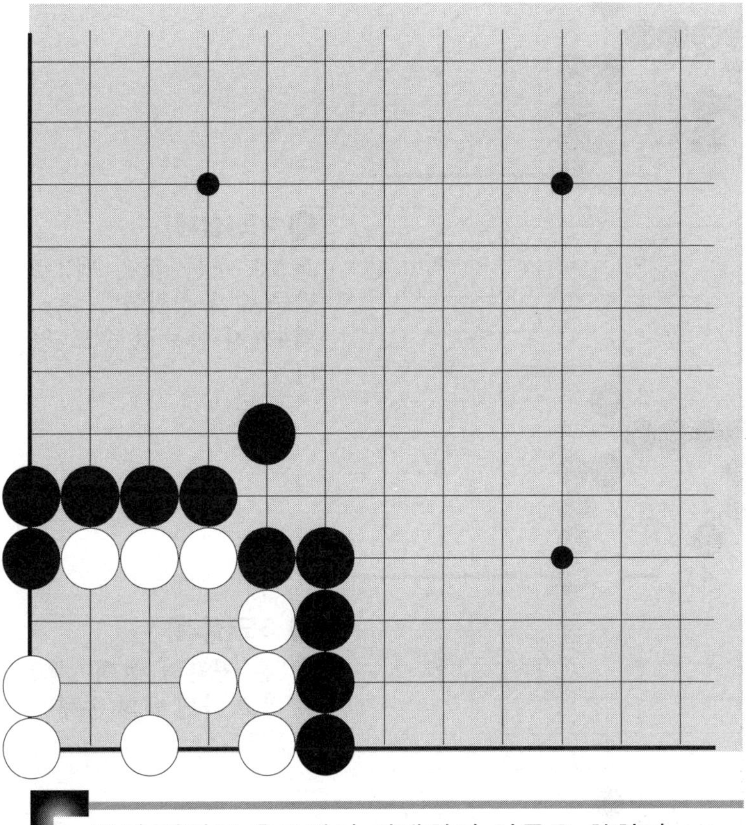

백의 약점을 추궁해서 최대한의 이득을 취한다.

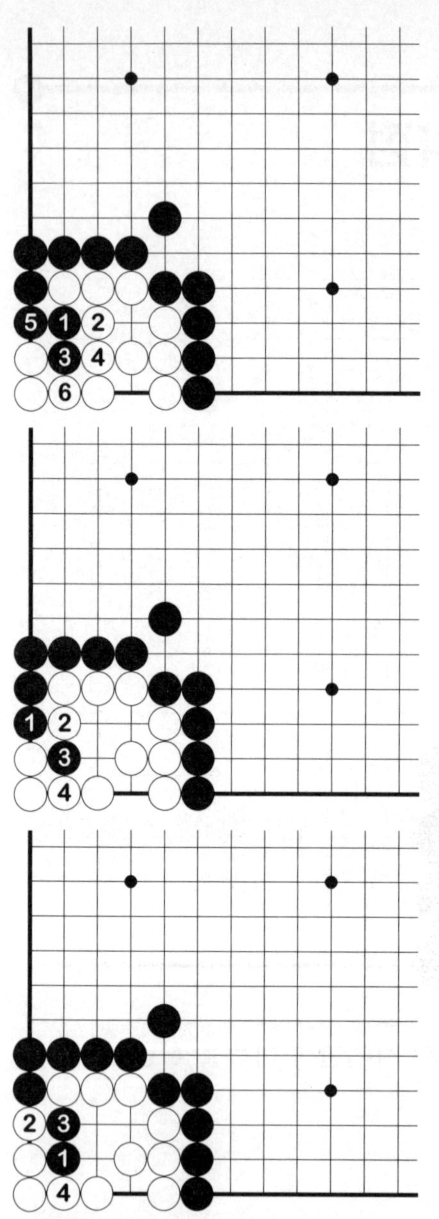

● 1도(정해)

흑1로 젖히는 것이 성립
한다. 백은 2로 물러서는
정도이며 이하 백6까지
선수로 처리했다.

● 2도(실패)

흑1로 두는 것은 백2로
막는 수가 성립한다. 흑3,
백4까지 아무런 수도 없
다.

● 3도(실패)

흑1은 최악의 선택. 백2
로 받고 나면 백의 손해만
커졌다.

18

중급편

잡는 방법

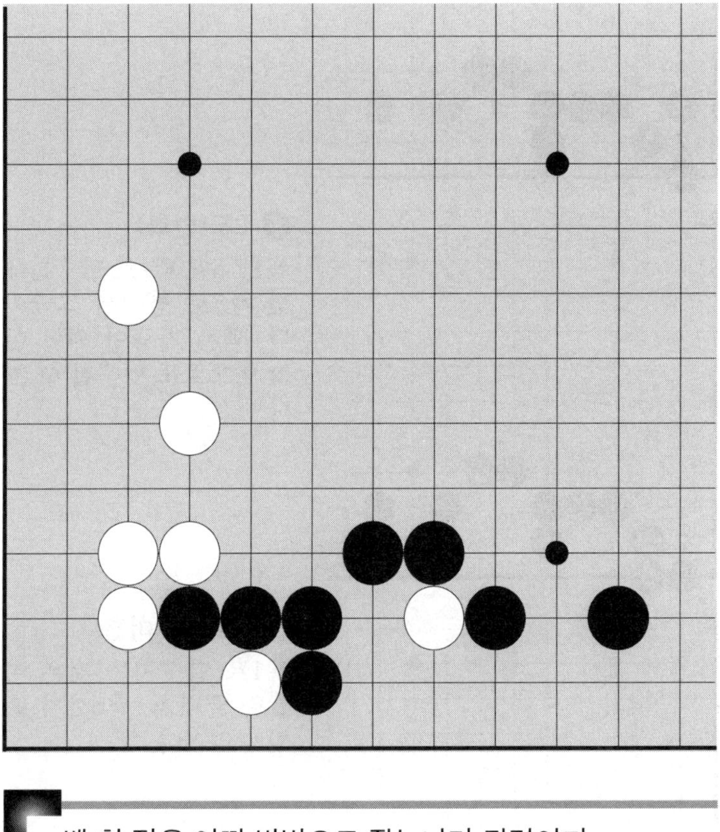

백 한 점을 어떤 방법으로 잡느냐가 관건이다.

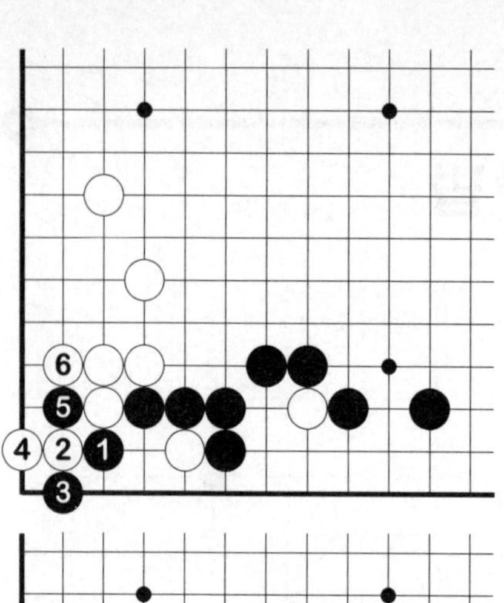

1도(정해)

흑1로 젖힌 후 백2 때 흑3으로 젖히는 것이 정답이다. 백4로 내려선다면 흑5를 선수한 후 손을 뺀다.

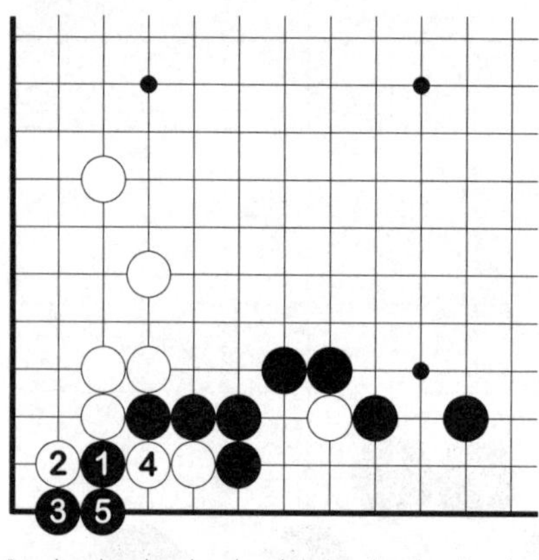

2도(변화)

흑1·3때 백4로 단수친다면 흑5로 뻗어서 그만이다. 백은 자충이 되어 어느 쪽으로도 단수칠 수 없다.

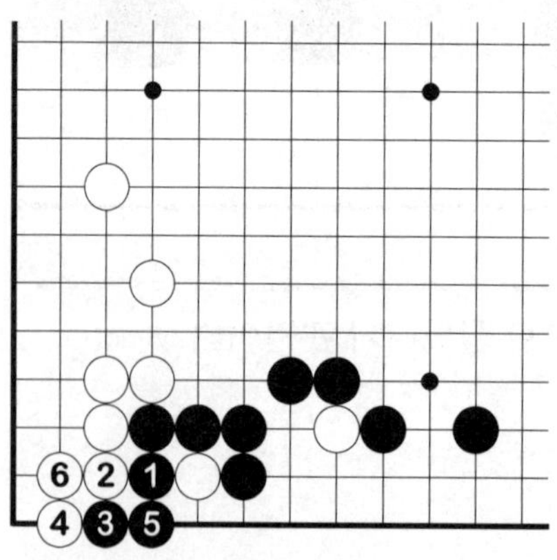

3도(흑, 미흡)

흑1로 단수치는 것은 미흡한 끝내기. 백6까지 흑의 불만이다.

19 모양의 급소

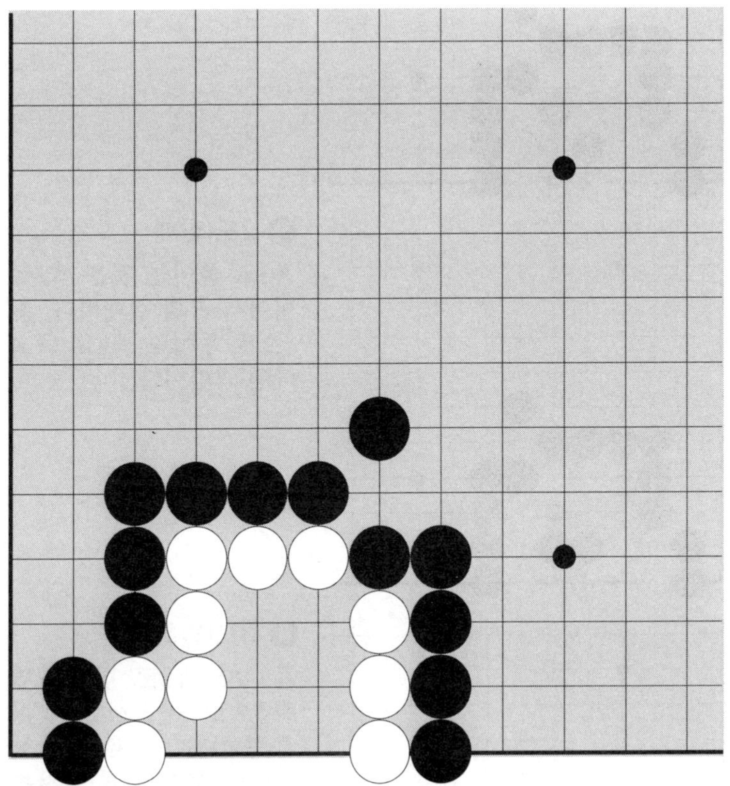

백 모양의 약점을 찔러서 빅을 유도하는 문제이다. 선수 빅을 만들 수 있으면 성공이다.

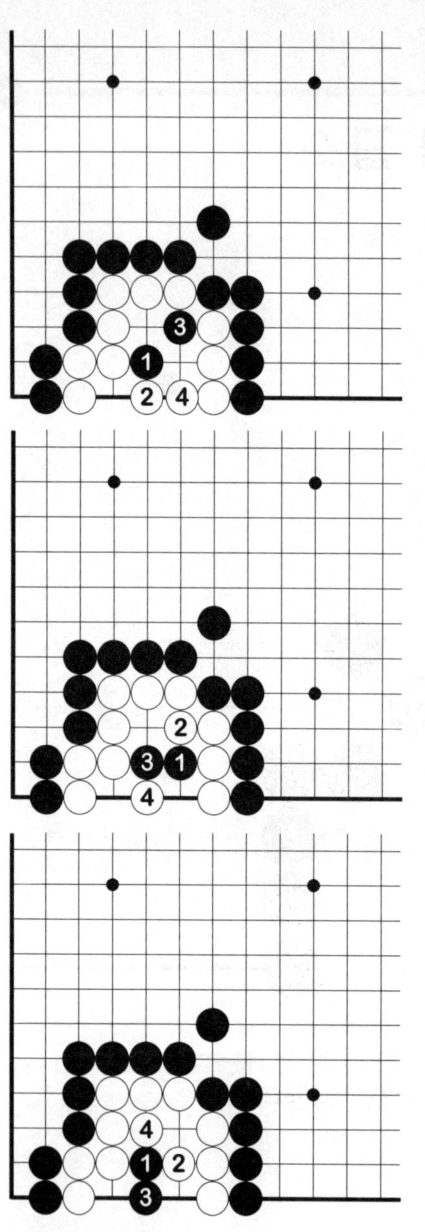

● 1도(정해)

흑1로 치중하는 것이 정답이다. 백2 때 흑3으로 끊으면 선수 빅을 만들 수 있다.

● 2도(실패)

흑1로 붙이는 것은 백2로 이어서 흑의 실패이다. 흑3으로 두어도 백4로 받고 나면 그만이다.

● 3도(변화)

흑1 때 백2로 받는다면 흑3으로 내려서는 것이 요령이다. 백4로 보강할 수밖에 없으니 흑의 선수 빅이 된다.

초급편

20 귀의 약점

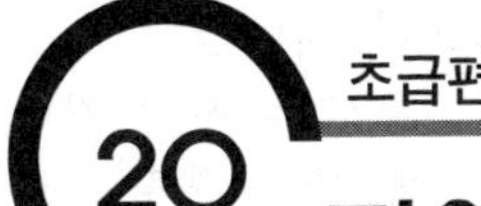

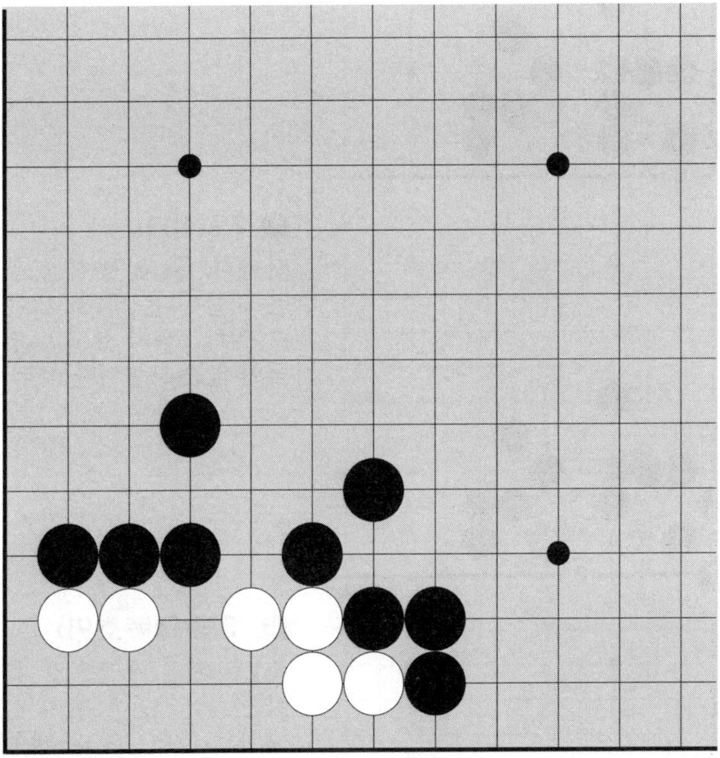

귀의 약점을 효과적으로 공략하는 방법을 모색해야 한다.

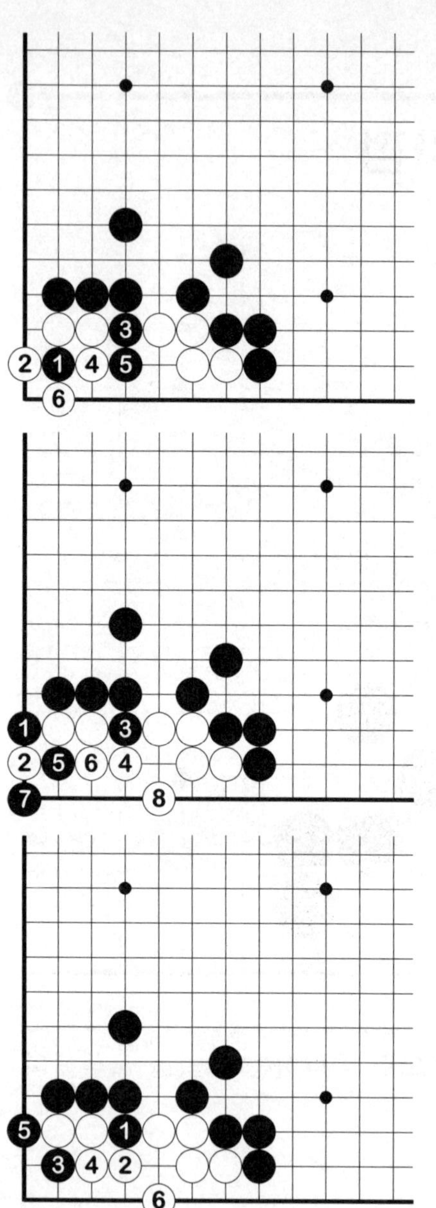

● 1도(정해)

흑1로 붙이는 것이 정답
이다. 백2에는 흑3 · 5로
돌파해서 선수로 이득을
취할 수 있다.

● 2도(실패)

단순히 흑1로 젖히는 것
은 의문이다. 백2로 막은
후 이하 8까지 살고 나면
득이 없는 모습이다.

● 3도(대동소이)

흑1로 찌른 후 3으로 붙
이는 수 역시 백6까지 진
행되고 나면 2도와 대동
소이한 결말이다.

21 죽이는 방법

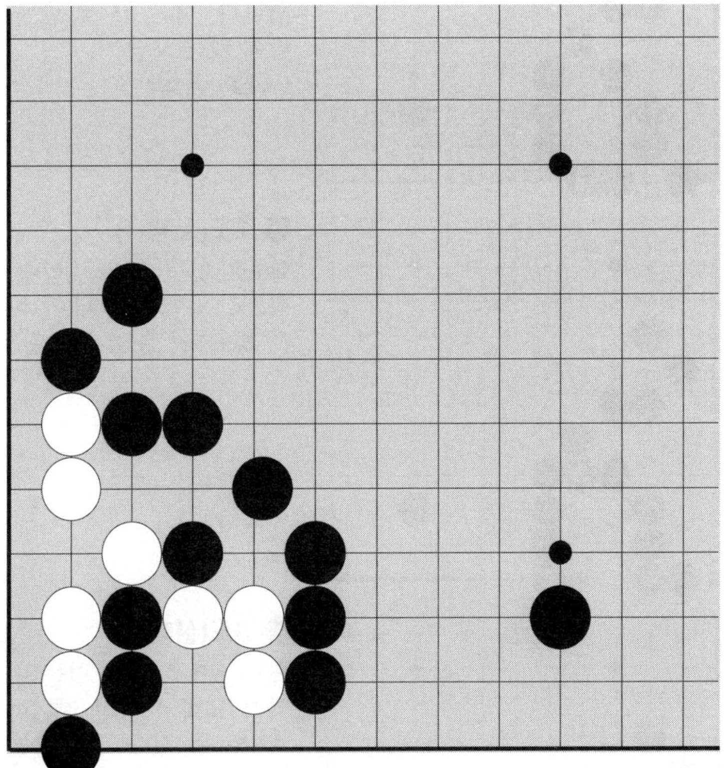

흑 석 점을 어떻게 죽이느냐에 따라 집 차이가 상당
하다. 최선의 끝내기 방법은?

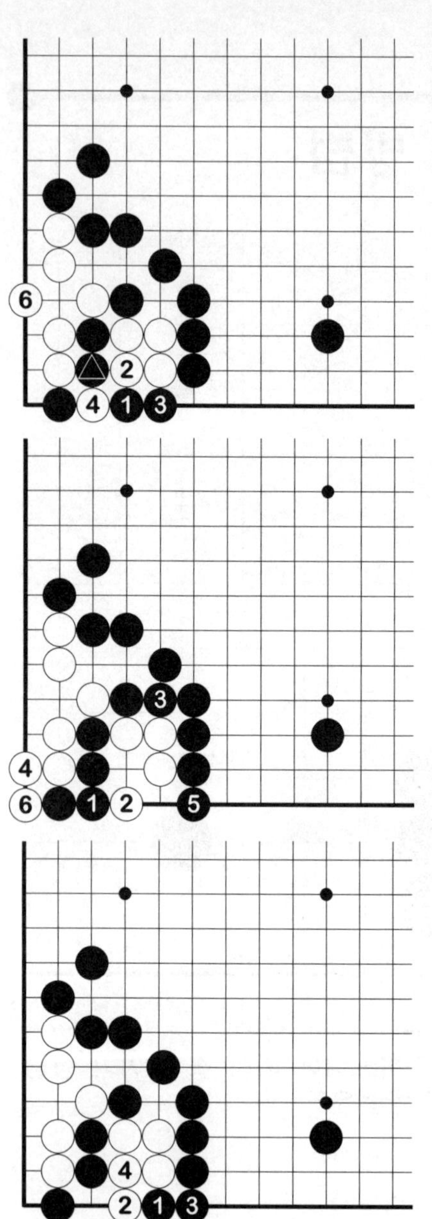

● 1도(정해)

흑1로 입구자하는 것이 정해이다. 백2의 단수에 는 흑3으로 넘은 후 백4 때 흑5로 따내는 수가 성 립한다. 백은 6으로 살 수 밖에 없는 모습.
(흑❺…흑▲)

● 2도(실패 1)

흑1로 잇는 것은 대악수. 백2로 차단하고 나면 이 하 백6까지 손해가 크다.

● 3도(실패 2)

흑1·3으로 젖혀 잇는 수 역시 묘미가 없다. 백4까 지 흑 두 점을 잡아서는 백 만족이다.

중급편

22 지중수

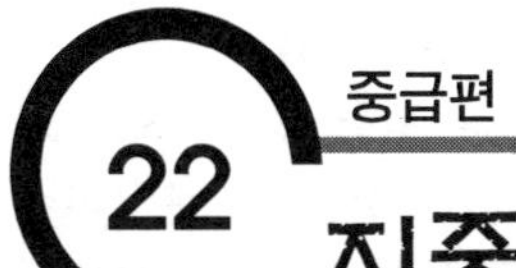

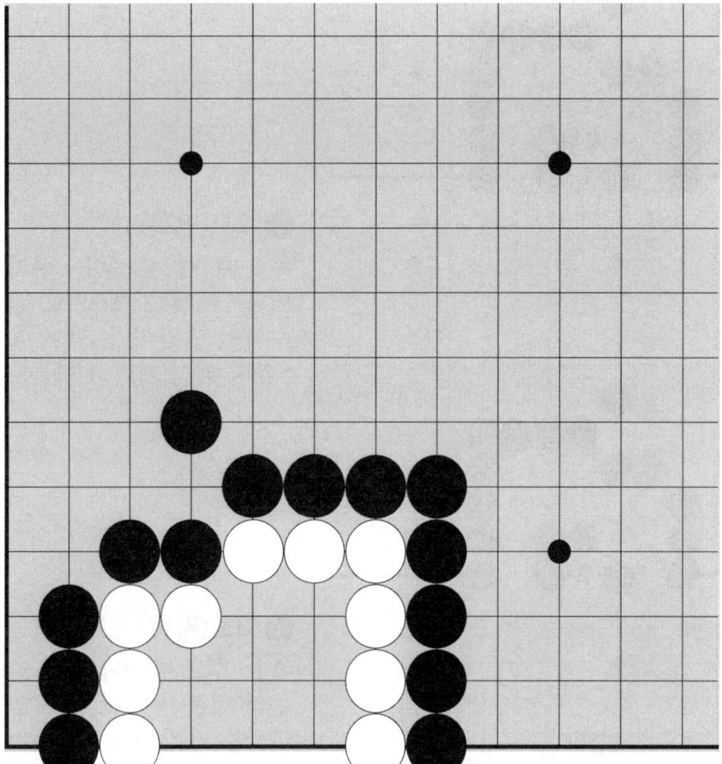

백진 속에서 수단을 부리는 문제이다. 패나 빅을 만들 수 있으면 성공이다.

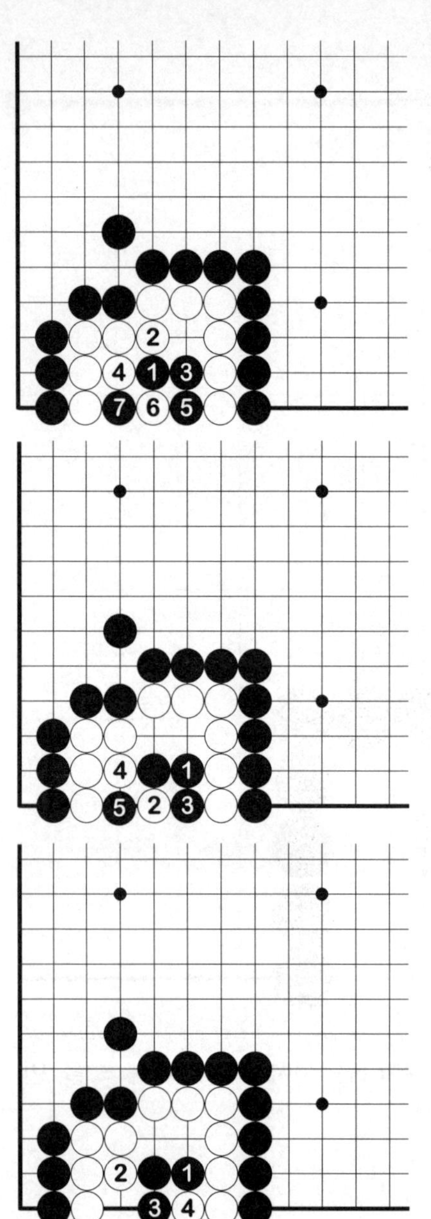

⬤ 1도(정해)

흑1로 치중하는 수가 정해이다. 백2·4 때 흑5는 패를 유도한 수. 이하 흑7까지 패가 되었다.

⬤ 2도(변화)

흑1 때 백2로 두는 변화이다. 이때는 흑3으로 단수쳐서 그만이다. 백4, 흑5까지 역시 패가 된다.

⬤ 3도(빅)

흑1, 백2 때 흑은 3으로 두어 빅을 유도할 수도 있다. 백4까지 흑의 선수 빅이다.

중급편

23 귀의 특수성

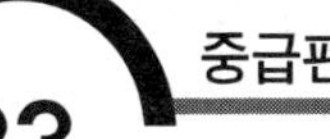

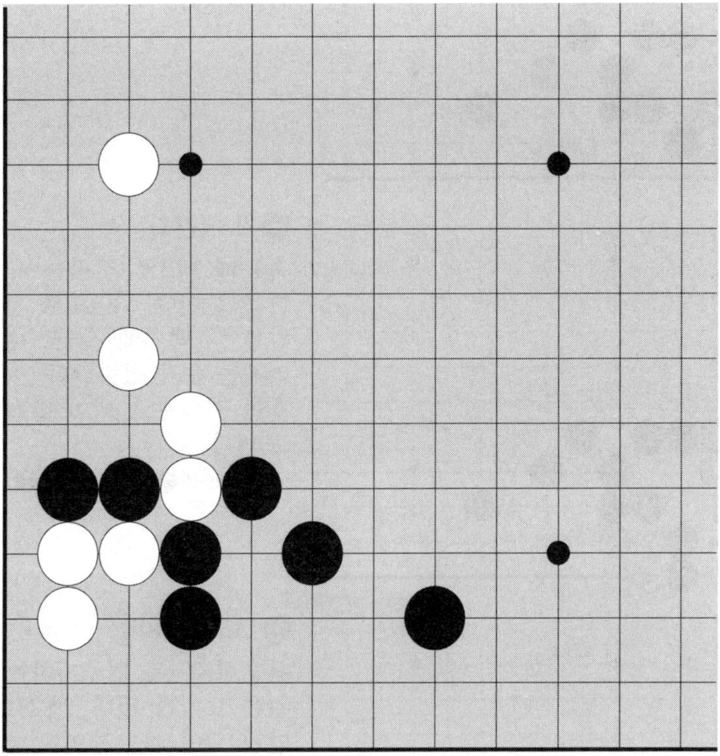

귀의 특수성을 활용해서 최대한 이득을 취할 수 있어야 한다.

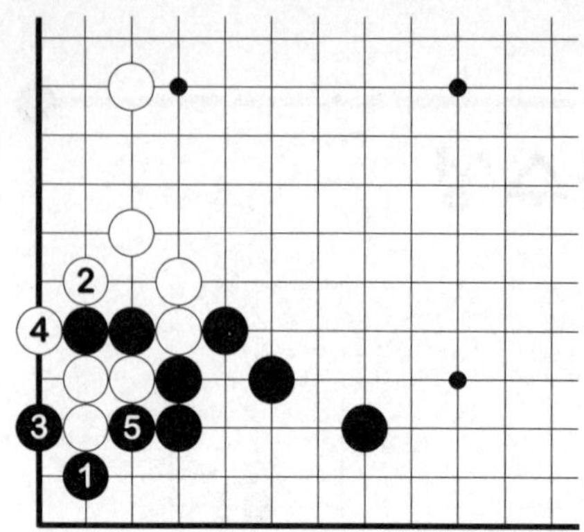

● 1도(정해)

흑1로 붙이는 것이 정해
이다. 백은 2·4로 물러
설 수박에 없다. 이하 흑5
까지 상당한 이득을 취한
모습이다.

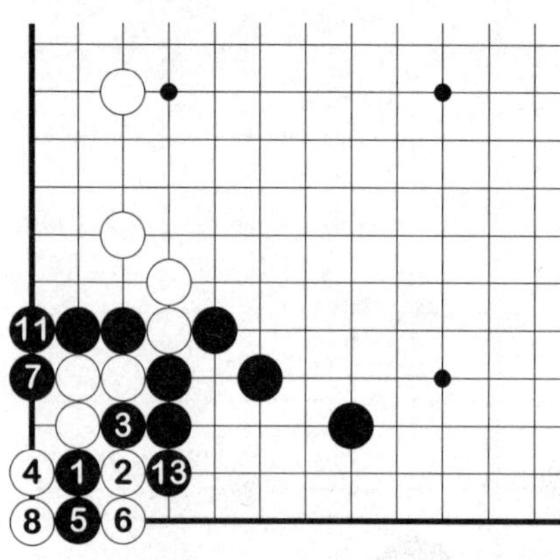

● 2도(변화)

흑1 때 백2로 젖히는 수
는 의문이다. 흑3으로 절
단한 후 백4 때 흑5로 내
려서는 수가 성립한다. 이
후는 귀삼수로 백이 잡히
고 만다.
(흑❾…흑❶, 백❿…흑❺)

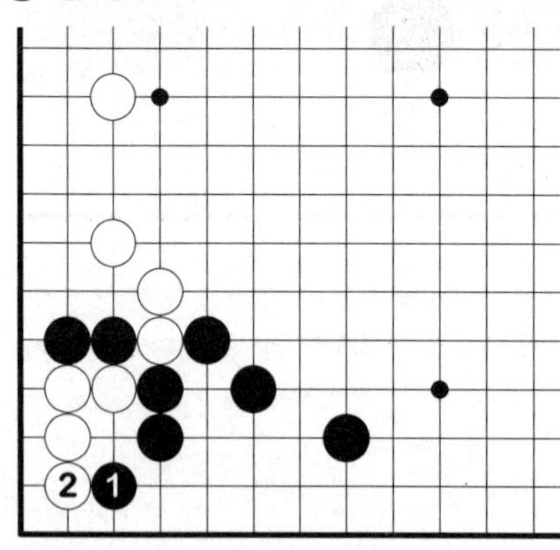

● 3도(실패)

단순히 흑1로 입구자하는
것은 묘미가 없다. 백2로
받게 되어서는 집으로 상
당히 손해를 보았다.

24 절묘한 수단

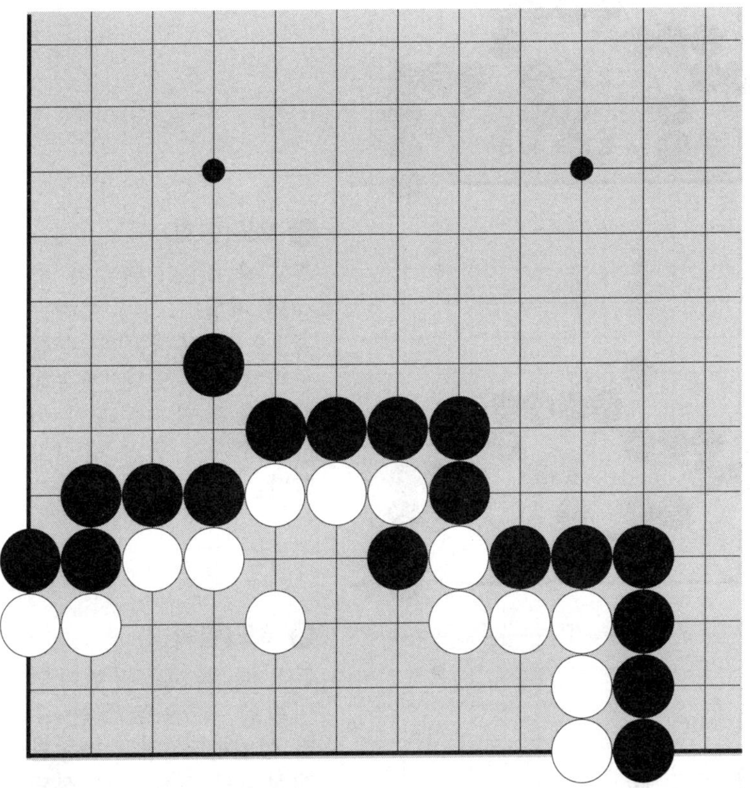

완벽한 모양의 백집처럼 보이지만 사실은 치명적인 약점을 지니고 있다. 수순이 정확해야 문제를 풀 수 있다.

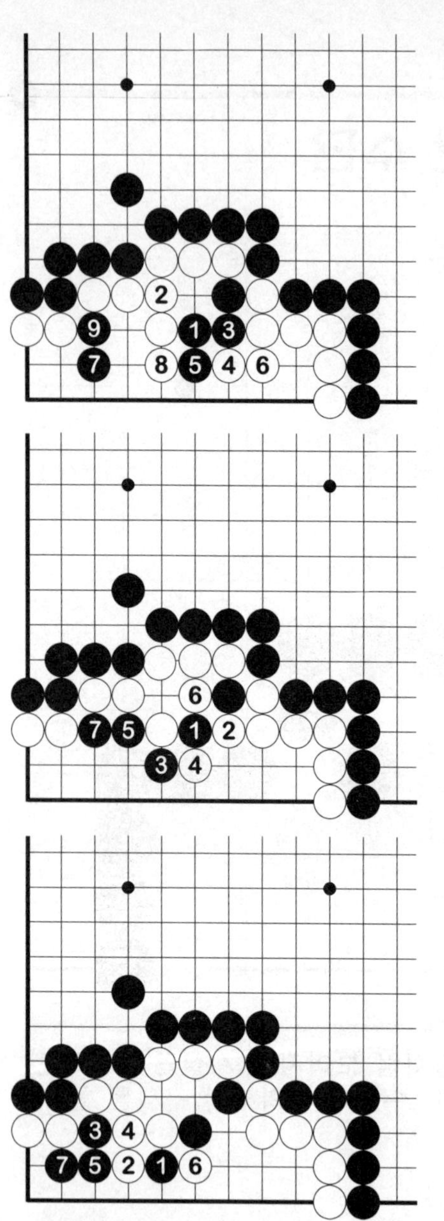

● 1도(정해)

흑1이 정해이다. 백2에는 흑3으로 둔 후 이하 흑9까지 귀를 접수할 수 있다.

● 2도(변화 1)

흑1 때 백2의 단수가 최강의 저항 그러나 이때는 흑3으로 젖히는 묘수를 준비해 두고 있다. 계속해서 백4로 단수친다면 이하 흑7까지 귀가 잡히고 만다.

● 3도(변화 2)

흑1 때 백2로 젖힌다면 이번엔 흑3으로 끊는 수가 성립한다. 백은 자충관계상 4로 단수치는 정도인데 이하 흑7까지 귀를 잡을 수 있다.

25 끝내기의 맥점

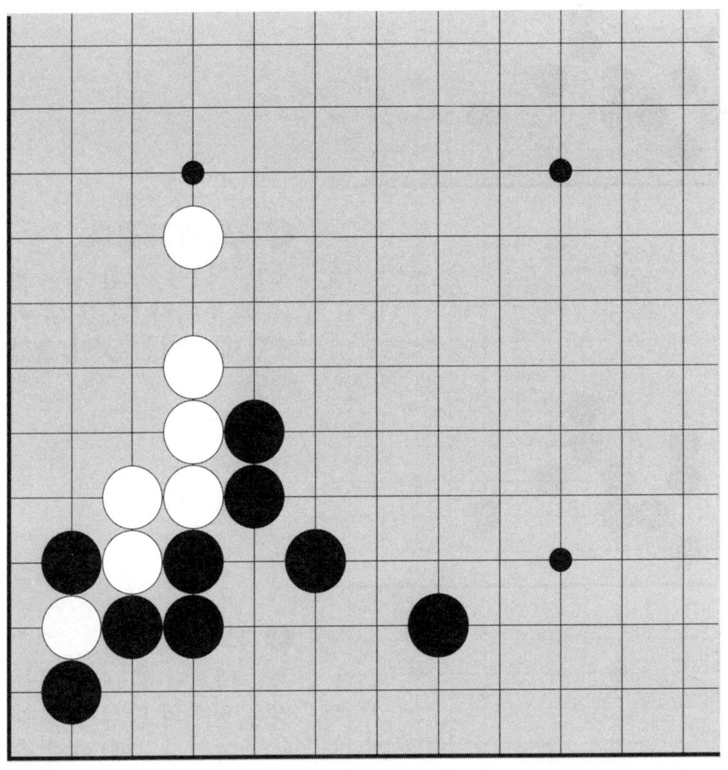

상용의 맥점을 활용해서 백집을 최대한으로 잠식한다.

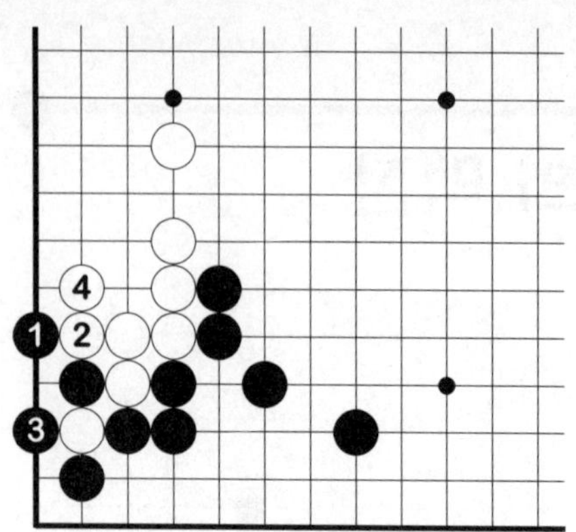

● 1도(정해)

흑1로 입구자하는 것이 정해이다. 백은 2·4로 물러서는 정도이다.

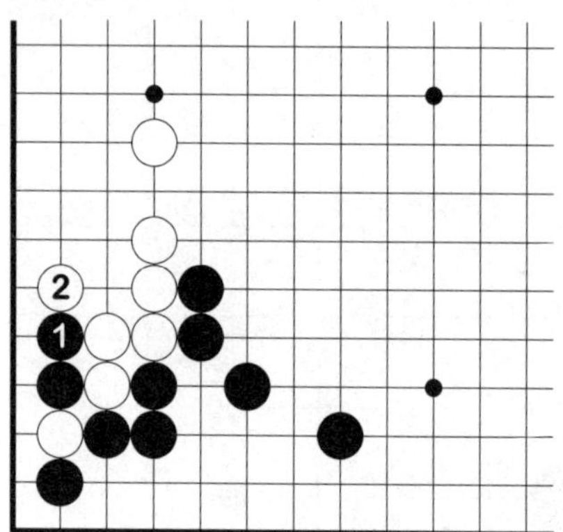

● 2도(거의 같다)

흑1, 백2를 교환하는 것은 의문이다. 흑은 후속 수단이 없다는 것이 불만이다.

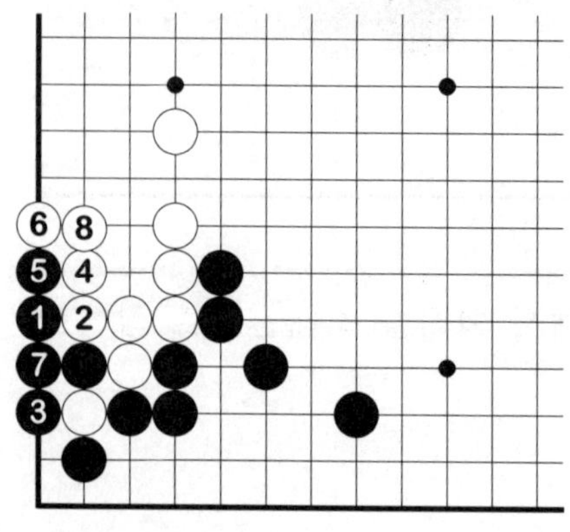

● 3도(불충분)

흑1, 백2 때 흑3으로 두는 것은 하수의 발상이다. 백 4·6이면 2도에 비해 흑이 2집 손해이다.

역 끝내기

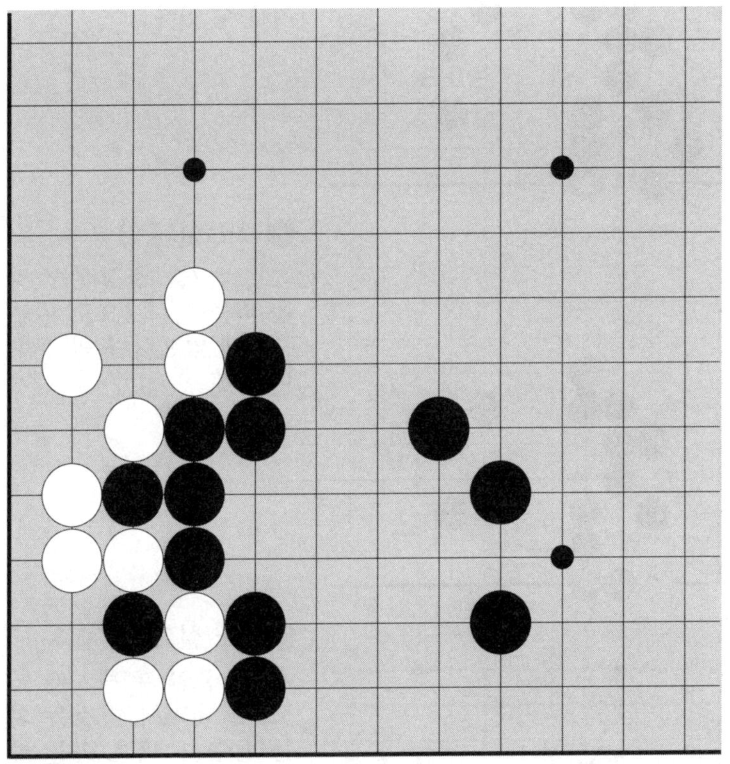

백이 선수로 1선에 젖혀 잇는 것을 방비하고 싶다. 어떤 수순을 밟아야 할까?

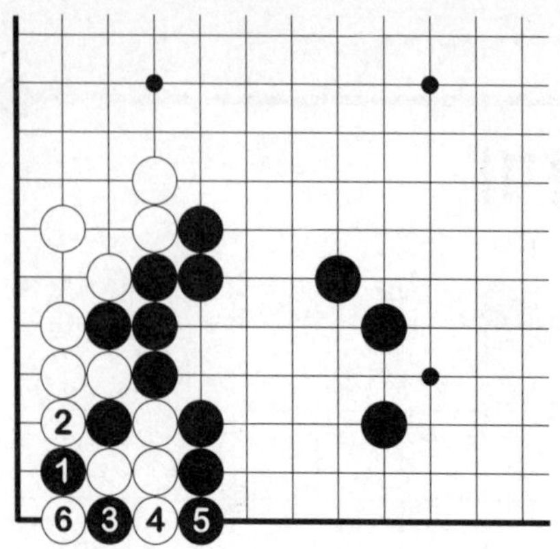

● 1도(정해)

흑1로 둔 후 백2 때 흑3으로 젖히는 것이 좋은 수순이다. 백4 때 흑5로 단수치면 선수로 형태를 결정지을 수 있다.

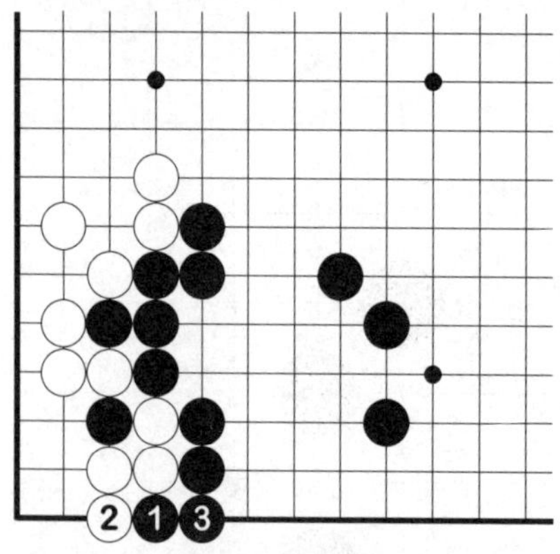

● 2도(실패 1)

흑1, 백2를 결정짓는 것은 의문수. 흑3으로 이을 수밖에 없으니 흑의 후수이다.

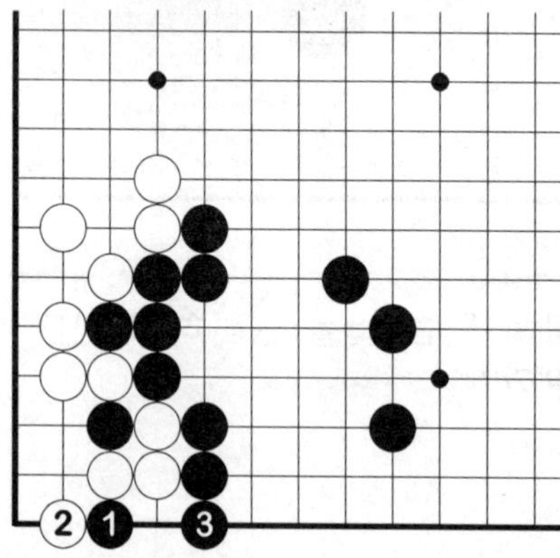

● 3도(실패 2)

흑1로 붙인 후 백2 때 흑3으로 내려서는 것은 의문의 수순. 백은 손을 빼고 둘 가능성이 높다. 흑은 후수가 될 바에야 차라리 단순히 3으로 내려서는 것이 옳다.

27 귀의 뒷맛

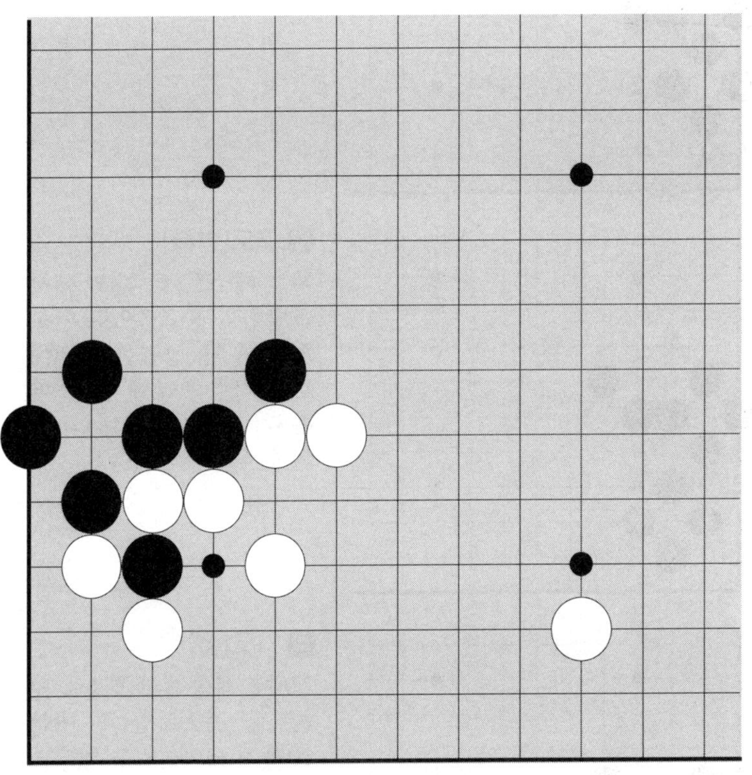

귀의 뒷맛을 이용해서 끝내기하는 문제이다. 백이
강하게 반발할 경우 귀에서 수단을 부린다.

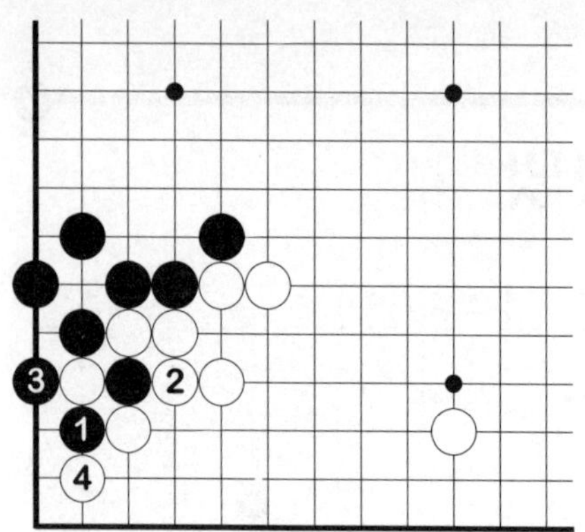

● 1도(정해)

흑1로 단수치는 것이 정해이다. 백2로 단수친다면 흑3으로 넘어서 선수로 이득을 취할 수 있다.

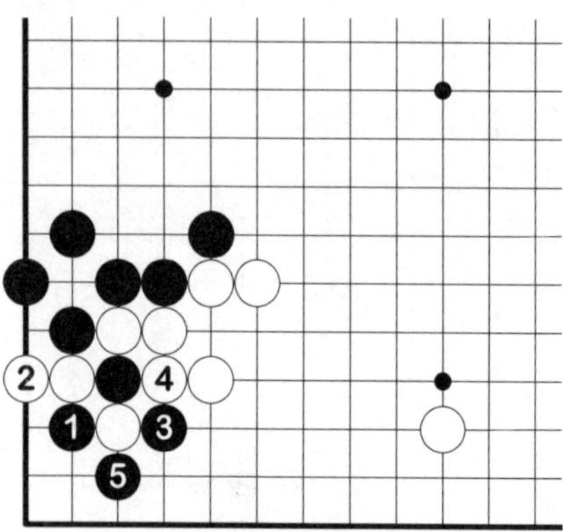

● 2도(변화)

흑1 때 백2로 내려서서 반발한다면 흑3으로 단수치는 수가 성립한다. 백4로 따 낼 수밖에 없을 때 흑5가 강력한 패 버팀. 계속해서…

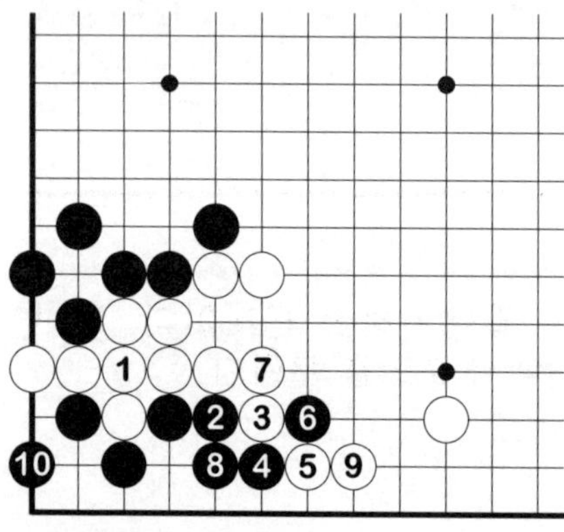

● 3도(삶)

2도에 계속해서 백1로 잇는다면 흑2로 둔 후 이하 10까지 크게 살 수 있다.

28 차단을 노리는 수

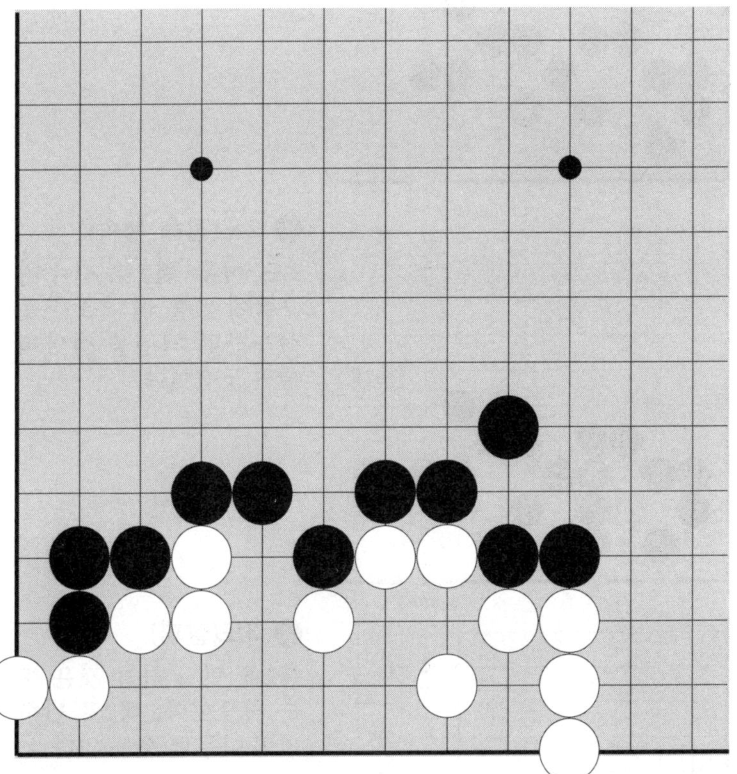

상대의 자충을 이용해서 끝내기하는 문제이다. 상대가
반발할 경우 좌우 백을 분단시킨다.

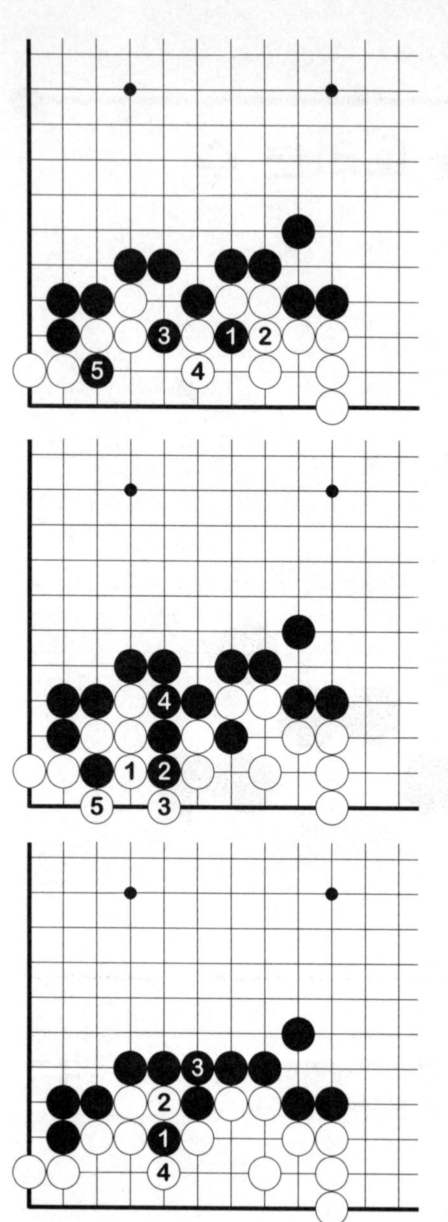

⚫ 1도(정해)

흑1·3을 선수한 후 5롤 끊는 것이 맥점이다. 계속 해서…

⚫ 2도(정해 계속)

1도 이후 백1로 단수칠 수밖에 없을 때 흑2·4를 선수하면 백집을 상당히 줄인 모습이다.

⚫ 3도(실패)

흑1을 먼저 하는 것은 수 순 착오이다. 백2로 단수 치면 아무런 수도 없다.

양쪽을 활용

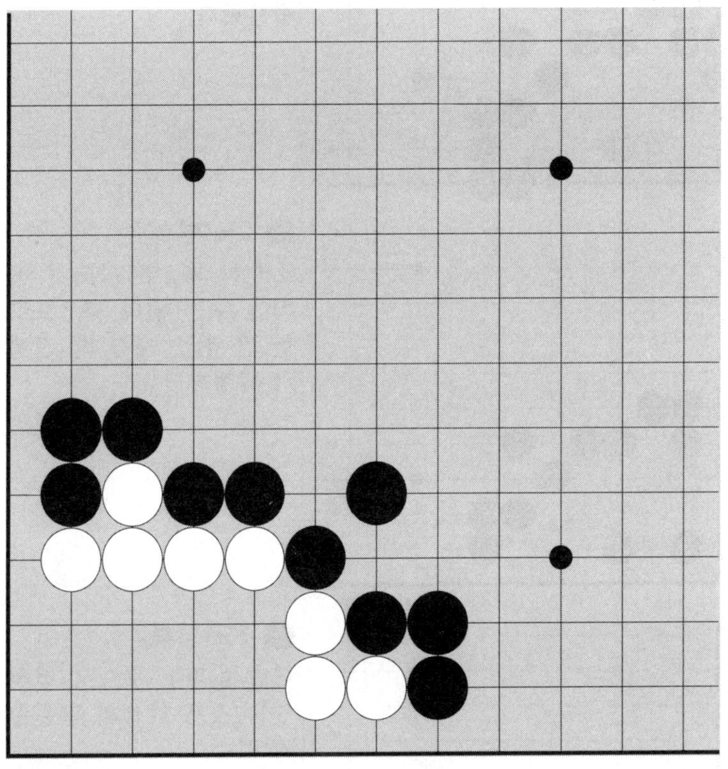

흑은 단순히 1선에 젖혀 잇는 것으로는 만족할 수 없
다. 그렇다면 어떻게 두어야 할까?

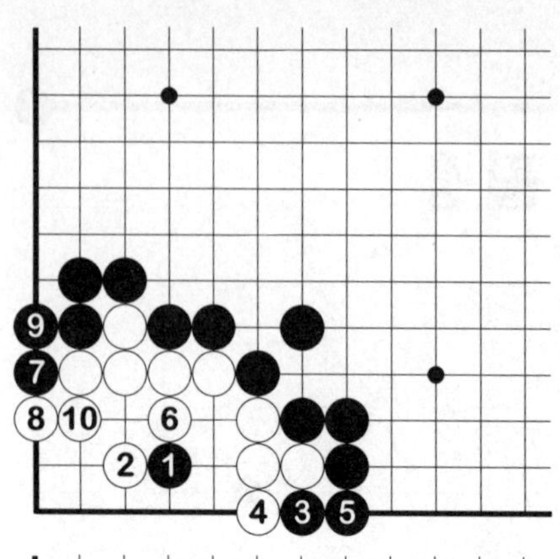

● 1도(정해)

흑1로 치중하는 것이 멋진 맥점이다. 백2 때 흑3·5를 선수한 후 7·9까지 활용하면 양쪽을 모두 활용했다.

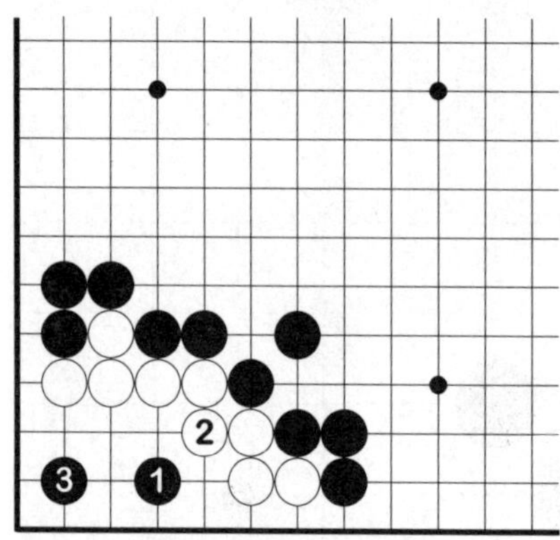

● 2도(변화)

흑1 때 백2로 잇고서 버티는 수는 없다. 흑3으로 한 칸 뛰는 순간 백 전체가 위험하다.

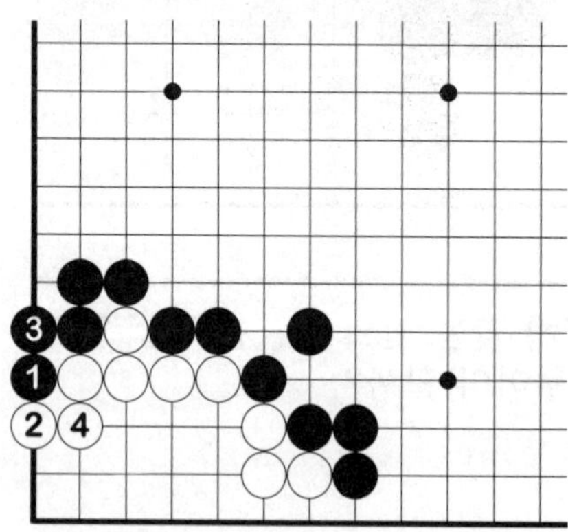

● 3도(실패)

단순히 흑1·3으로 젖혀 잇는 것은 다음의 활용수가 없다.

30

수순이 중요

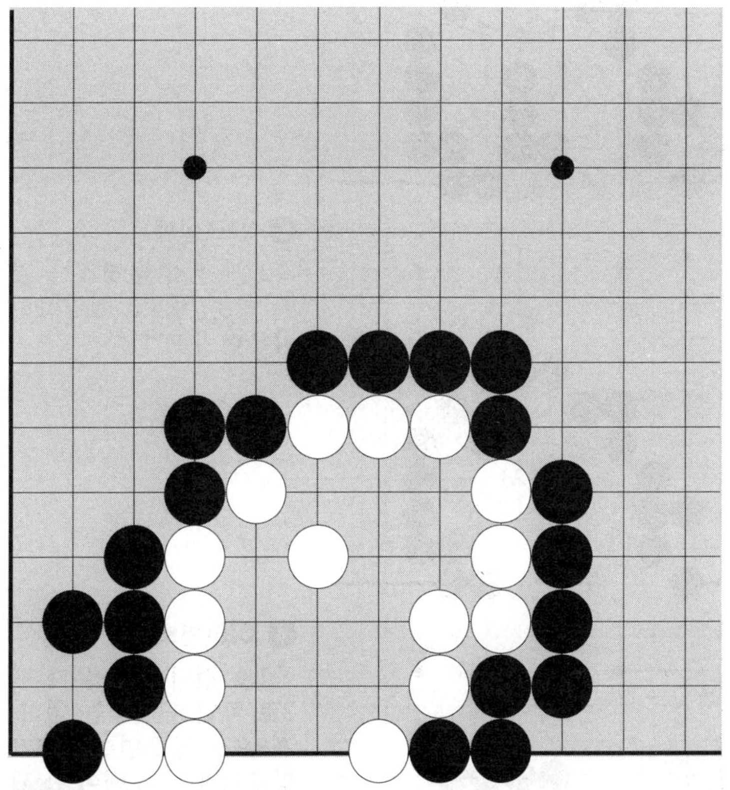

백 모양이 상당히 넓지만 치명적인 약점을 지니고 있다. 수순이 중요한 문제이다.

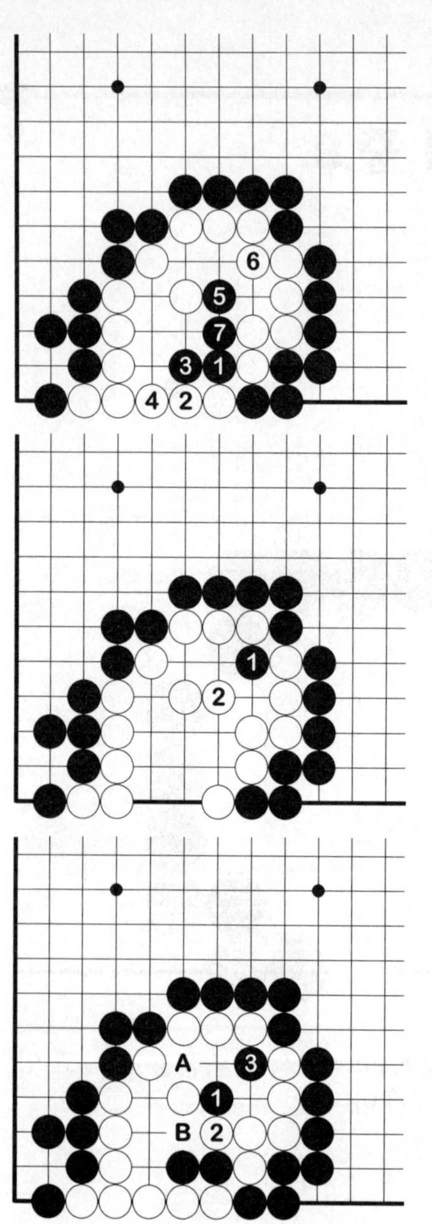

● 1도(정해)

흑1·3을 선수한 후 5에 건너 붙이는 것이 수순이다. 백6이 불가피할 때 흑7로 이으면 전체가 빅이다.

● 2도(실패)

흑1을 먼저 결정짓는 것은 의문. 백2로 보강하면 아무런 수도 없다.

● 3도(변화)

흑1로 건너 붙였을 때 백2로 차단하는 수는 없다. 흑3으로 끊으면 A와 B가 맞보기가 되어 백이 안 된다.

31 자충을 활용

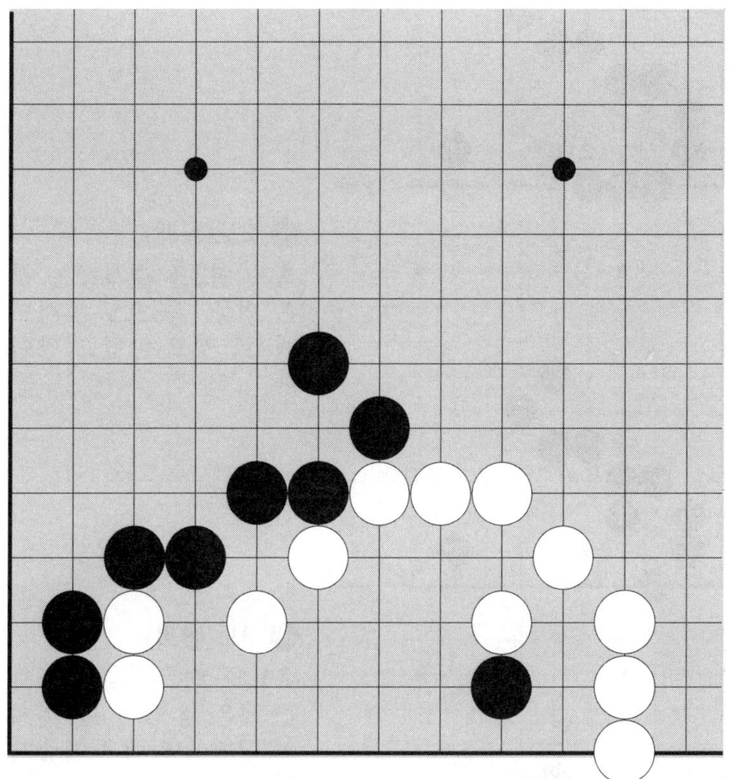

백의 자충을 활용해서 끝내기하는 문제이다. 어느 곳이
끝내기의 급소일까?

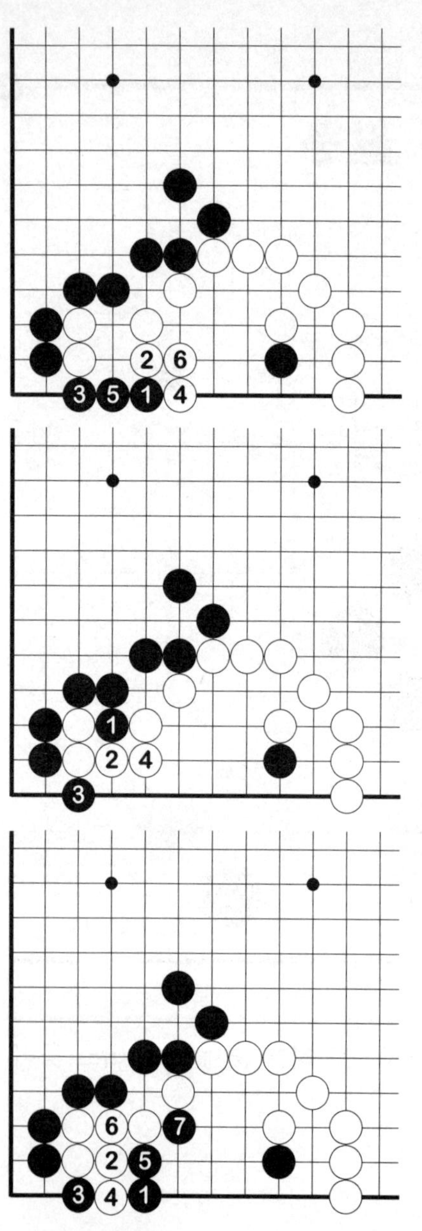

⬤ 1도(정해)

흑1로 치중하는 것이 정수이다. 백2 이하 6까지 선수로 처리할 수 있다.

⬤ 2도(실패)

흑1, 백2를 결정짓는 것은 의문. 흑3으로 젖혀도 백4로 잇고 나면 그만이다.

⬤ 3도(변화)

흑1 때 백2·4로 저항하는 것은 대 악수. 흑7까지의 진행이면 백은 자충이 되었다.

중급편

32 사활을 위협

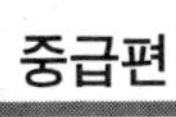

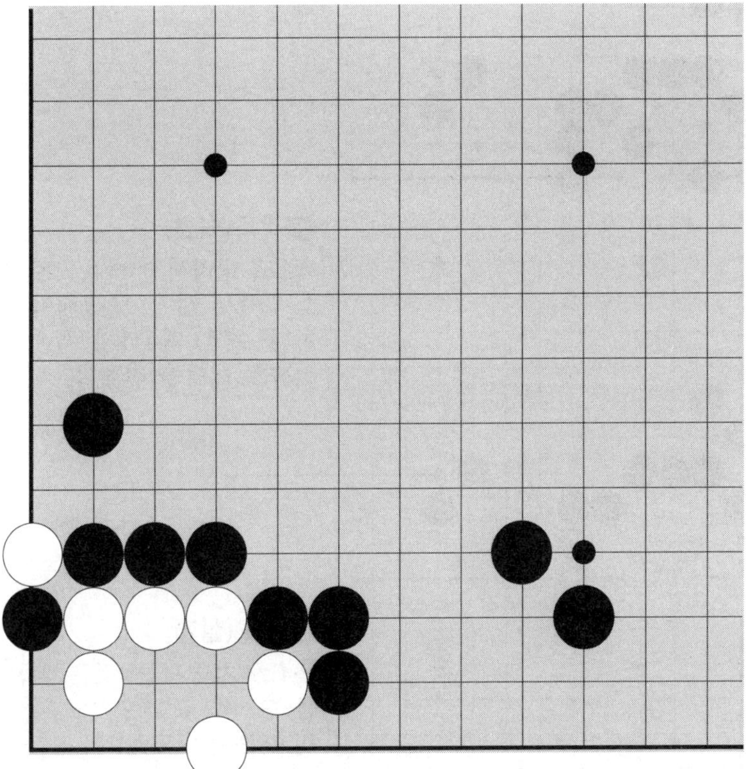

백의 사활을 위협해서 끝내기하는 문제이다. 어떤 수순을 밟아야 할까?

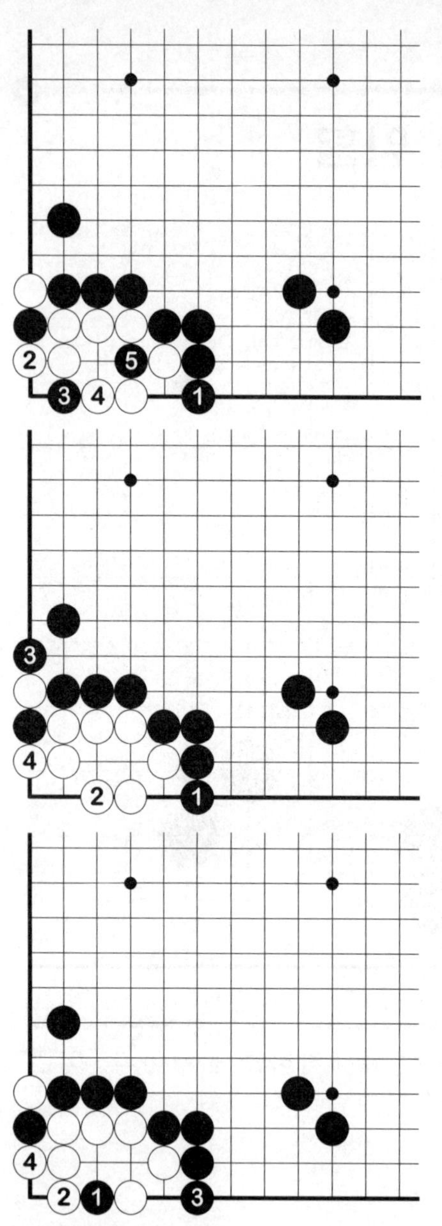

● 1도(정해)

흑1로 내려서는 것이 침착한 호착이다. 계속해서 백2로 따내는 것은 대 악수. 흑3·5는 백 죽음이다.

● 2도(최선)

흑1로 내려서면 백은 2로 호구쳐서 삶을 모색해야 한다. 흑3, 백4까지 흑은 선수로 이득을 취했다.

● 3도(실패)

흑1로 치중하는 것은 의문 수. 백2로 단수치고 나면 아무런 수도 없다.

33 백 모양의 약점

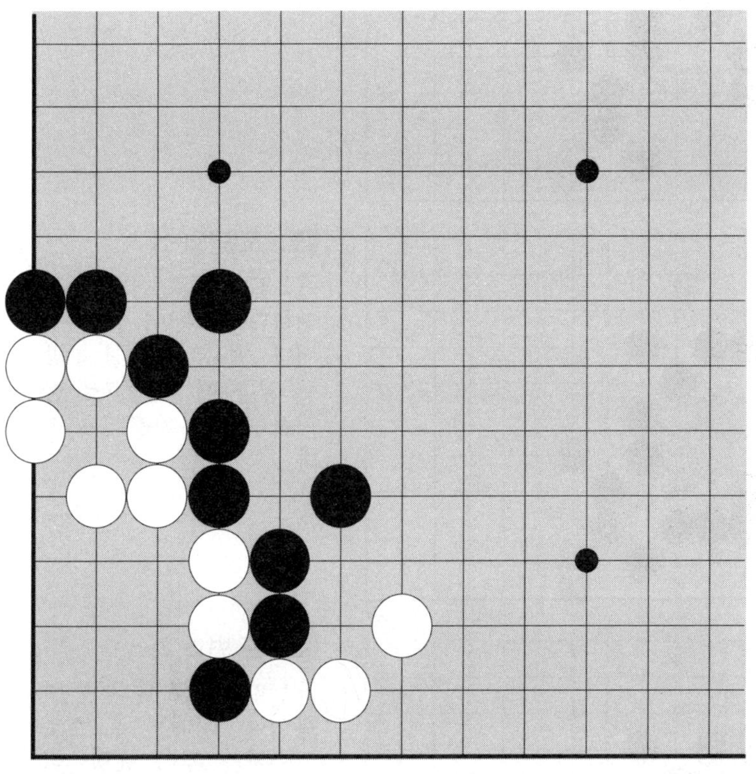

백은 치명적인 약점을 지니고 있다. 그러나 수순이
정확하지 못하면 아무런 수도 성립하지 않게 된다.

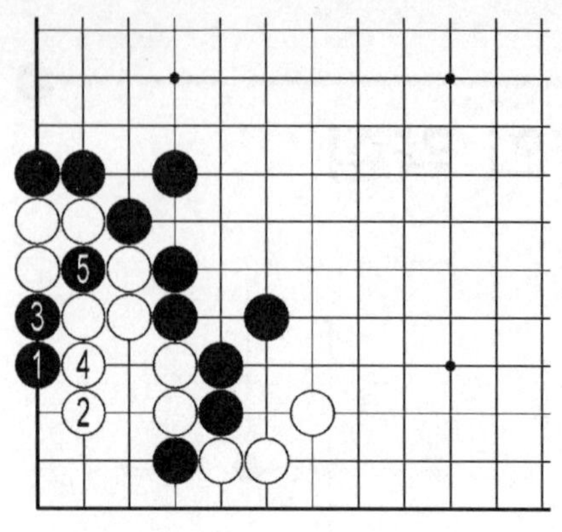

⬤ 1도(정해)

흑1로 치중하는 것이 멋진 맥점이다. 백2에는 흑3으로 단수쳐서 백 석 점을 잡을 수 있다.

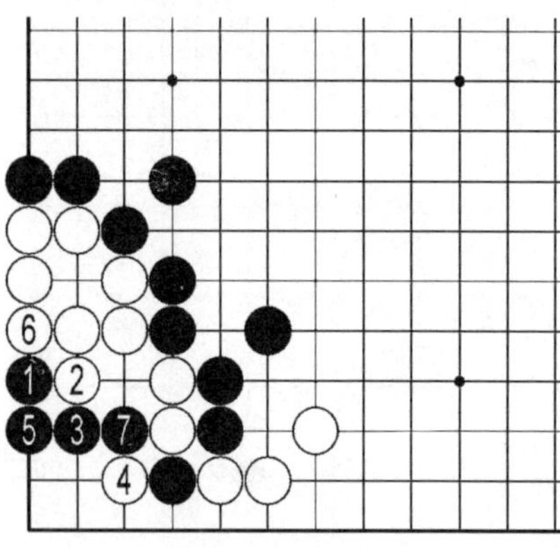

⬤ 2도(변화 1)

흑1 때 백2로 변화를 모색한다면 흑3이 좋은 수이다. 백4로 단수칠 수밖에 없을 때 흑5·7로 공략하면 백은 자충이 되었다.

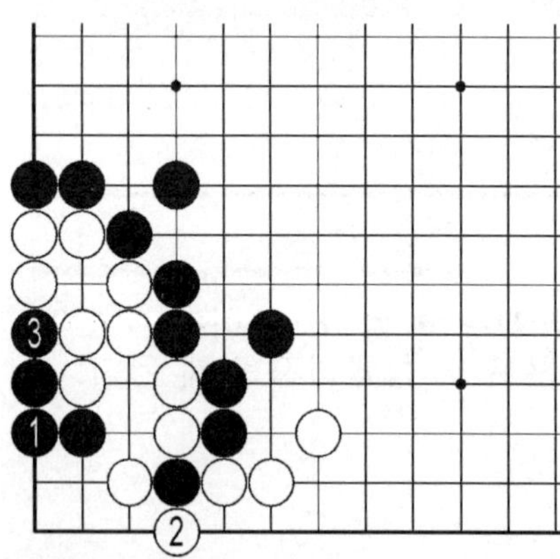

⬤ 3도(변화 2)

흑1 때 백2로 따내는 변화이다. 이때는 흑3으로 단수치는 것이 요령. 여전히 백은 자충을 면할 수 없다.

정확한 수순

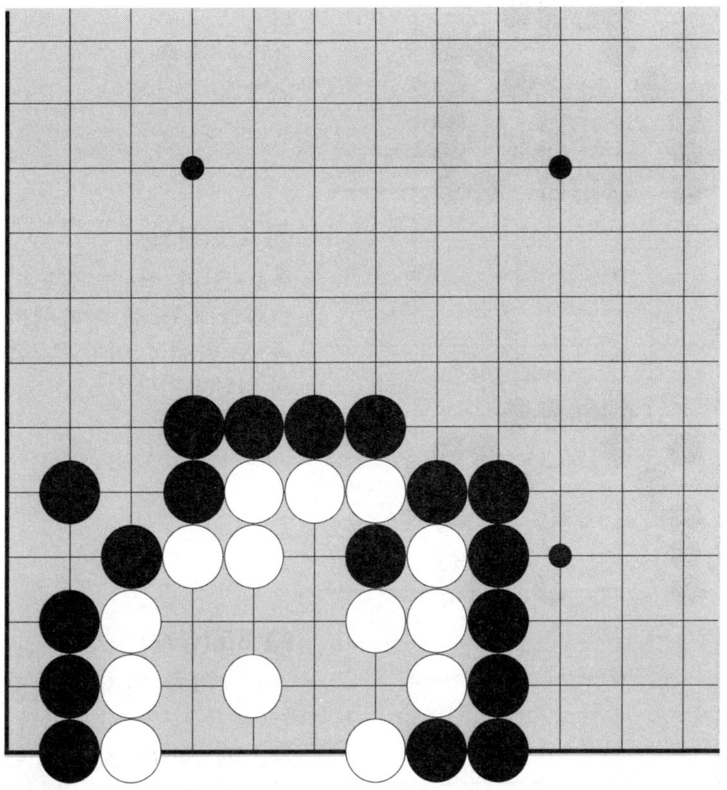

백의 약점을 추궁해서 이득을 취하는 문제이다. 수
순이 정확해야 한다.

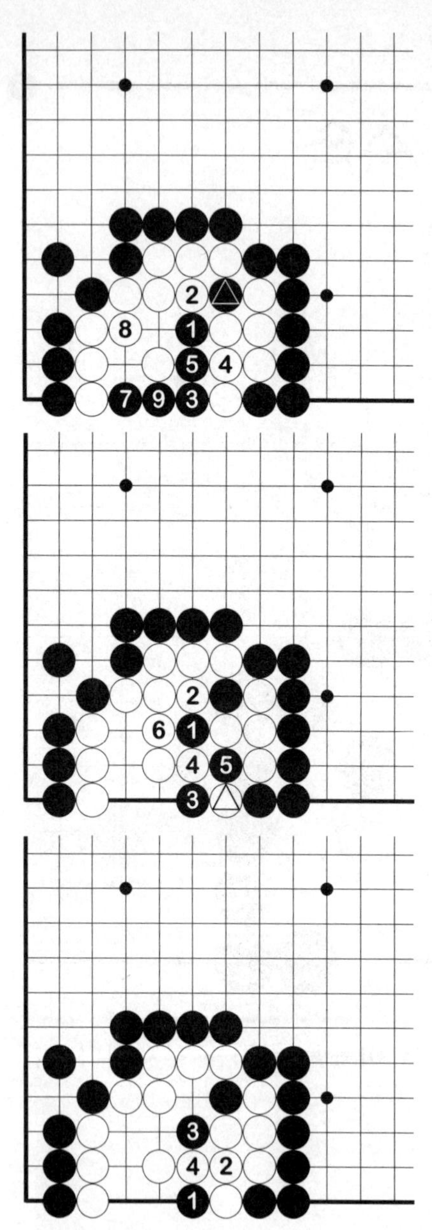

● 1도(정해)

흑1·3으로 단수친 후 5에 잇는 것이 수순이다. 백6 때 흑7이 또한 묘책. 백8, 흑9까지 빅이 되었다.

(백⑥…흑▲)

● 2도(변화)

흑1·3 때 백4는 전도의 변화를 피한 것. 계속해서 흑5로 따내고 이하 흑7까지 일단락이다.

(흑❼…백△)

● 3도(실패)

흑1, 백2를 먼저 결정짓는 것은 수순 착오이다. 흑3 때 백4로 잇고 나면 아무런 수도 없다.

35 자충을 활용

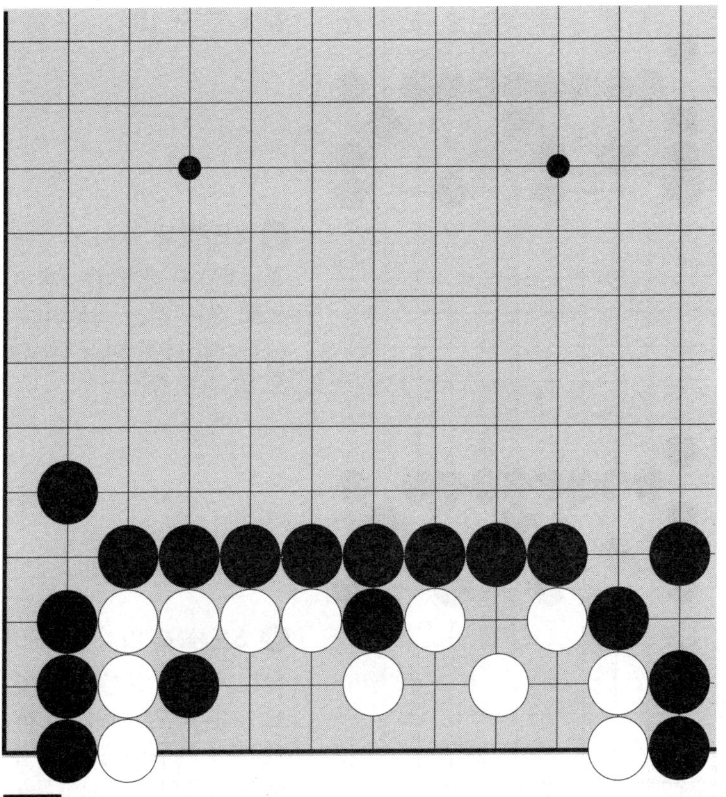

백의 자충을 활용해서 이득을 취하는 문제이다. 과연 어떤 수순을 밟아야 할까?

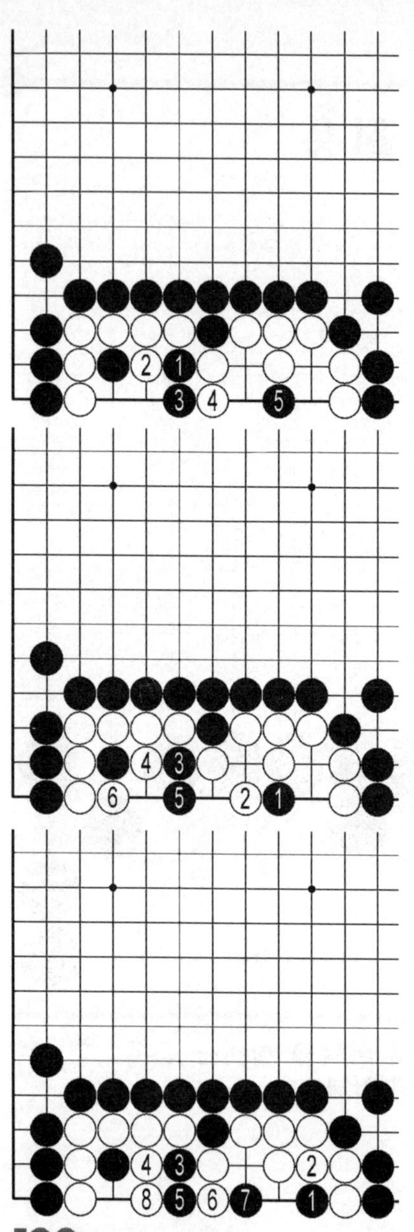

● 1도(정해)

흑1로 끊는 것이 출발점
이다. 백2로 단수칠 때 흑
3이 또한 중요한 수로 백
4 때 흑5로 두어 양환격
을 노릴 수 있다.

● 2도(실패 1)

흑1, 백2를 결정지은 후 3
으로 끊는 것은 의문이다.
이하 백6까지 아무런 수
도 없는 모습.

● 3도(실패 2)

흑1, 백2를 결정짓는 것
도 수순 착오. 이하 백8까
지 역시 아무런 수도 성립
하지 않는다.

36 중급편

귀의 약점

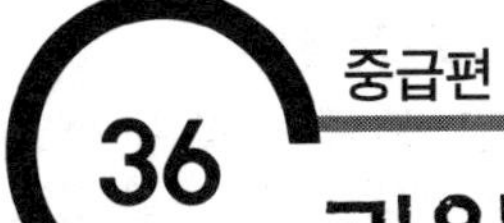

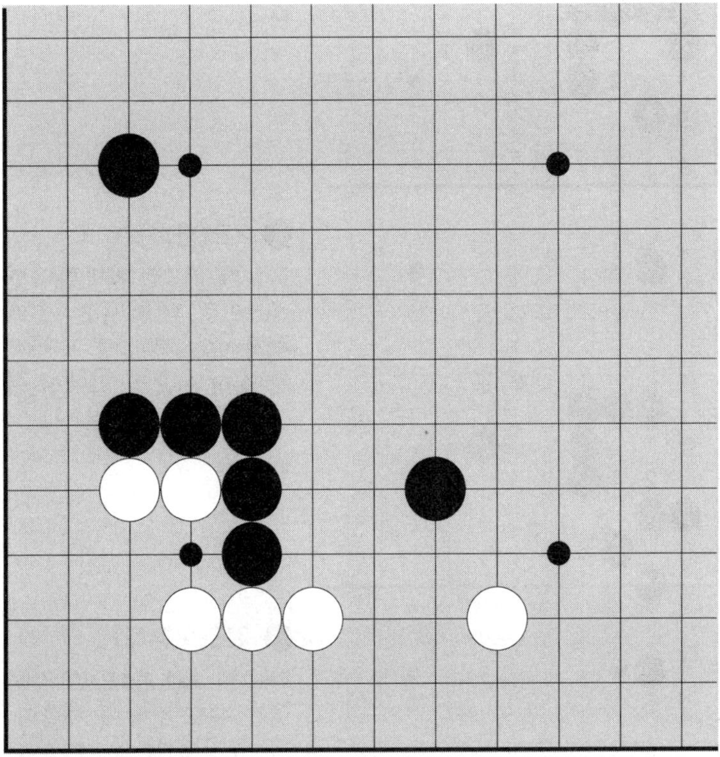

귀의 약점을 어떻게 추궁할 것인지가 초점이다. 첫 수가 중요하다.

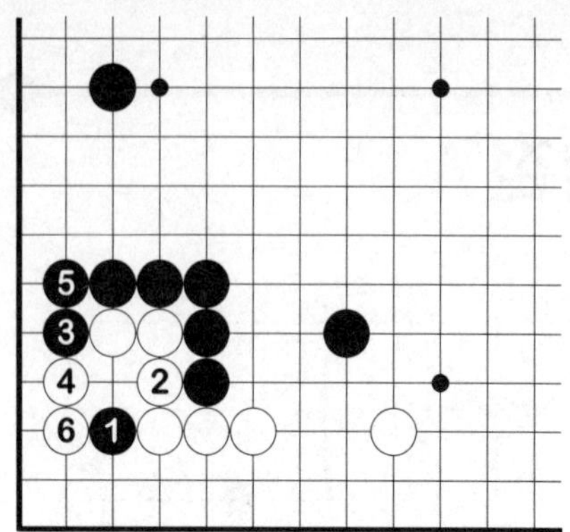

● 1도(정해)

흑1로 붙이는 것은 좋은 사석 전법이다. 백은 2로 물러설 수밖에 없는데 흑 3·5를 선수로 결정지었다.

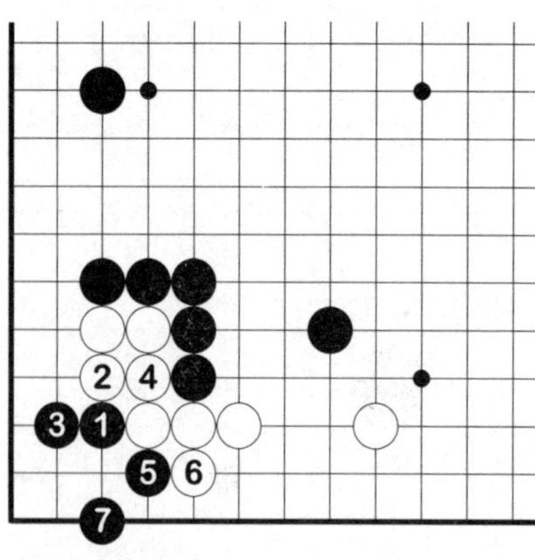

● 2도(변화)

흑1 때 백2로 반발한다면 흑3으로 내려서는 수가 호착이다. 백4 때 흑5·7로 젖혀 이으면 귀에서 삶을 구할 수 있다.

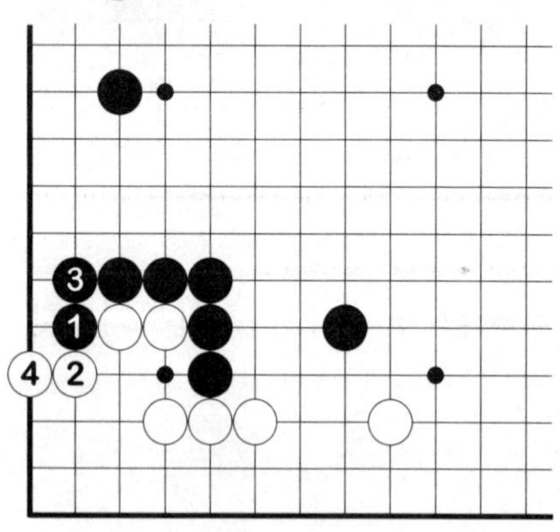

● 3도(준정해)

단순히 흑1·3으로 젖혀 잇는 수도 정답에 가깝다. 백4까지 흑의 선수.

중급편

37 수순이 중요

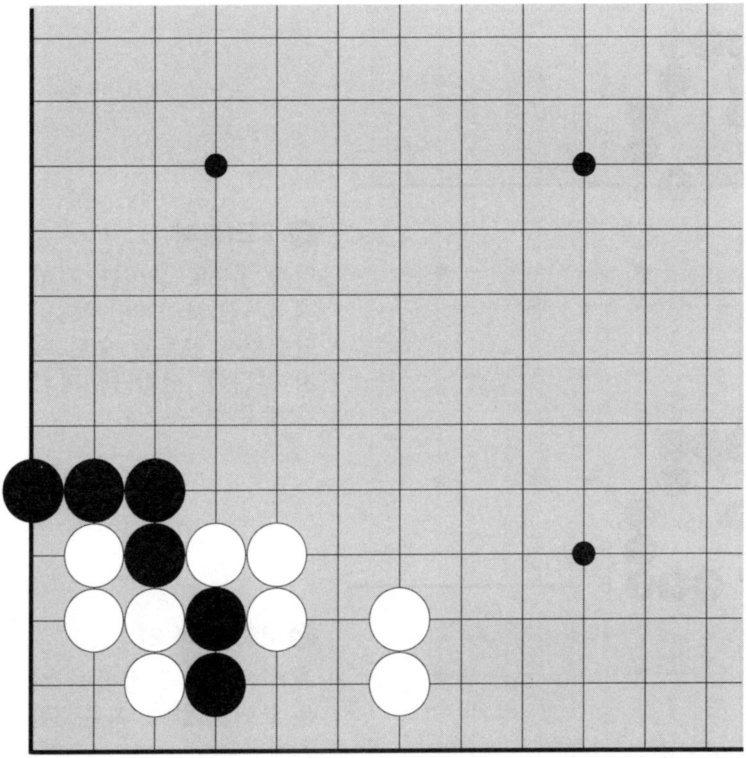

너무 쉽게 생각하다가는 손해를 초래하기 십상인 문제이다. 수순이 특히 중요한 문제이다.

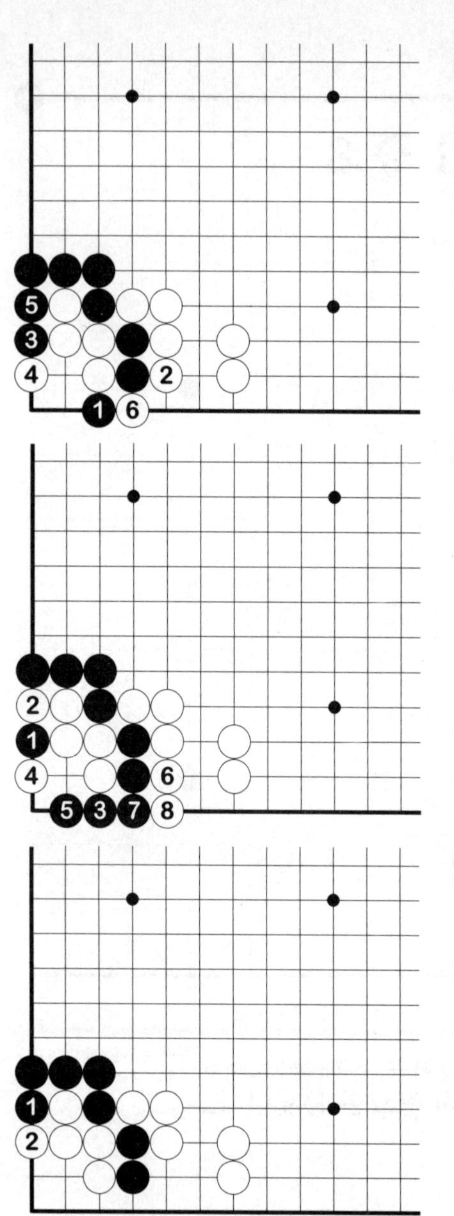

⬤ 1도(정해)

흑1로 젖힌 후 백2 때 흑3
으로 붙이는 것이 수순이
다. 이하 백6까지 선수로
결정짓는다.

⬤ 2도(실패 1)

얼핏 흑1로 붙이는 것이
맥점처럼 보이지만 백2로
단수쳐서 아무런 수도 되
지 않는다. 이하 백8까지
흑 죽음.

⬤ 3도(실패 2)

흑1, 백2를 결정짓는 것
은 묘미가 없다. 흑은 1집
손해이다.

중급편

38 상용의 맥점

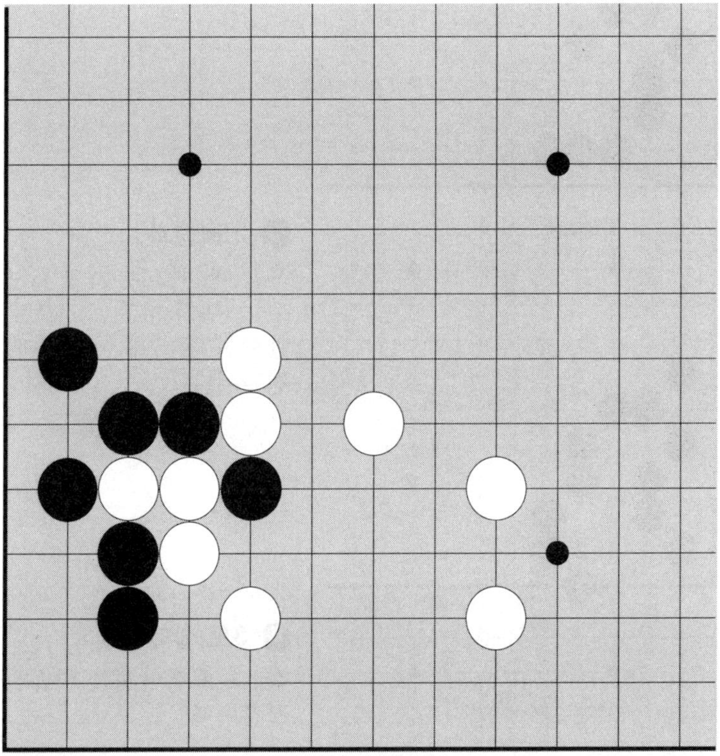

상대의 약점을 이용하는 상용의 맥점이 있다. 첫수가 성패를 가름한다.

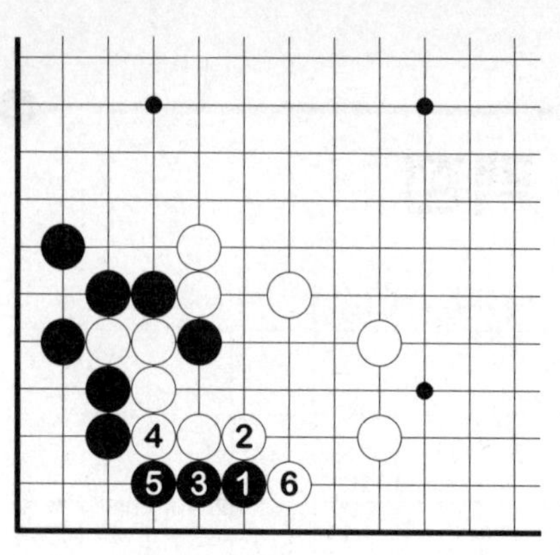

● 1도(정해)

흑1로 치중하는 것이 급소이다. 백2에는 흑3·5로 넘어서 대만족이다.

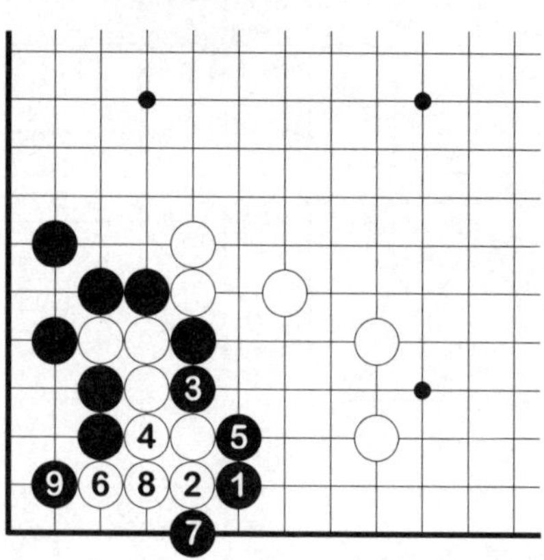

● 2도(변화)

흑1 때 백2로 차단하는 수는 무리이다. 흑3으로 단수친 후 5에 이으면 백 전멸이다.

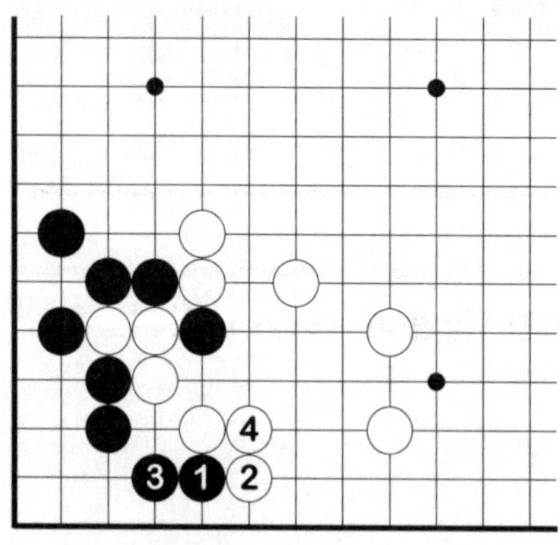

● 3도(실패)

흑1도 맥점이지만 미흡한 결말이다.

39 자충을 활용

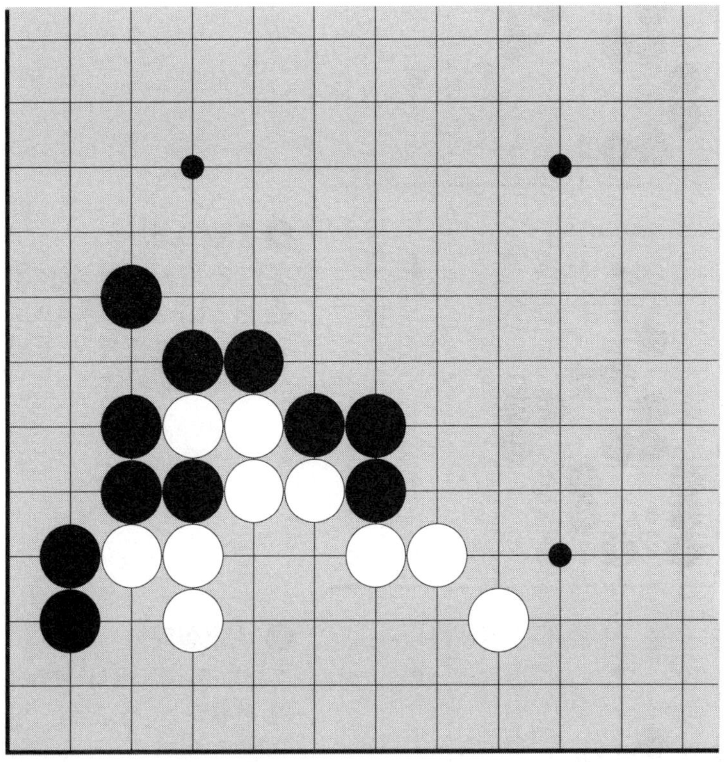

한 눈에 봐도 백의 자충을 활용하는 문제라는 것을
알 수 있다. 과연 어느 곳이 급소일까?

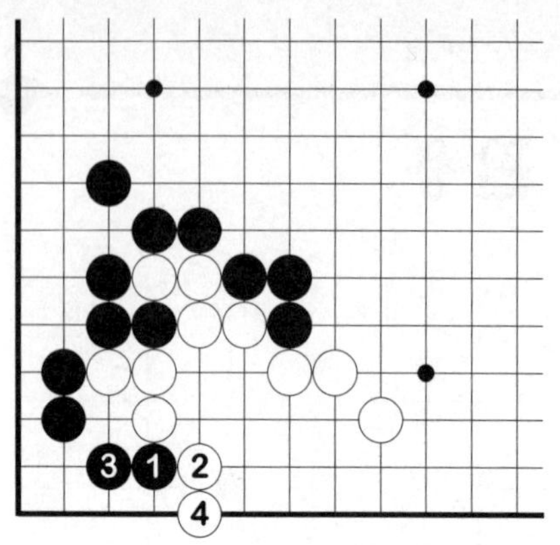

● 1도(정해)

흑1로 붙이는 것이 맥점
이다. 백은 2로 물러서는
정도인데 흑3으로 뻗어서
선수로 끝내기했다.

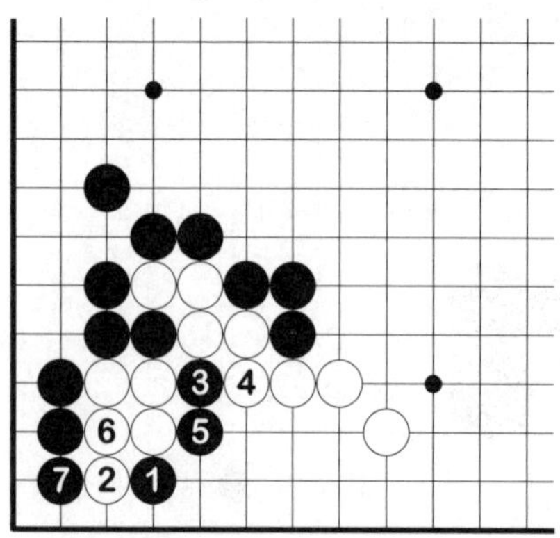

● 2도(변화)

흑1 때 백2로 젖히는 것
은 대 악수이다. 흑3으로
단수친 이하 7까지 공략
하면 백 죽음이다.

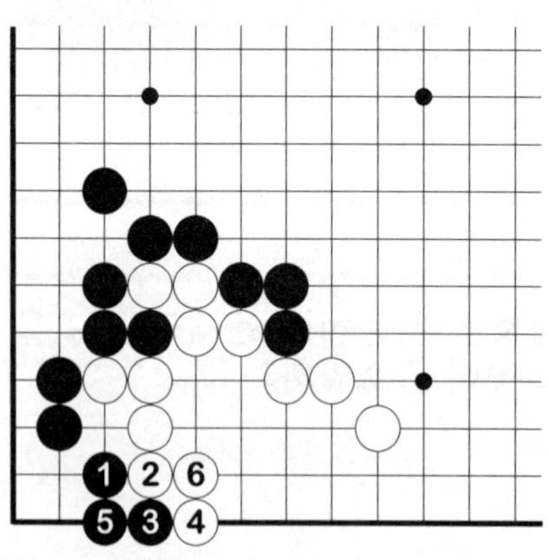

● 3도(실패)

흑1로 둔 후 이하 백6까
지 선수하는 정도로는 만
족할 수 없다.

중급편

40 귀의 약점

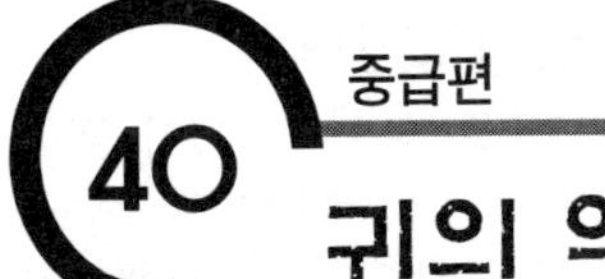

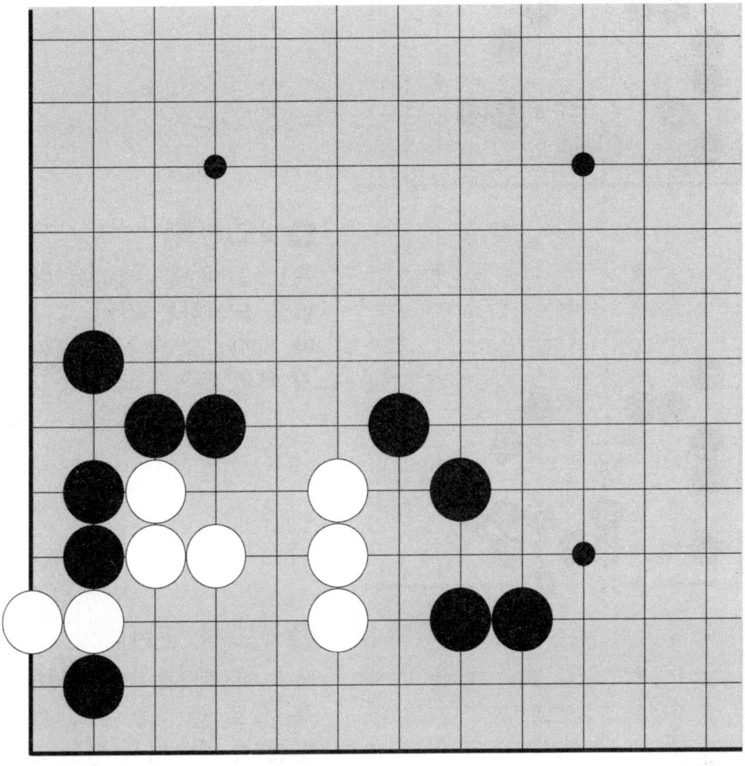

흑은 귀의 약점을 최대한 활용해야 한다. 어떤 수순을 밟는 것이 최선일까?

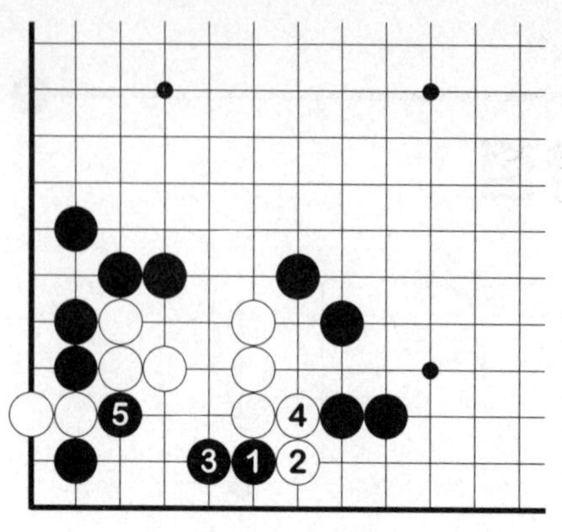

1도(정해)

흑1로 붙이는 것이 맥점이다. 계속해서 백2로 욕심을 부린다면 이하 흑5까지 끊는 수가 성립한다.

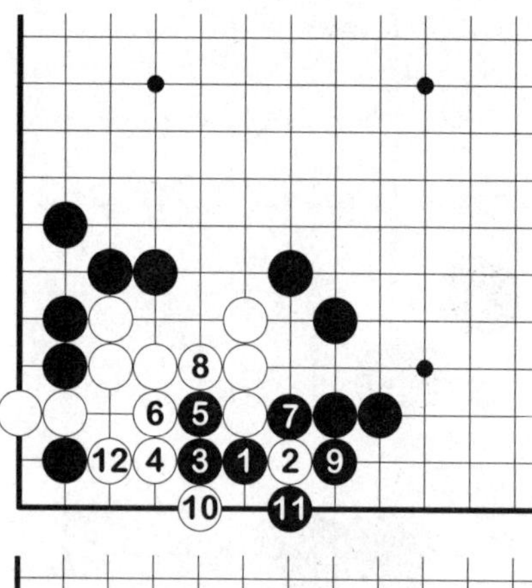

2도(변화)

흑1·3 때 백4 이하로 변화를 모색하는 것이 그나마 낫다. 그러나 백12까지 백은 후수가 되었다.

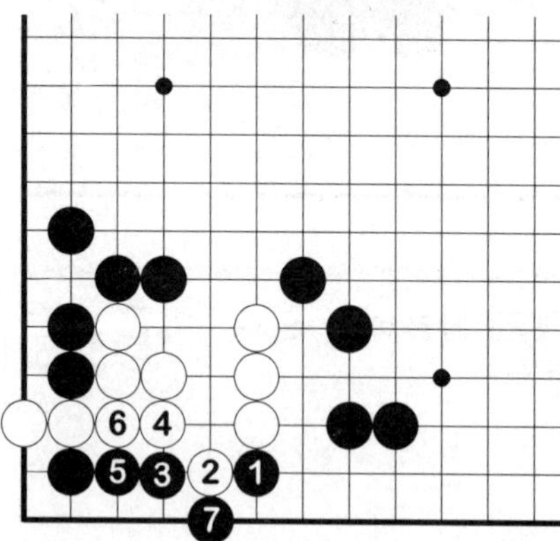

3도(백, 곤란)

흑1 때 백2로 젖힌다면 흑3으로 붙이는 수가 성립한다. 계속해서 백4·6으로 버틴다면 이하 흑7까지 처리해서 백이 곤란하다.

41

중급편

약점을 남긴다

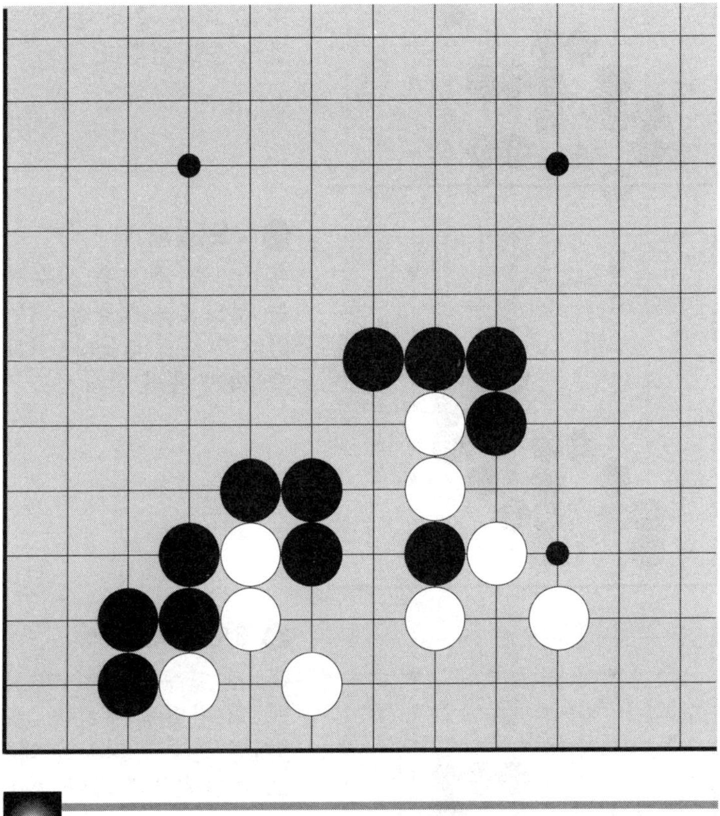

끝내기를 하는 과정에서 백 모양에 약점을 남기는 것이 초점이다.

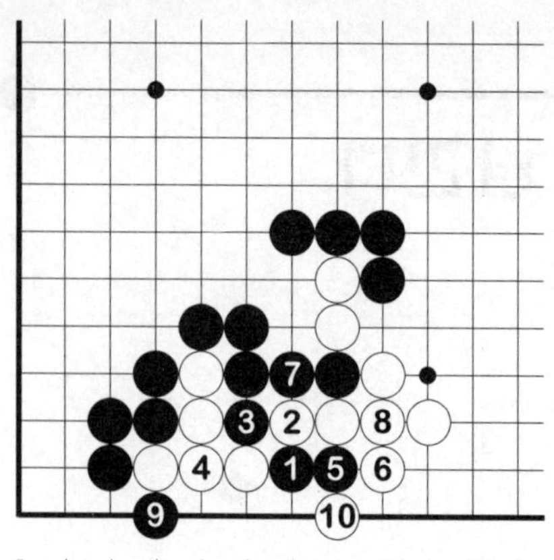

1도(정해)

흑1로 붙인 후 백2 때 흑3
으로 단수치는 것이 수순
이다. 백4 때 흑5·7이 기
분 좋은 선수 활용. 이하
백10 이후 중앙 두 점을
잡는 수를 남긴다.

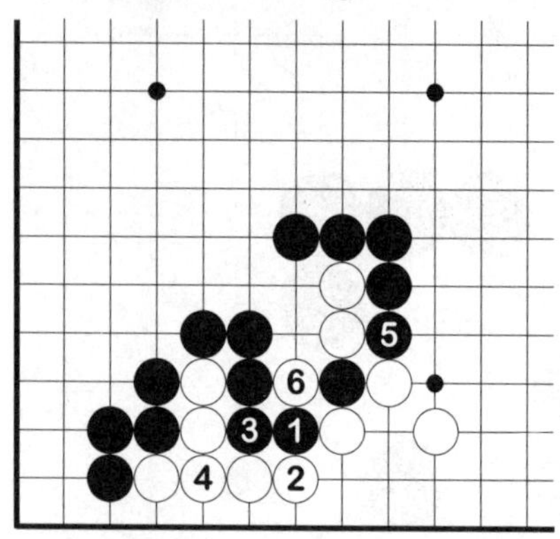

2도(실패 1)

흑1로 둔 후 3을 선수하
는 정도로는 성공을 거두
었다고 보기 힘들다. 이하
백6까지 흑의 실패.

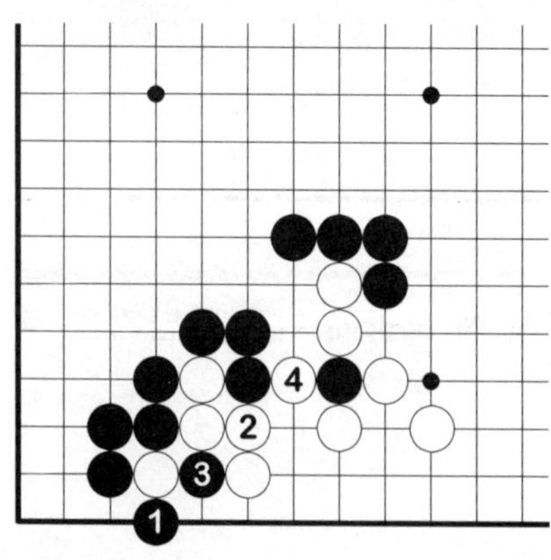

3도(실패 2)

흑1로 단수치는 수 역시
백2의 반발을 부른다. 흑
3이면 선수가 되지만 백4
로 먹힌 손해가 크다.

42 정교한 수순

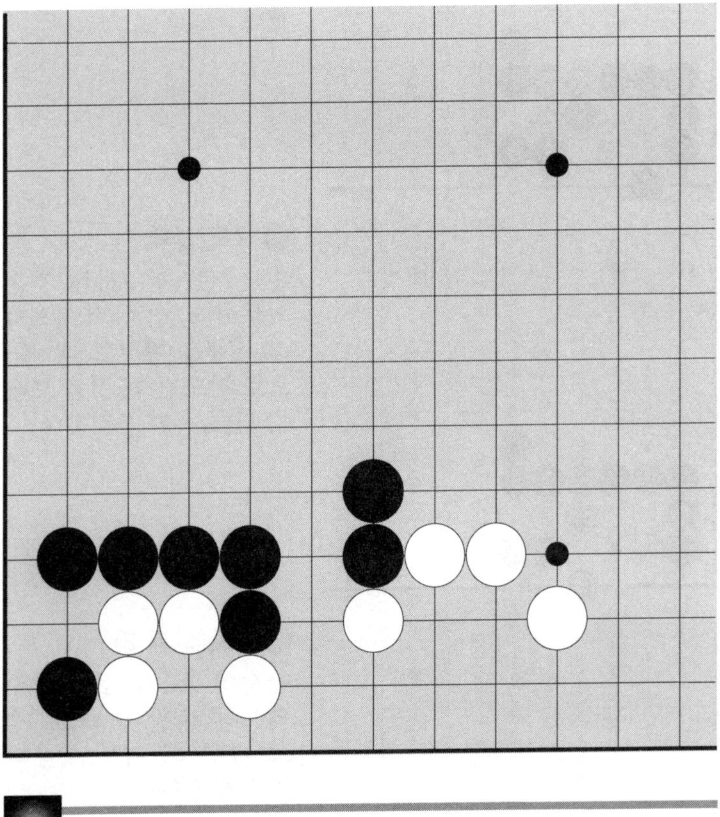

정확한 수순으로 백집을 최대한으로 줄인다.

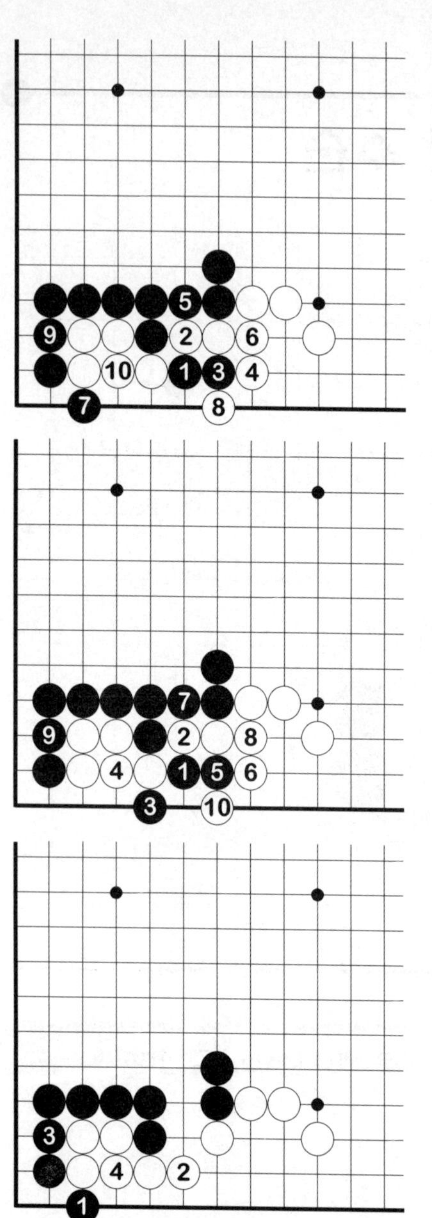

● 1도(정해)

흑1로 젖힌 후 3·5를 선수하는 것이 긴요하다. 백 6 때 흑7·9를 선수하면 선수로 상당한 이득을 취했다.

● 2도(실패 1)

흑1·3을 선수하는 것은 의문이다. 이하 백10까지의 진행을 예상할 때 흑3으로 단수친 한 점을 보태준 만큼 흑이 불리하다.

● 3도(실패 2)

단순히 흑1로 젖히는 수 역시 좋지 않다. 백2로 뻗고 나면 더 이상 이용의 여지가 없다.

43 양쪽의 약점

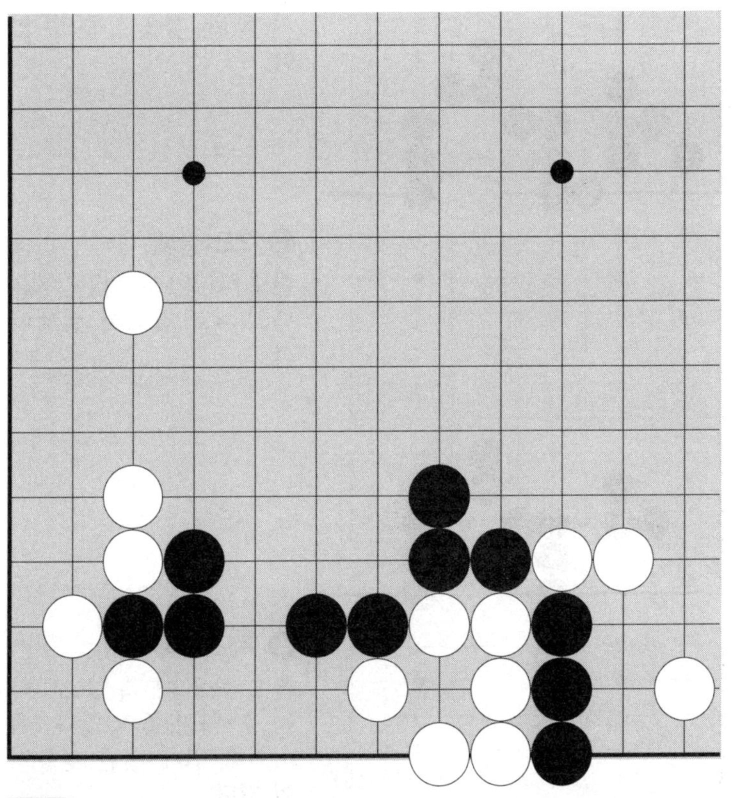

흑은 좌우 백의 약점을 교묘한 수순으로 추궁해야 한
다.

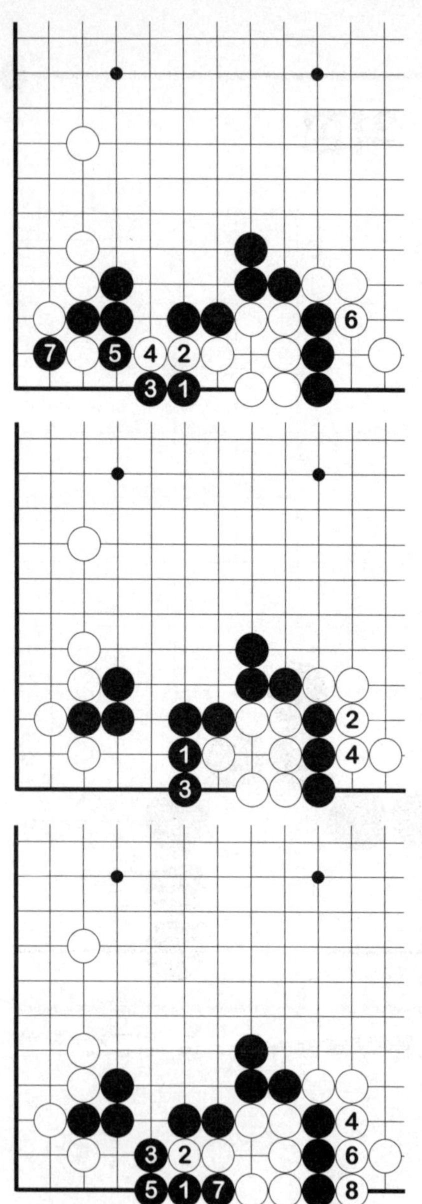

● 1도(정해)

흑1로 치중하는 것이 좋은 수이다. 백2 때 흑3으로 한 번 더 늦추는 것이 중요한 수로 이하 흑7까지 백 한 점을 잡을 수 있다.

● 2도(실패 1)

단순히 흑1로 막는 것은 백2·4로 잡혀서 실패이다.

● 3도(실패 2)

흑1, 백2 때 흑3으로 막는 수 역시 좋지 않다. 백8 이후 귀에 대한 영향력이 없다.

중급편

44 빅으로 유도

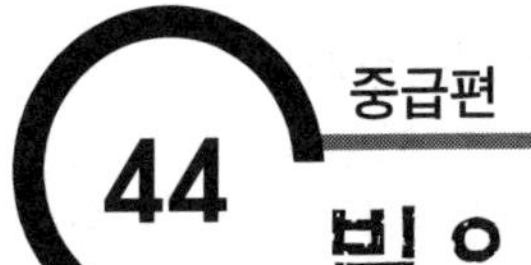

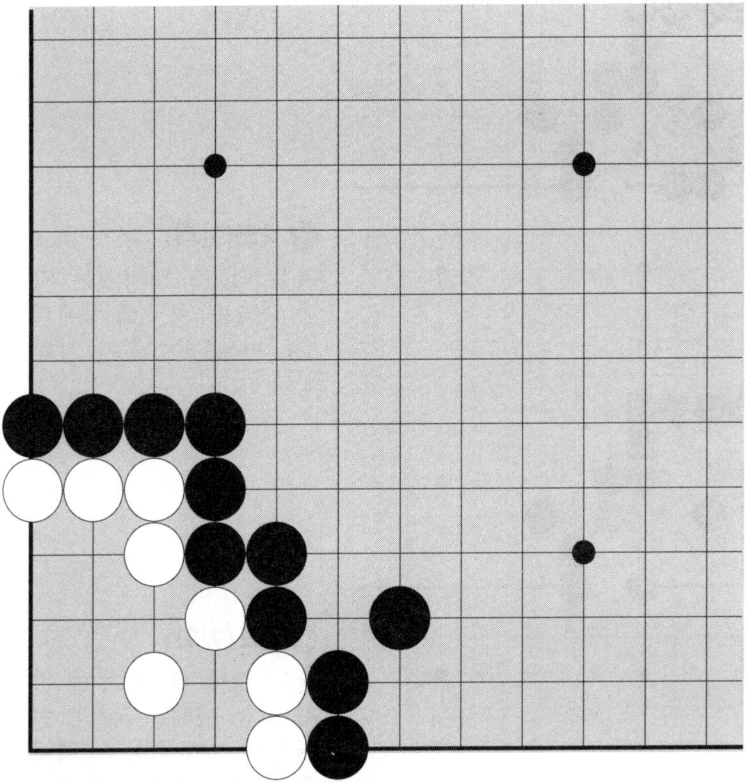

모양이 넓은 백이지만 흑의 정확한 급소 공격에 빅을 면치 못한다.

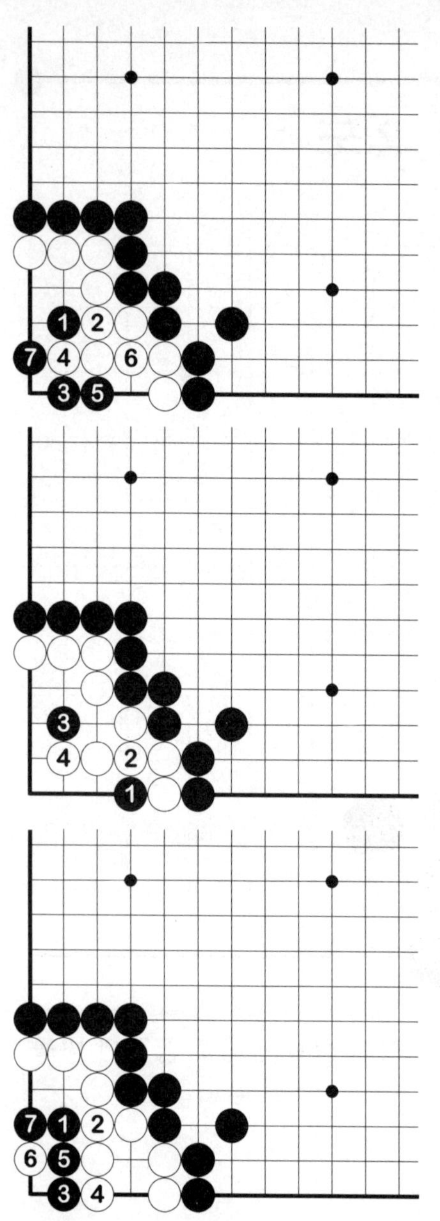

● 1도(정해)

흑1로 치중한 후 3으로 한 칸 뛰는 것이 수순이다. 백4 때 흑5를 선수한 후 7로 넘으면 전체가 빅이 되었다.

● 2도(실패)

흑1, 백2를 결정짓는 것은 대악수. 흑3 때 백에겐 4로 반발하는 수가 성립한다.

● 3도(변화)

흑1·3 때 백4로 두는 변화이다. 이때는 흑5로 연결해서 그만이다. 이 역시 백은 빅을 면할 수 없다.

중급편

45 귀의 뒷맛

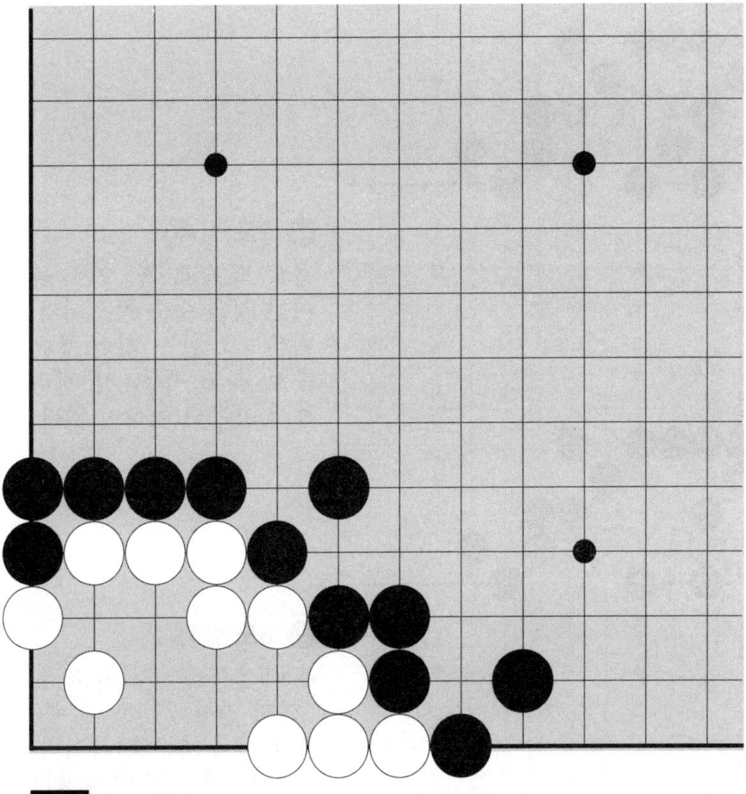

완전한 것처럼 보이는 백 모양이지만 치명적인 약점을 지니고 있다. 흑은 어떤 수순으로 백의 약점을 공략해야 할까?

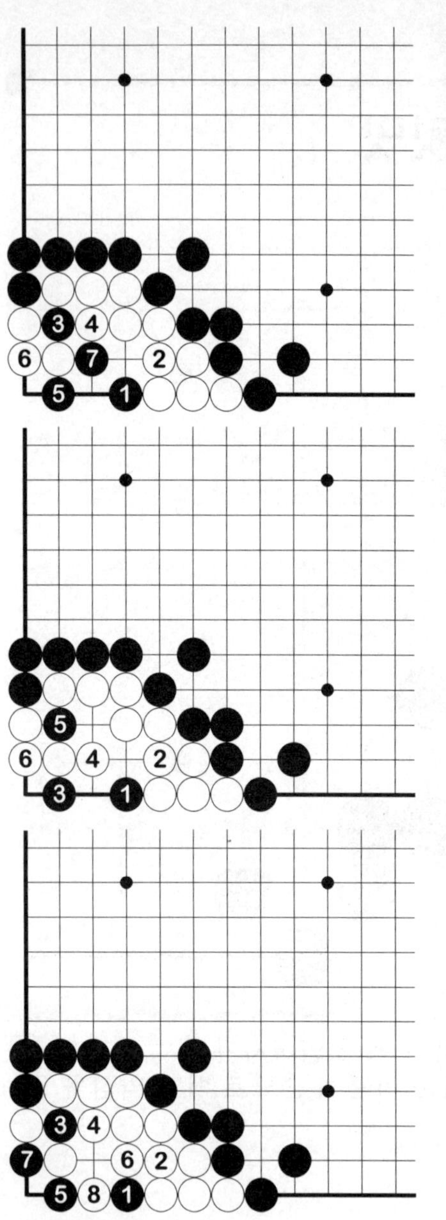

● 1도(정해)

흑1, 백2를 선수한 후 3으로 먹여치는 것이 중요하다. 백4 때 흑5·7로 공략하면 빅을 만들 수 있다.

● 2도(실패)

흑1, 백2 때 흑3으로 붙이는 것은 수순 착오이다. 백은 4로 받는 것이 좋은 수로 흑5, 백6까지 처리해서 아무런 이상이 없다.

● 3도(실패 2)

흑1·3으로 공격하고 흑5까지 진행되었을 때 백6으로 단수치는 변화이다. 이때는 흑7로 먹여쳐서 패의 형태를 유도한다. 백8 때 흑9로 따내면 수가 난 모습.
(흑❾…흑❸)

46 석 점의 중앙

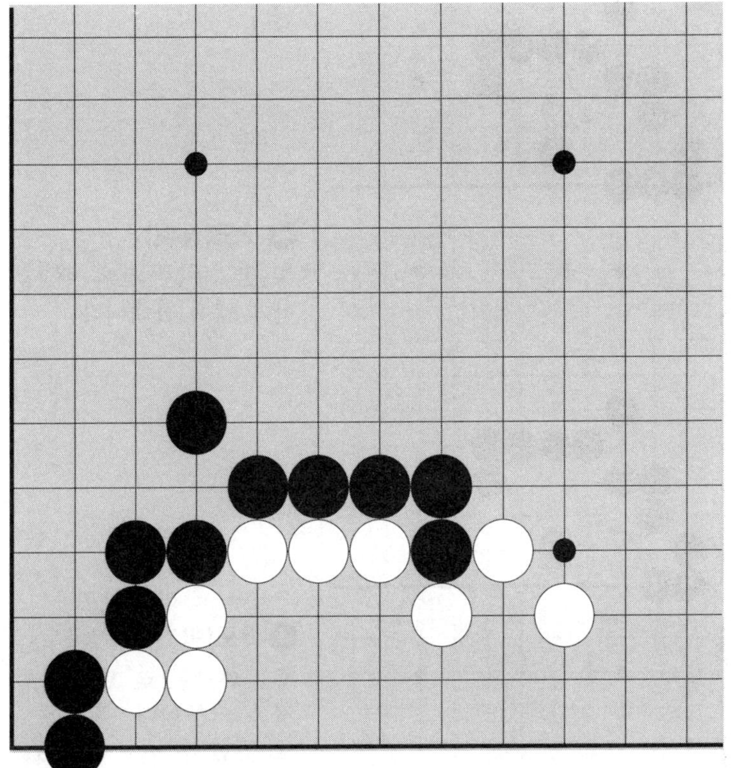

모양이 나쁘면 수가 나기 마련이다. 백 모양의 급소는
어디일까?

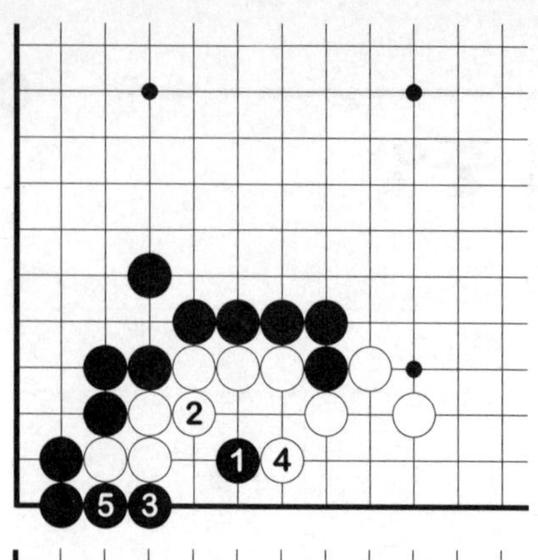

● 1도(정해)

흑1이 이른바 '석 점의 중앙'에 해당하는 급소. 계속해서 백2로 이을 때 흑3·5로 처리하면 쉽게 수가 난다.

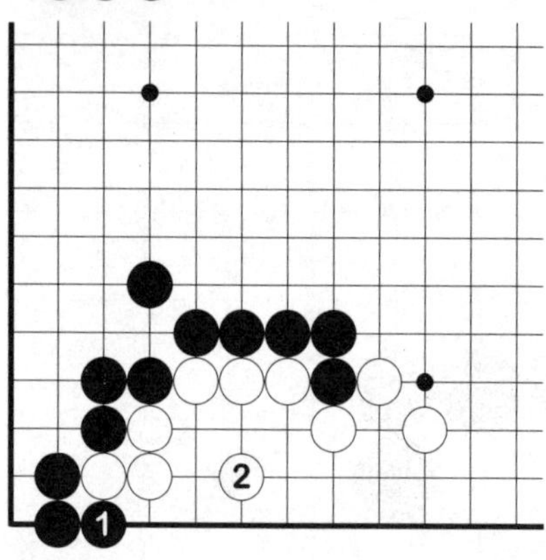

● 2도(실패)

흑1로 두는 것은 백2로 받게 해서 실패이다.

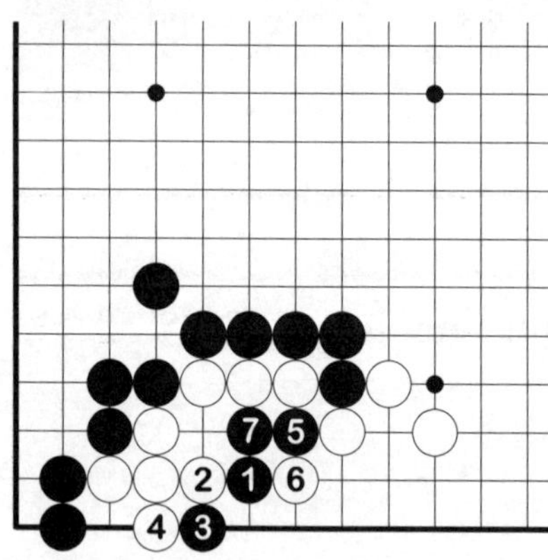

● 3도(변화)

흑1 때 백2로 반발하는 것은 의문이다. 흑은 3으로 젖힌 후 백4 때 흑5로 끊는 수가 성립한다. 백6, 흑7까지 백은 자충이 되었다.

중급편

47 모양의 급소

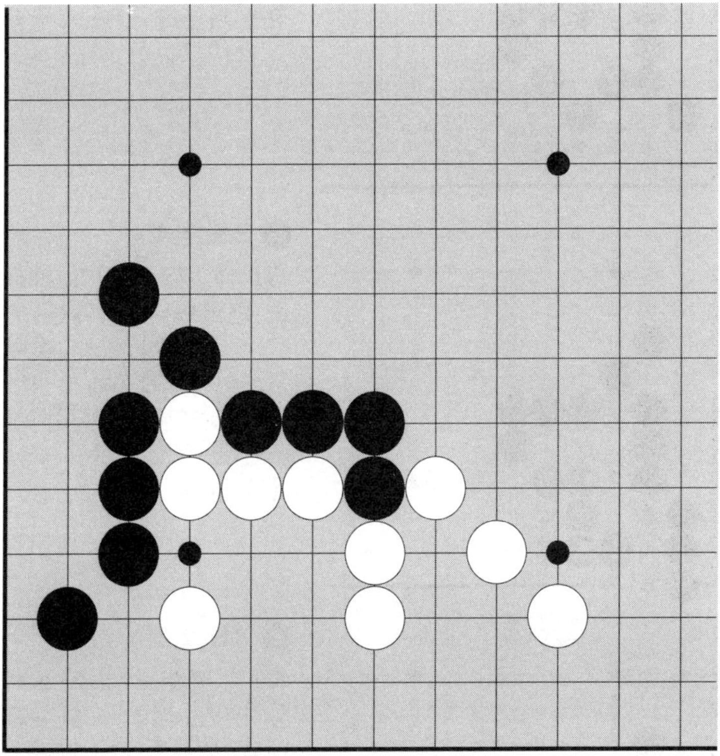

백 모양의 급소를 찔러 이득을 취한다. 과연 어느 곳이 급소일까?

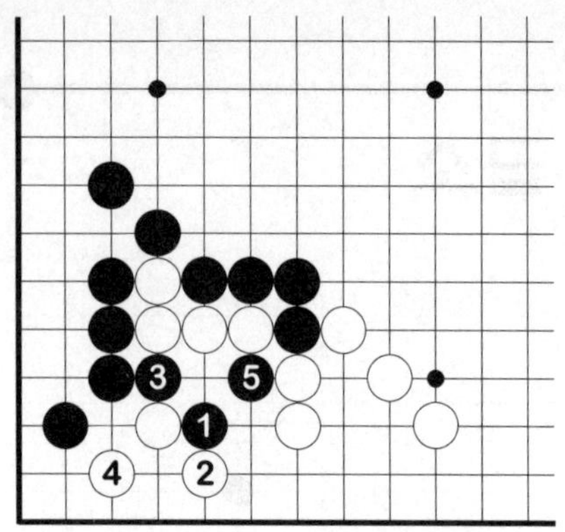

● 1도(정해)

흑1이 백 모양의 급소에 해당하는 점이다. 계속해서 백2로 젖힌다면 흑3·5로 절단해서 백 넉 점을 취할 수 있다.

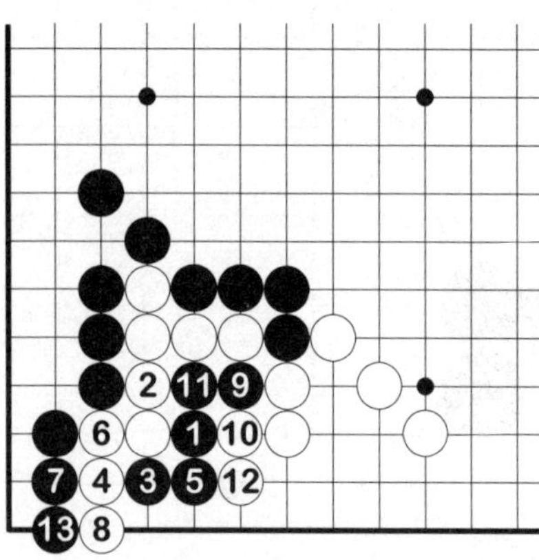

● 2도(변화)

흑1 때 백2로 잇고 버티는 변화이다. 이때는 흑3·5로 젖혀 있는 것이 수순이다. 계속해서 백6으로 잇는다면 흑7을 선수한 후 9에 끊어서 수단을 부릴 수 있다.

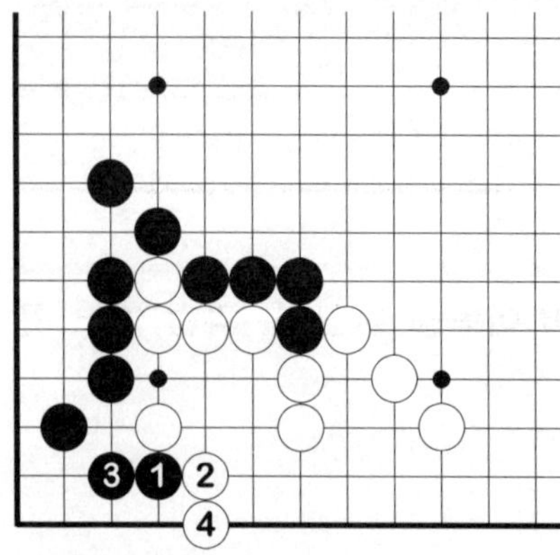

● 3도(실패)

흑1의 붙임도 급소에 해당하지만 백2·4로 받고 나면 성공을 거두었다고 보기 힘들다.

48 중급편

자충으로 유도

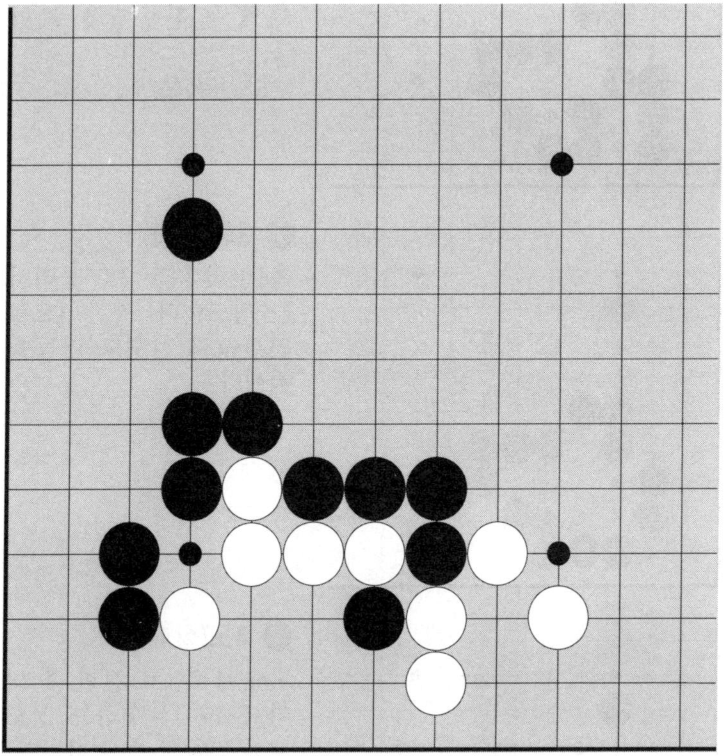

잡혀 있는 흑 한 점을 활용해서 끝내기하는 문제이다. 백을 자충으로 유도하는 것이 초점이다.

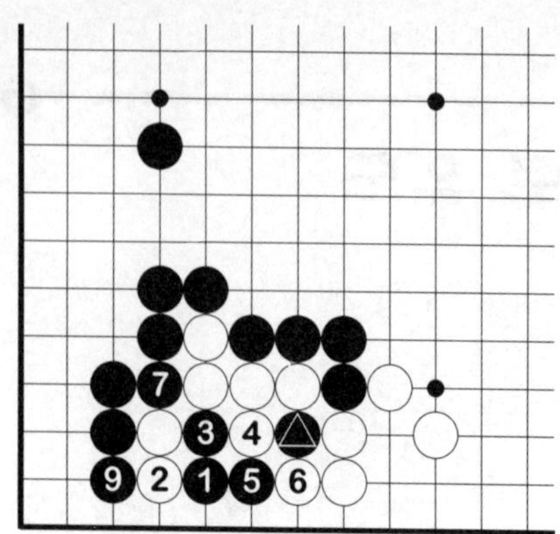

1도(정해)

흑1로 치중하는 수가 정해이다. 계속해서 백2로 차단한다면 흑3으로 찌른 후 이하 흑9까지 처리해서 백 두 점을 잡을 수 있다.
(백⑧…흑▲)

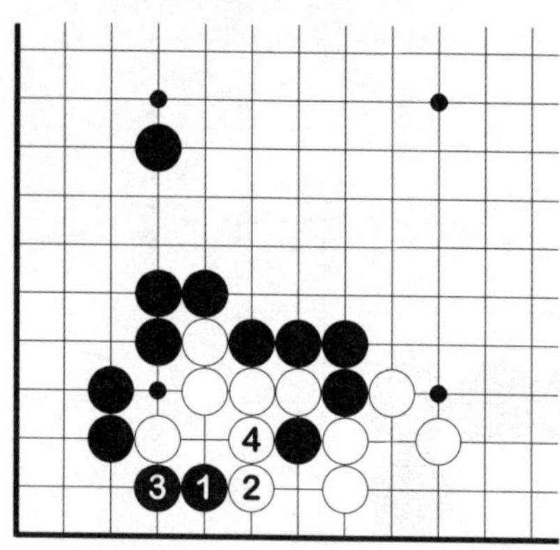

2도(변화)

흑1이면 백은 2로 물러서는 정도이다. 흑은 3으로 연결해서 선수로 이득을 취했다.

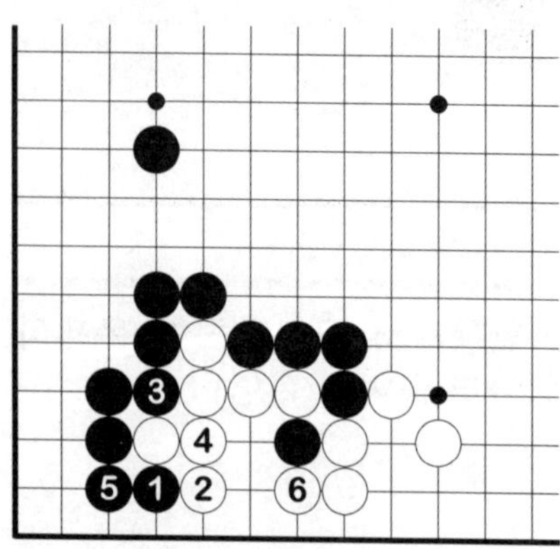

3도(실패)

단순히 흑1로 젖힌 후 이하 5까지 선수하는 정도로는 만족할 수 없다.

49

절묘한 추궁

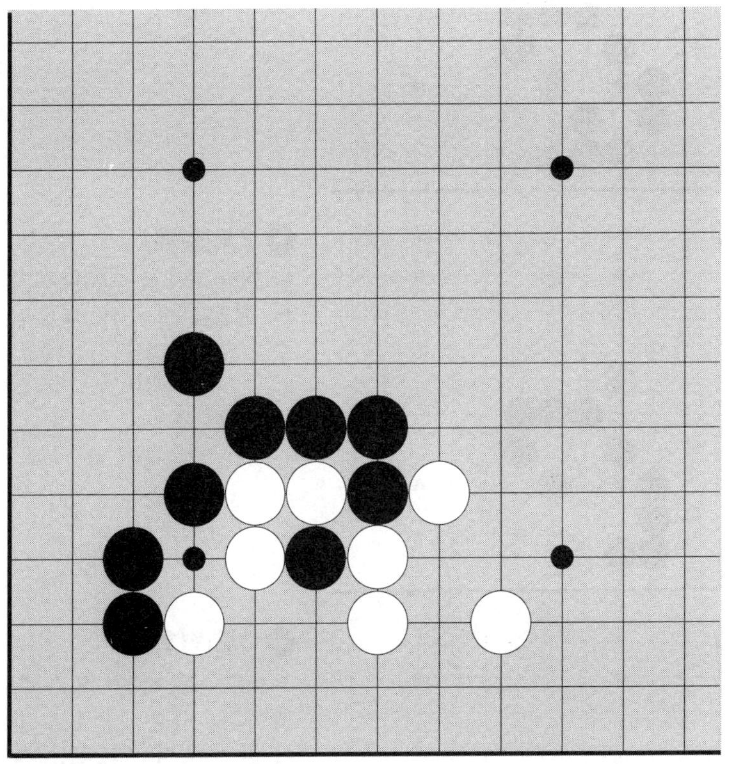

백의 약점을 추궁해서 이득을 취하는 문제이다. 어떤 수순을 밟아야 할까?

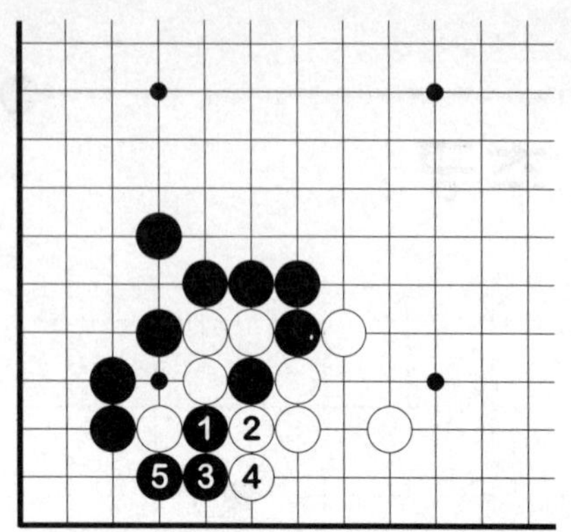

1도(정해)

흑1로 단수치는 것이 중요하다. 백2 때 흑3이 또한 중요한 수로 백4, 흑5까지 형태를 결정짓는다.

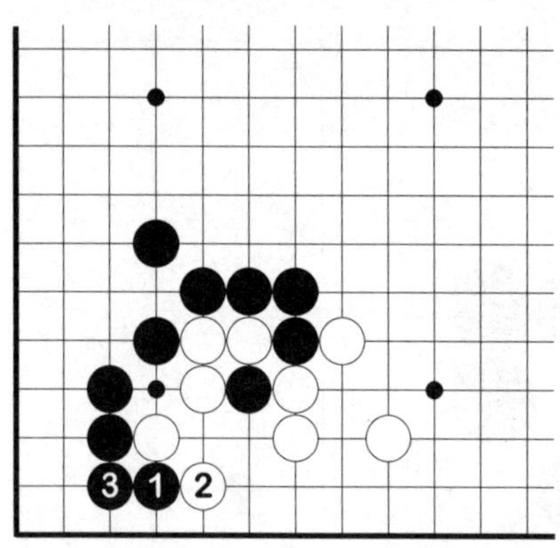

2도(실패)

단순히 흑1로 젖히는 것은 백2로 받아서 아무런 수도 없다.

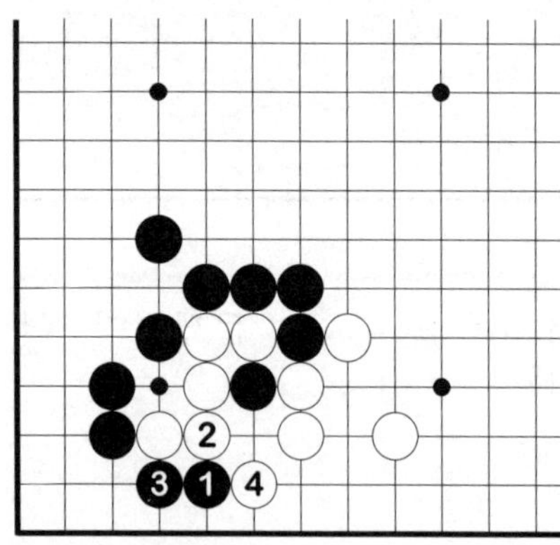

3도(변화)

흑1로 치중하는 것은 속맥이다. 백은 2·4로 받아 알기 쉽다. 백2로는 강력하게 3으로 차단하는 수도 가능하다.

50 중급편

자충을 추궁

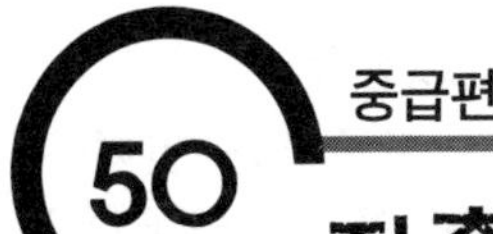

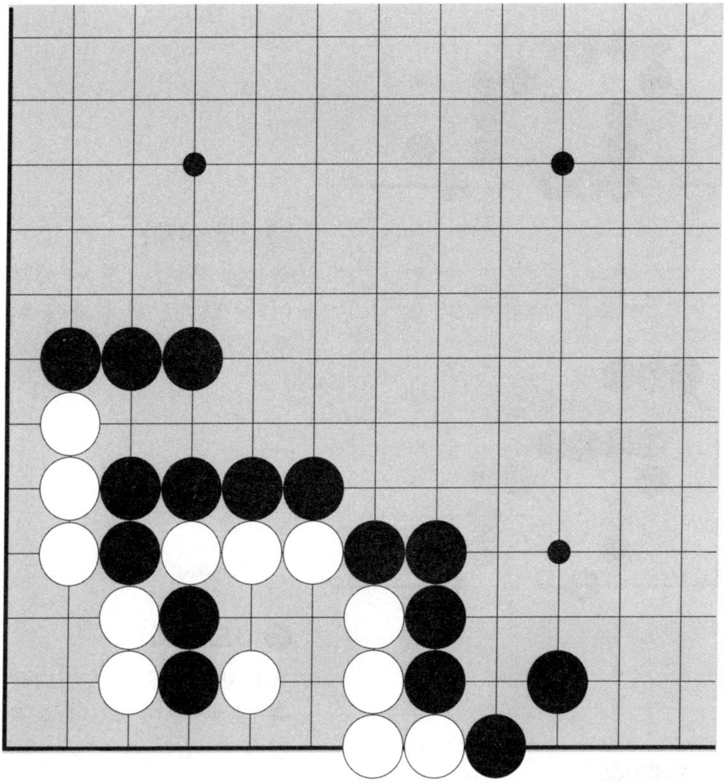

백의 자충을 추궁해서 수단을 부리는 문제이다. 첫 수가 성패를 가름한다.

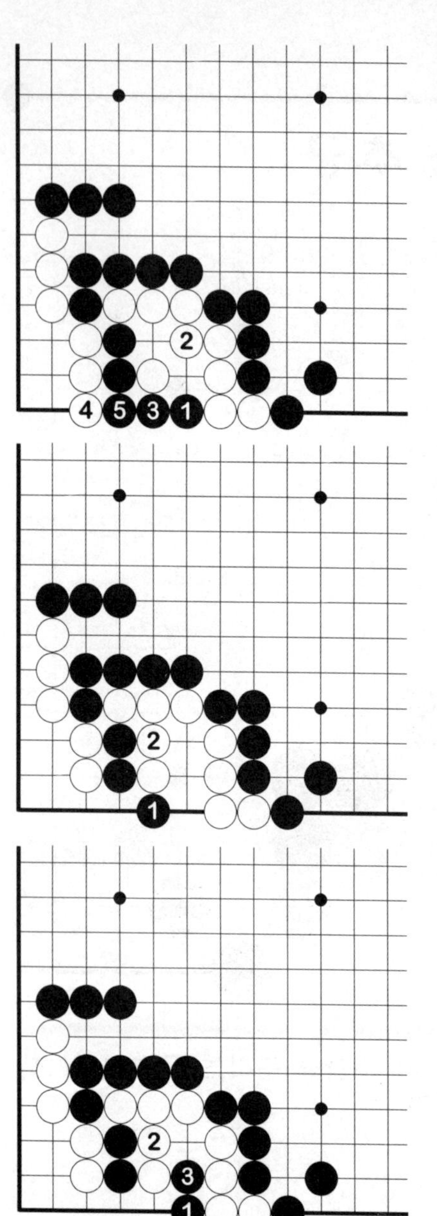

● 1도(정해)

흑1로 치중하는 것이 절묘하다. 백은 양단수를 피해 2로 잇는 정도인데 흑3으로 연결해서 빅을 만들 수 있다.

● 2도(실패)

흑1로 젖히는 것은 의문이다. 백2로 단수치면 아무런 수도 없다.

● 3도(변화)

흑1 때 백2로 단수친다면 흑3으로 두어 백 넉 점을 잡을 수 있다.

51 귀를 접수

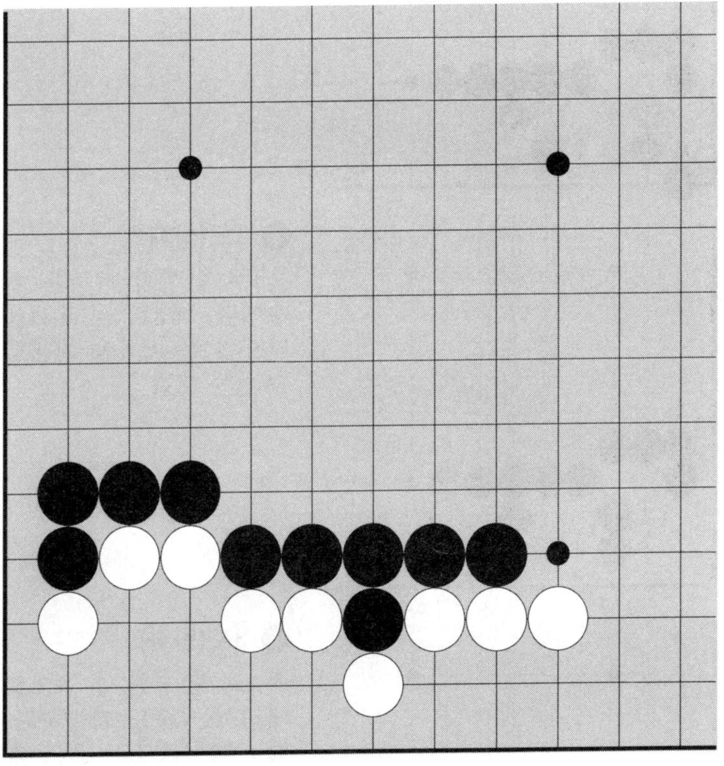

백의 약점을 추궁해서 귀를 취하는 문제이다. 자충을 활용하는 것이 요령이다.

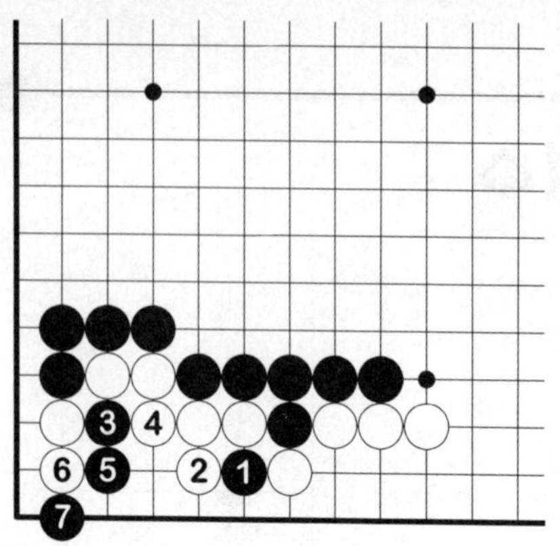

● 1도(정해)

흑1로 끊은 후 흑3으로
단수치는 것이 요령이다.
이하 흑7까지의 진행이면
백은 자충이 되었다.

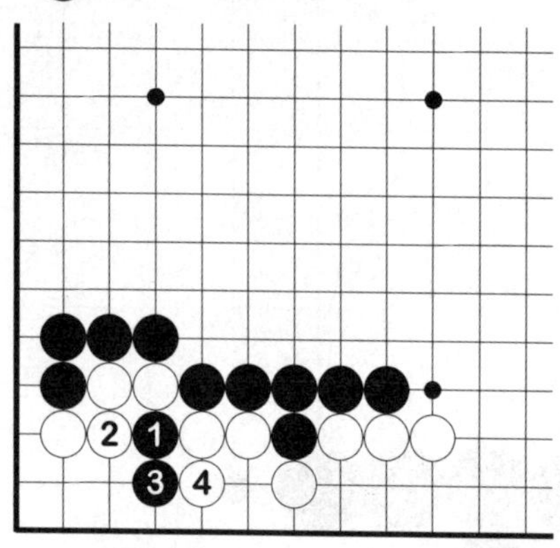

● 2도(실패)

흑1로 단수치는 것은 실
수이다. 백2로 둔 후 4에
막으면 큰 이득을 기대할
수 없는 모습.

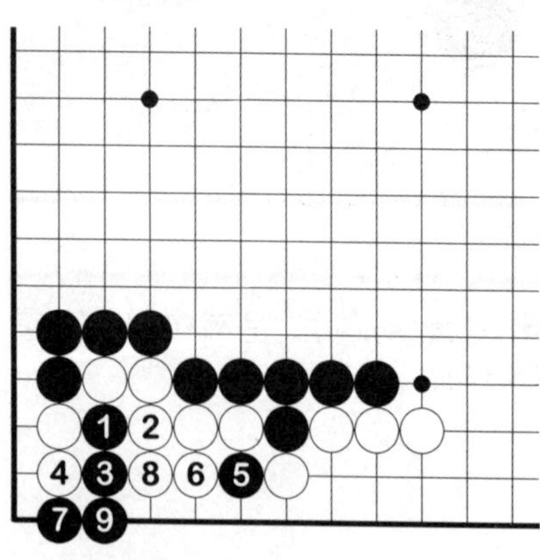

● 3도(변화)

흑1로 단수친 후 3으로
내려서는 수도 가능하다.
백4에는 흑5로 끊은 후
7·9로 두어서 백 두 점
을 취할 수 있다.

중급편

52 빅을 유도

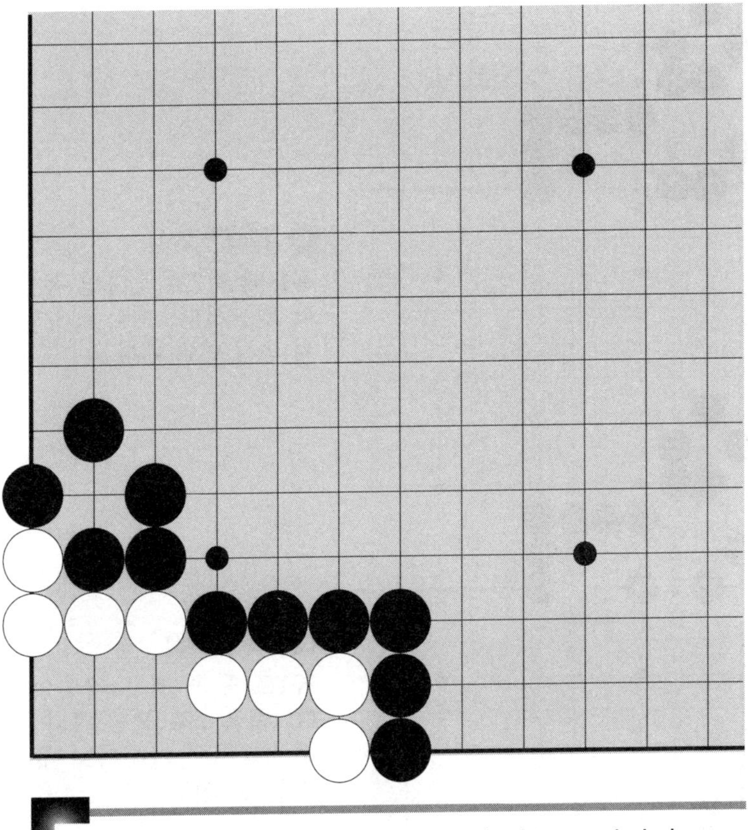

공배가 모두 메워진 관계로 수가 나는 모양이다.
흑은 정확한 수순으로 빅을 만든다.

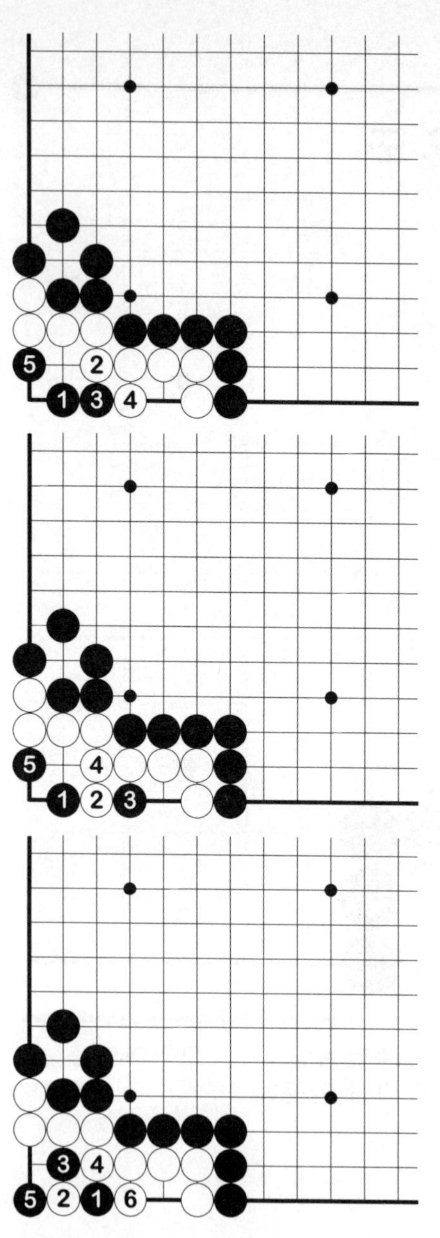

● 1도(정해)

흑1로 치중하는 것이 급
소이다. 백2에는 흑3·5
로 두어 빅을 만든다.

● 2도(변화1)

흑1 때 백2로 둔다면 흑3
이 긴요하다. 백4, 흑5까
지 역시 빅이 된다.

● 3도(실패)

흑1로 두는 것은 악수이
다. 백은 2로 붙인 후 이
하 6까지 유가무가로 유
도할 수 있다.

귀의 약점

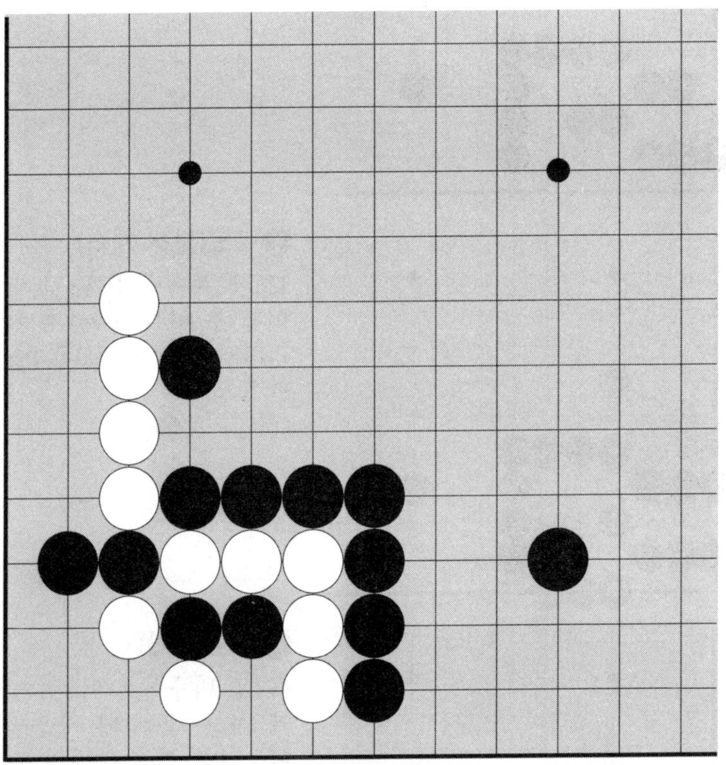

흑 두 점이 잡혔지만 이를 활용하면 상당한 전과를
거둘 수 있다.

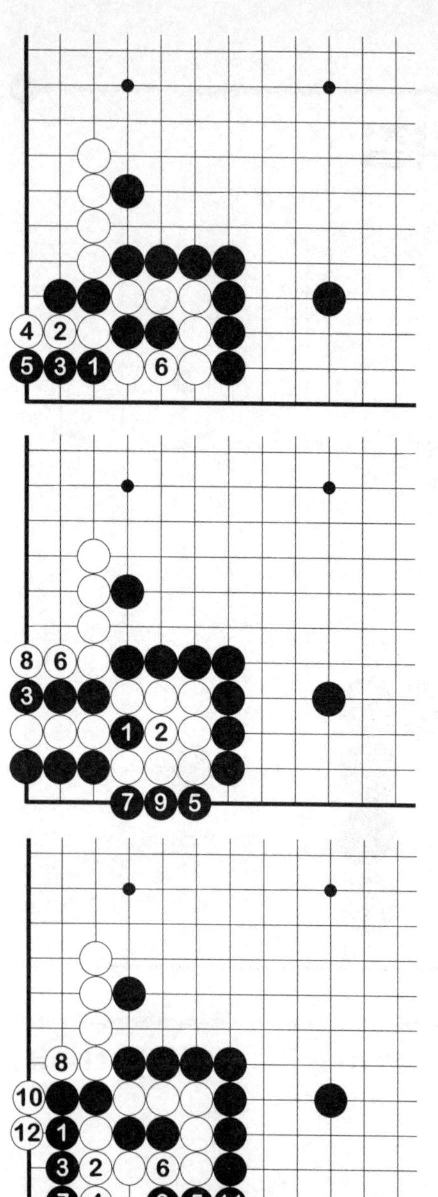

● 1도(정해)

흑1로 단수친 후 이하 백
6까지 두 점으로 키워 죽
이는 것이 수순이다. 계속
해서…

● 2도(정해 계속)

1도에 계속해서 흑1로 먹
여친 후 이하 흑9까지 처
리하면 상당한 끝내기를
한 모습이다.
(백④…흑❶)

● 3도(실패)

흑1로 단수쳐서 백2로 잇
게 하는 것은 대 악수이
다. 이하 백12까지의 진
행에서 보듯 아무런 수도
없다.

54

중급편

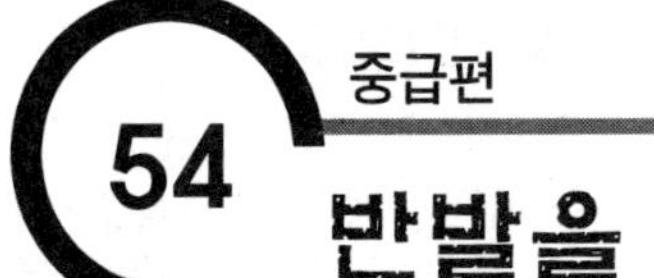

반발을 고려

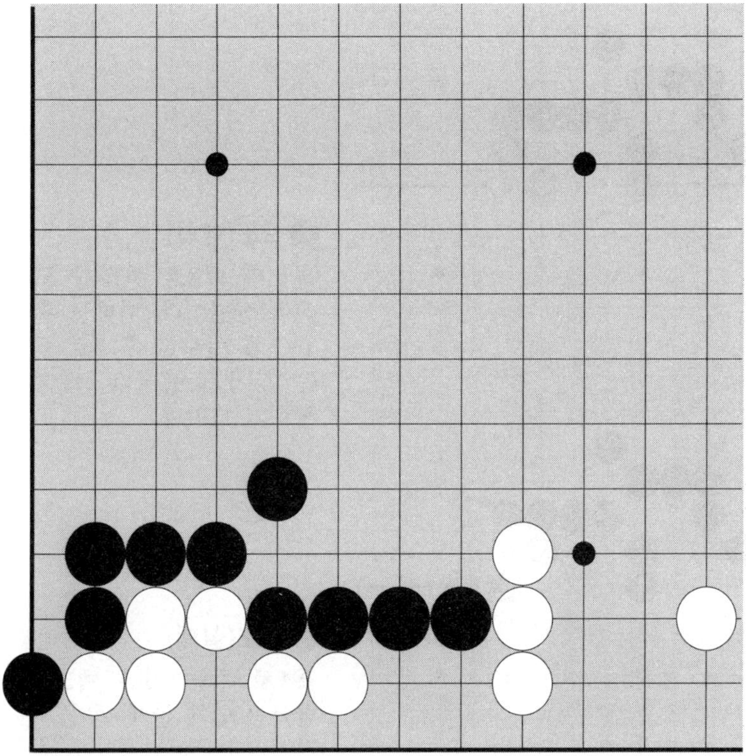

백의 반발을 고려해서 두어야 한다. 첫수가 성과를 가름한다.

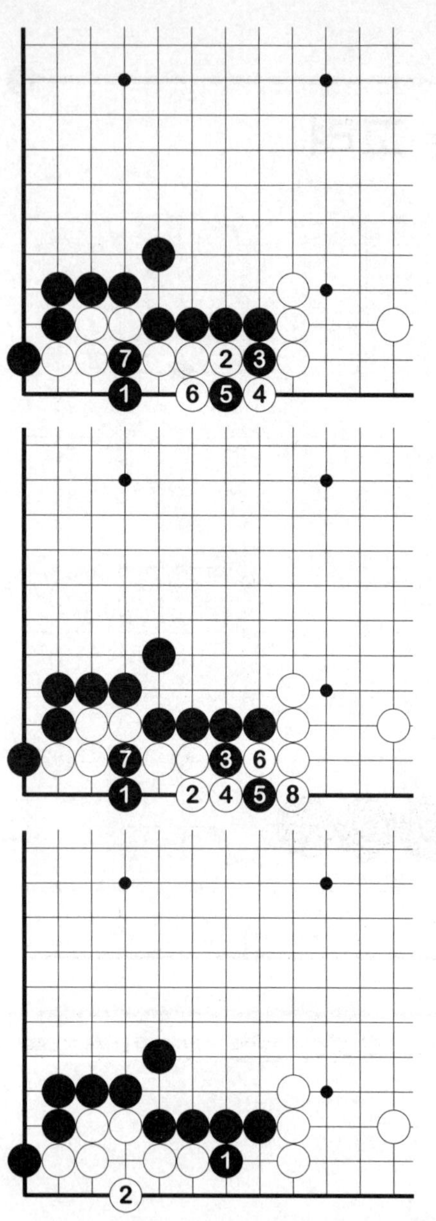

● 1도(정해)

흑1로 치중하는 수가 정해이다. 백2에는 흑3·5를 선수한 후 7로 끊어서 양자충이 되었다.

● 2도(변화)

흑1 때 백2로 변화를 모색한 장면이다. 이때는 흑3·5를 선수한 후 7로 끊는 것이 요령이다. 백은 후수가 되었다.

● 3도(실패)

흑1로 두는 것은 백2로 받아서 쉽게 살게 된다.

55 자충으로 유도

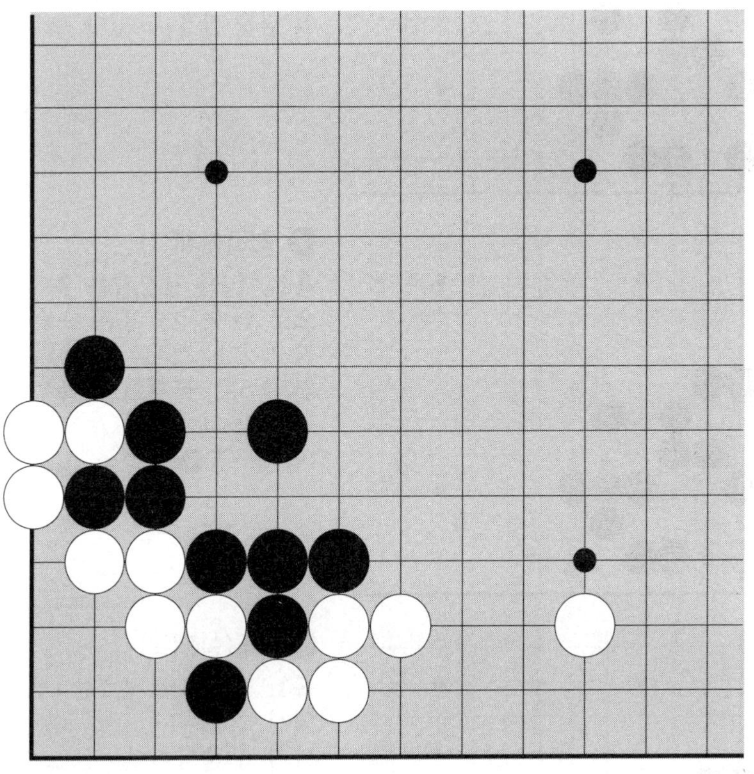

백을 자충으로 유도하면 상당한 전과를 거둘 수 있다.

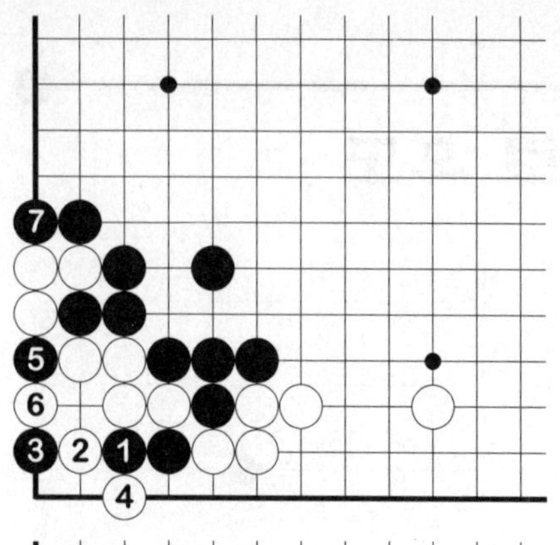

● 1도(정해)

흑1로 둔 후 백2 때 흑3으로 붙이는 것이 절묘하다. 계속해서 백4로 단수친다면 흑5·7로 공격해서 백 석 점을 잡을 수 있다.

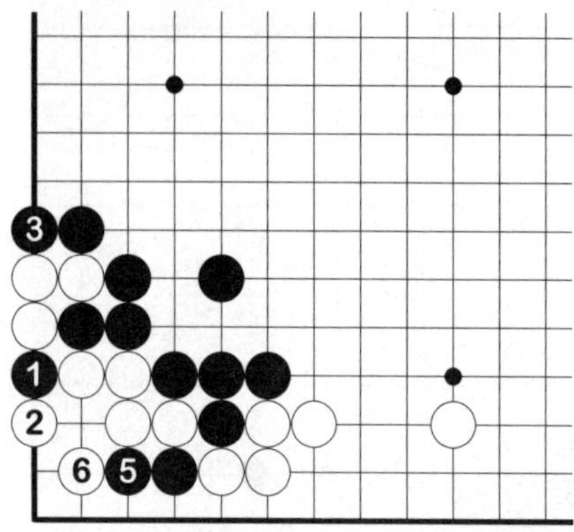

● 2도(실패 1)

흑1, 백2를 결정지은 후 3으로 단수치는 것은 수순 착오이다. 백4로 잇고 나면 흑5로 공격해도 아무런 수가 없다.
(백④…흑❶)

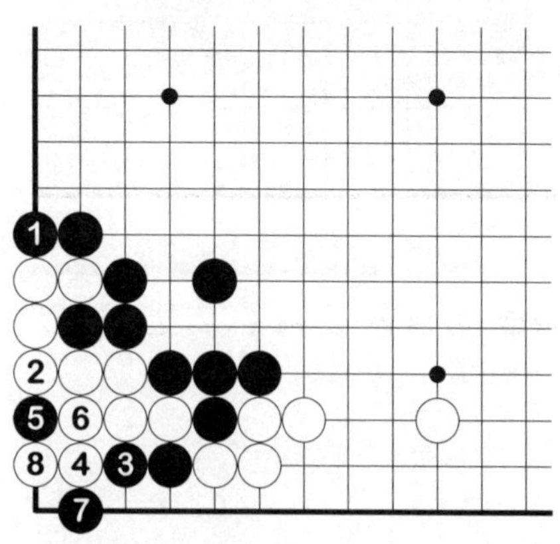

● 3도(실패 2)

흑1, 백2를 결정짓는 것 역시 의문이다. 이하 백8까지 흑 죽음이다.

중급편

56 치명적인 약점

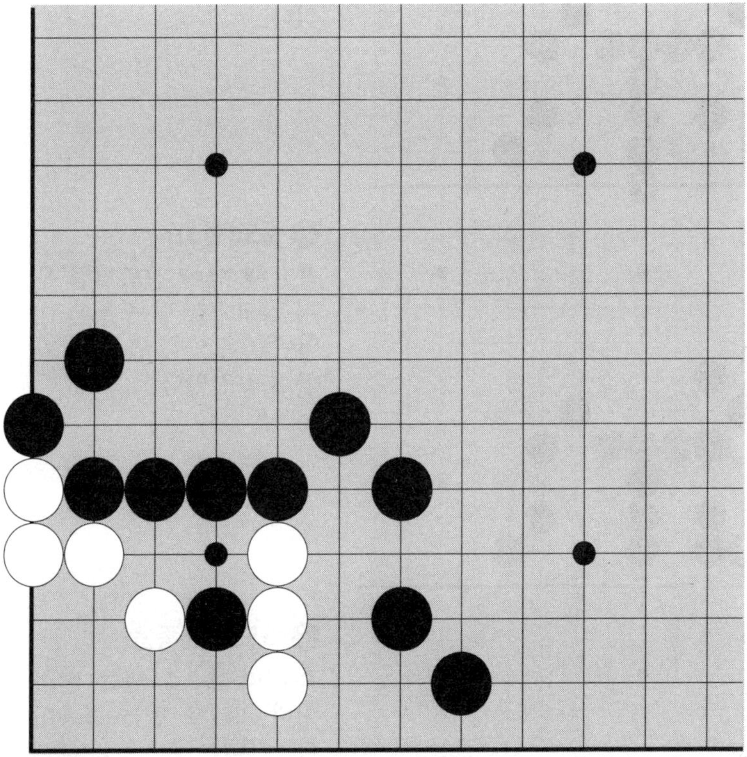

백은 치명적인 약점을 갖고 있다. 흑은 어떤 방법으로 이 약점을 추궁해야 할까?

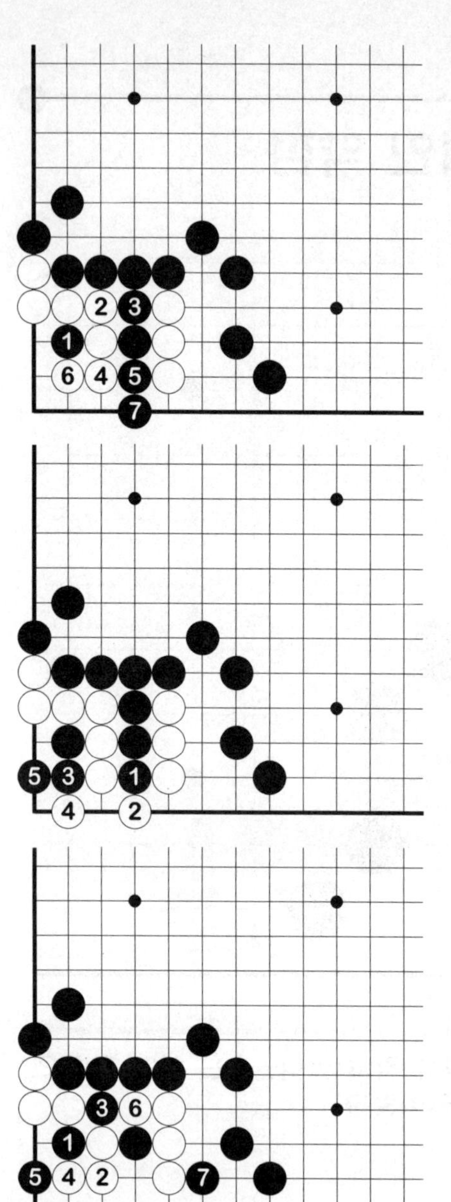

● 1도(정해)

흑1로 붙이는 것이 절묘하다. 백2 때 흑3으로 이은 후 이하 흑7까지 공략하면 상당한 전과를 거두었다.

● 2도(변화)

흑1 때 백이 전도처럼 두지 않고 2로 넘는 것은 대악수. 흑3·5면 전체가 잡히고 말았다.

● 3도(백, 죽음)

흑1 때 백2로 뻗는 변화이다. 백2로 뻗는 변화이다. 이때는 흑3으로 끊은 후 백4 때 흑5로 젖히는 것이 요령이다. 백6, 흑7까지 백 죽음.

중급편

57 귀의 수단

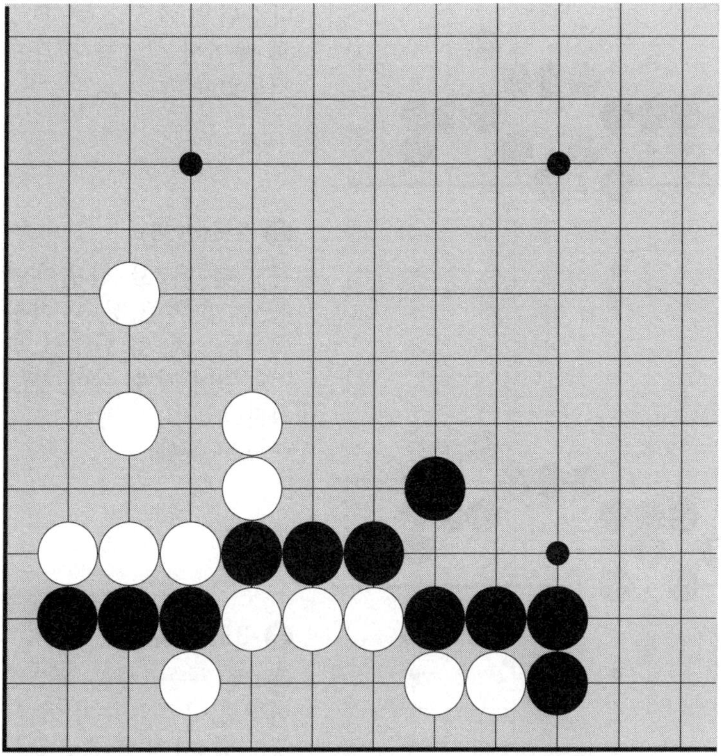

백의 약점을 추궁해서 귀에서 수단을 부리는 문제이다. 흑은 어떻게 두어야 할까?

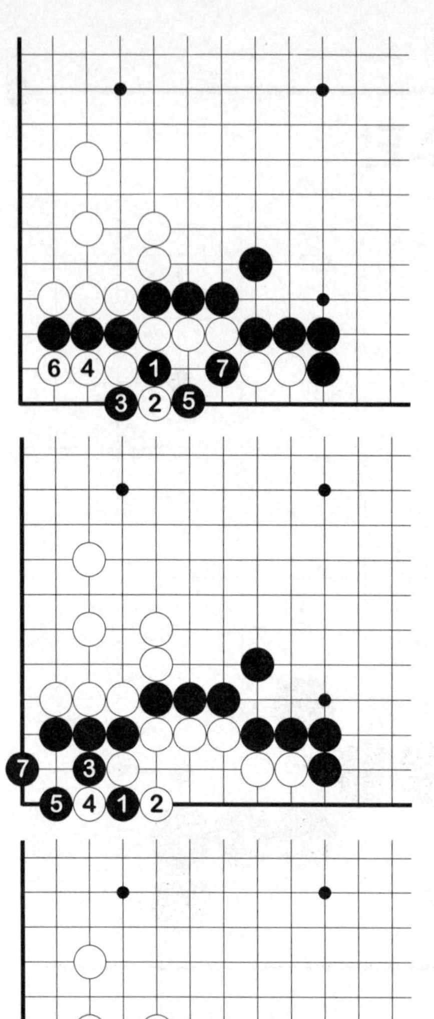

1도(정해)

흑1로 끊은 후 백2 때 흑3
으로 단수치는 것이 요령
이다. 백2에는 흑3이 중
요한 수. 계속해서 백4로
나간다면 흑5로 둔 후 7
로 끊어서 상당한 전과를
거두었다.

2도(변화)

흑1 때 백2로 따낸다면
흑3이 준비된 강수. 이후
백4에는 흑5로 단수친 후
7에 두어 자체 삶이 가능
하다.
(백⑥…흑❶)

3도(실패)

흑1로 두는 것은 백2로
이어서 아무런 수가 없다.
흑3, 백4까지 흑 죽음.

중급편

58 기민한 활용

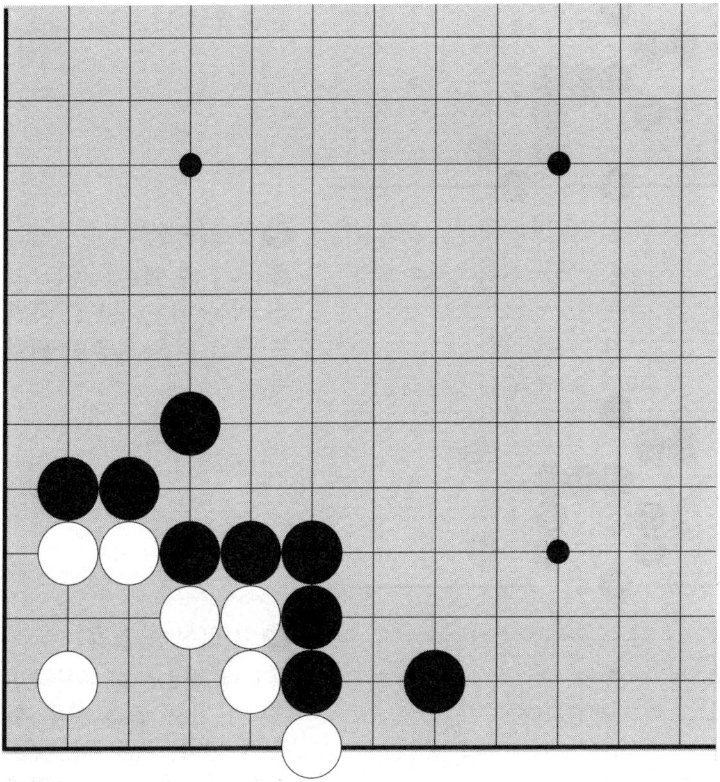

백의 약점을 활용해서 이득을 취하는 문제이다. 어느 곳이 급소일까?

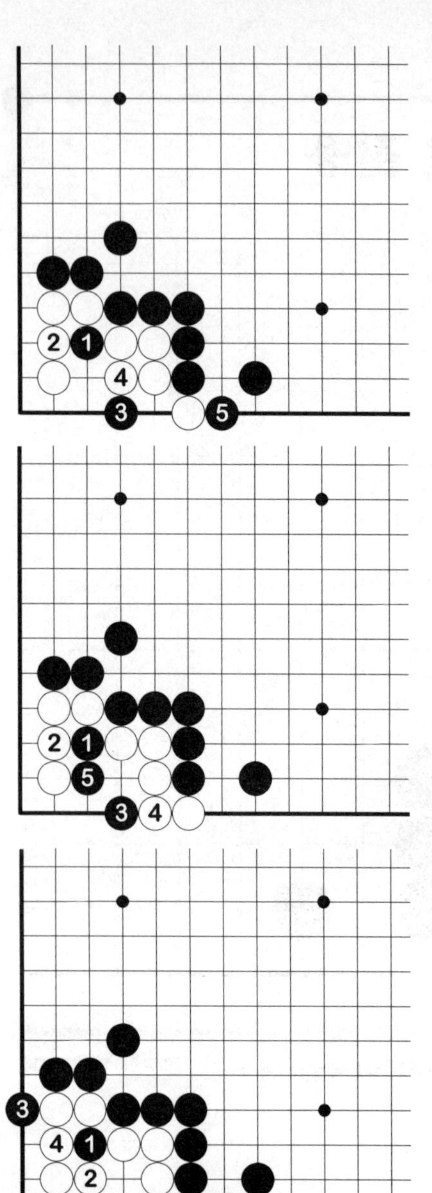

● 1도(정해)

흑1로 끊는 것이 절묘하다. 백2에는 흑3의 치중이 준비된 수. 백4 때 흑5로 단수치면 백 한 점을 잡을 수 있다.

● 2도(변화)

흑1·3 때 백4로 잇는 것은 의문이다. 흑5로 나가는 순간 백은 자충이 되었다.

● 3도(선수 활용)

흑1 때 백2로 단수친다면 흑3이 기분 좋은 선수 활용이 된다. 흑5, 백6까지 흑은 양쪽을 모두 처리했다.

59 상용의 끝내기

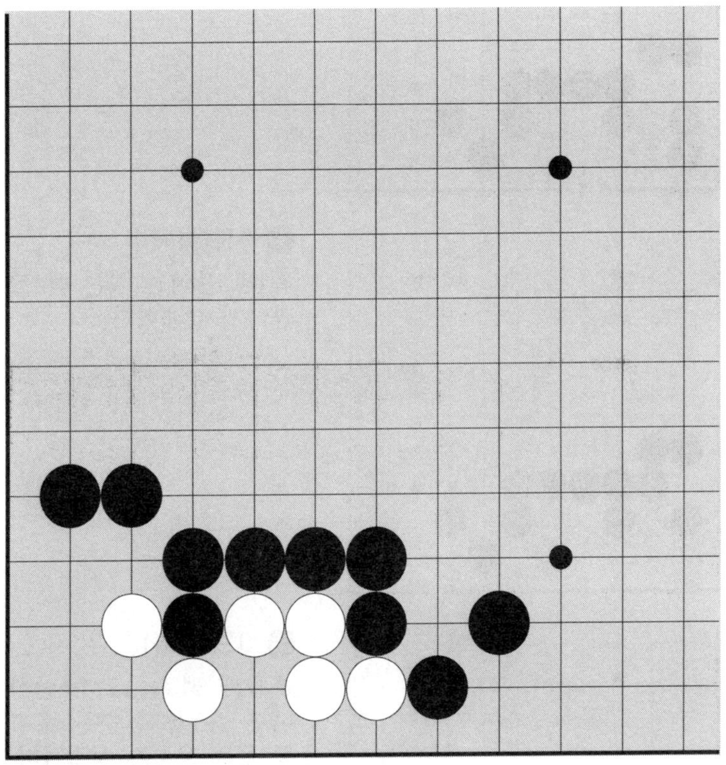

귀의 백을 두 집만 내고 살려주어야 한다. 첫수는 알기 쉬운데 다음 수순이 간단치 않다.

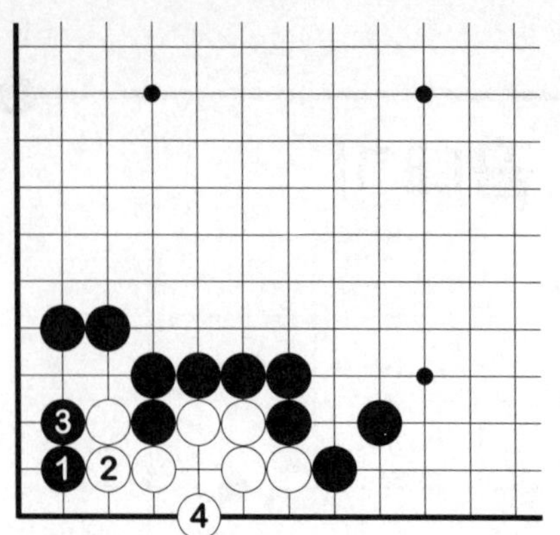

● 1도(정해)

흑1로 치중하는 것이 정해이다. 백2로 잇는 다면 흑3으로 넘어서 성공이다.

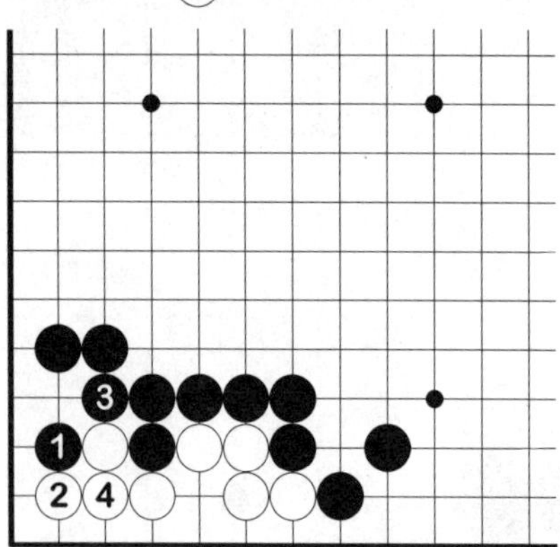

● 2도(실패)

흑1로 붙이는 것은 백2로 받아서 실패이다.

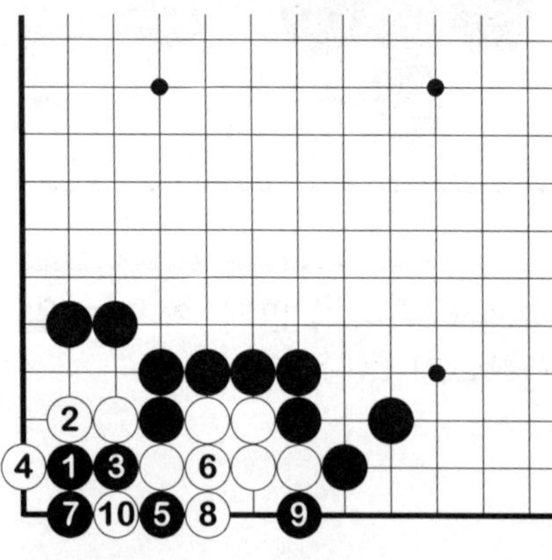

● 3도(변화)

흑1 때 백2·4로 차단한다면 흑5를 선수한 후 7로 두는 강수가 성립한다. 이하 백10까지 패가 되어서는 백의 낭패이다.

중급편

60 사활을 추궁

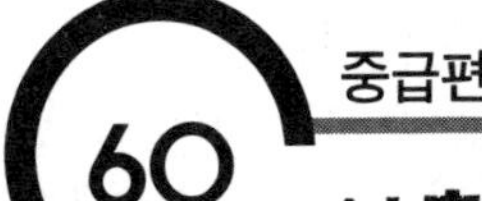

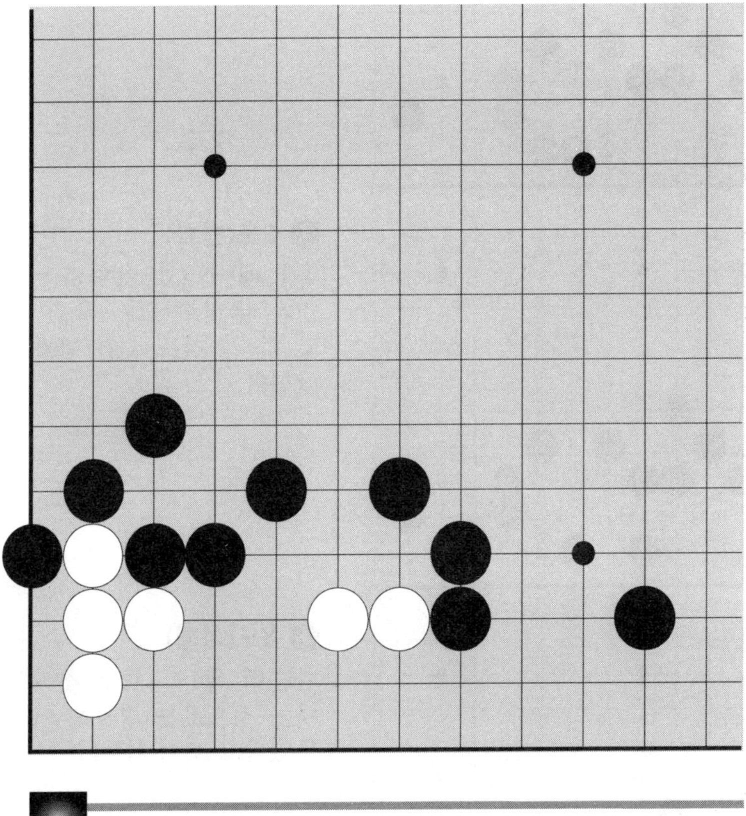

귀의 사활을 추궁해서 이득을 취하는 문제이다. 첫 수가 절묘하다.

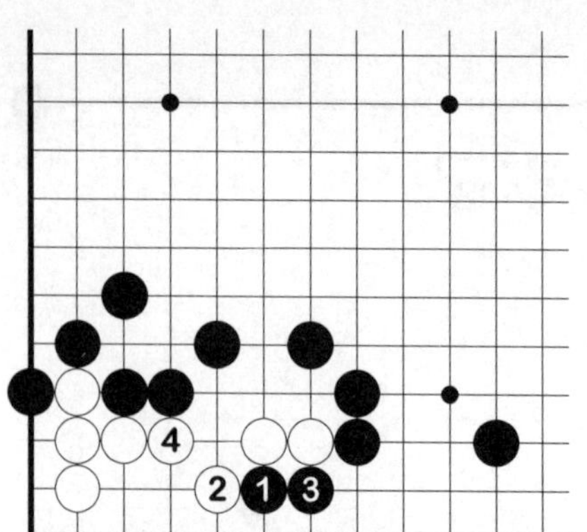

● 1도(정해)

흑1로 붙이는 절묘한 맥점이다. 계속해서 백은 2·4로 물러설 수밖에 없다.

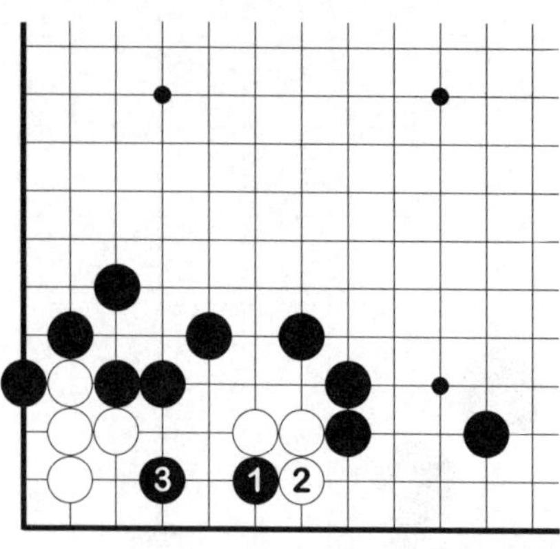

● 2도(변화)

흑1 때 백2로 차단하는 것은 무리수이다. 흑3으로 한 칸 뛰는 순간 귀가 잡혔다.

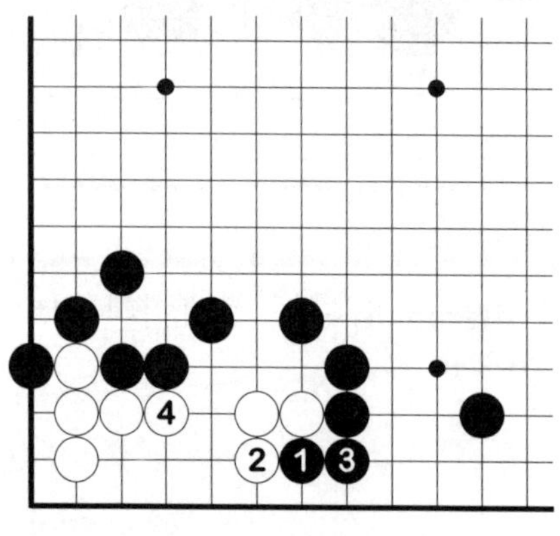

● 3도(실패)

단순히 흑1·3으로 젖혀 잇는 것으로는 성공을 거두었다고 보기 힘들다.

61

중급편

선수 빅

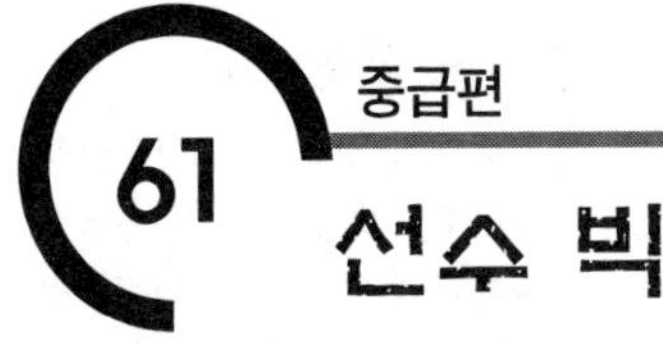

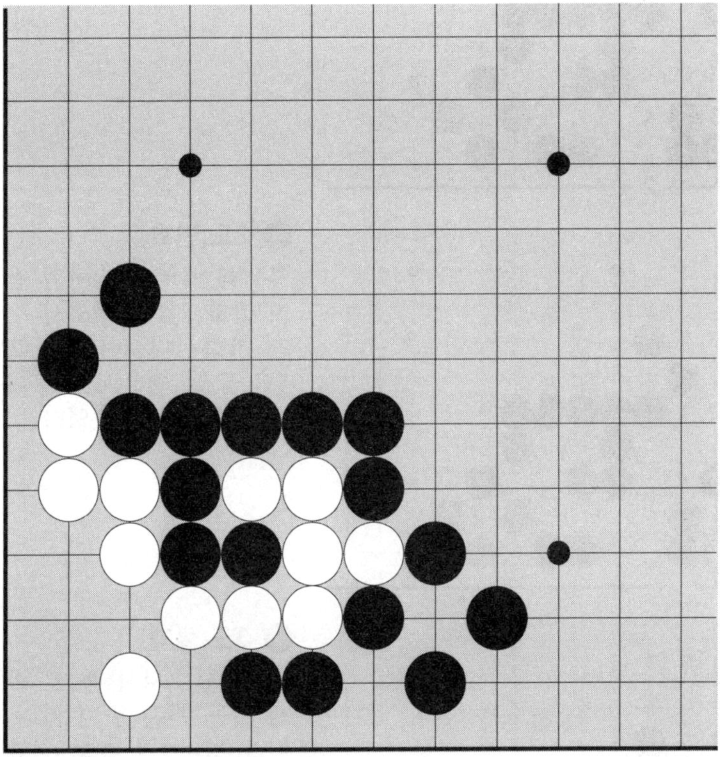

귀의 약점을 추궁하면 상당한 전과를 거둘 수 있다.

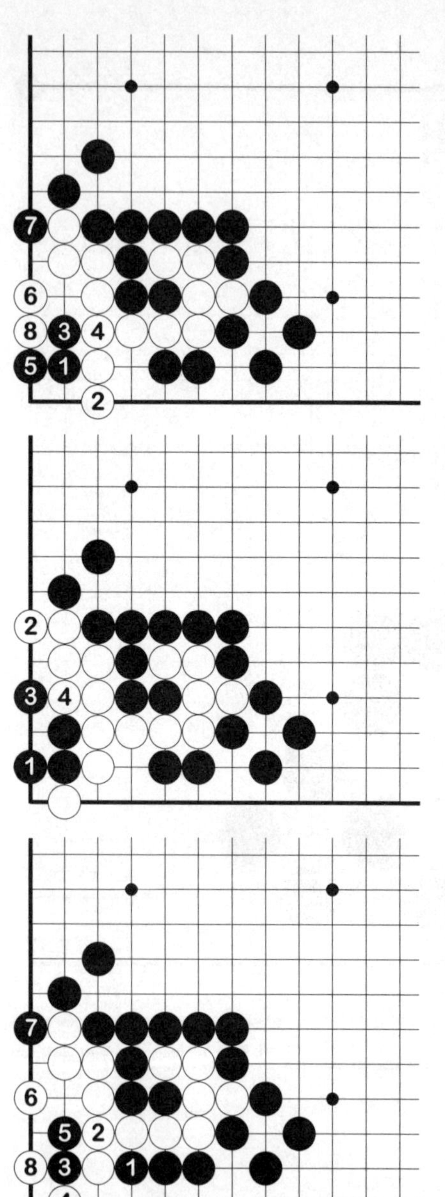

● 1도(정해)

흑1로 치중하는 것이 맥점이다. 백2에는 흑3을 선수한 후 이하 7까지 선수 빅을 만들 수 있다.

● 2도(변화)

흑1 때 백이 전도처럼 받지 않고 2로 내려서서 두는 변화이다. 이때는 흑3이 급소. 백은 4로 두어 빅을 만들 수밖에 없다.

● 3도(실패)

흑1로 단수쳐서 백2로 잇게 하는 것은 좋지 않다. 이하 백8까지 흑의 실패이다.

62 중급편

양환격

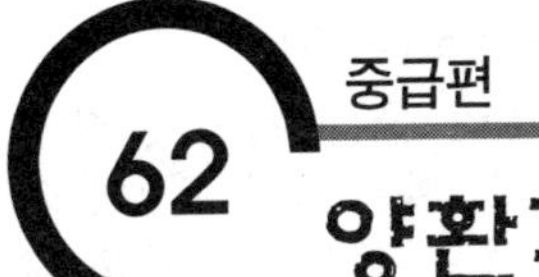

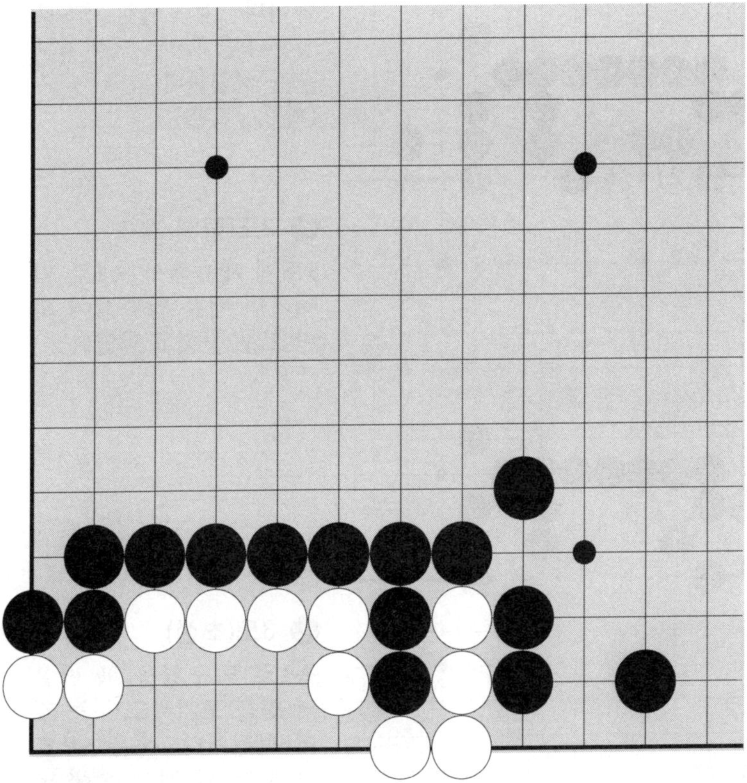

절묘한 수순으로 백을 공격한다. 백이 강하게 반발하면 양환격으로 전체를 포획한다.

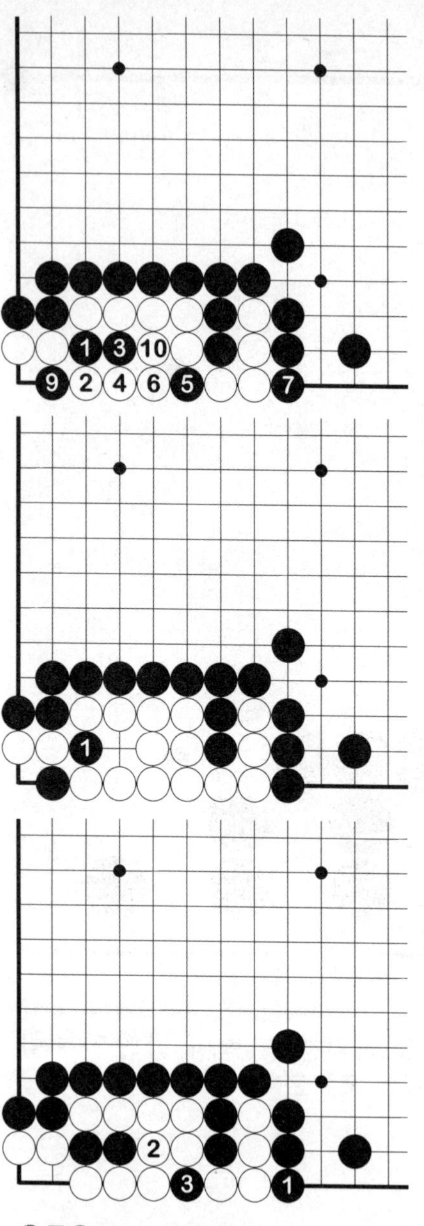

● 1도(정해)

흑1로 끊는 것이 출발점이다. 계속해서 백2의 단수에는 흑3으로 키움 후 5·7로 단수치는 것이 요령이다. 계속해서 백8로 잇는다면 흑9로 먹여치는 수가 성립한다.
(백⑧…흑❺)

● 2도(정해 계속)

1도에 계속해서 흑1로 먹여치면 백은 양환격이 되어 모두 잡히고 말았다.

● 3도(최선)

흑1로 단수쳤을 때 백은 넉 점을 포기하고 두는 것이 최선이다. 흑은 3으로 두어 백 넉 점을 손에 넣을 수 있다.

63 치중의 효과

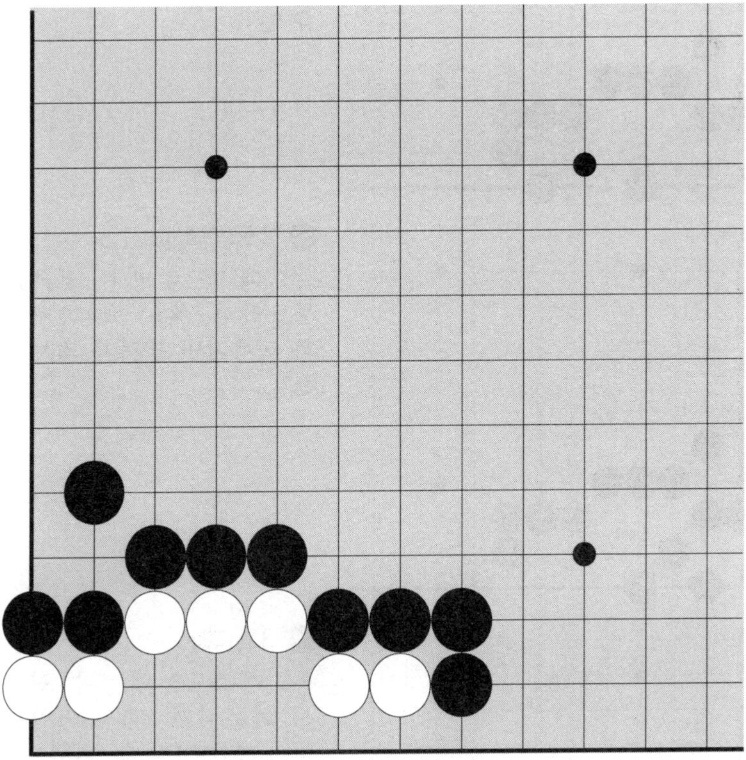

단순히 젖히는 것으로는 성공이라고 할 수 없다. 최대한
으로 추궁하는 수는?

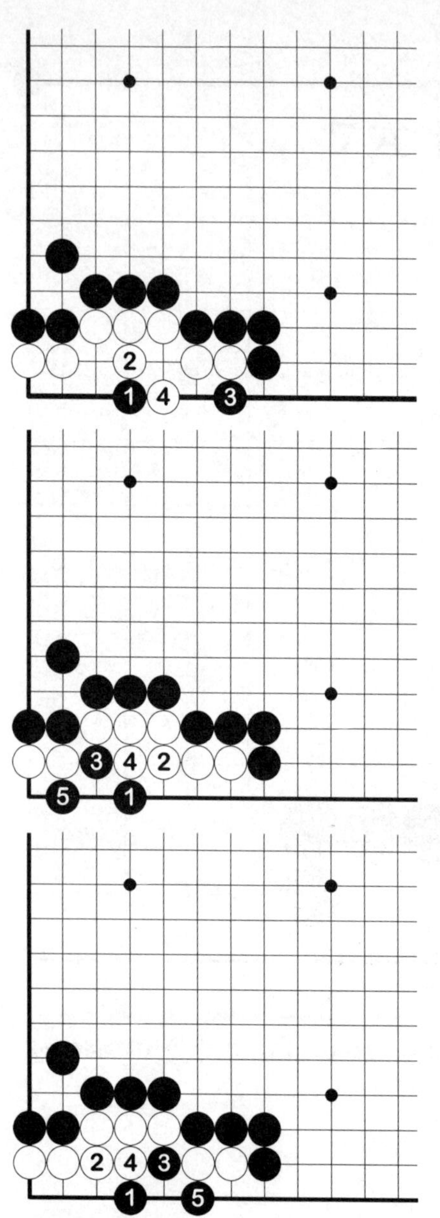

● 1도(정해)

흑1로 치중한 후 백2 때 흑3으로 젖히는 것이 올바른 수순이다. 백4 이후 백은 가일수가 필요한 모습이다.

● 2도(변화)

흑1 때 백2로 잇는 것은 무모하다. 흑3, 백4까지의 진행이면 전체가 패가 된다.

● 3도(패)

흑1 때 백2로 잇는 수 역시 의문이다. 흑3·5면 역시 패를 면할 수 없다.

중급편

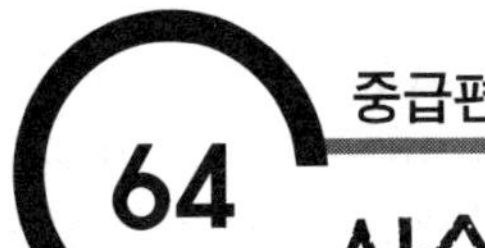

64

사석을 활용

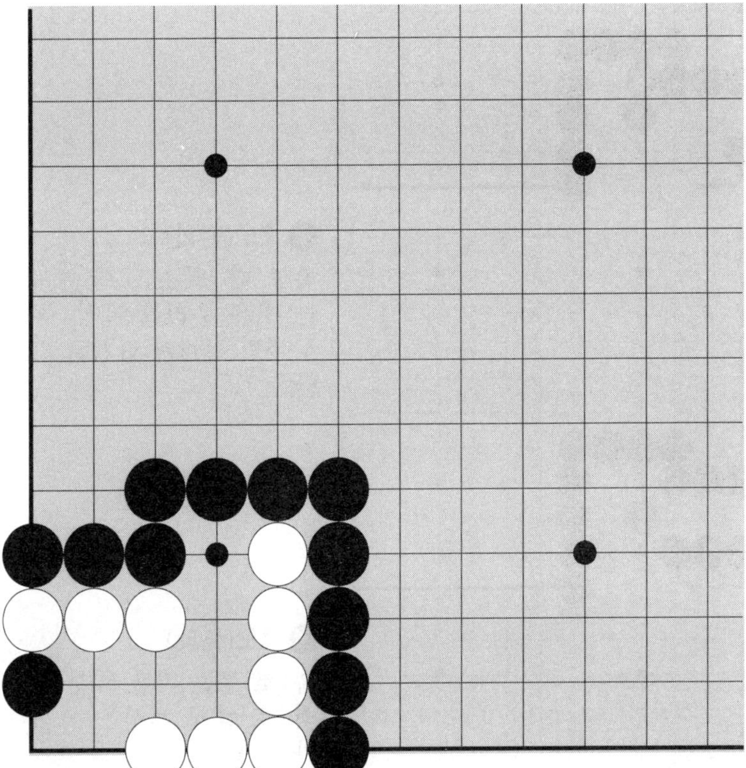

잡혀있는 흑 한 점을 활용해서 이득을 취하는 문제이다. 어느 곳이 급소일까?

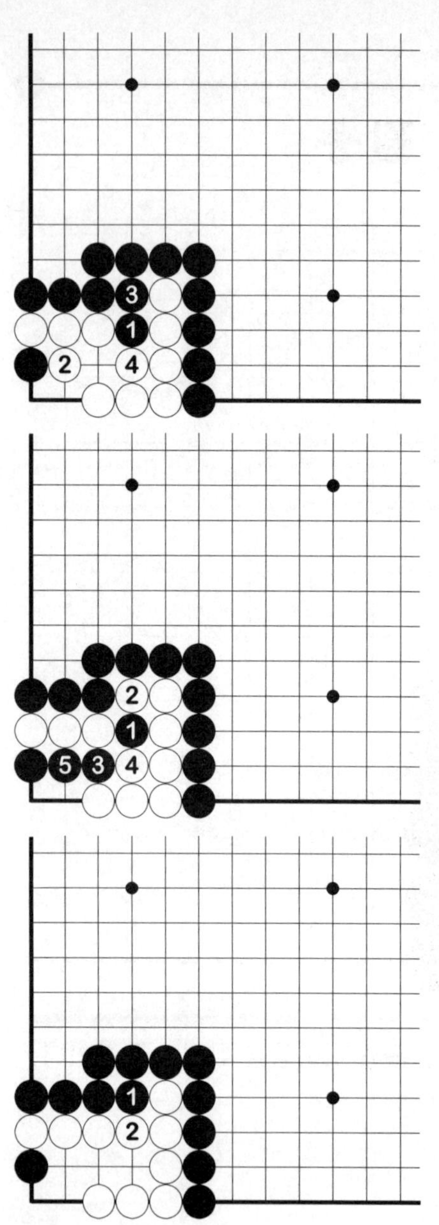

● 1도(정해)

흑1로 끼우는 것이 정해이다. 백은 2로 물러서는 정도인데 흑3으로 이어서 선수로 처리했다.

● 2도(변화)

흑1 때 백2로 단수치는 것은 무리한 욕심. 흑3·5면 전체가 잡히고 만다.

● 3도(실패)

흑1로 두는 것은 의문수. 백2로 받게 해서는 묘미가 없다.

65

중급편

최대한 추궁

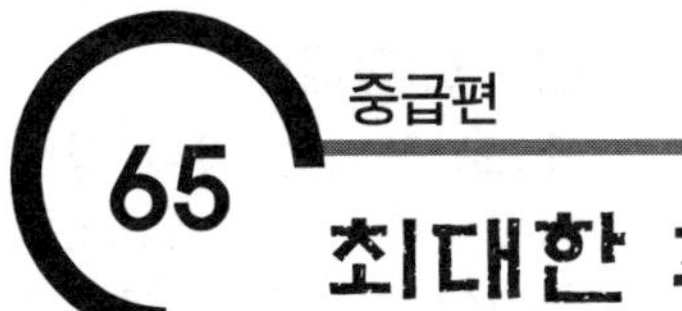

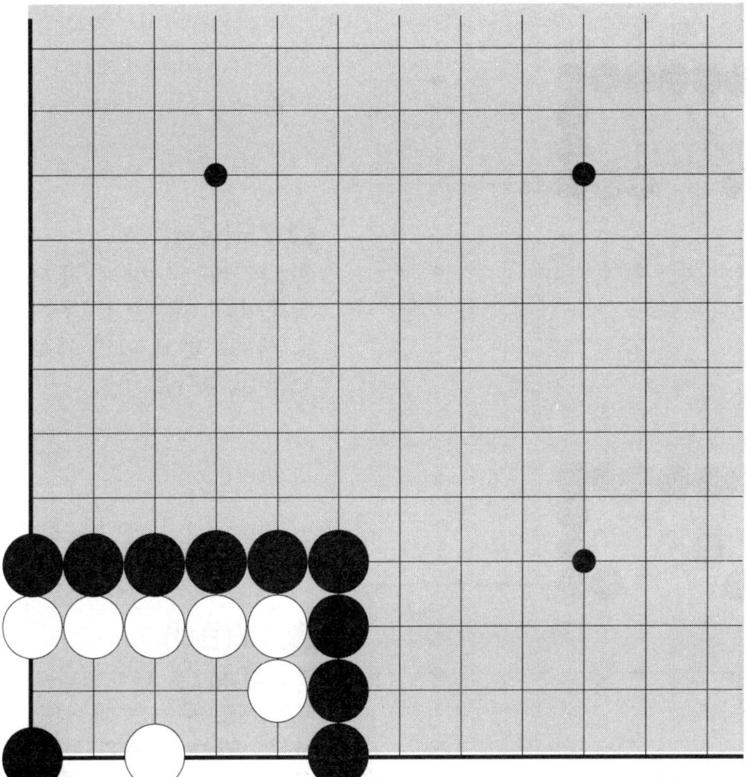

가장 효과적으로 추궁해야 한다. 효과적인 공격 방법은?

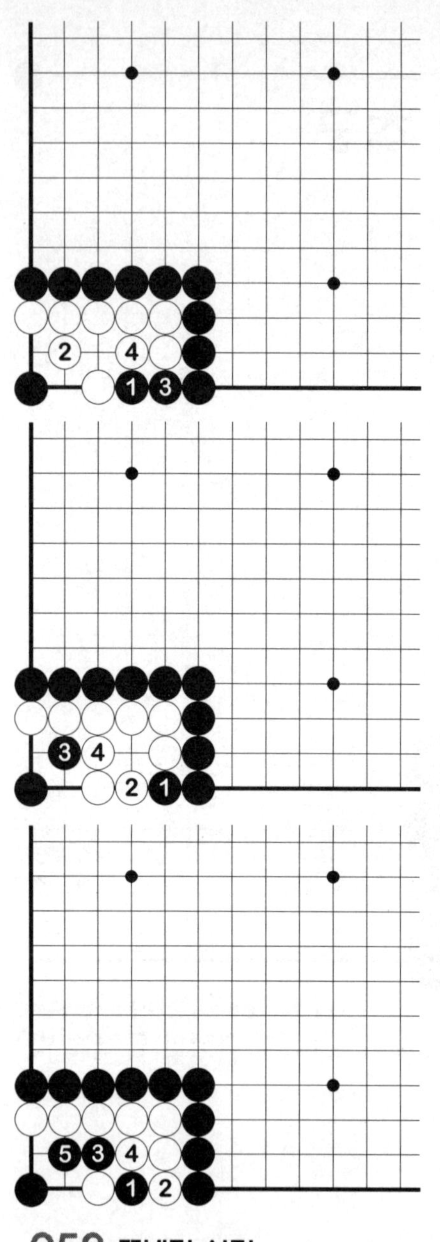

● 1도(정해)

흑1로 붙이는 것이 정해이다. 백2에는 흑3으로 이어서 선수로 결정짓는다.

● 2도(실패)

흑1은 백2로 받게 해서 실패이다. 흑3으로 두어도 백4로 받고 나면 아무런 수도 없다.

● 3도(변화)

흑1 때 백2로 단수친다면 흑3·5로 두는 수가 성립한다. 귀는 전체가 빅이다.

66 최선의 수순

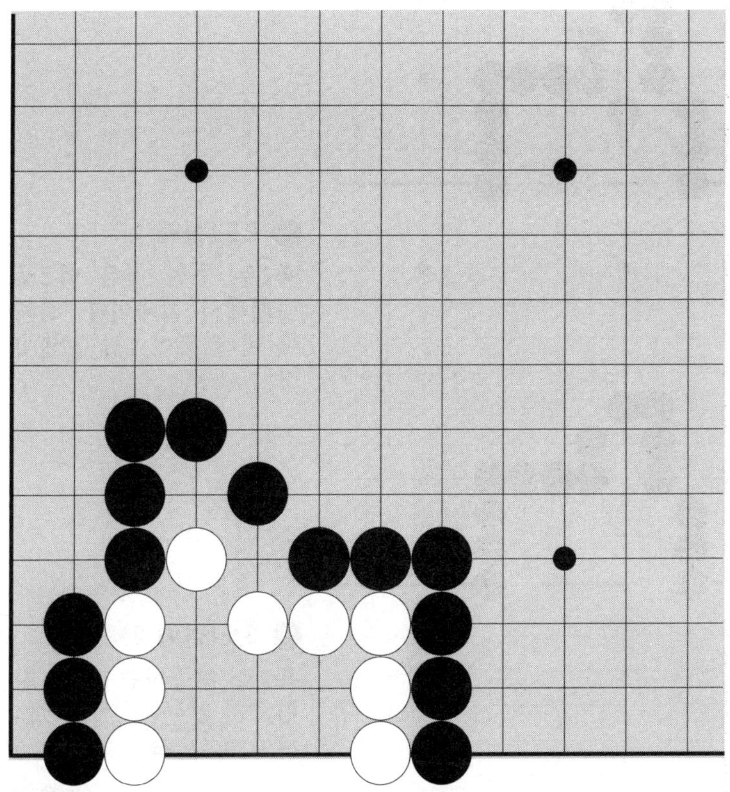

흑은 1집이라도 중시해야 한다. 어떻게 끝내기하는 것이 최선일까?

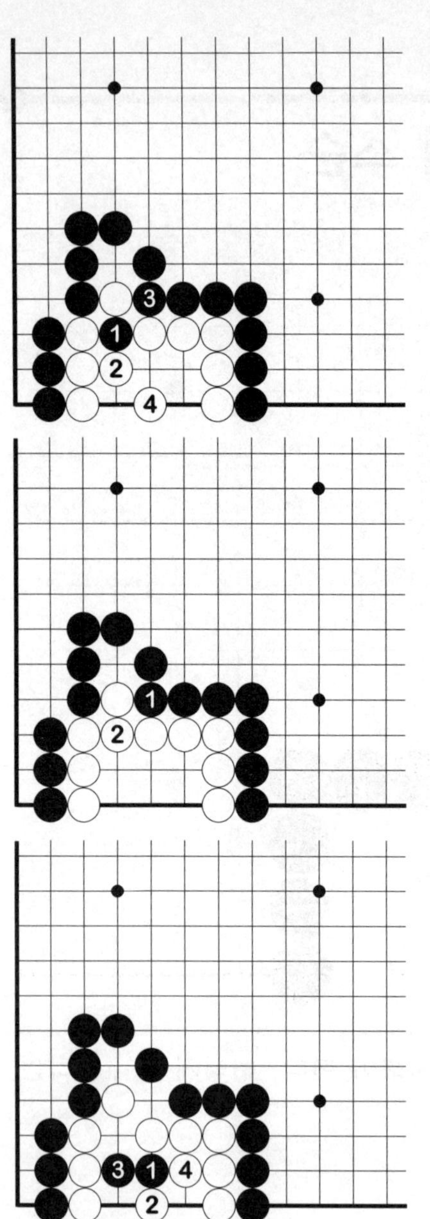

⚫ **1도(정해)**

흑1로 먹여치는 수가 성립한다. 백2에는 흑3으로 두어 백4의 보강을 유도한다.

⚫ **2도(실패 1)**

흑1로 두는 것은 백2로 잇게해서 실패이다. 정해에 비해 흑이 1집 손해이다.

⚫ **3도(실패 2)**

흑1로 치중하는 수는 성립하지 않는다. 이하 백4까지 흑 두 점만 잡혔다.

67 빅을 유도

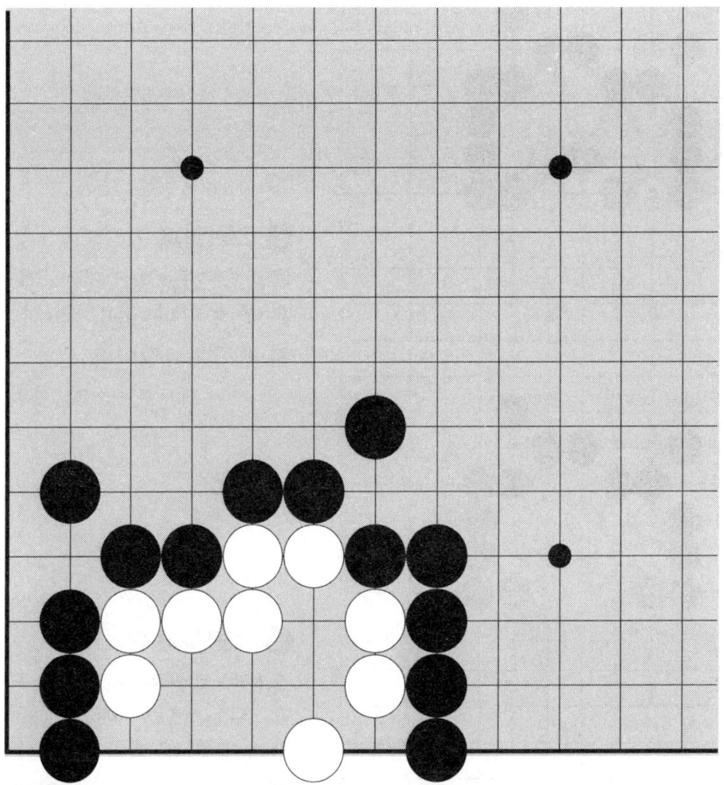

백 모양의 약점을 찔러 이득을 취하는 문제이다. 흑은 어떤 수순으로 공략해야 할까?

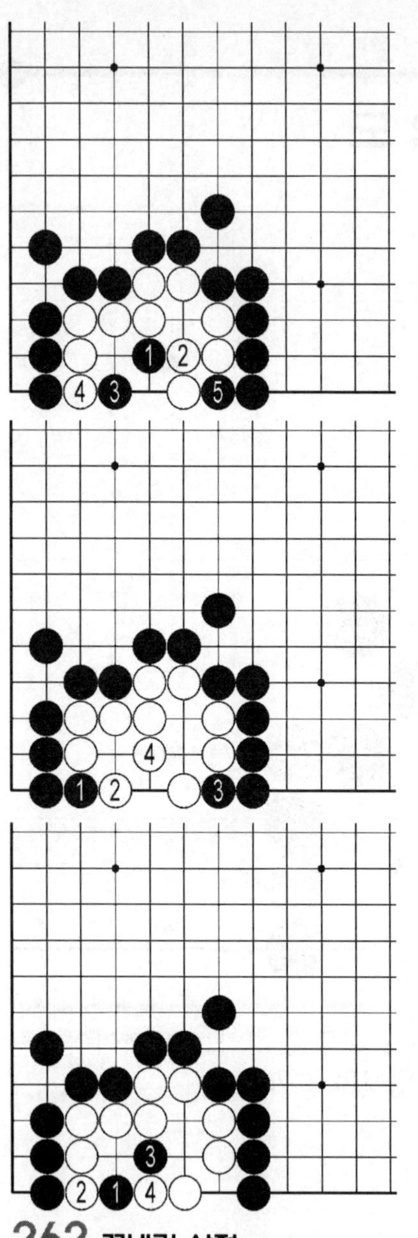

1도(정해)

흑1로 치중하는 것이 정
해이다. 백2에는 흑3을
선수한 후 5에 두어 빅을
유도할 수 있다.

2도(실패 1)

흑1, 백2를 결정짓는 것
은 좋지 않다. 흑3, 백4까
지 백집은 4집이다.

3도(실패 2)

흑1로 치중하는 것은 더
욱 좋지 않다. 백은 2로
차단해서 아무런 이상이
없다.

중급편

68 끝내기 순서

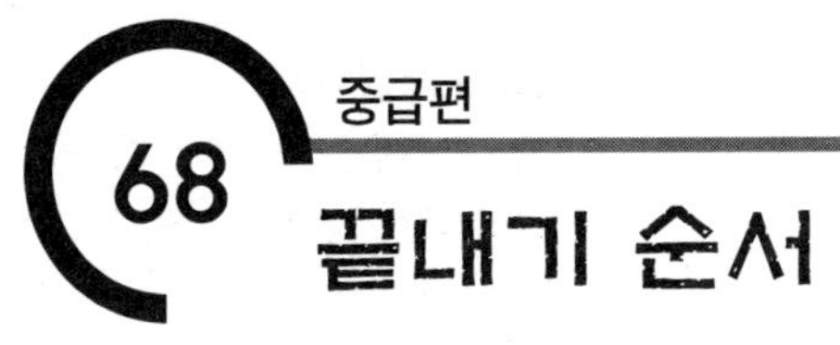

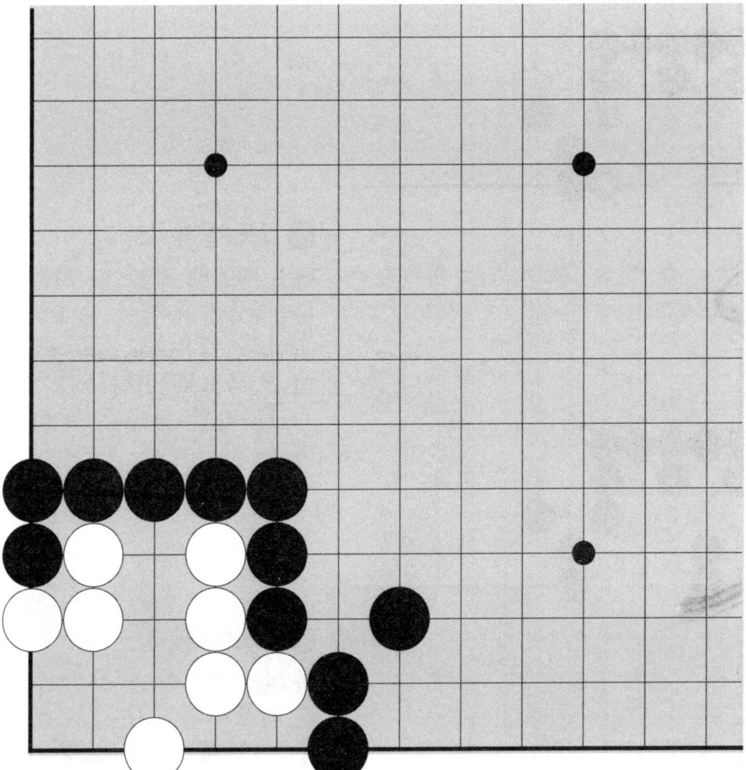

수순이 정확하지 못하면 손해를 보기 십상이다.

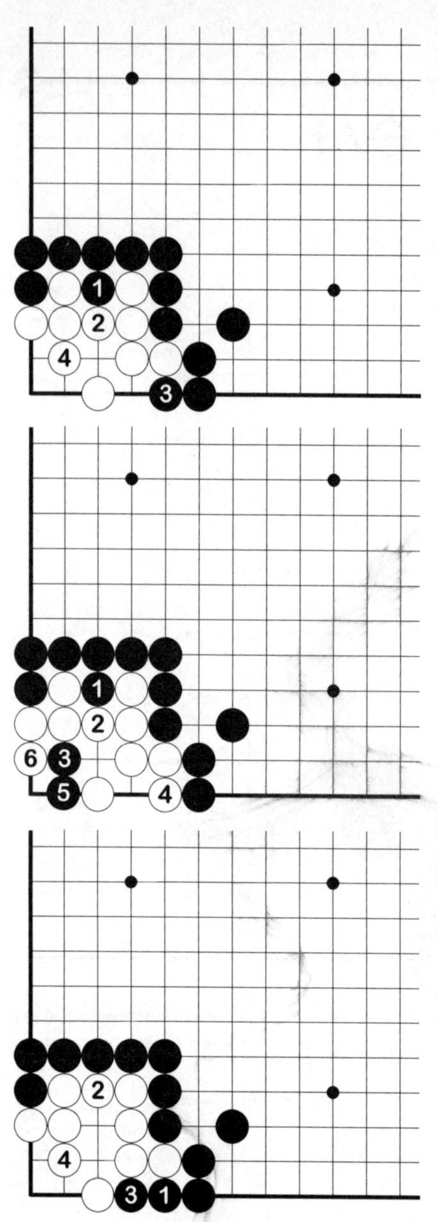

⬤ 1도(정해)

흑1로 찌른 후 백2 때 흑3
으로 두는 것이 올바른 수
순이다. 백은 4로 보강할
수밖에 없다.

⬤ 2도(실패 1)

흑1, 백2 때 흑3으로 치중
하는 것은 욕심이 지나친
수이다. 백은 4로 두는 것
이 호착으로 이하 6까지
유가무가를 유도할 수 있
다.

⬤ 3도(실패 2)

흑1을 먼저 두는 것은 수
순 착오이다. 백은 2로 둔
후 흑3 때 백4로 보강해
서 만족한다.

69 큰 이익

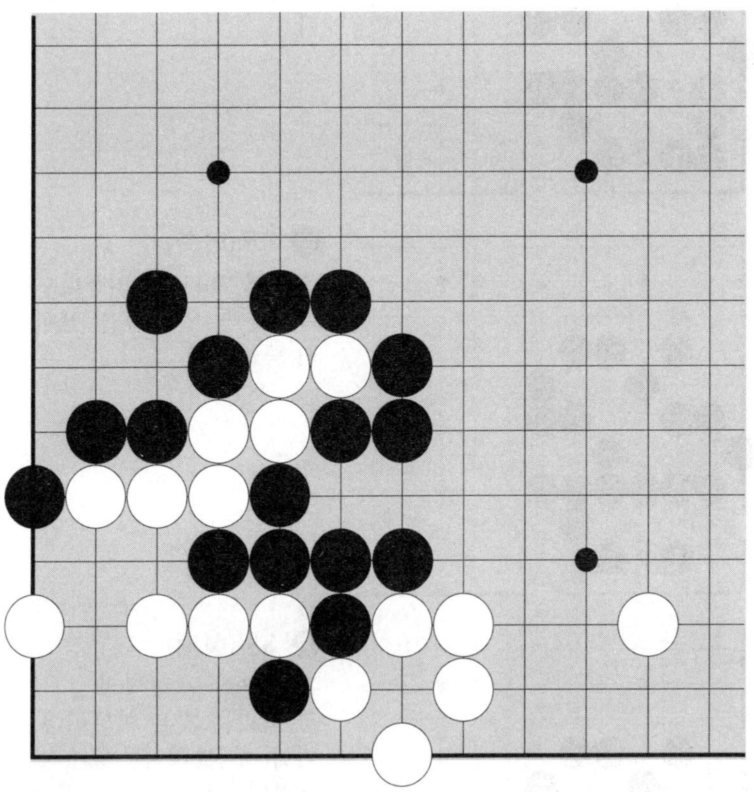

훌륭한 맥을 발견하여 크게 이익을 얻는다. 다음 한 수를 실전에서 둘 수 있다면 상당한 고단자급이다.

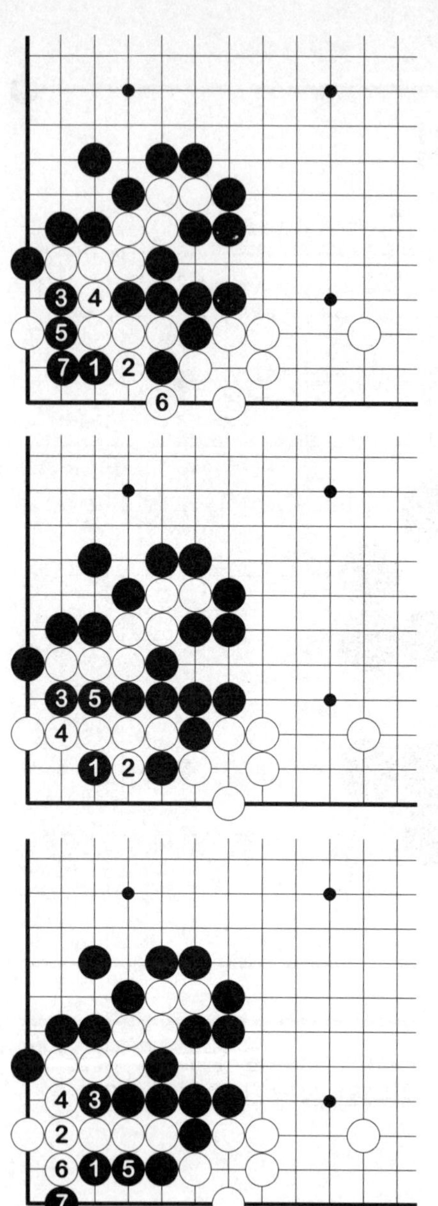

● 1도(정해)

흑1의 붙임이 묘수. 백2
로 물러선다면 흑3 이하
7까지 백집을 크게 침입
하여 흑집을 상당히 늘렸
다.

● 2도(변화)

흑3 때 백4로 물러선다면
흑5로 백 일곱점을 잡아
서 충분하다.

● 3도(실패)

흑1·3의 공격에 백2·4
로 버티는 것은 의문이다.
이하 흑7까지 큰 패가 발
생한다.

70 중급편

상용의 맥

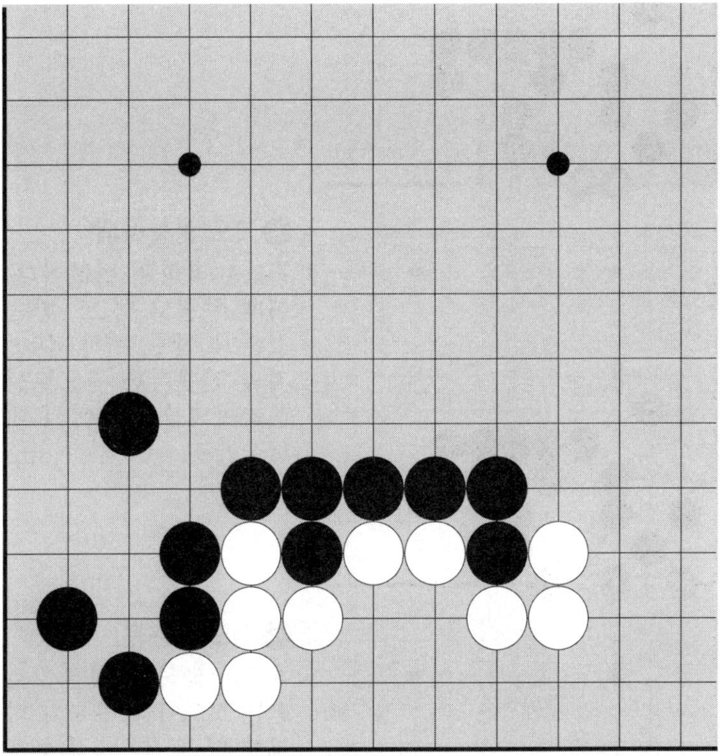

힌트는 버림돌로 만들고 조여야한다는 것이다. 버림돌을 만들지 않으면 안 된다.

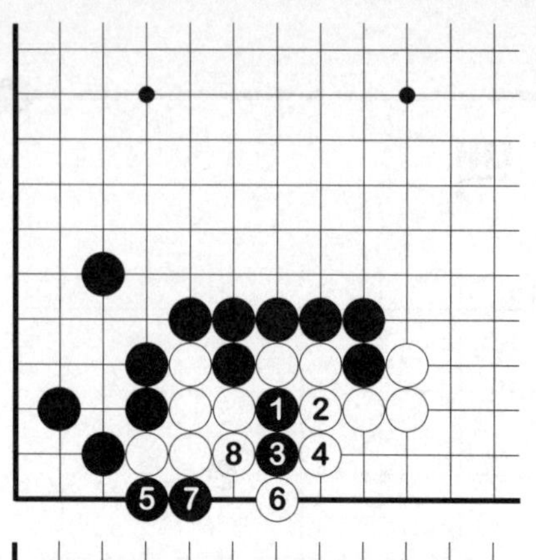

● 1도(정해)

흑1·3으로 키워 버리는 것이 좋은 끝내기이다. 이하 백8까지 선수로 처리한다.

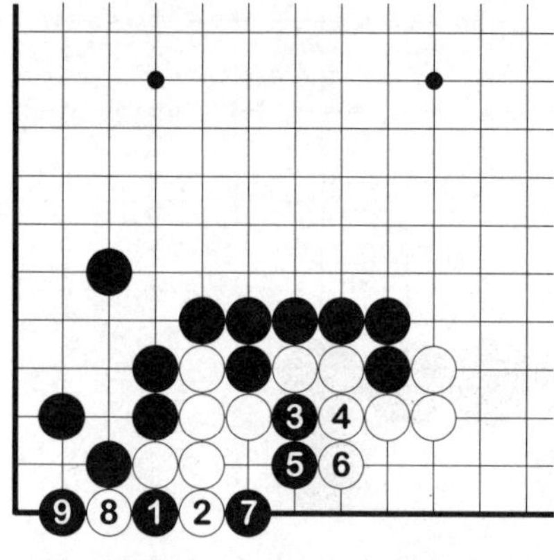

● 2도(꽃놀이패)

흑1로 젖히는 변화이다. 이때 무심코 백2로 받는 것은 대 악수. 이하 흑9까지의 진행이면 흑으로선 꽃놀이패를 만들어서 대 만족이다.

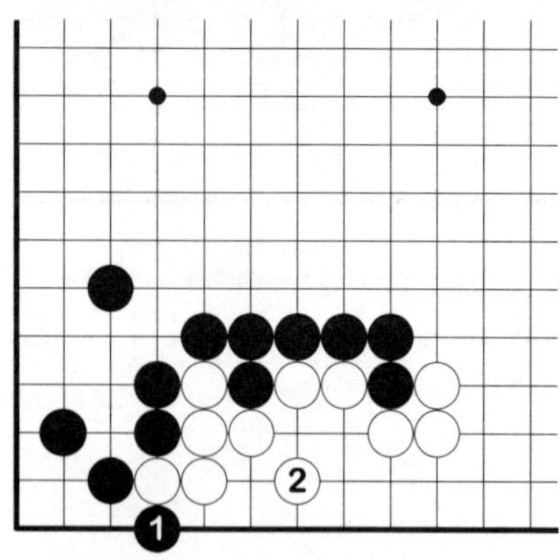

● 3도(불충분)

흑1로 젖히면 백은 2로 받는 정도이다. 전도와 비교할 때 백집은 2집의 차이가 있다.

제 3 장

상 급 편

1 도려내는 수단

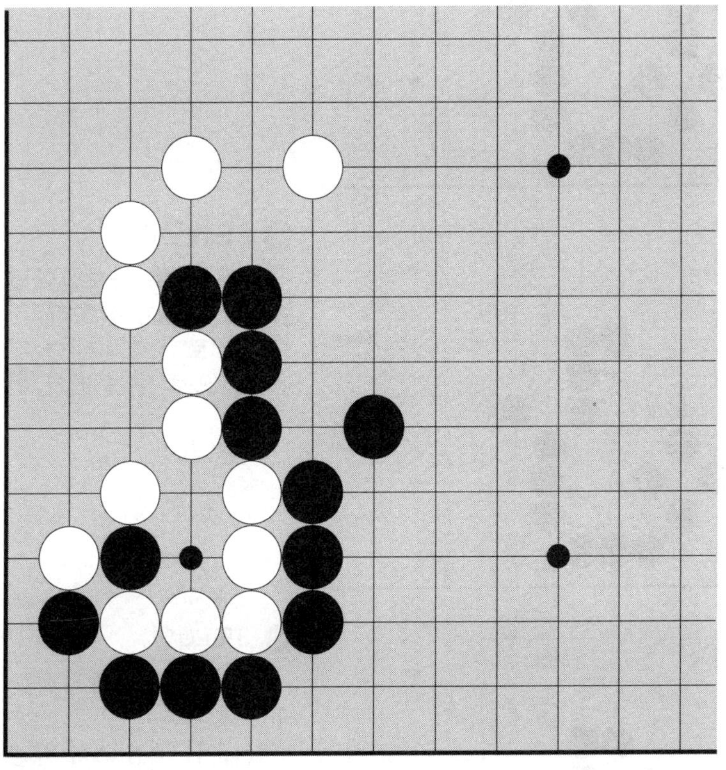

최후의 테마도 상당히 날카로운 맥이 요구된다. 튼튼해 보이는 백을 잘 살펴보면 뜻밖의 결함이 떠오른다.

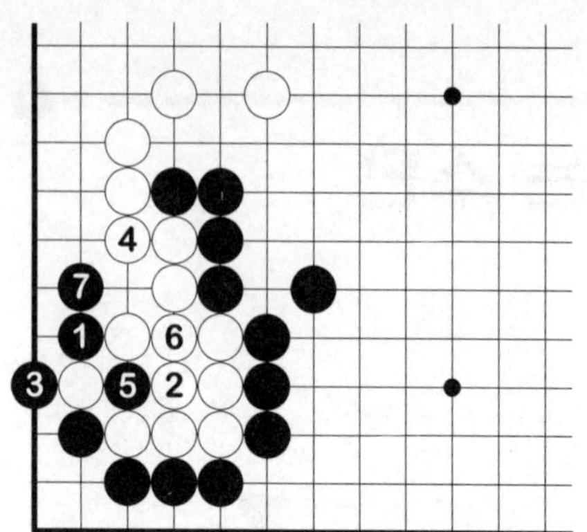

● 1도(정해)

흑1의 끊음이 맥. 백2의 따냄에 흑3으로 건너가고 이하 흑7까지 삭감한다.

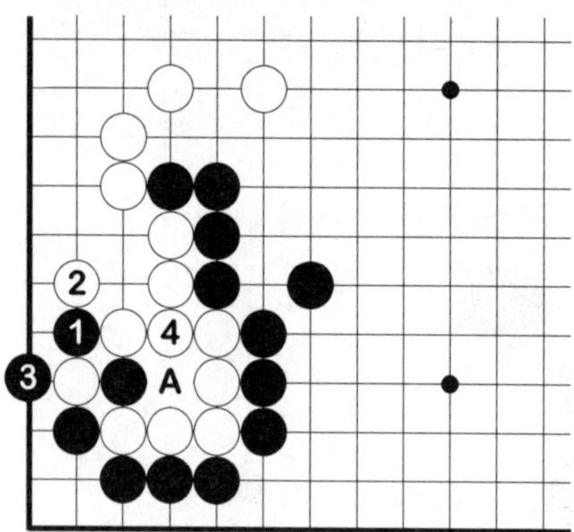

● 2도(변화)

흑1 때 백2로 양보한다면 흑3의 따냄이 선수가 된다. 백2로 A에 따내는 것은 흑3으로 두어 패가 된다.

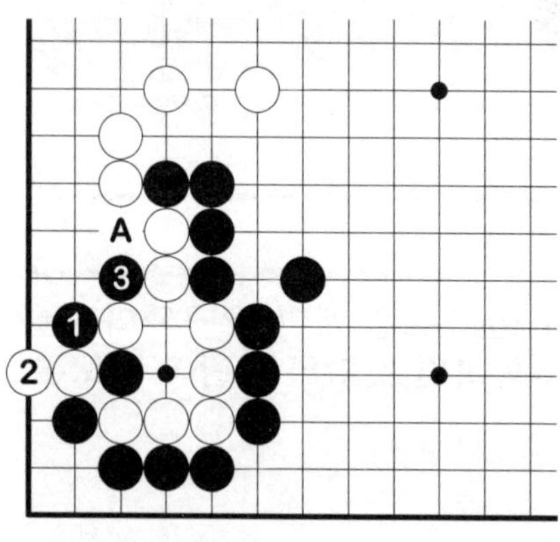

● 3도(괴멸)

흑1 때 백2로 내려서는 수는 없다. 흑3으로 단수치는 순간 백은 A의 약점 때문에 다음 응수가 없다.

2 양쪽을 활용

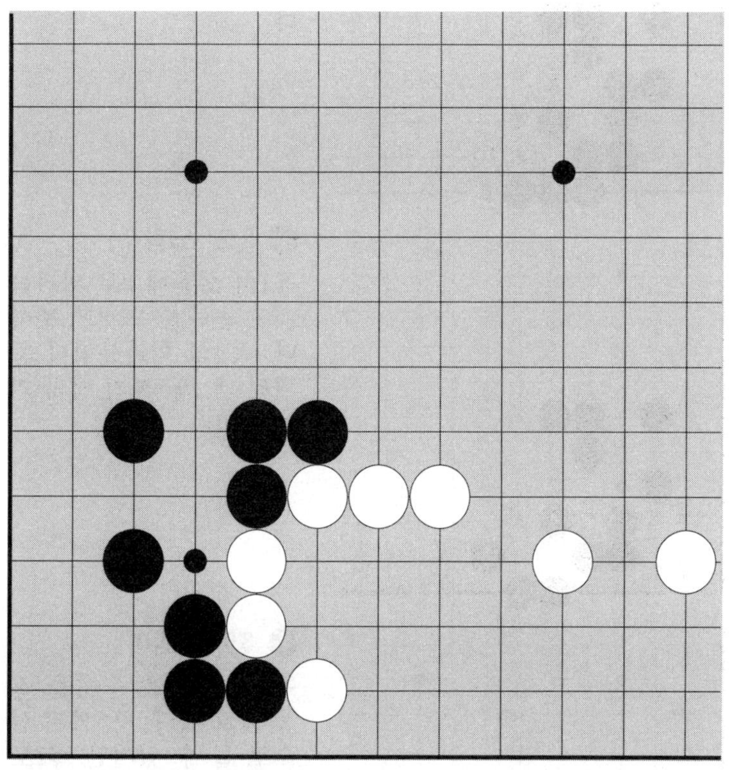

최대한 능률적으로 끝내기하는 방법을 강구해야 한
다. 수순이 특히 중요하다.

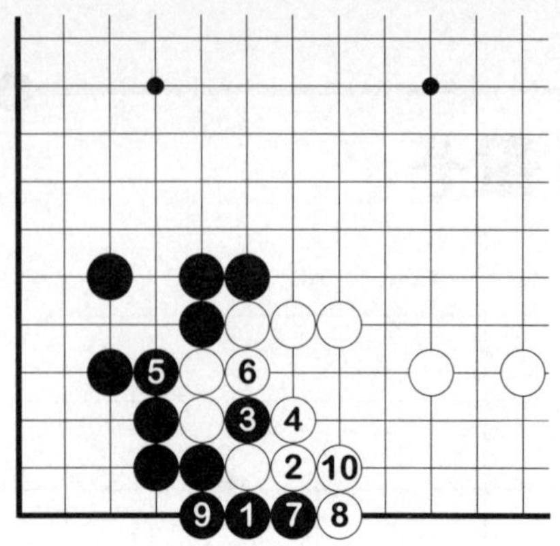

● 1도(정해)

먼저 1로 젖히고 2일 때 3
으로 끊는 게 포인트이다.
백4가 불가피할 때 이하
백10까지 선수로 처리한
다.

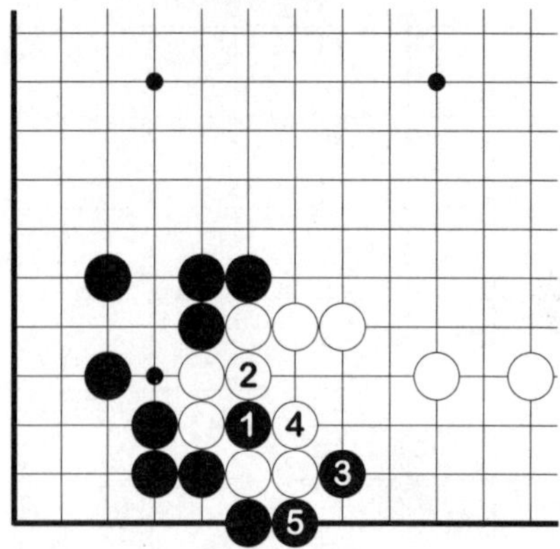

● 2도(노림수)

흑1의 끊음에 2로 버티는
것은 손해를 크게할 뿐이
다. 흑3의 머리붙임이 준
비된 맥. 흑5까지 백의 피
해가 크다.

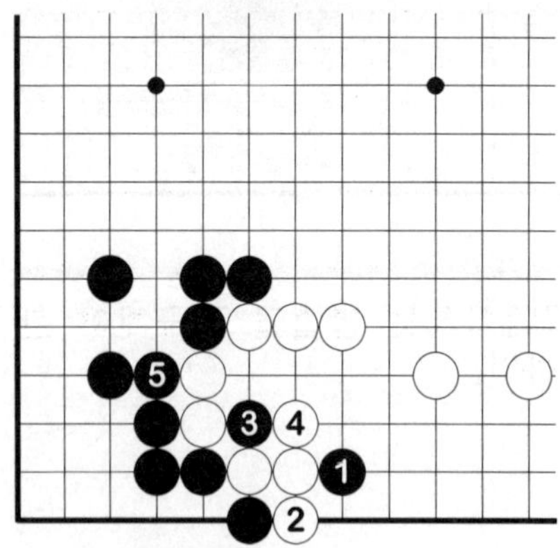

● 3도(무의미)

흑1의 붙임은 수순을 잘
못 밟고 있다. 흑5까지 선
수로 둘 수 있지만 흑1로
붙인 한 점을 보태준 것이
아프다.

3 선수 막기의 맥

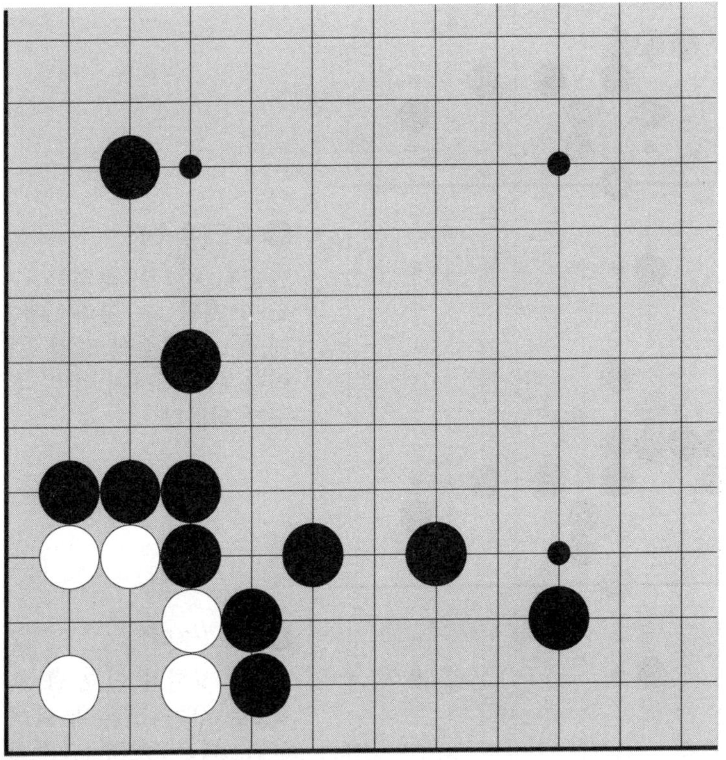

백이 양쪽으로 젖혀 잇는 것을 방해하고 싶다. 흑이 양쪽을 모두 둘 수 있는 방법이 있다.

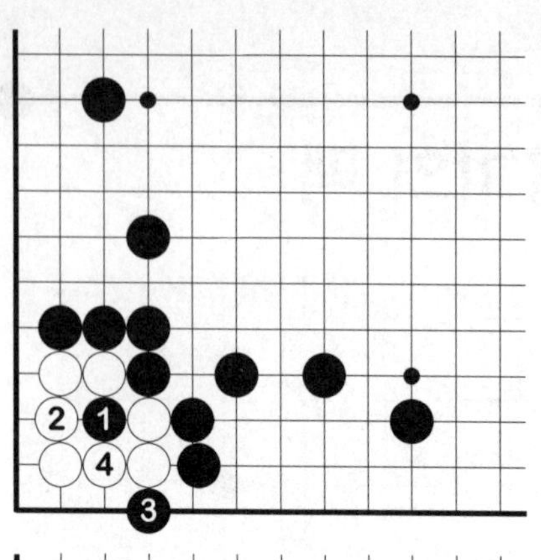

흑1로 끊는 것이 맥점. 백은 어느 쪽인가 받아야만 한다. 백2라면 흑3의 단수가 선수이다.

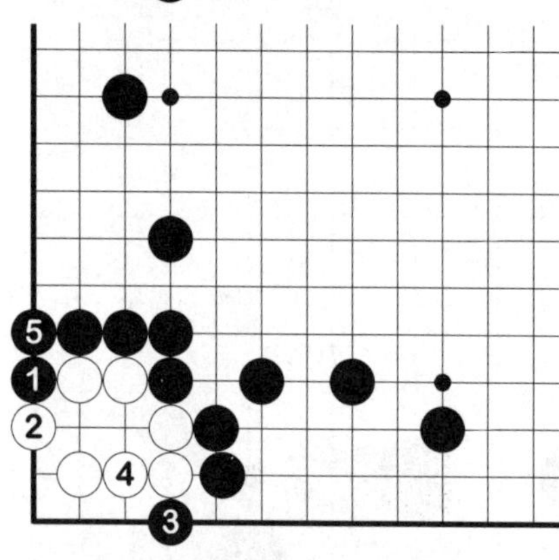

단순히 흑1로 젖히는 수도 고려할 수 있다. 백2 때 흑3이 선수의 요령. 그러나 이하 5까지 흑은 후수가 되었다.

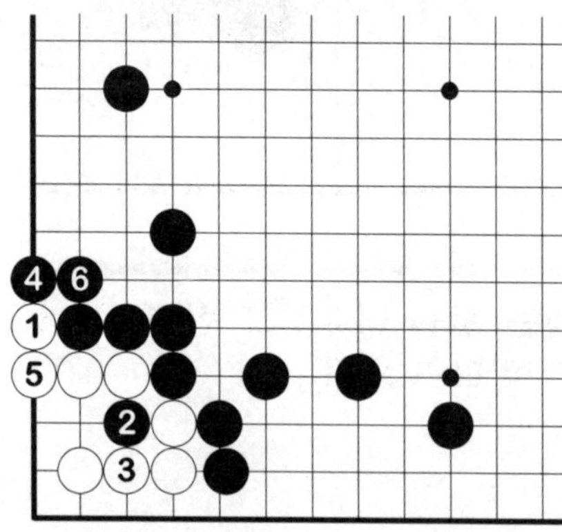

백1의 젖힘이 있고 난 후 흑2로 끊는 것은 무의미하다. 백은 3으로 단수칠 것이다.

4 백의 약점

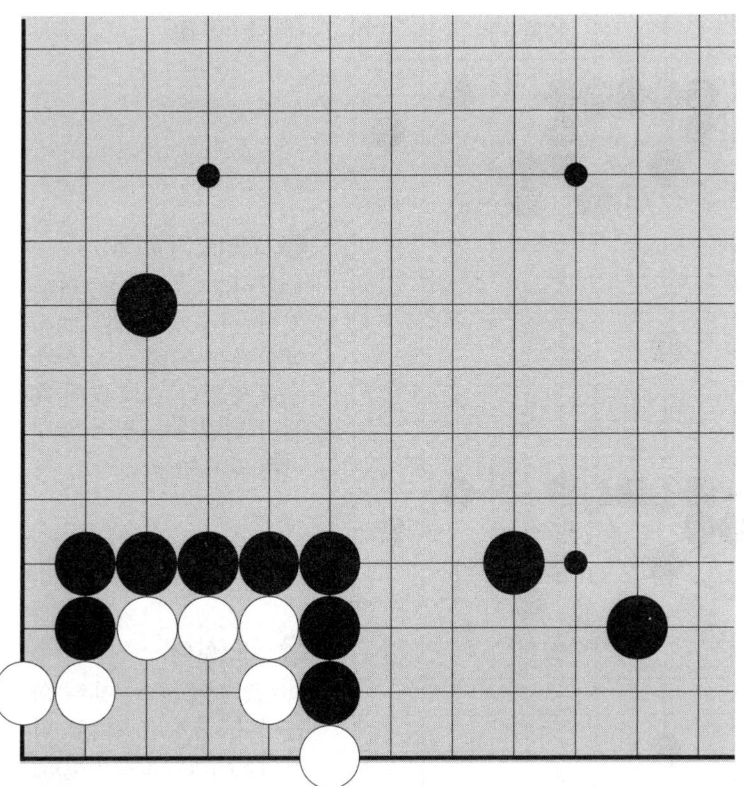

이 문제는 귀의 백의 약점에 착안하여 약간 공작을 하고 싶은 곳이다.

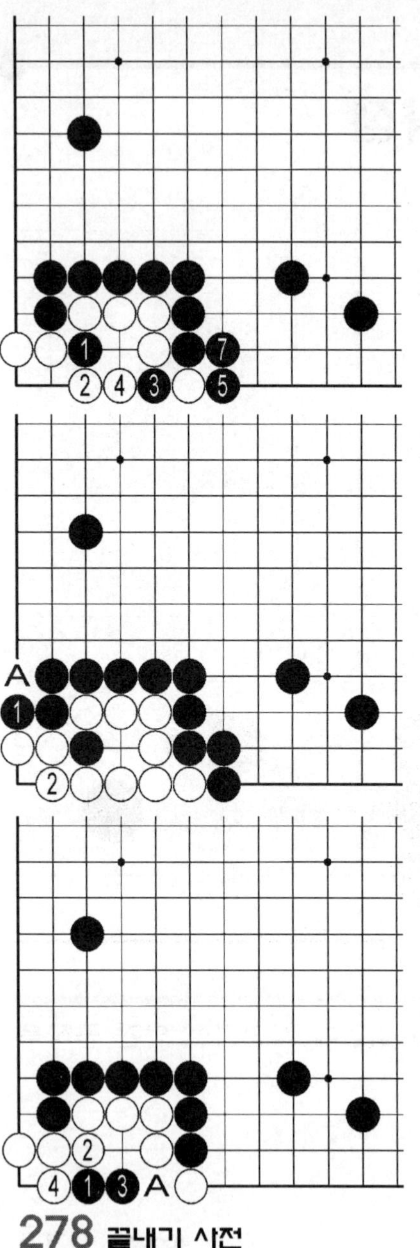

● 1도(정해)

흑1로 끊은 후 백2 때 흑3
으로 먹여치는 것이 좋은
수순이다. 이하 흑7까지
결정지은 후…
(백⑥…흑❸)

● 2도(부가 이득)

1도 이후 흑은 1로 막는
것이 선수가 된다. 백은
양환격을 피해 2로 이을
수밖에 없다. A의 곳이 흑
집이 되었다는 것이 끝내
기의 효과이다.

● 3도(실패)

흑1로 치중하는 것은 의
문이다. 흑3 때 백4로 막
아서 아무런 이상이 없다.
백4로는 A에 이어서 빅을
유도할 수 있다.

5 받기 전에

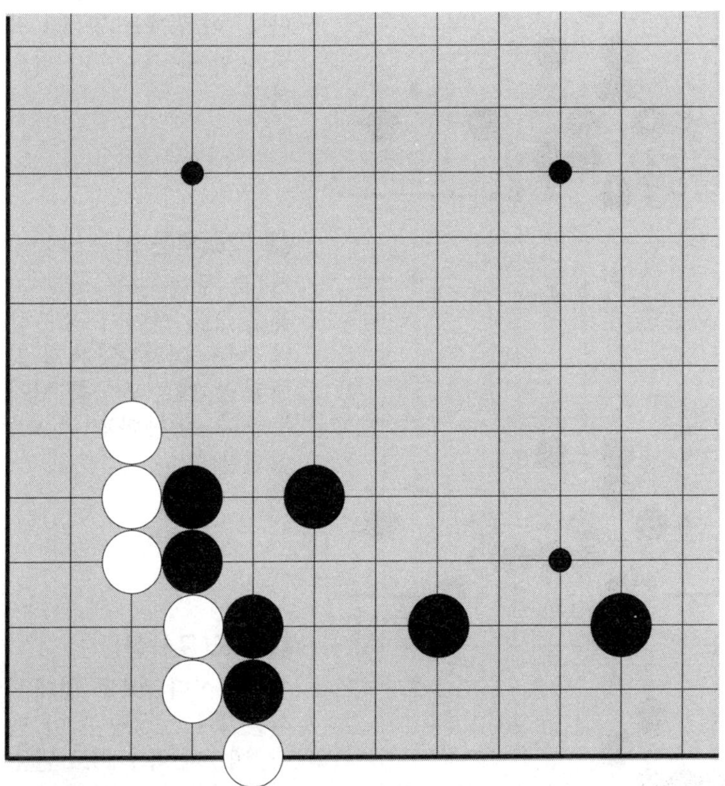

백이 1선으로 젖힌 모습. 흑은 곧장 막기 전에 공작을 하고 싶다.

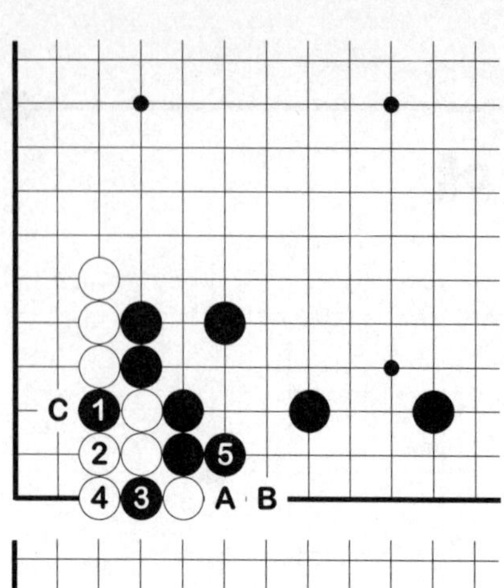

● 1도(정해)

흑1로 끊은 후 백2 때 흑3으로 먹여치는 수순이다. 이후 백A에는 흑B로 단수쳤을 때 백이 잇지 못한다. 이 형태는 장차 C의 곳에 한 수 가일수가 필요하다.

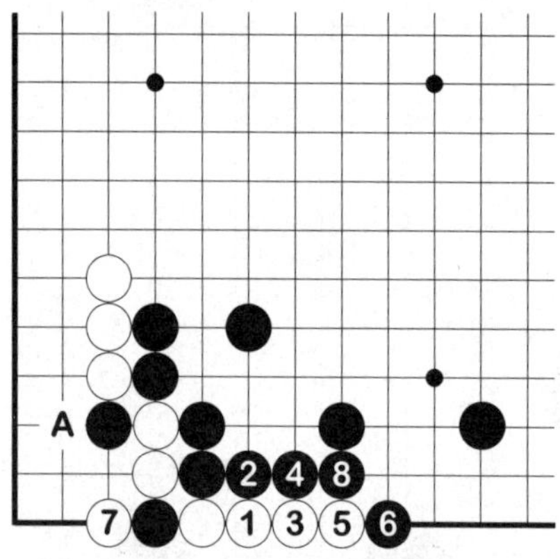

● 2도(의문수)

백1로 두는 수는 의문수. 흑은 2로 뻗어서 충분하다. 이후 이하 흑8까지 진행된 후 백은 단수를 잇지 못한다. 잇는다면 흑A가 성립한다.

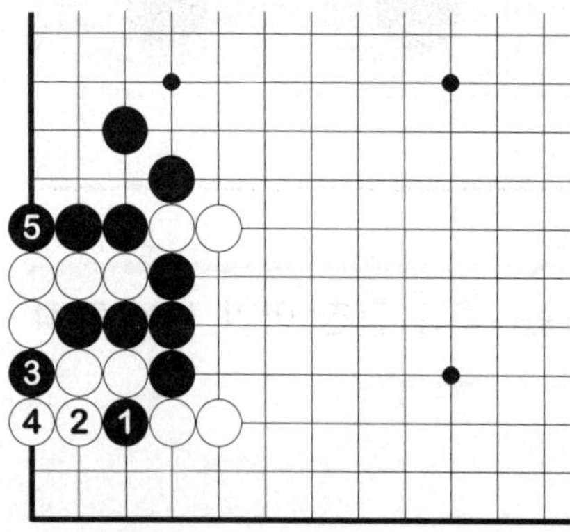

● 3도(유사형)

유사형이다. 이런 형태에서는 흑1로 끊는 것이 맥점. 백2 때 흑3·5로 단수치면 이을 수가 없다.

6 백의 결함

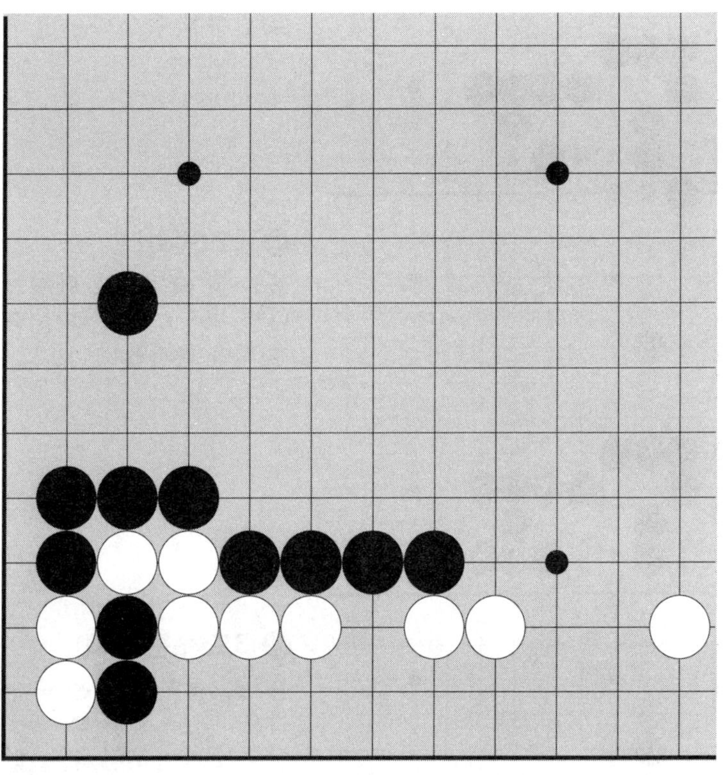

백의 약점을 활용해서 귀의 흑 두 점을 살리는 문제
이다. 상대의 자충을 활용하는 것이 중요하다.

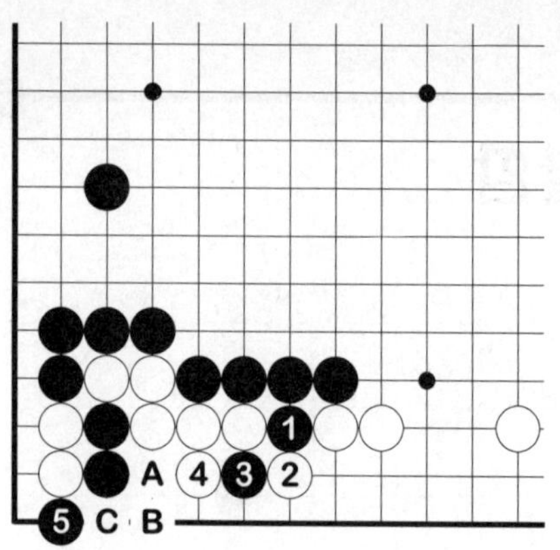

● 1도(정해)

흑1·3으로 나와 끊는 맥
이다. 백4일 때 흑5로 젖
히면 백 두 점이 잡힌다.
이후 백A, 흑B 때 백은 C
로 단수칠 수 없다.

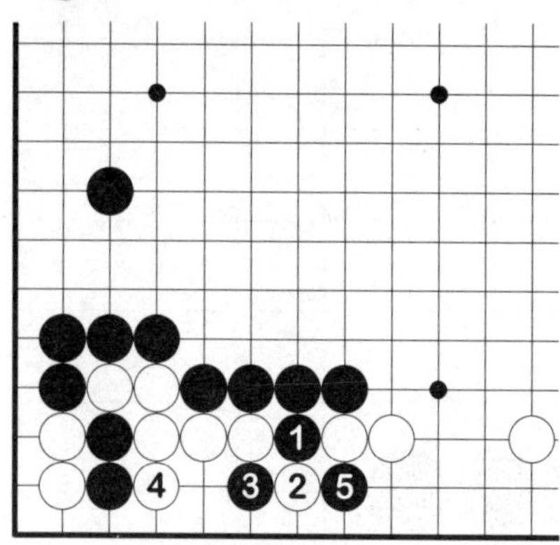

● 2도(변화)

흑1·3 때 백4로 단수친
다면 흑5로 단수쳐서 좌
우 백을 돌파할 수 있다.

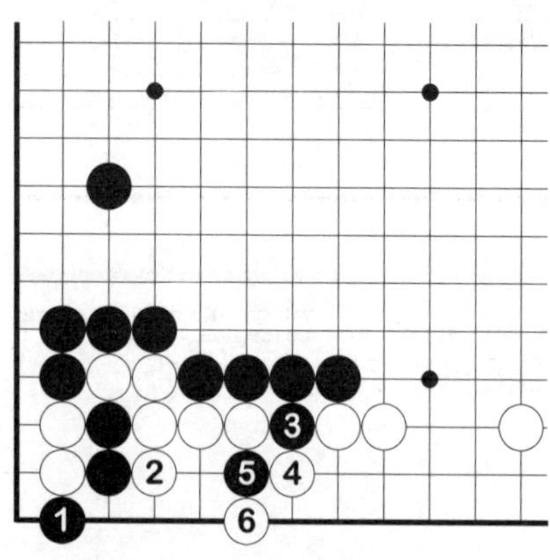

● 3도(수순 실패)

흑1로 젖히는 것은 수순
착오. 흑3·5 때 백6으로
단수치면 아무런 수도 없
다.

7 상급편

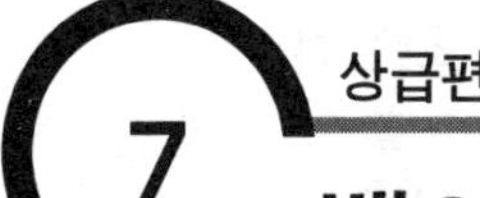

백의 약점

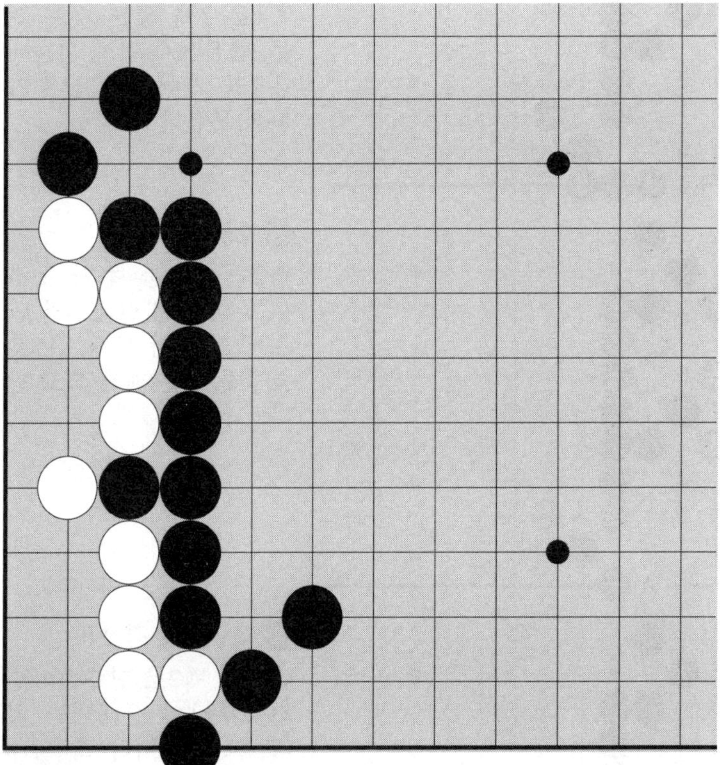

백의 사소한 약점이라도 집요하게 추궁할 수 있는 근성이 필요하다. 끝내기의 요령은?

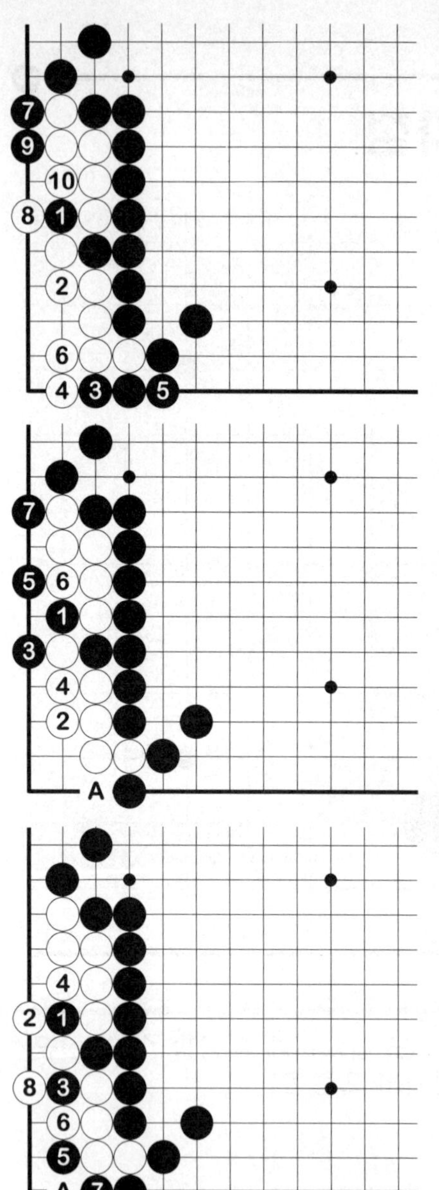

● 1도(정해)

흑1의 끊음이 수순. 백2의 이음이 옳고 흑은 3·5를 들게 하여 마지막으로 7 이하로 처리한다. 흑1로 2에 끊는 것은 의문. 백은 A에 잡게 되는데 흑3의 기어듦이 선수가 되지 못한다.

● 2도(큰 패)

백2는 흑A를 두지 못하도록 버틴 것인데 3의 단수가 들어 큰 문제. 흑5로 호구하여 큰 패가 되고 만다.

● 3도(1집 감소)

흑1 때 백2로 단수한다면 좌측부터의 끝내기는 없다. 그러나 이하 흑7까지 이쪽을 선수로 당한다. 이후 백A의 패는 무리이다.

8 결함 투성이

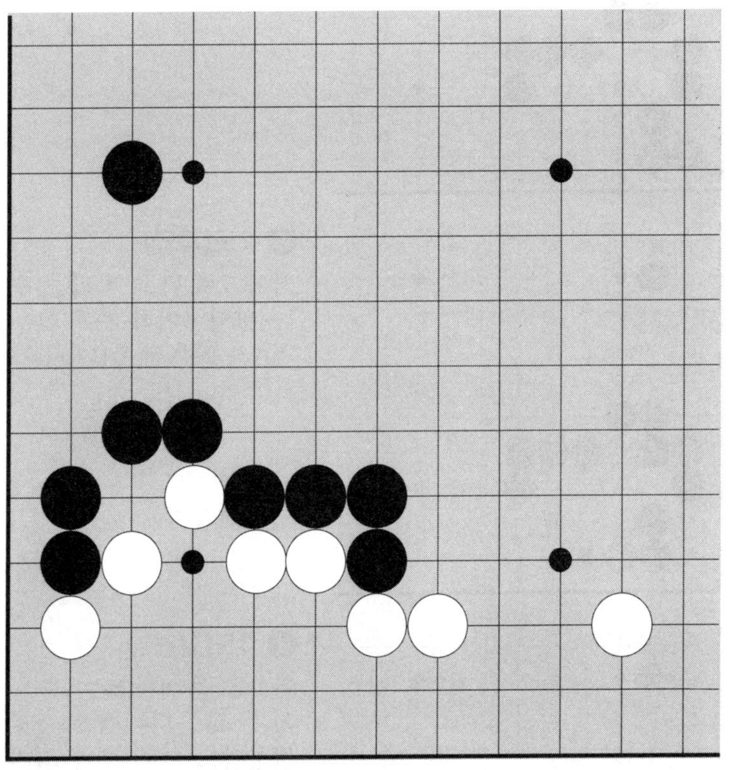

백의 귀는 상당한 약점을 지니고 있다. 이를 추궁하는
수순은?

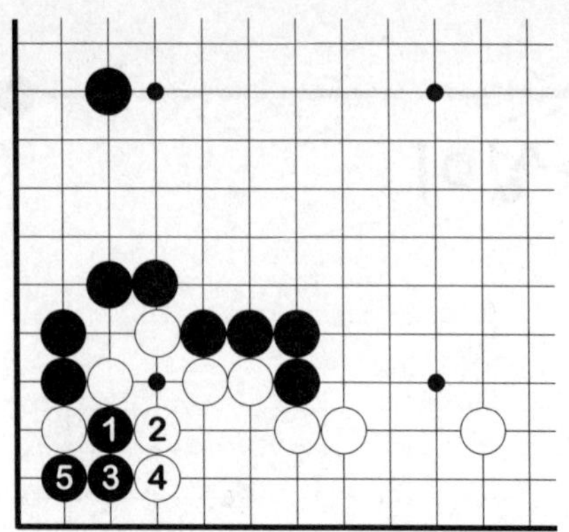

● 1도(정해)

곧장 흑1로 끊는 것이 맥점. 이후 백2로 단수치고 이하 흑5까지 일단락이다.

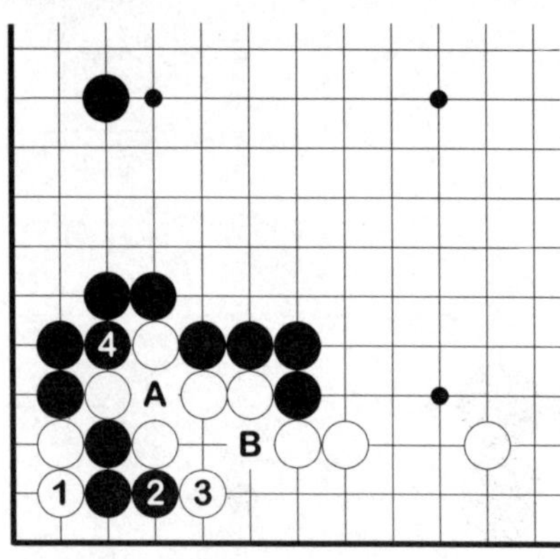

● 2도(괴멸)

백이 1로 막고 버티는 수는 없다. 이하 흑4 이후 백A의 이음은 흑B이다.

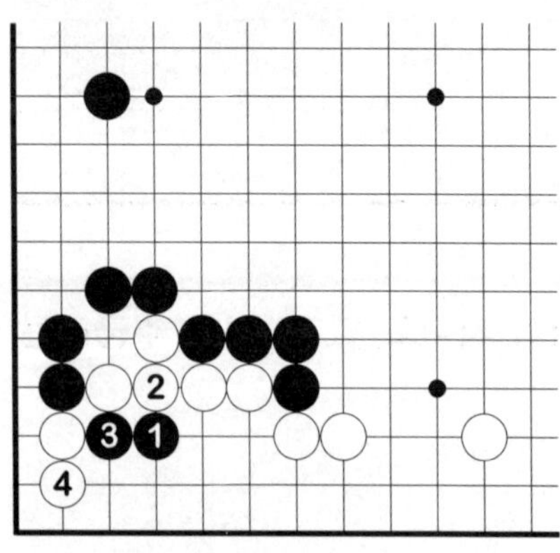

● 3도(실패)

흑1의 들여다봄은 수가 되지 않는다. 백2·4로 저항하고 나면 수가 되지 않는다.

상급편

9 상당한 이익

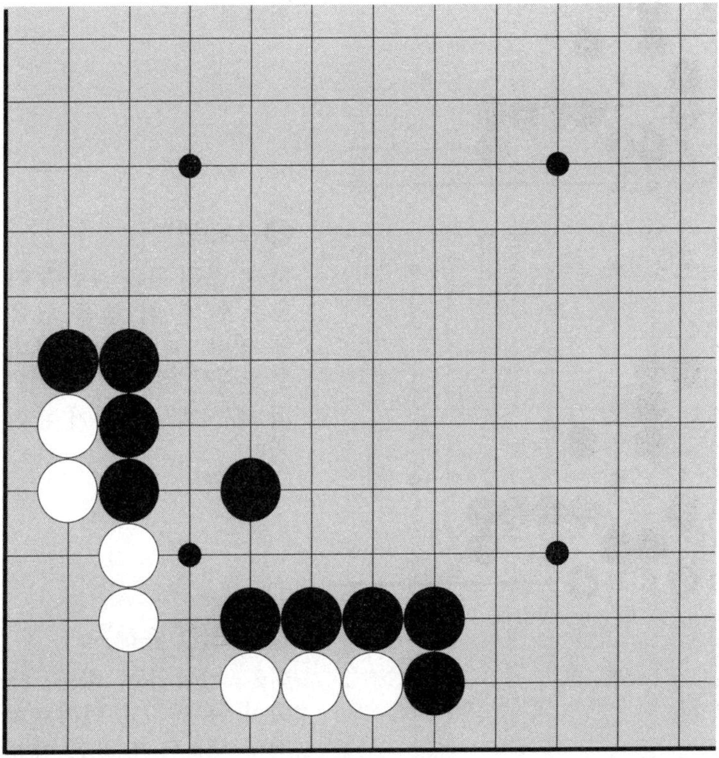

이런 형태에서 모양을 결정짓는 상용의 수순이 있다. 끝내기의 수순은?

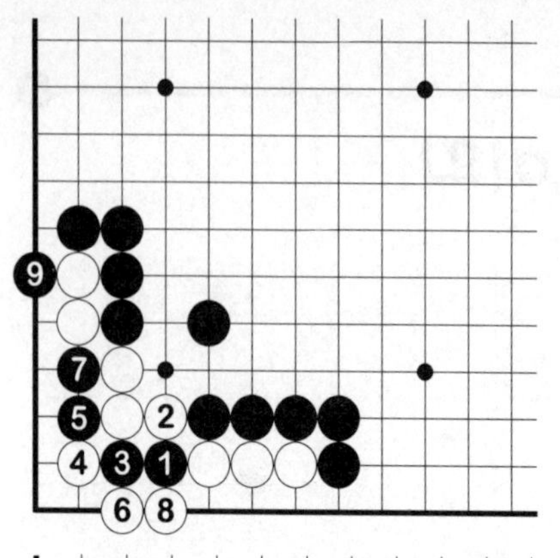

● 1도(정해)

흑1·3으로 기어든 후 5에 끊는 것이 요령이다. 백은 6·8로 물러서는 정도인데 흑9까지 상당한 전과를 거두었다.

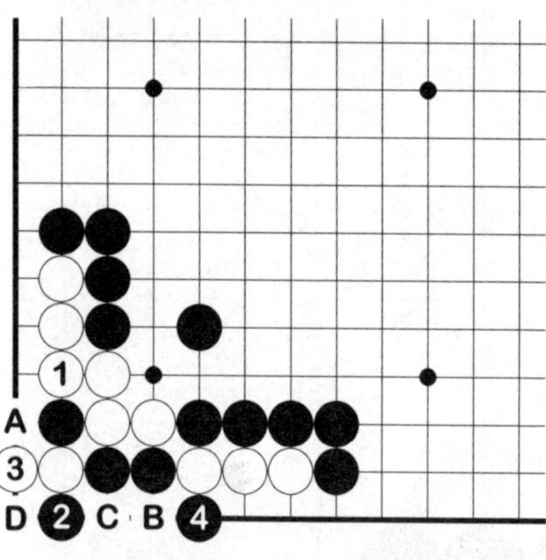

● 2도(변화)

백1이라면 흑2·4로 두어 오른쪽 백 석 점을 잡을 수 있다. 백3을 A로 따내고 4에서 백B, 흑C, 백D의 패는 백도 생사가 관련된다.

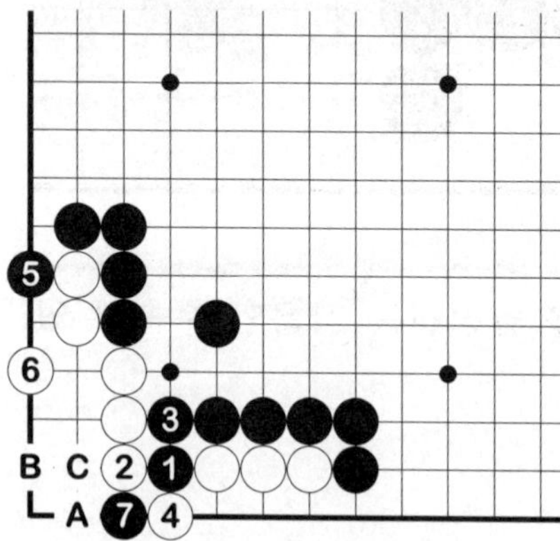

● 3도(큰 손해)

백2·4는 약한 태도. 더욱이 5부터 7로 먹여치게 되어 백A로 따내고 이을 수가 없다. 흑B, 백C, 흑D로서 죽는 모양이기 때문이다. 흑7 때 백C는 괴로운 삶이다.

10

상급편

날카로운 수순

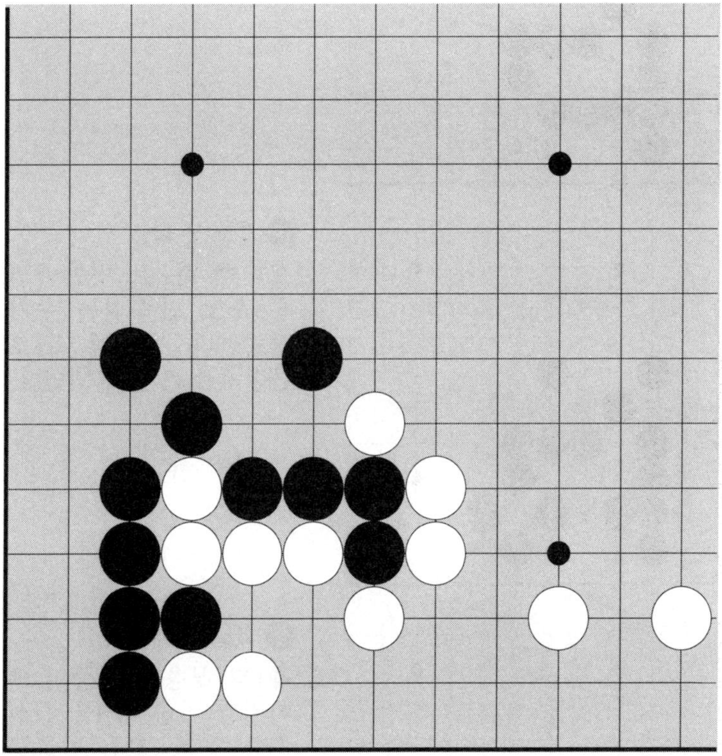

수가 없다고 속단해서는 안 된다. 백을 추궁하는 날카로운 방법이 있다.

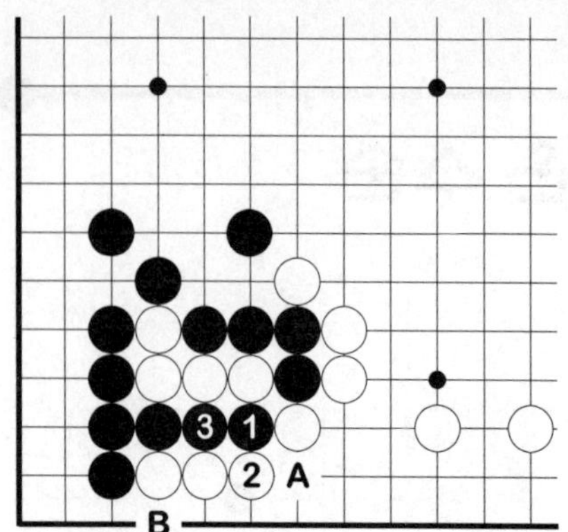

1도(정해)

곧장 흑1로 끊는다. 백은 분하더라도 넉 점을 버릴 수박에 없다. 이후 흑A로부터 B가 흑의 권리.

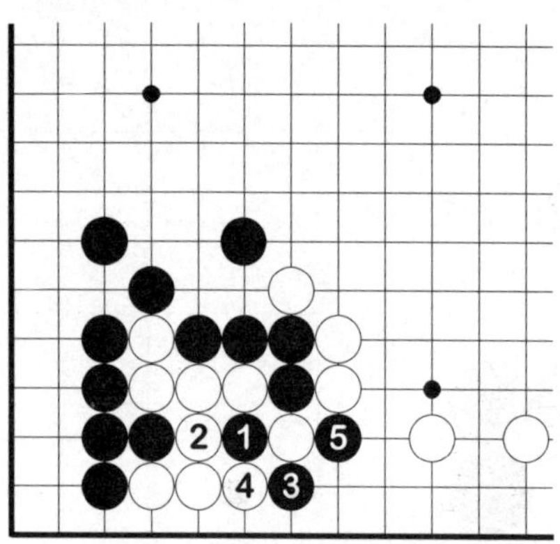

2도(변화)

흑1 때 백2로 잇는다면 흑3으로 단수치는 수가 성립한다. 백4 때 흑5로 단수쳐서 큰 패가 되었다.

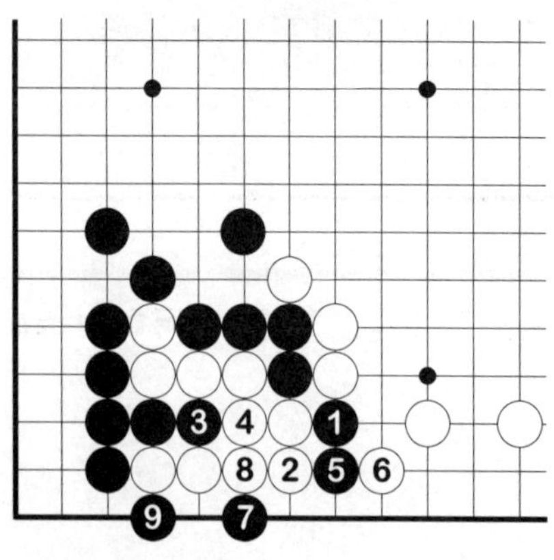

3도(실패)

흑1의 끊음도 일종의 맥이지만 이하 흑9까지 선수하는 정도로는 만족할 수 없다.

11 기민한 응수 타진

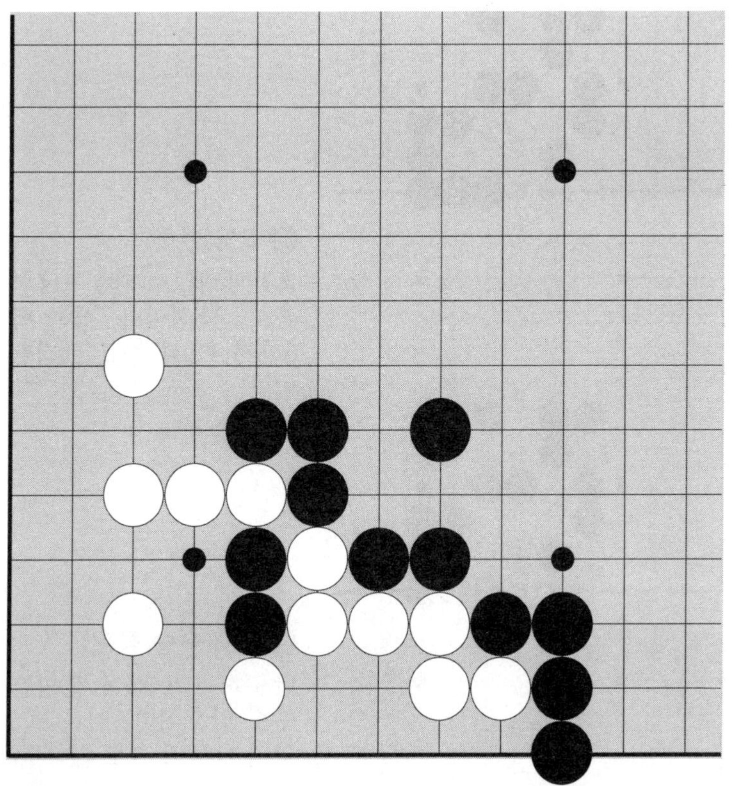

잡혀 있는 흑 두 점을 활용해서 끝내기하는 문제이
다. 첫수가 기민한 응수 타진이다.

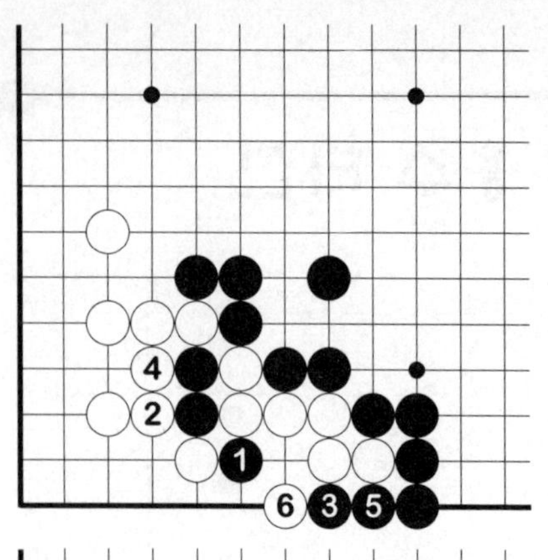

● 1도(정해)

흑1로 끊어 응수를 묻는 것이 맥이 된다. 백2에는 흑3으로 붙여서 선수한다.

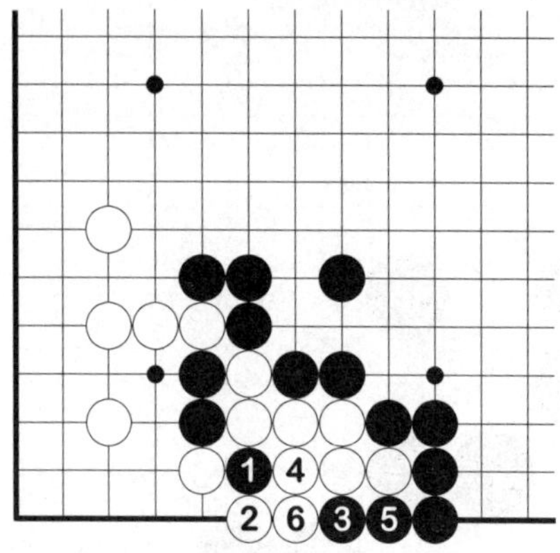

● 2도(변화)

흑1 때 백2로 단수친다면 흑3이 맥점이다. 이하 백6까지 1도와 똑같은 결말이다.

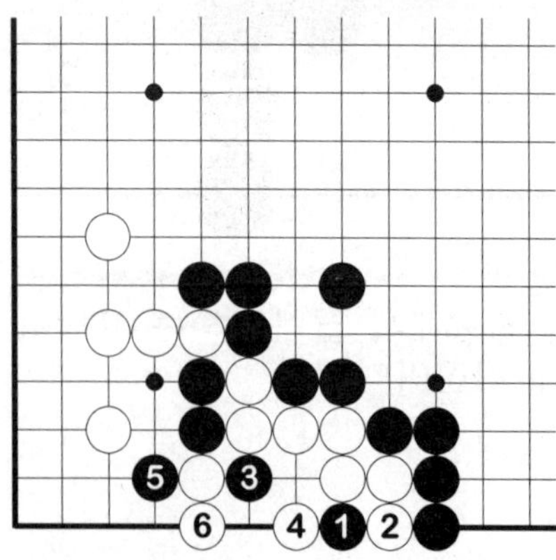

● 3도(수순 착오)

단순히 1의 뛰어 붙임은 수순 착오이다. 이하 백6까지 아무런 수도 없다.

12 귀의 특수성

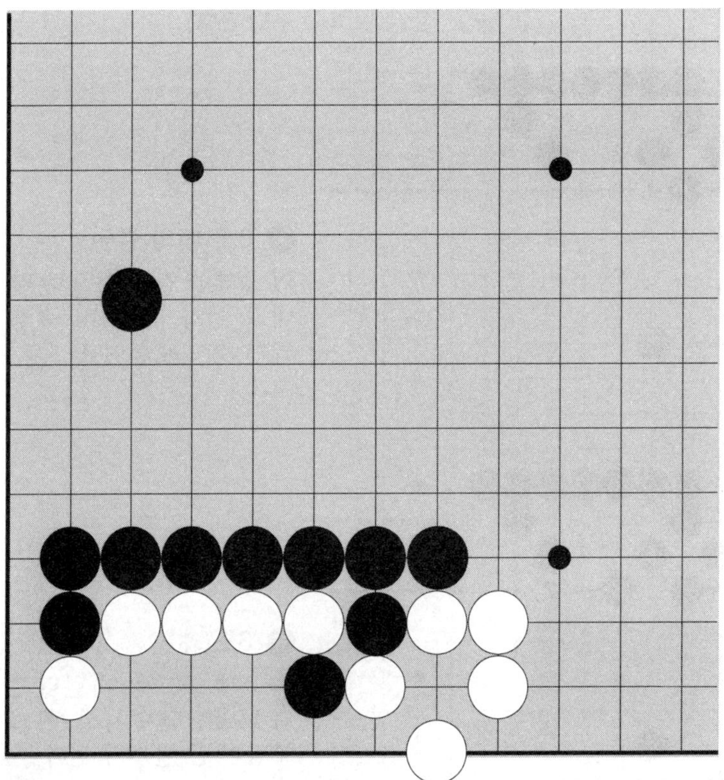

실전에서 흔히 등장하는 형태의 문제이다. 귀의 특수성을 활용해야 한다.

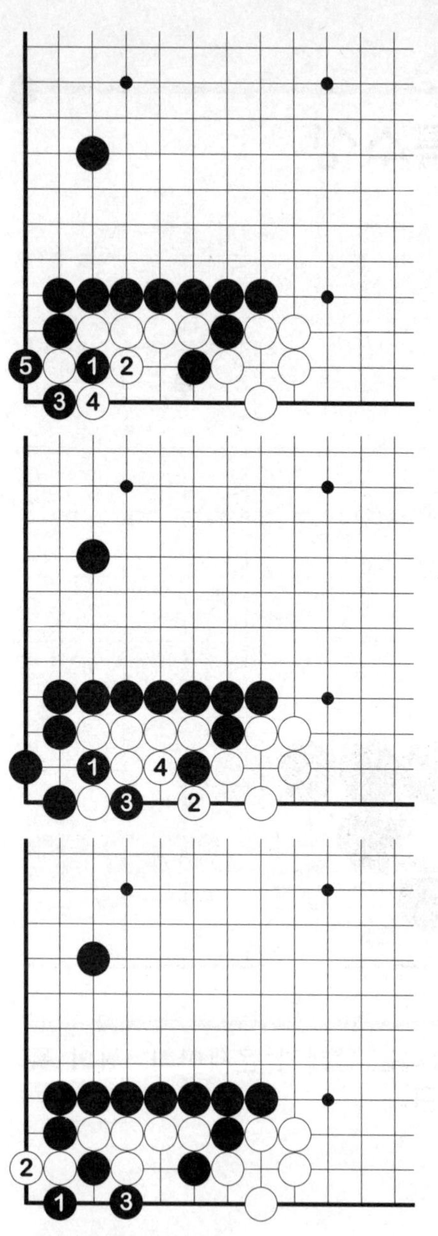

● 1도(정해)

흑1의 끊음이 맥. 계속해서 백2의 단수에는 흑3·5로 돌려쳐서 패로 버틸 수 있다. 이 패는 백이 부담된다.

● 2도(패의 결말)

이 형태는 장차 흑으로 따내고 이하 백4까지 결정되는 것이 보통이다.

● 3도(패)

흑 1때 백2로 버틴다면 흑3으로 단수쳐서 백의 부담이 큰 단패가 된다.

상급편

13 테크닉

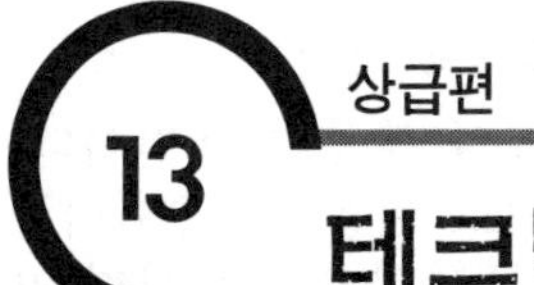

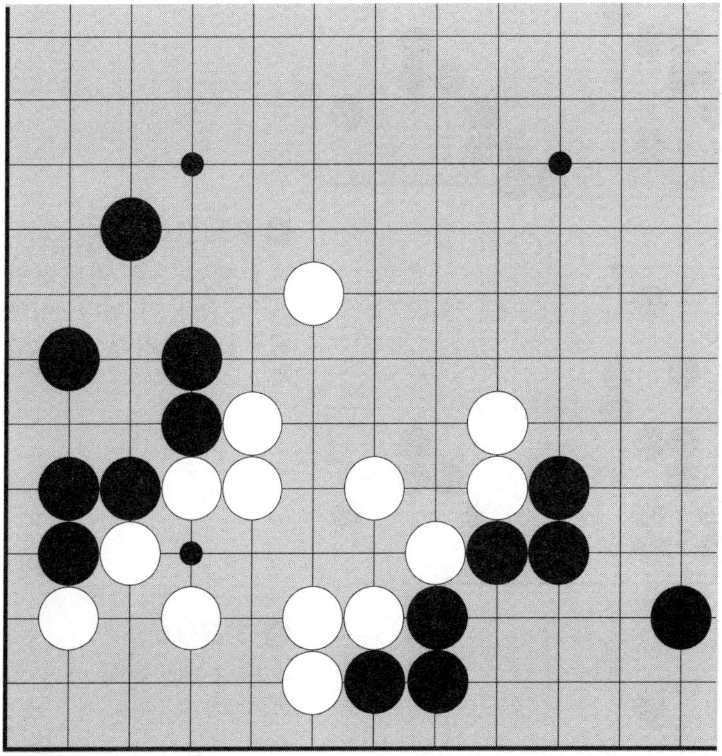

흑은 귀의 약점을 활용해서 양쪽을 모두 처리하고 싶다. 적절한 맥점은?

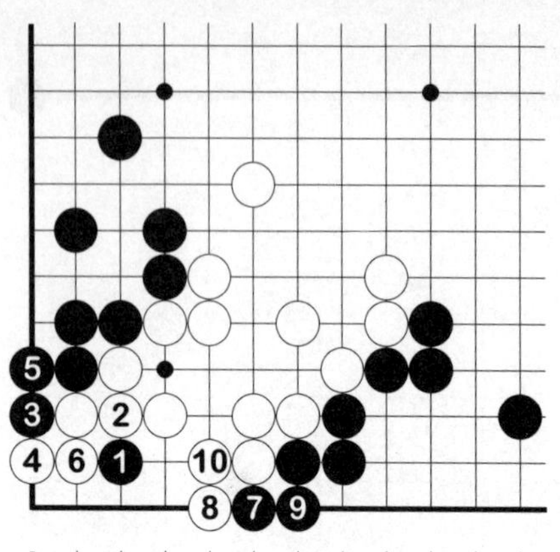

● 1도(정해)

흑1의 치중이 맥점이다. 백2로 이을 때 흑3 이하 백10까지의 진행이면 양쪽을 모두 활용했다.

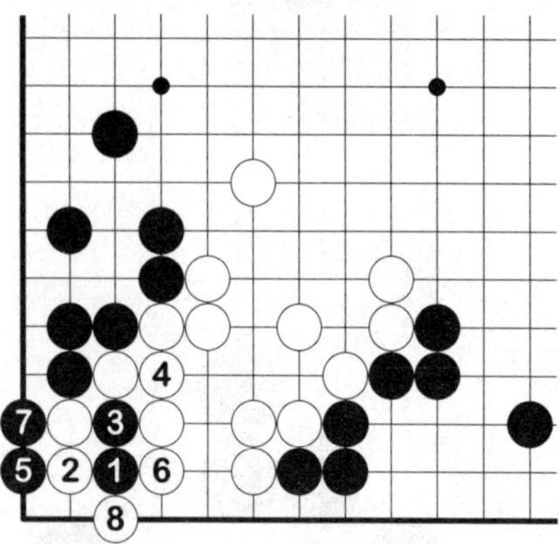

● 2도(변화)

흑1 때 백2로 버틴다면 흑3이 활용이 된다. 이하 흑8까지 처리해서 흑 만족.

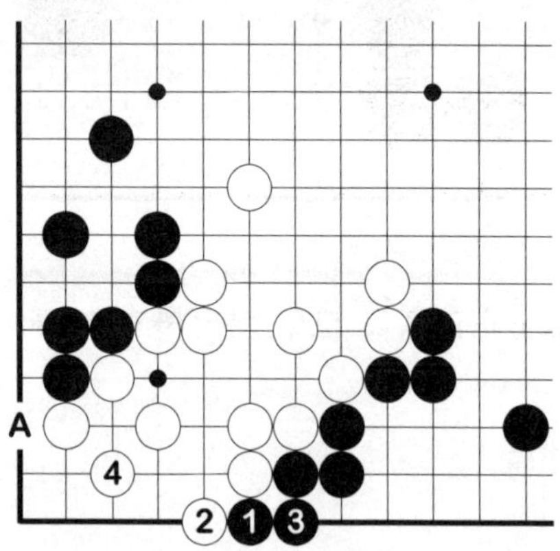

● 3도(실패)

흑1·3으로 젖혀 잇는 것은 생각이 짧은 수. 백4 이후 흑A가 선수로 듣지 않는다.

14 버림돌 작전

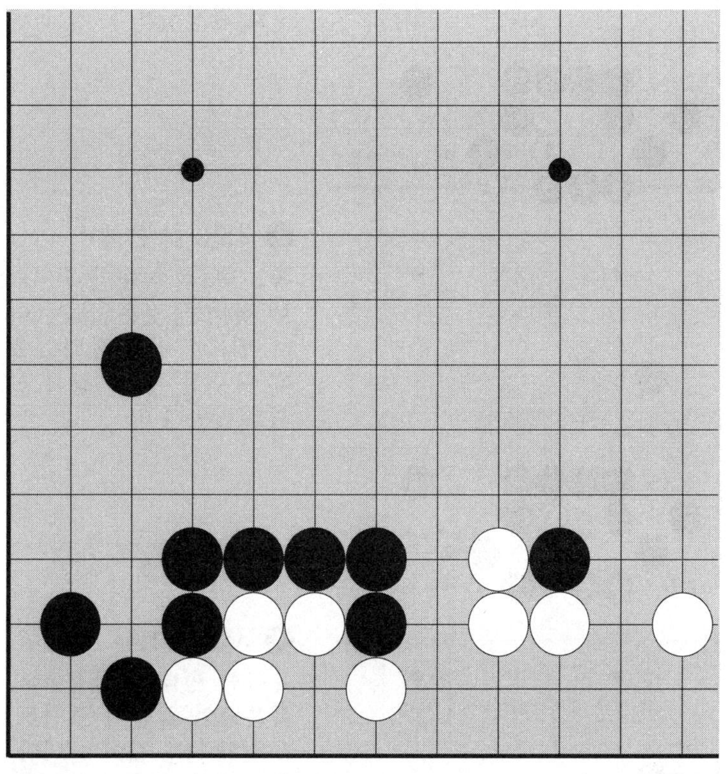

때로는 적절히 죽이고서 두는 것이 득이 될 경우가
많다. 형태를 마무리 짓는 수순은?

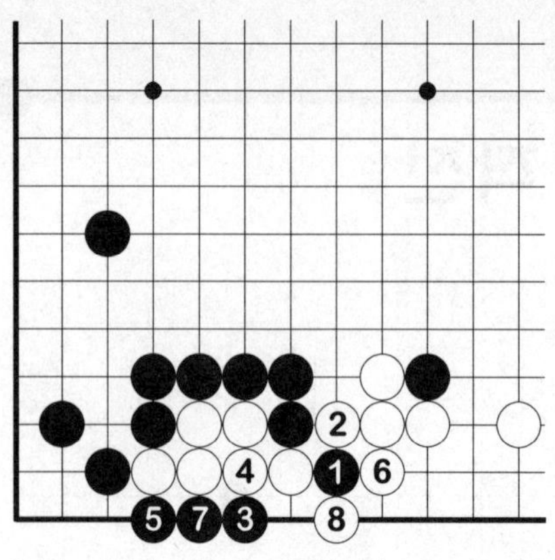

● 1도(정해)

흑1의 젖힘이 버림돌이다. 백2 때 흑3의 치중이 중요. 백4로 이을 수박에 없을 때 이하 백8까지 선수로 결정짓는다.

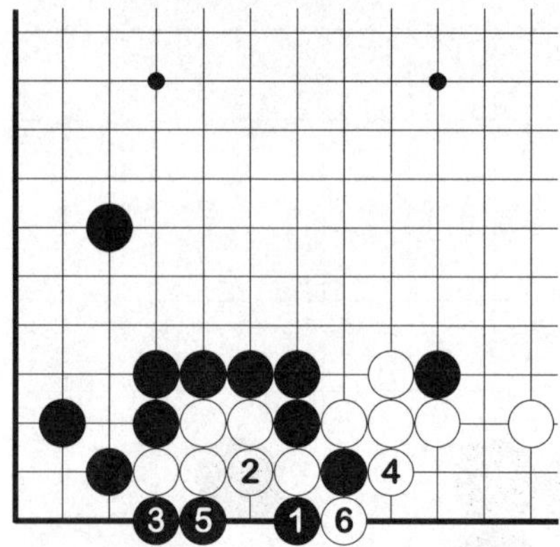

● 2도(2집 손해)

흑1, 백2를 선수한 후 3으로 젖히는 것은 실수. 이하 백6까지 진행되었을 때 단수친 흑 한 점이 잡히고 말았다.

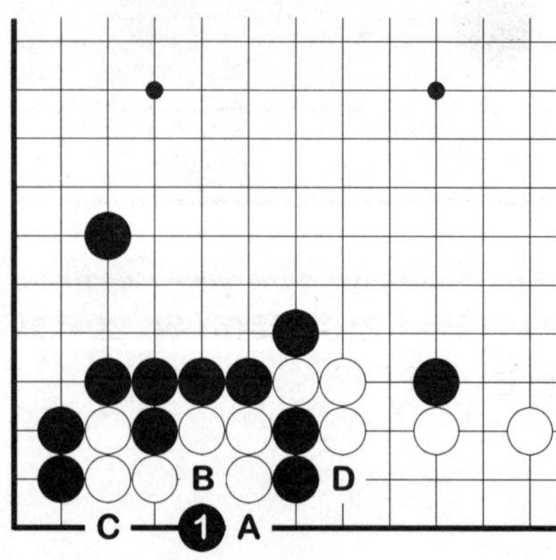

● 3도(유사형)

유사한 형태의 맥점이다. 흑은 1의 치중이 포인트. A에 단수한 것이 아니다. 흑1 이후 백B, 흑C, 백D까지 일단락이다.

15 결정 방법

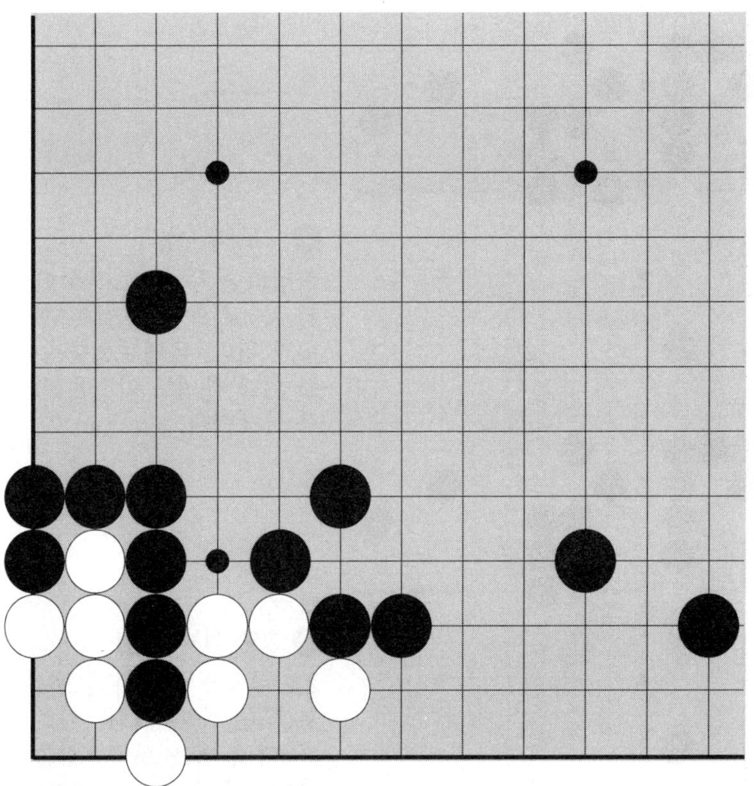

귀의 약점을 활용해서 흑 모양을 깔끔하게 정리하고 싶다. 적절한 수순은?

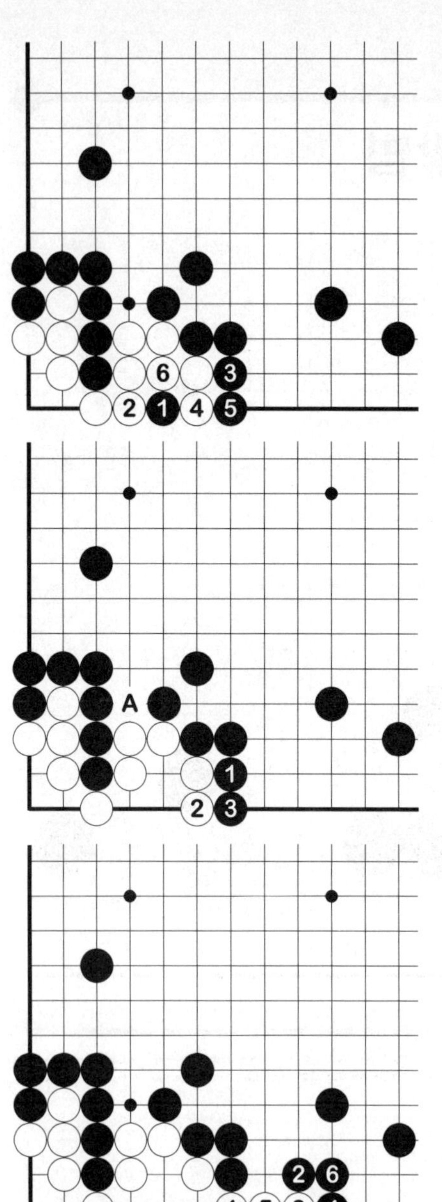

● 1도(정해)

흑1의 치중이 날카롭다. 백2의 이음이 불가피할 때 이하 흑5까지 선수로 결정짓는다.

● 2도(후수)

희생타를 두지 않고서 단지 흑1로 누르는 것은 후수가 된다. 뒤에 흑A를 둘 수 있다 하여도 이것은 작은 문제이다.

● 3도(선수 7집)

2도 흑3을 생략하면 백1로 두는 수가 크다. 이하 흑6까지 백은 선수 7집을 끝내기했다.

16 젖혀 이음 거부

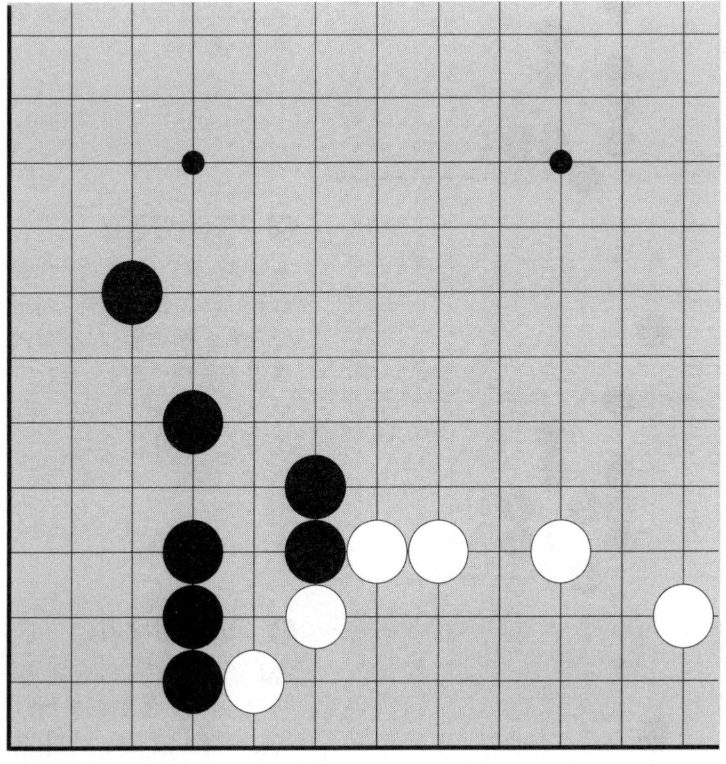

백이 1선에 젖혀 잇는 것을 선수로 보강하고 싶다.
어떤 방법이 있을까?

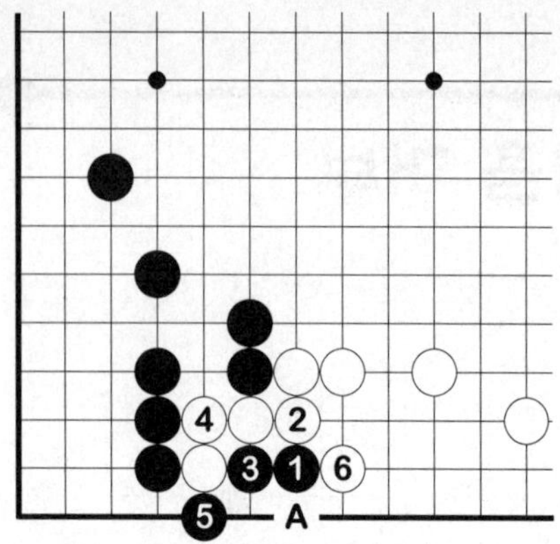

● 1도(정해)

흑1의 치중이 급소이다. 백2 때 흑3 이하 백6까지 선수한 후 손을 뺀다. 이 형태는 이후 백A로 잡혀도 흑이 선수로 이득을 취한 모습이다.

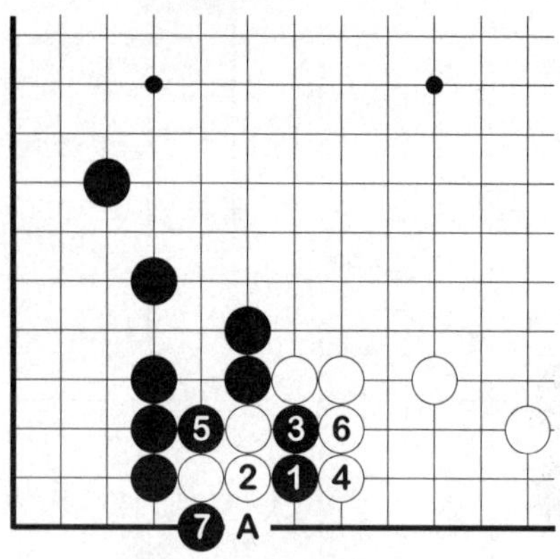

● 2도(버림돌)

흑1 때 백2라면 흑3으로 끊는 것이 요령이다. 이하 백7까지 선수로 확실하게 결정짓는다. 흑3으로는 7로 젖힌 후 백3, 흑A, 백4로 두는 방법도 있다.

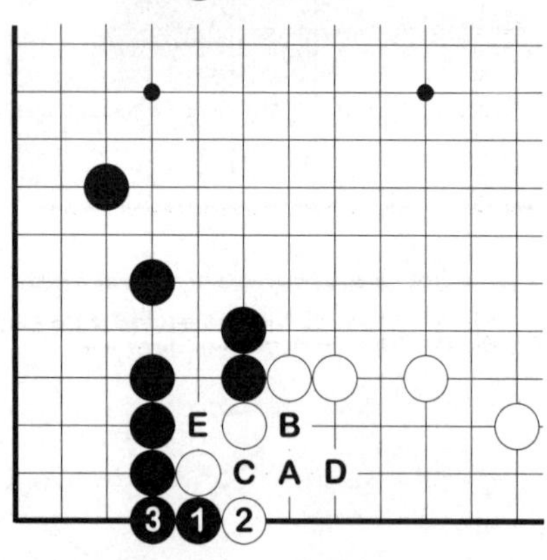

● 3도(역끝내기)

흑1·3은 너무 단순한 끝내기. 이후 흑A에는 백B, 흑C, 백D, 흑E로 다시 흑을 후수로 만든다.

17 선수를 방지

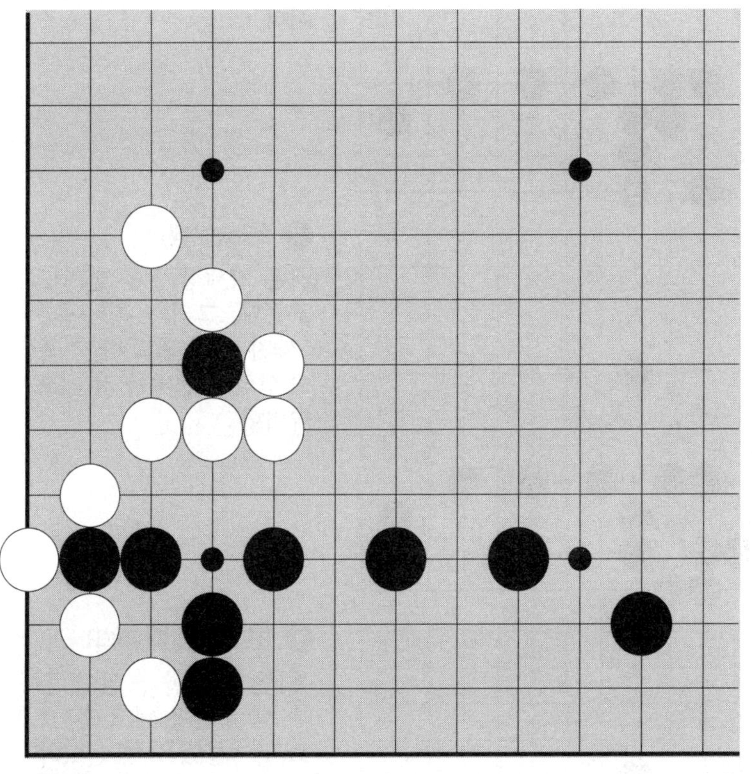

백이 1선에 젖혀 잇는 것을 선수로 방지하고 싶다. 어떤 방법이 있을까?

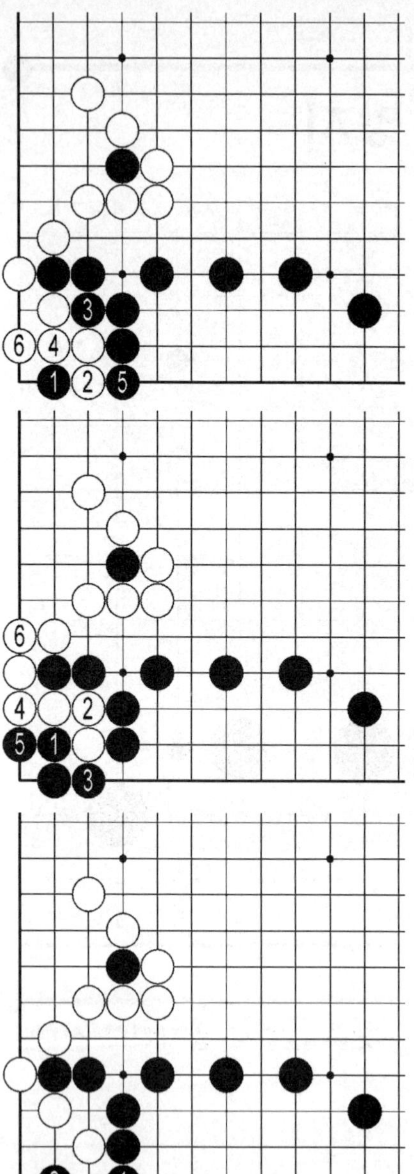

● 1도(정해)

흑1로 치중하는 묘수가 있다. 백2라면 흑3을 결정하여 흑5. 백은 패를 피해 6으로 보강하는 정도이다.

● 2도(손 뺌)

백은 기세상 손을 뺄지도 모른다. 그러나 흑1 이하 5까지 결정짓고 나면 흑이 상당한 전과를 거둔 모습이다.

● 3도(발이 더디다)

흑1은 느슨한 느낌이 든다. 백이 손을 빼고 흑3으로 뛰어들었을 때 전도와의 차이가 나타난다. 흑1의 돌이 한 수 늘어져 있는 모습이다.

(백②…손 뺌)

18 적절한 사석 처리

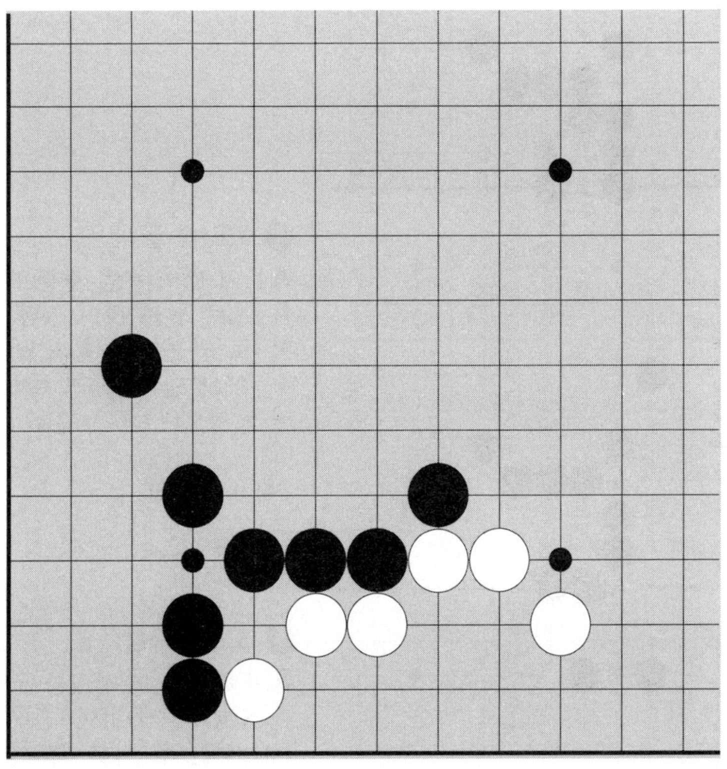

역시 백이 1선으로 젖혀 잇는 것을 선수로 방비하는 문제이다. 사석을 적절히 활용할 수 있어야 한다.

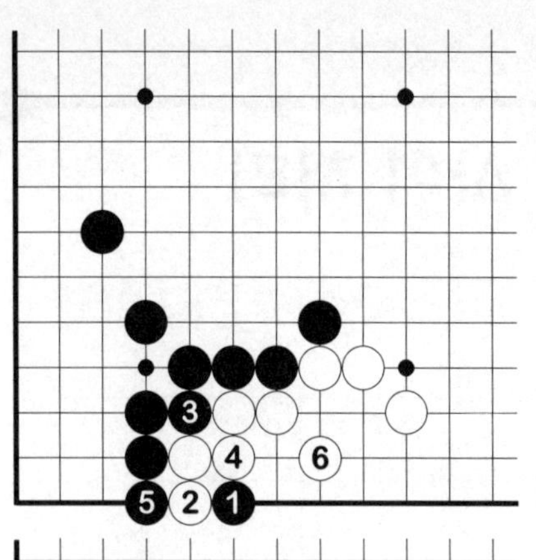

● 1도(정해)

흑1의 치중이 맥점이다. 백2로 막는다면 흑3·5가 기분 좋은 선수가 된다. 백6까지 흑의 선수.

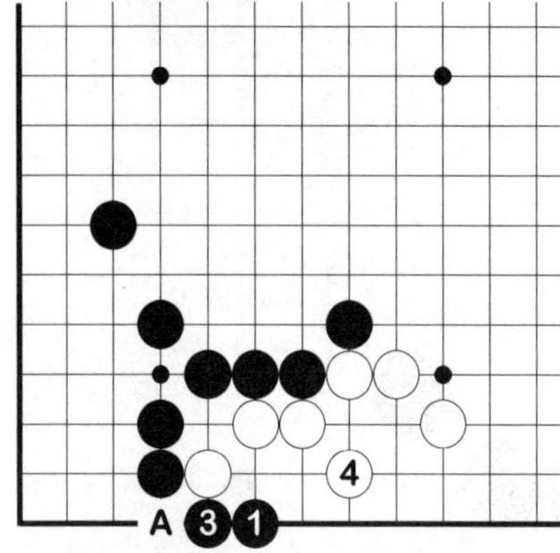

● 2도(큰 끝내기)

흑1 때 백이 손을 뺀다면 흑3으로 넘는 것이 크다. 백4로 받는다면 흑의 선수. 이 형태는 흑3이 A에 있는 것보다 흑이 이득이다.
(백②…손 뺌)

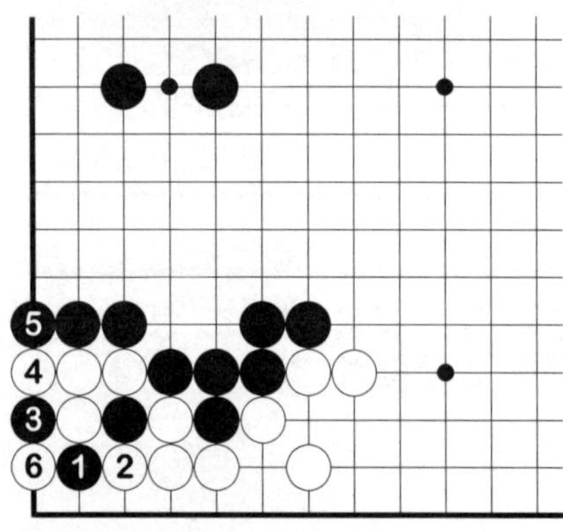

● 3도(유사형)

흑이 선수로 결정짓는 또 다른 형태의 유형이다. 흑1로 젖힌 후 이하 백6까지 흑은 백이 선수로 젖혀 잇는 것을 막았다.

19 급소의 노림수

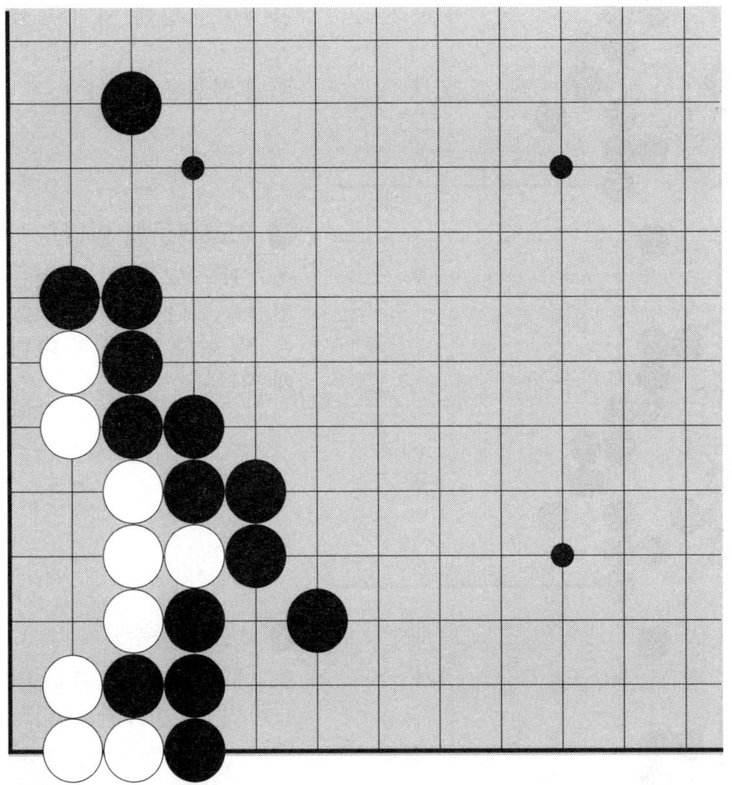

한 수 치중하는 것이 상대로 하여금 놓고 따내게 하
는 역할을 하게 된다.

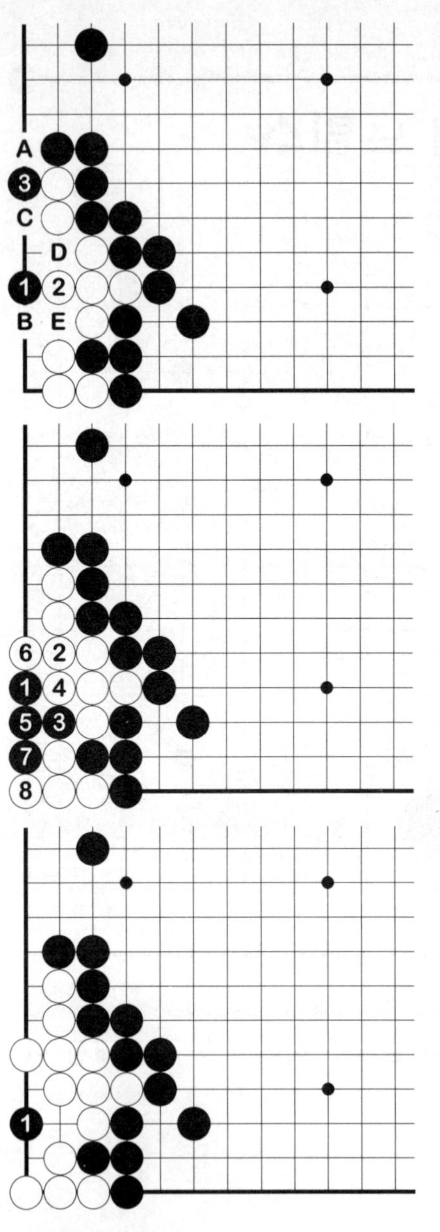

⬤ 1도(정해)

흑1의 치중이 날카롭다. 백은 2로 받을 수밖에 없다. 흑3의 젖힘에 이번에는 백4로 늦추지 않으면 안 된다. 뒤에 시기를 보아 흑A, 백B, 흑C, 백D가 되면 백집은 5집이다.

⬤ 2도(의문의 발발)

흑1 때 백2로 잇는 것은 의문수이다. 흑3으로 끊은 후 이하 백8까지 따내게 한 후…

⬤ 3도(치중수)

2도에 계속해서 흑1로 치중하면 백 전체가 잡히고 만다.

20 폐석 이용의 맥

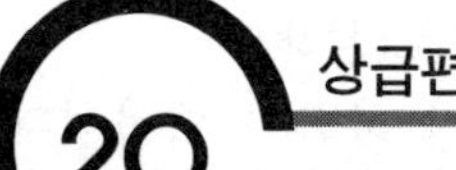

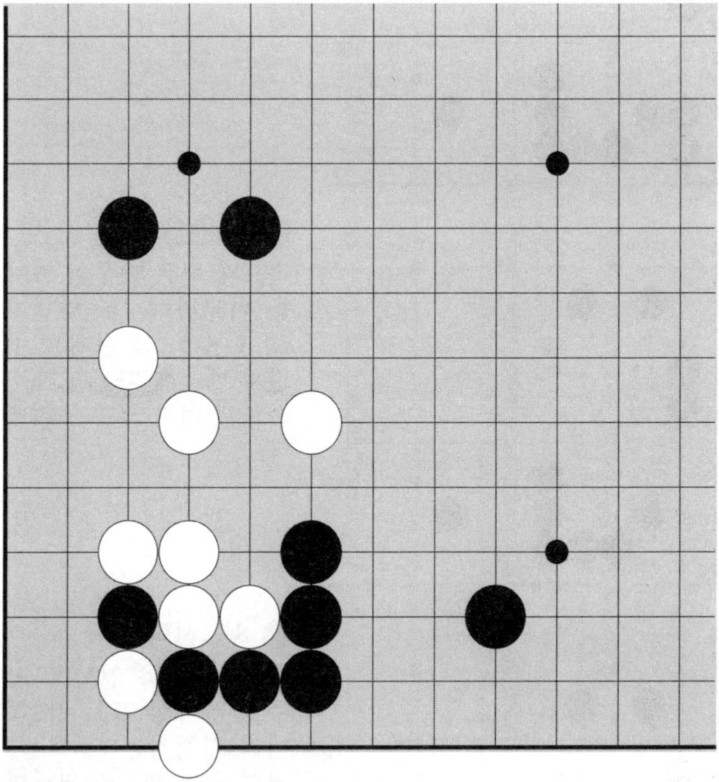

귀에 잡혀 있는 흑 한 점을 어떻게 활용할 것인지가 관건이다.

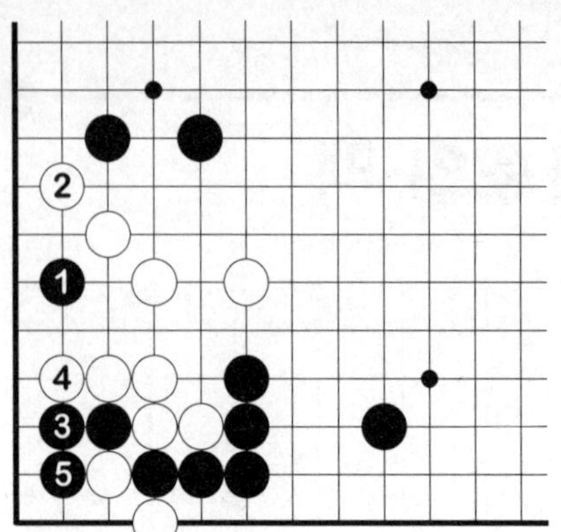

● 1도(정해)

흑1의 치중이 맥점이다. 백2의 반발이라면 흑3부터 5로 잡아 상당한 전과이다. 백4로서 5는 흑4.

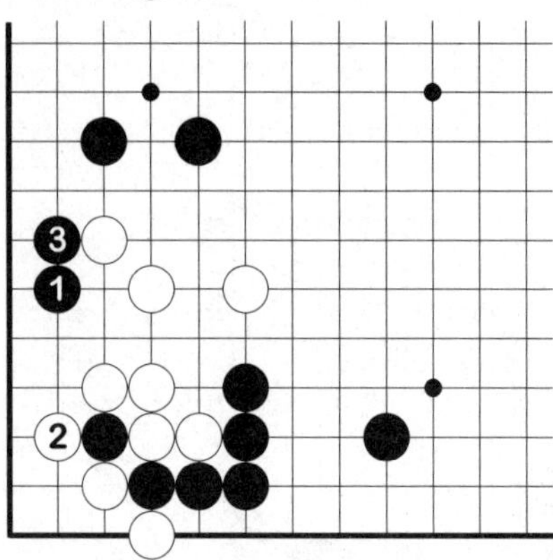

● 2도(변화)

흑1 때 백은 좌우의 크기를 비교하여 2로 따낼지도 모른다. 그 선택은 주변의 배석에 따른다. 흑3으로 건너가 크게 도려냈다.

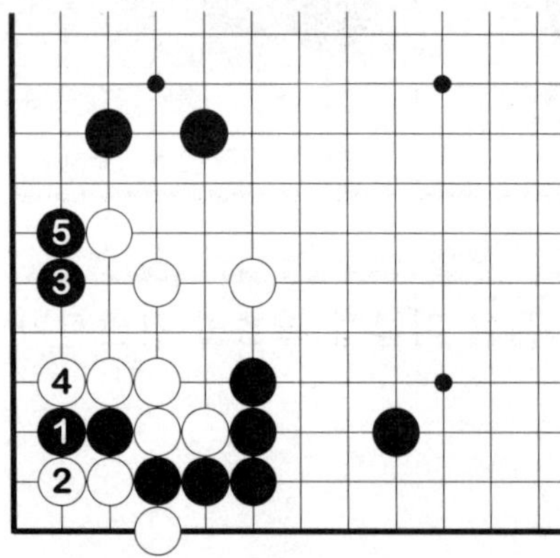

● 3도(선택)

흑은 3·5의 건넘을 꼭 두고 싶다면 흑1, 백2를 미리 결정짓는다. 백4가 필연일 때 흑5로 건너면 흑의 의도대로이다.

21 사석의 활용

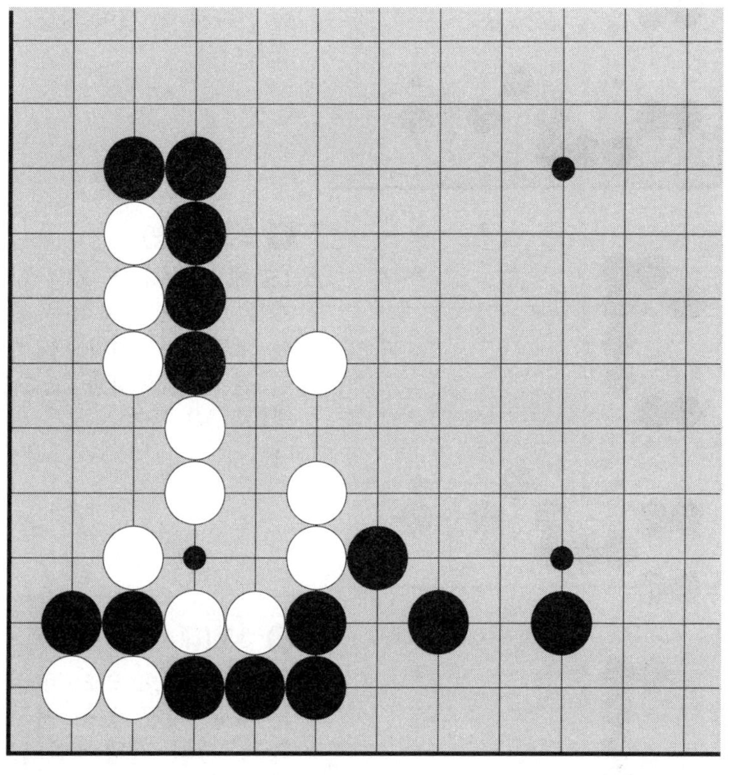

잡혀있는 귀의 흑 두 점을 최대한으로 활용할 수 있어야
한다. 첫수가 관건이다.

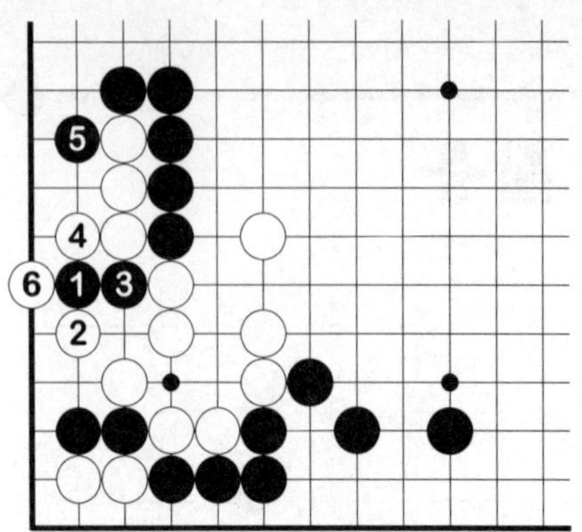

● 1도(정해)

흑1의 치중이 호착. 백은 2로 받는 정도의 것이고 흑3의 끊음부터 5의 젖힘을 활용한다. 흑5의 젖힘을 선수로 둔 것이 치중의 효과이다.

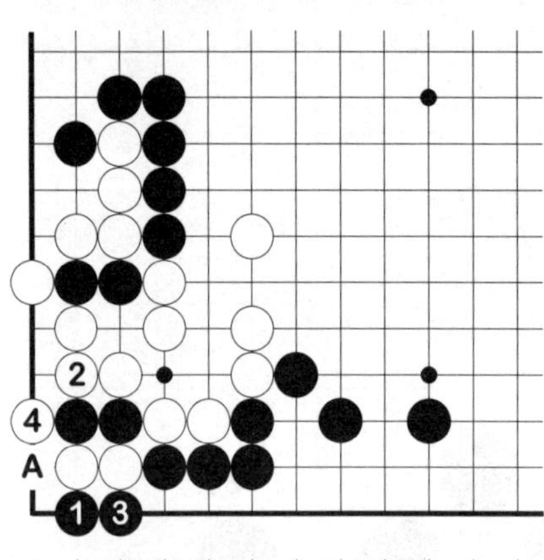

● 2도(계속)

1도에 계속해서 흑은 시기를 보아 1로 붙이는 것이 노림이다. 이하 백4까지 선수로 처리한 모습. 백2로 3은 흑A로 패가 된다.

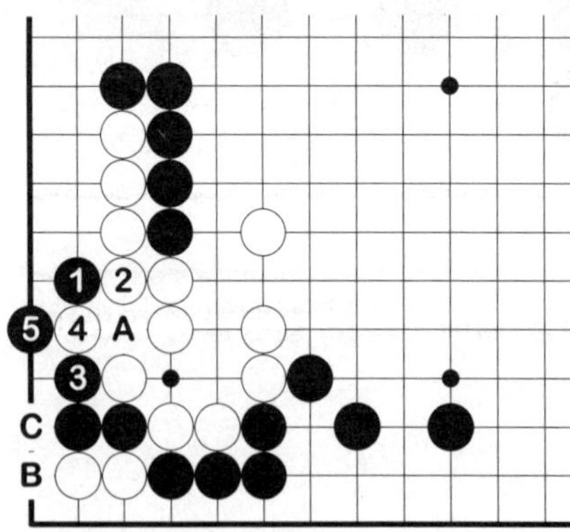

● 3도(대사건)

흑1 때 백2로 잇고 버티는 것은 의문이다. 이하 흑5까지의 진행이면 큰 패가 된다. 이후 흑5 때 백A는 흑B로서 백 두 점이 잡힌다. 그렇다고 백C로 두는 것은 큰 패를 피할 수 없다.

22 귀의 활용수단

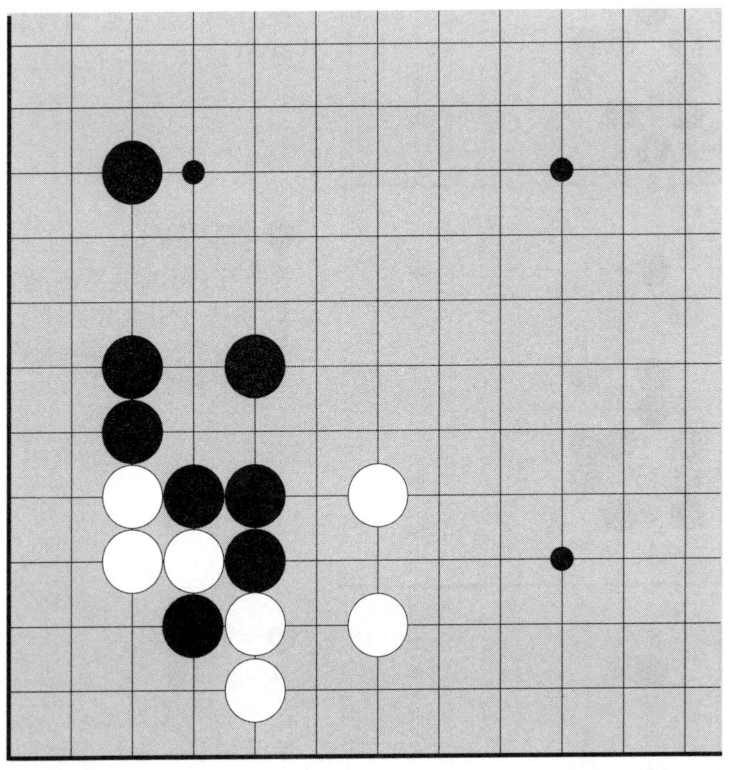

귀의 흑 한 점을 최대한 활용해서 이득을 취하는 문제이다. 첫수가 성패를 가름한다.

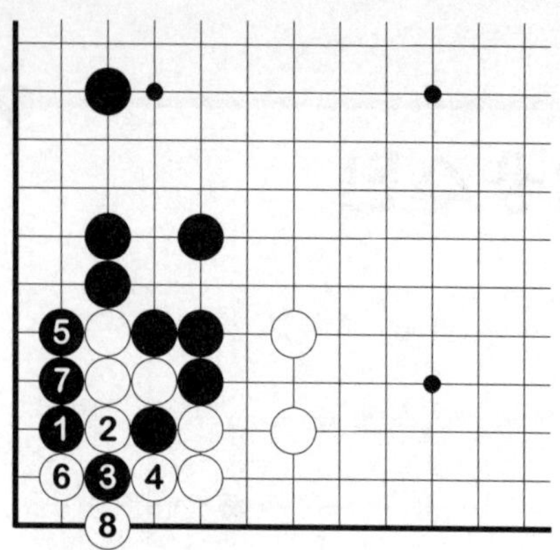

● 1도(정해)

흑1의 치중이 매서운 일
착. 백은 2 밖에 없고 흑
3부터 5로 괴롭힌다. 백4
는 6으로서도 마찬가지.
백8까지 선수로 이득을
취했다.

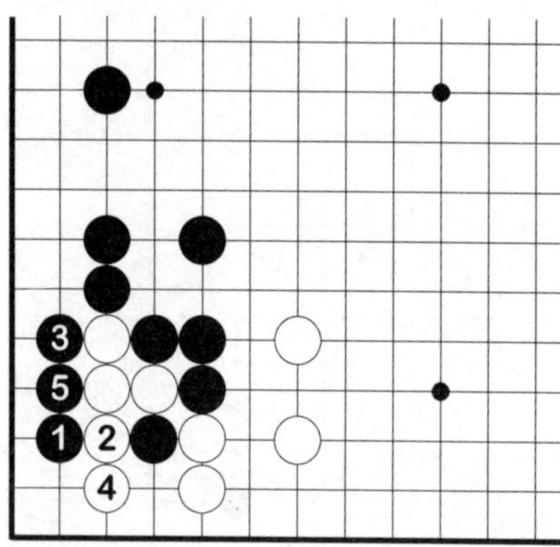

● 2도(후수)

단순히 흑3의 젖힘은 백4
로 내려서서 불충분하다.
흑5가 필요하므로 흑은
후수가 되었다.

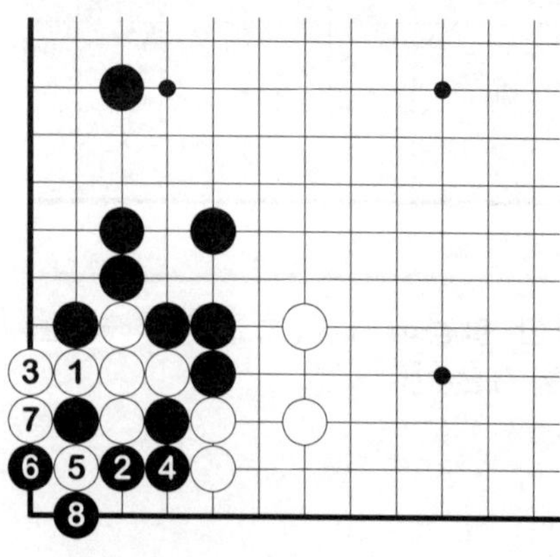

● 3도(패)

2도의 변화. 백1로 나오
는 수는 두렵지 않다. 흑2
부터 8까지 패를 만든다.

상급편

23 조이는 맥

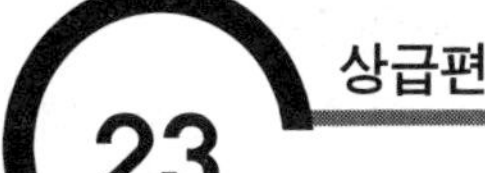

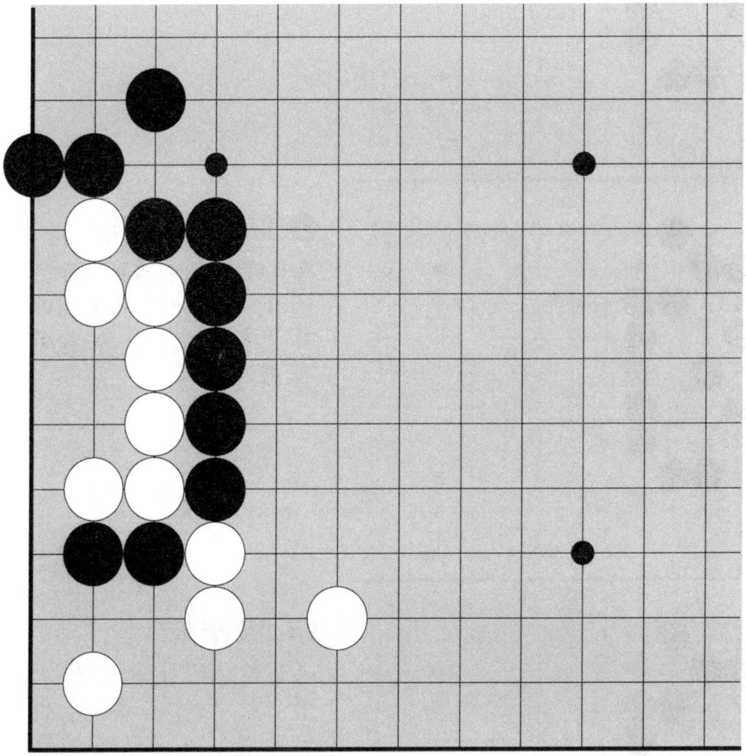

1선에 내려서 있는 흑 한 점을 최대한으로 활용할 수 있어야 한다.

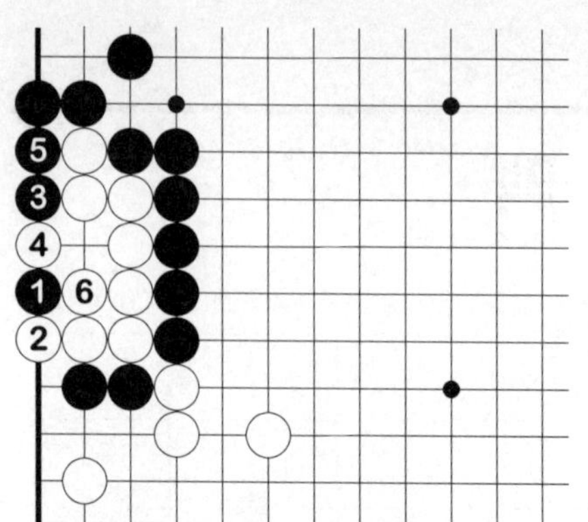

⬤ 1도(정해)

흑1의 치중이 급소. 백2
에는 흑3·5를 선수로 조
일 수 있다.

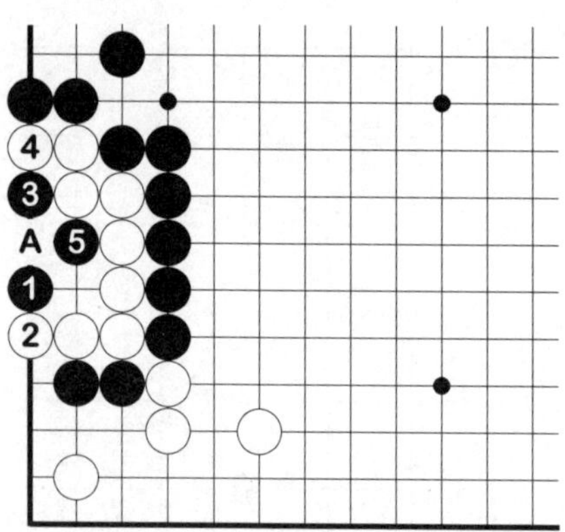

⬤ 2도(꽃놀이패)

흑1 때 백2의 가로막음은
무리. 흑3·5면 백은 A에
따내야 하는데 한 수 늘어
진 패가 된다.

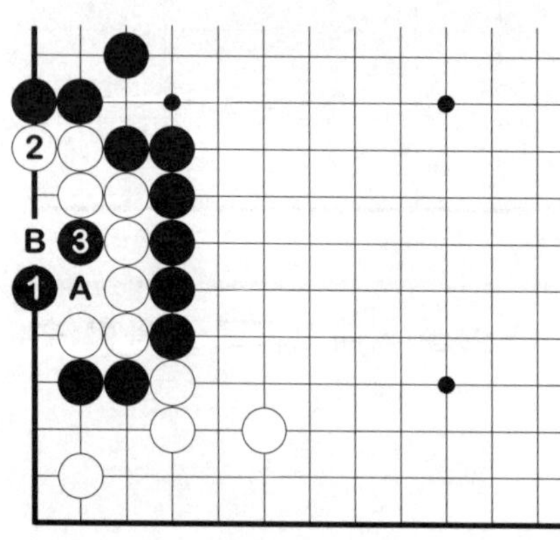

⬤ 3도(변화)

흑1 때 백2가 최강의 저
항으로 보이나 흑3의 마
늘모 붙임이 교묘하다. 백
A는 흑B로서 수 싸움에
서 흑 이김. 백B는 물론
꽃놀이패이다.

상급편

24 2의 一의 맥

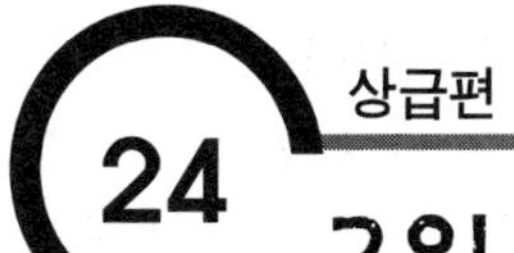

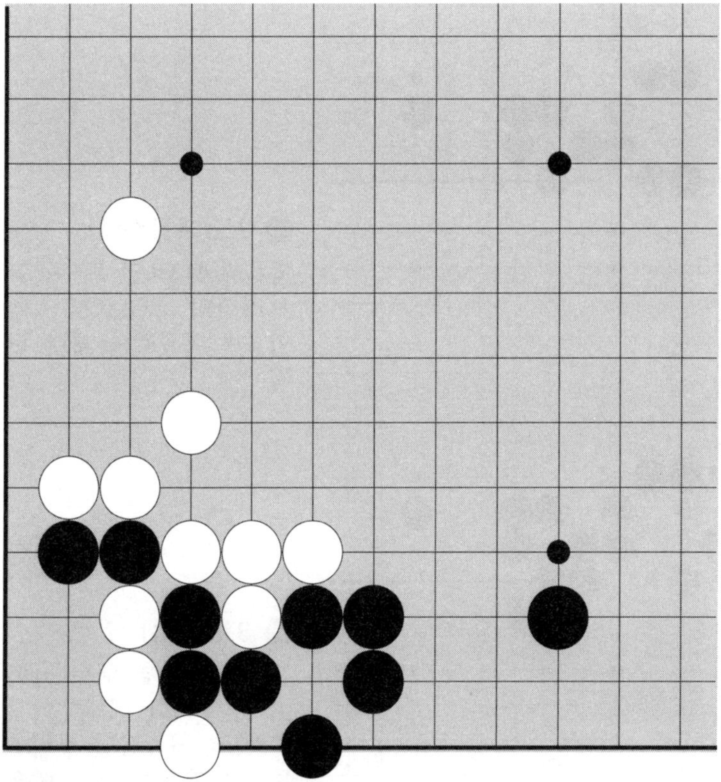

귀의 급소는 이곳이 될 가능성이 높다. 첫수 이후 수 읽기가 정확해야 한다.

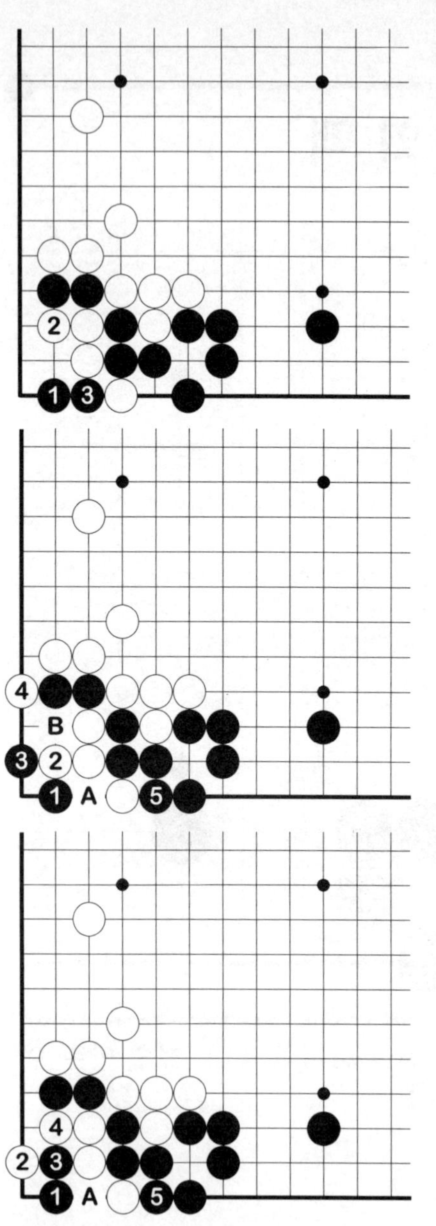

● 1도(정해)

흑1의 치중이 2의 一 맥에 해당된다. 백2에는 흑3으로 끊어 일단락이다. 후수 6집 정도의 큰 끝내기.

● 2도(대동소이)

흑1 때 백2라면 흑3·5로 처리한다. 백2로서 A에 이음은 흑B로서 패가 된다.

● 3도(변화)

흑1 때 백2로 두는 변화이다. 그러나 이 수 역시 흑3으로 치중하면 정해와 똑같은 결과가 된다. 백은 자충 관계상 A에 둘 수 없다.

사석의 활용

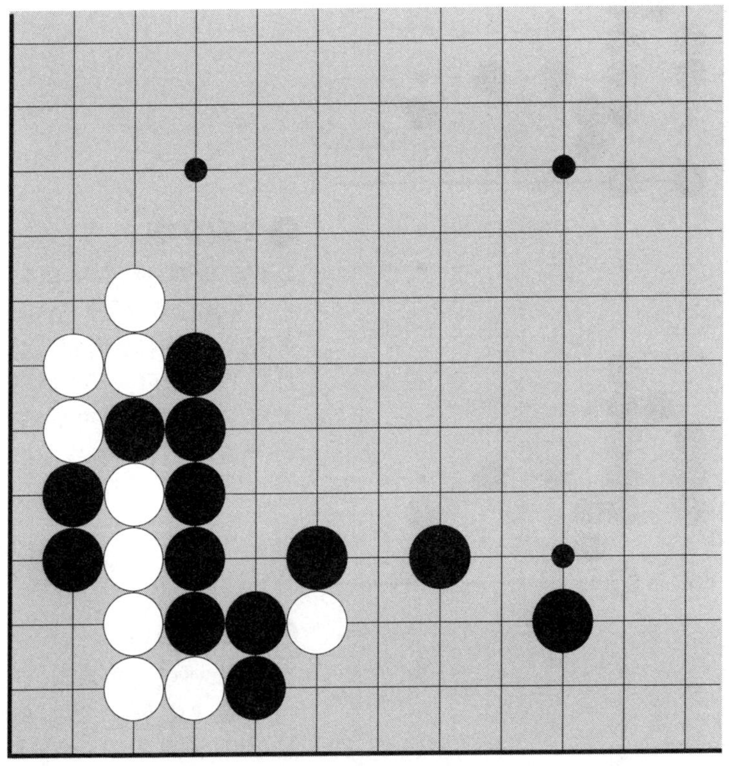

잡혀 있는 흑 두점을 활용해야 한다. 어떻게 두는 것
이 최선일까?

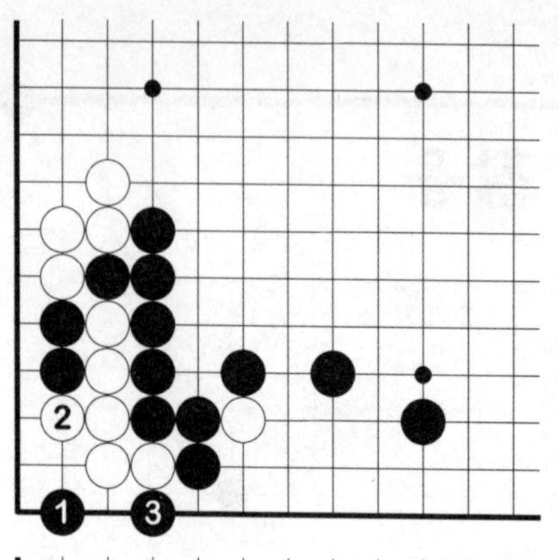

● 1도(정해)

흑1의 치중이 맥점이다. 백은 2로 물러서는 정도인데 흑3으로 넘어서 만족이다.

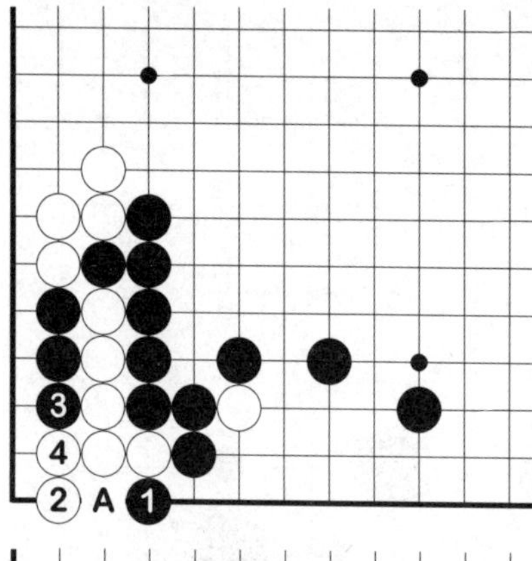

● 2도(실패)

흑1로 젖히는 것은 의문수. 백은 2로 받게 된다. 흑3으로 두어도 백4로 받아서 그만이다. 흑은 A의 곳에 자충이라 곧바로 수를 메울 수 없다.

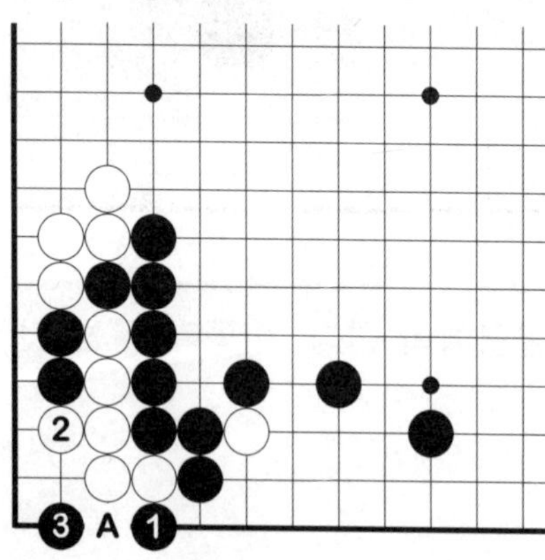

● 3도(변화)

흑1 때 백이 2도처럼 받지 않고 2로 받는 것은 의문이다. 흑3으로 두면 A가 불가능한 만큼 정해로 환원되었다.

26 붙임의 맥점

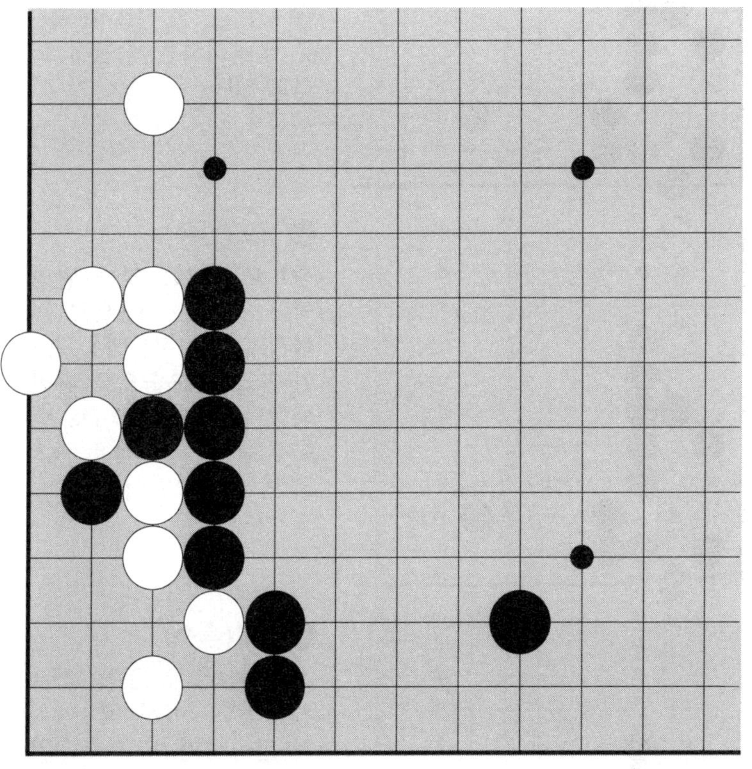

백의 약점을 활용해서 이득을 취하는 문제이다. 첫 수는 붙임.

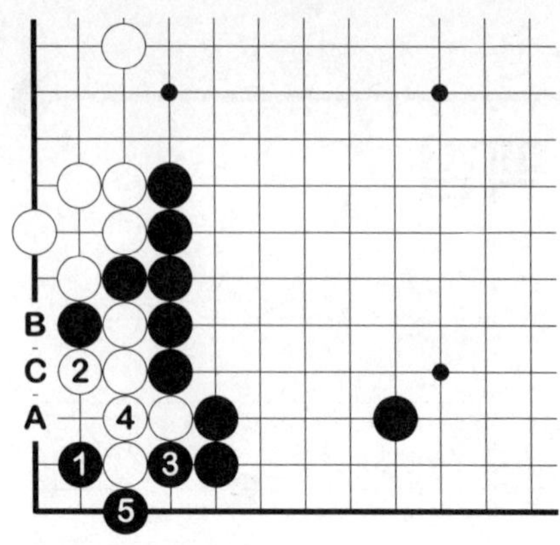

● 1도(정해)

흑1로 붙이는 수가 맥점이다. 백은 2로 물러서는 정도인데 이하 흑5까지 선수로 활용했다. 이후 흑은 A로 둔 후 백B 때 흑C로 끝내기하는 수단을 노리고 있다.

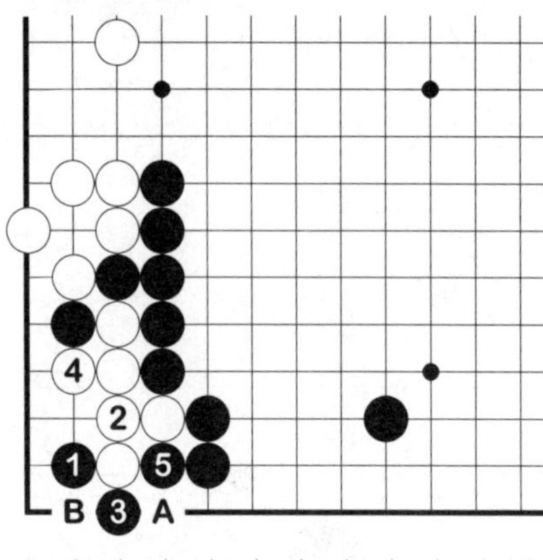

● 2도(변화)

흑1 때 백2로 잇는 변화이다. 이때는 흑3으로 젖혀서 그만이다. 백4, 흑5까지 정해 수순으로 환원되었다. 수순중 백4로 백A에 단수치는 것은 흑B로 이어서 그만이다.

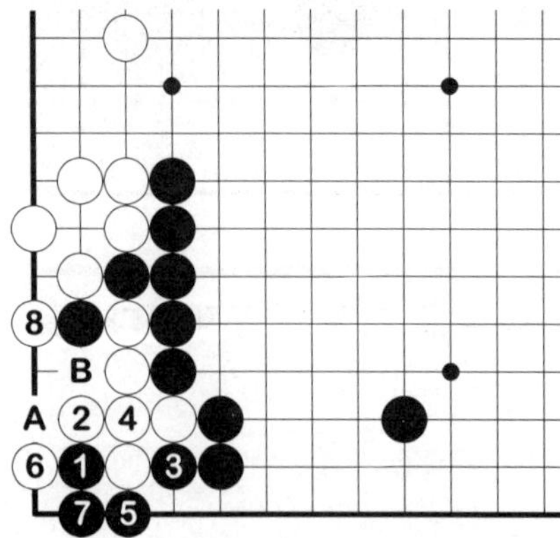

● 3도(후수)

흑1 때 백2로 두는 것은 의문이다. 이하 백8까지의 진행이면 백이 후수가 되었다. 백6을 생략하면 흑A, 백B의 활용이 기분 나쁘다.

27 선수 활용

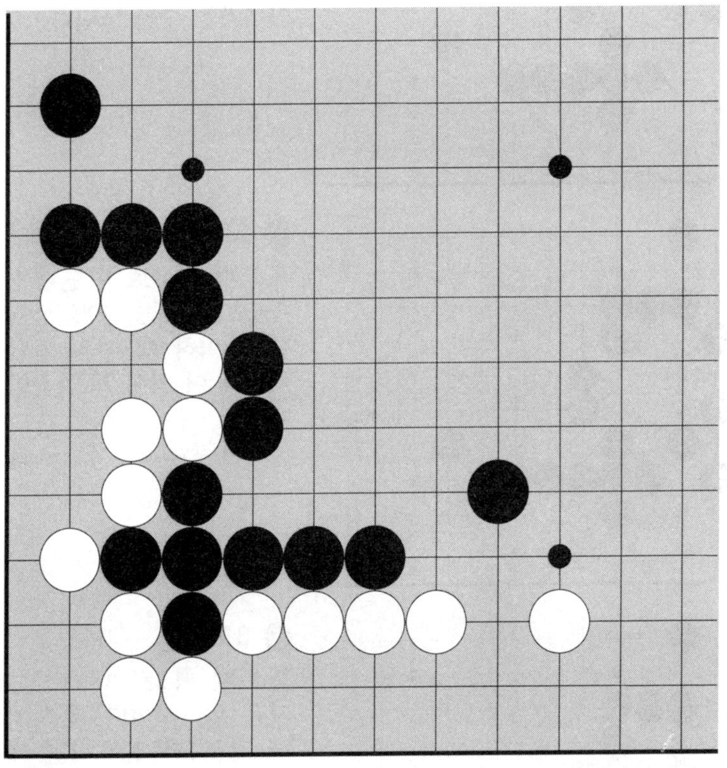

단순히 젖혀 잇는 것으로는 만족할 수 없다. 좀 더
효과적인 끝내기 방법을 연구하고 싶다.

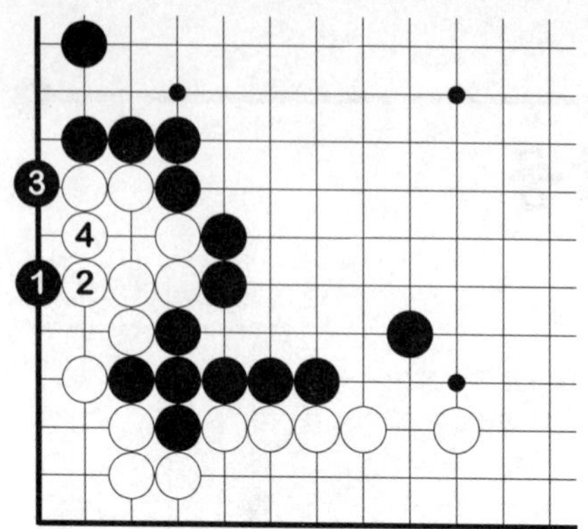

● 1도(정해)

흑1로 치중하는 것이 좋은 맥점이다. 백2에는 흑3으로 젖혀서 백4를 강요한다. 이후 흑은 한 점을 이어가는 수를 노린다.

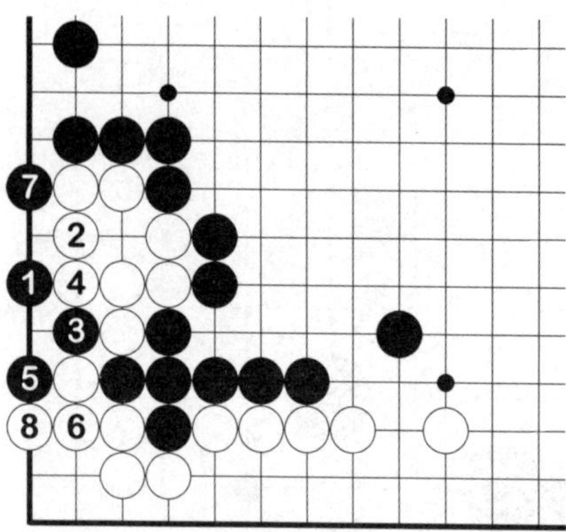

● 2도(변화)

흑1 때 백2로 버틴다면 흑3으로 끊는 수가 성립한다. 이하 백8까지 일단락인데 이 역시 흑 만족이다.

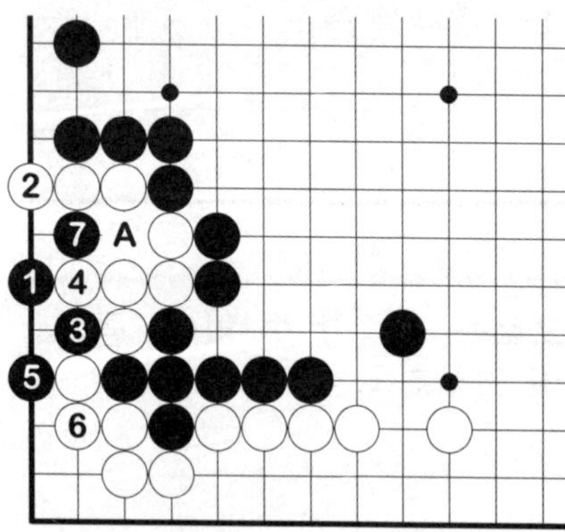

● 3도(패)

흑1 때 백2로 내려서는 것은 무리수이다. 흑3 이하 7까지의 진행이면 패가 된다. 이후 백이 A에 잇는 것은 뒤에서 몰아서 그만이다.

28 절묘한 붙임

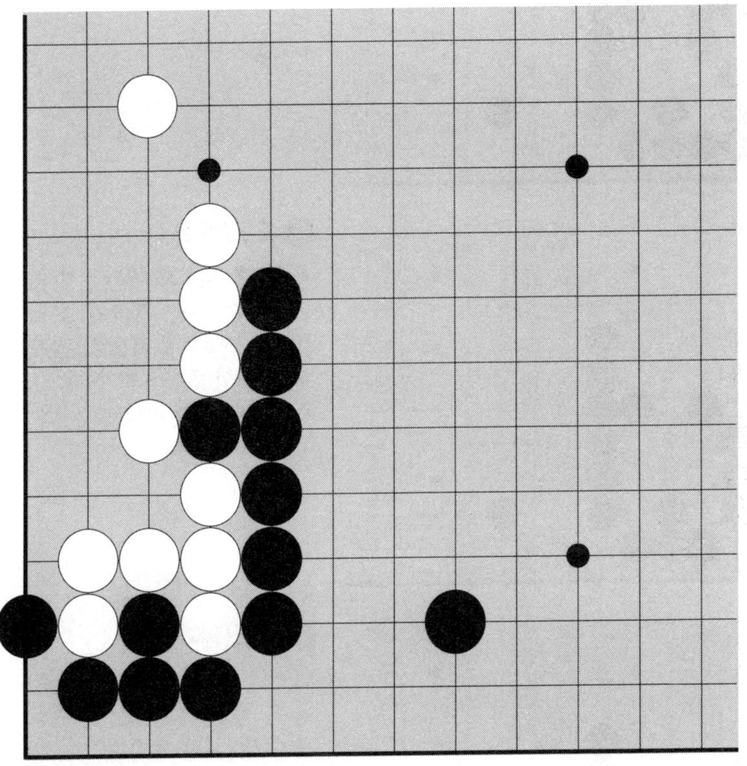

백의 약점을 활용해서 이득을 취하는 문제이다. 첫 수는 붙임인데 이후의 수순이 관건이다.

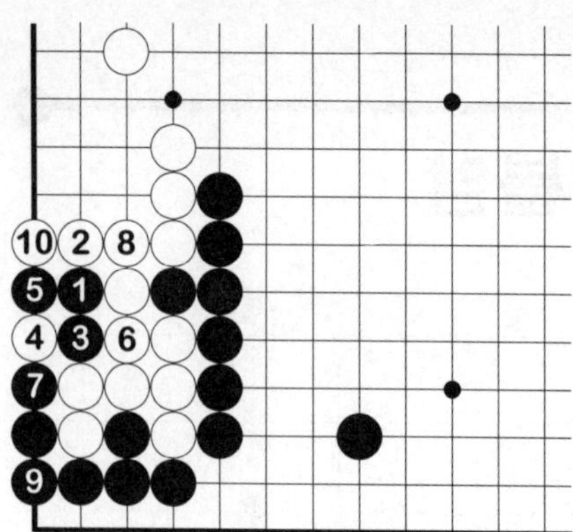

1도(정해)

흑1의 단독 붙임이 날카로운 맥이다. 백은 2로 받는 정도인데 이하 흑11까지 백집을 상당히 도려냈다.
(흑⓫…백④)

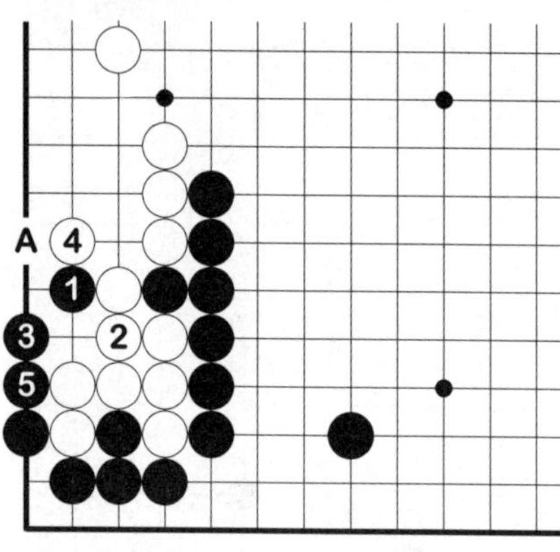

2도(변화)

흑1 때 백2로 잇는 변화이다. 이때는 흑3이 호착이다. 백4 때 흑5로 넘으면 흑 성공. 이후 흑은 A의 젖힘이 권리로 듣는다.

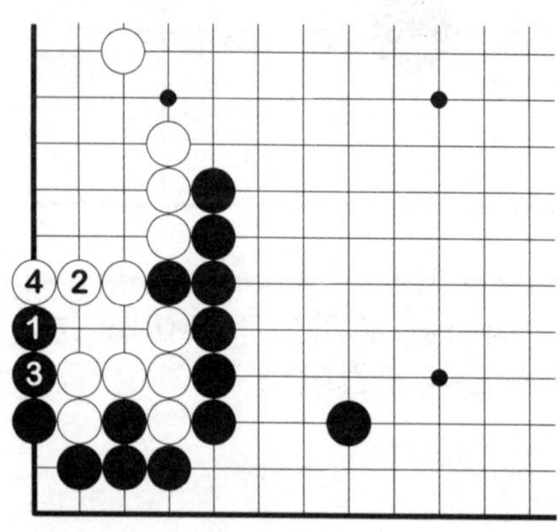

3도(실패)

흑1로 치중하는 것은 미흡한 끝내기 백은 2·4로 응수해서 만족이다.

29 끼워 붙임의 맥

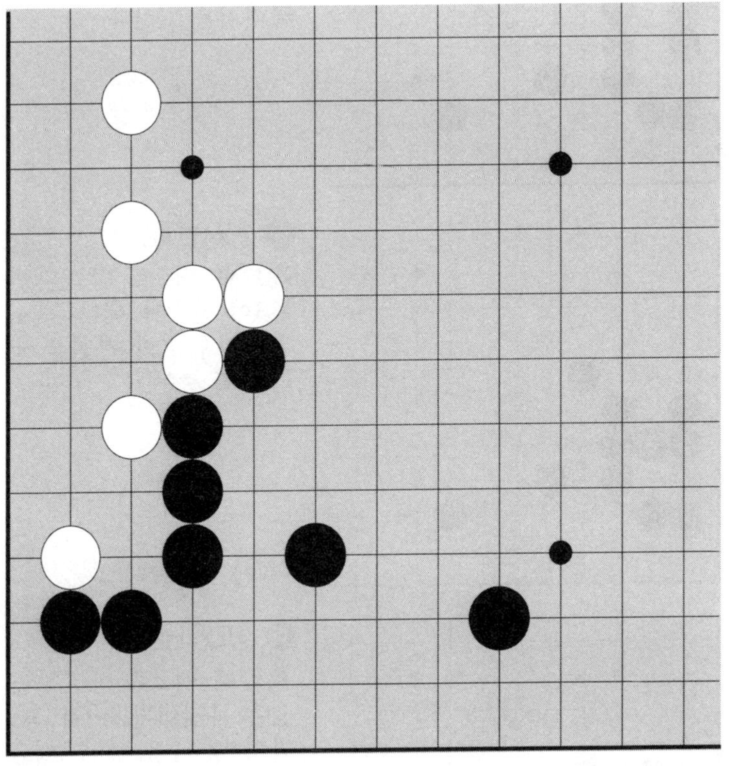

백 한 점을 잡는 것은 어렵지 않다. 그러나 좀 더 효율적인 방법으로 잡아야한다.

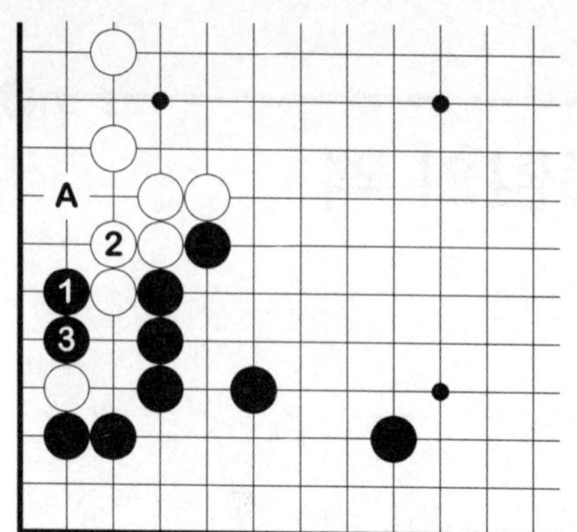

● 1도(정해)

흑1로 끼워 붙이는 것이
정해이다. 백은 2로 잇는
정도인데 흑3으로 두어
만족이다. 이후 흑은 A의
끝내기를 노린다.

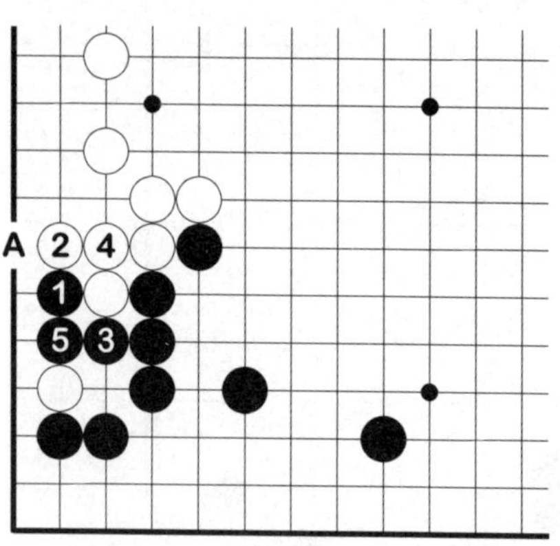

● 2도(변화)

흑1 때 백2로 받는다면
흑3이 선수가 된다. 백4,
흑5 이후 A의 젖힘을 노
리면 흑 충분.

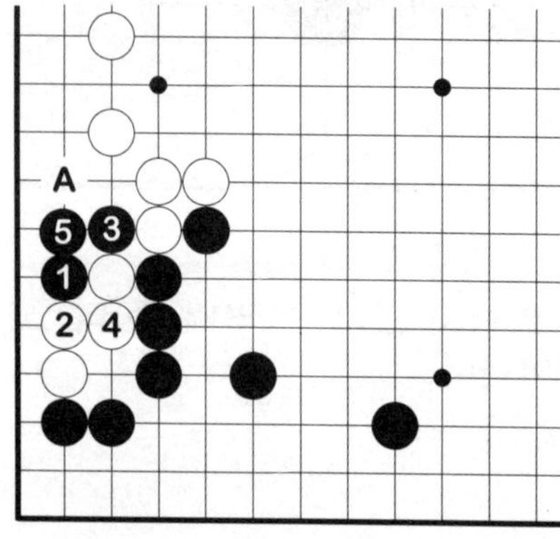

● 3도(반발)

흑1 때 백2로 반발하는
것은 무리이다. 이하 흑5
까지 백 죽음. 이후 백은
A에 붙여 활용하는 정도
이다.

상급편

30 최대의 침입

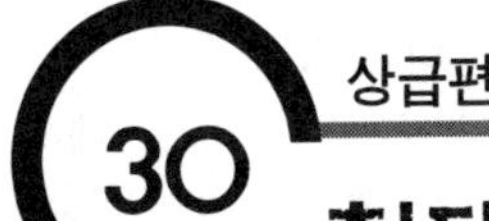

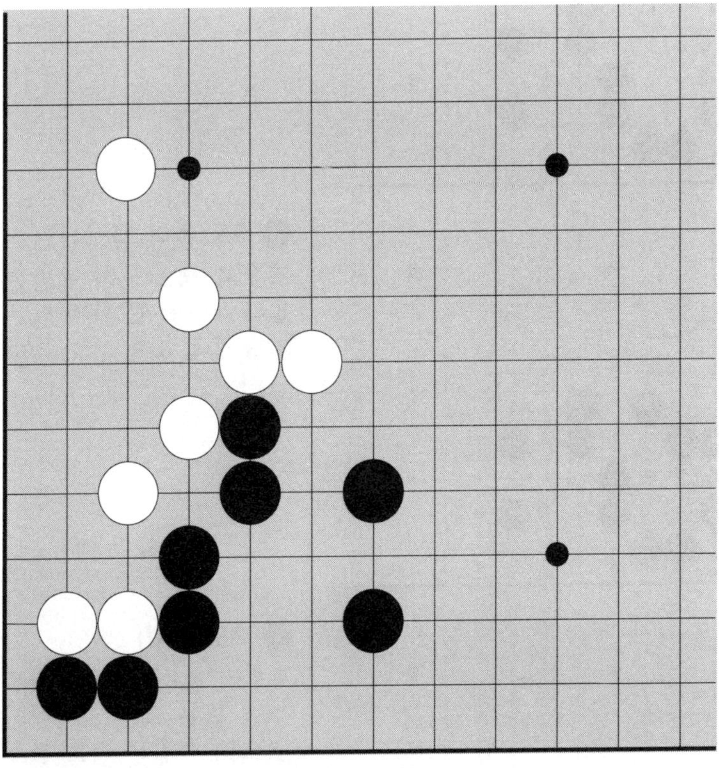

어느 선까지 침투해 들어갈 수 있을 것인지가 관건이다.

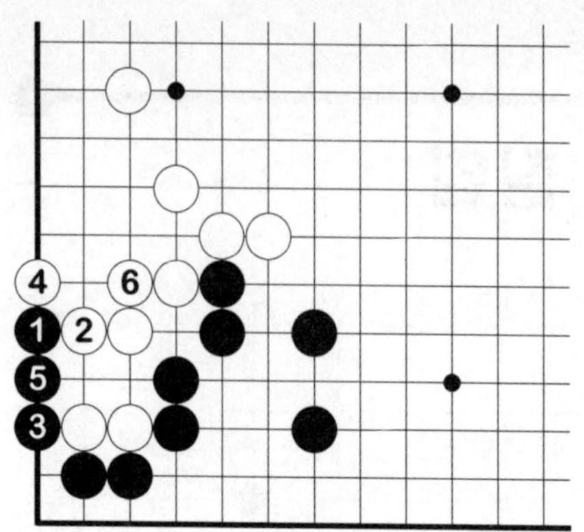

● 1도(정해)

흑1의 치중이 이럴 때의 맥이다. 백2로 받는 정도의 것이며 흑3으로 건너가고 백6까지 결말짓는다.

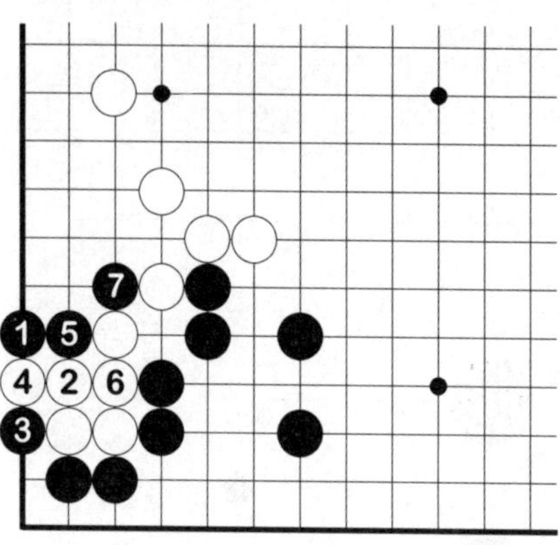

● 2도(몰아 떨구기)

흑1 때 백2·4의 반발은 없다. 이하 흑7까지 백은 자충에 걸렸다.

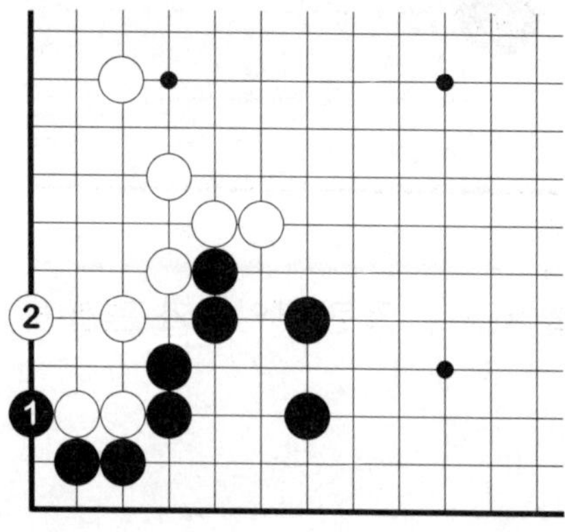

● 3도(실패)

흑1로 젖히면 백은 2로 뛰어 받는 것이 호수. 이것으로 백집은 별로 감소가 되지 않는다.

31 상급편

멋진 맥

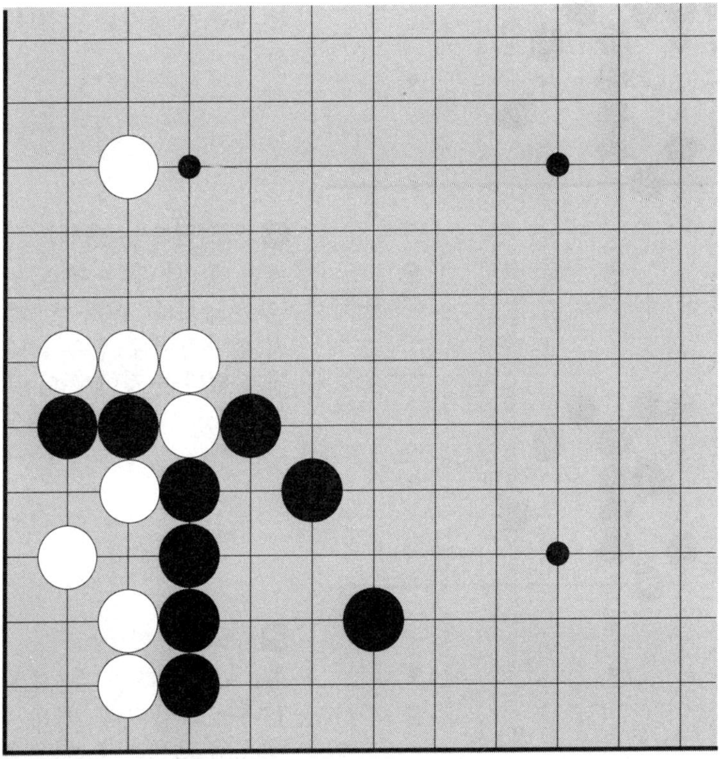

수순의 묘를 발휘해서 끝내기해야 한다. 과연 어떤 수순을 밟아야 할까?

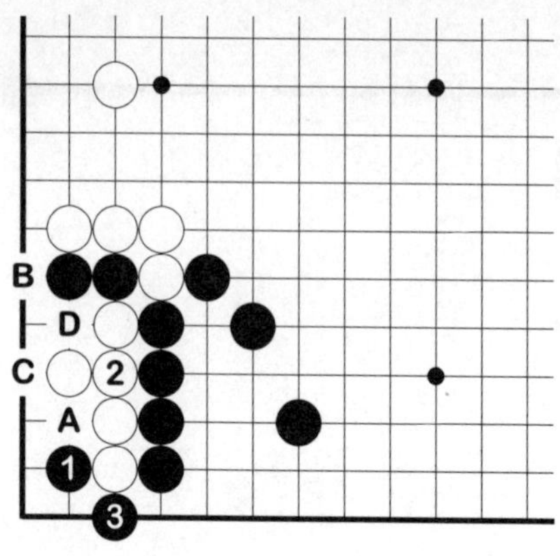

● 1도(정해)

아무 일도 않고 흑1의 끼워 붙임이 수순이다. 백2에는 3으로 건너가고 뒤에 흑A, 백B, 흑C, 백D라는 작은 끝내기를 남긴다.

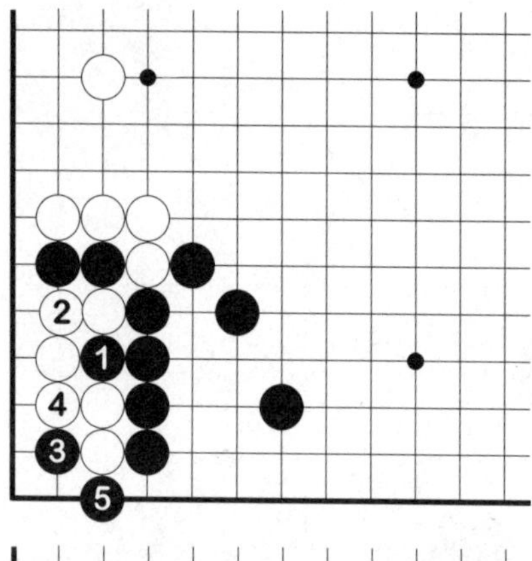

● 2도(단수는 손해)

먼저 흑1로 두는 것은 조금 손해이다. 이하 흑5까지 일단락인데 후속 끝내기가 없다는 것이 흑의 불만이다.

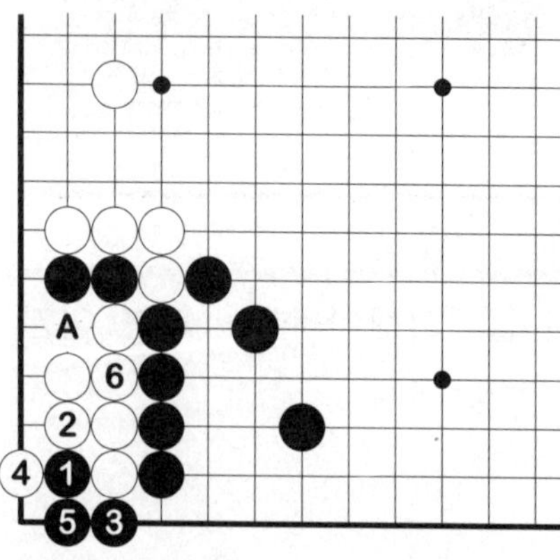

● 3도(흑, 선수)

흑1 때 백2라면 흑3으로 건너서 그만이다. 백은 4.6으로 보강해야 하는 후수를 잡았다. 백2로서 A는 흑2, 백6, 흑3으로 건너간다.

32 꼬리를 잡는 맥

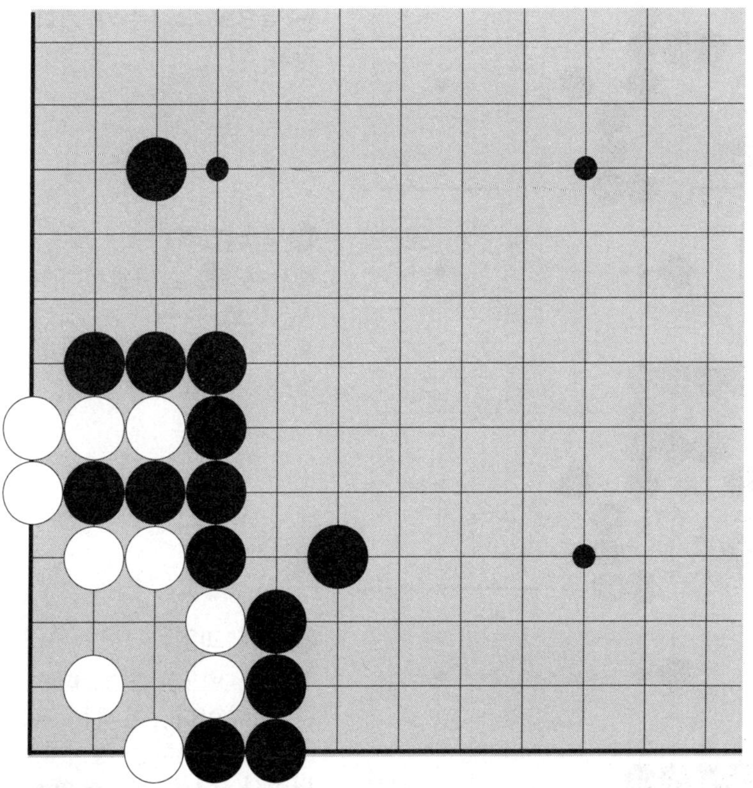

일견 아무런 수도 없는 것 같지만 백에겐 결정적인 약점이 있다. 상대를 자충으로 유도하는 것이 포인트.

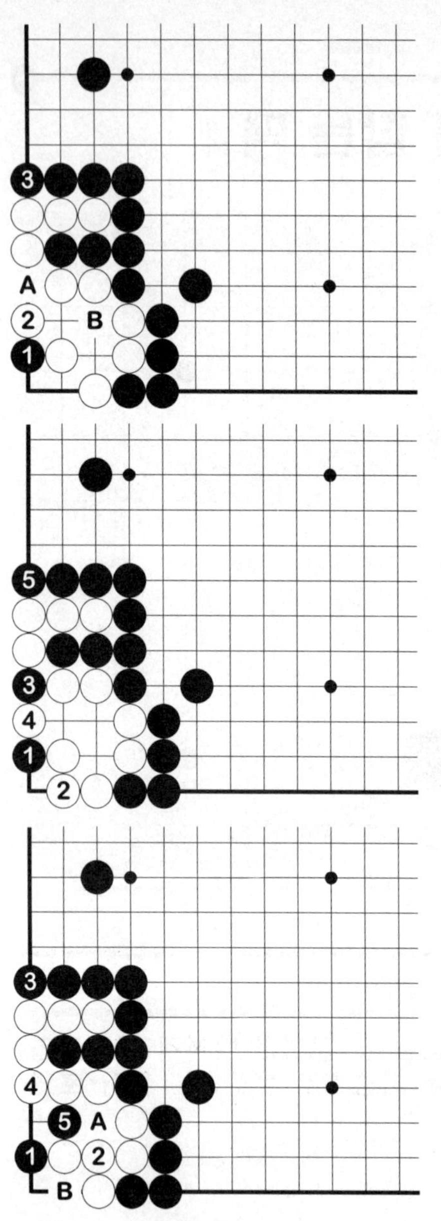

● 1도(정해)

흑1의 붙임이 절묘한 맥점이다. 계속해서 백2라면 흑3으로 단수쳐서 효과를 거둔다. 이후 백A에는 흑B의 양단수가 기다리고 있다.

● 2도(변화)

흑1 때 백2로 변화한다면 흑3으로 먹여치는 것이 요령이다. 이후 백은 넉점을 잇지 못하는 모습.

● 3도(괴멸)

흑1 때 백2로 잇고 버티는 변화이다. 이때는 흑3·5로 공격하는 것이 요령이다. 이후 백A는 흑B로서 큰 패가 된다.

33 허술한 약점

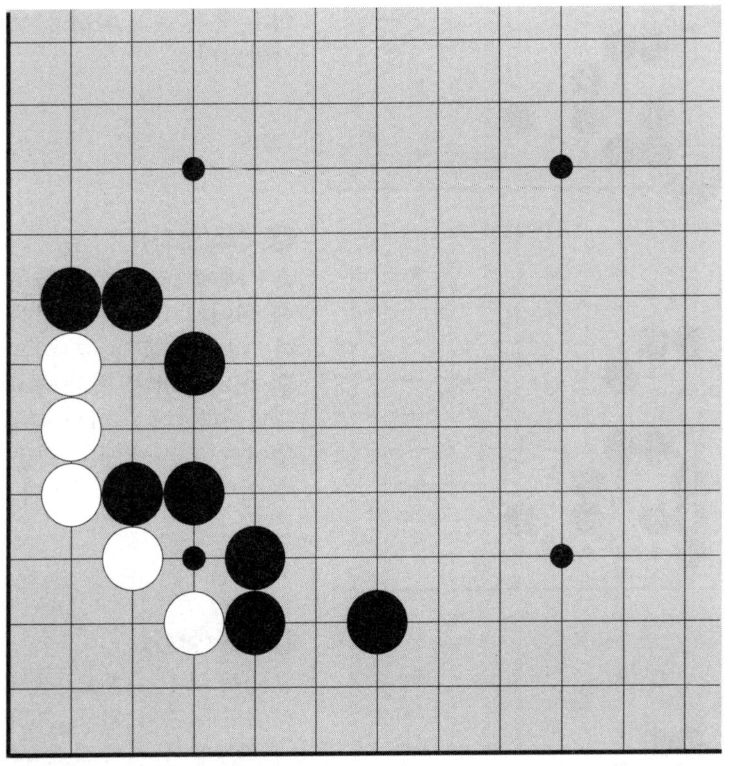

실전에서 활용도가 높은 문제이다. 과감한 용기를
내야 문제를 풀 수 있다.

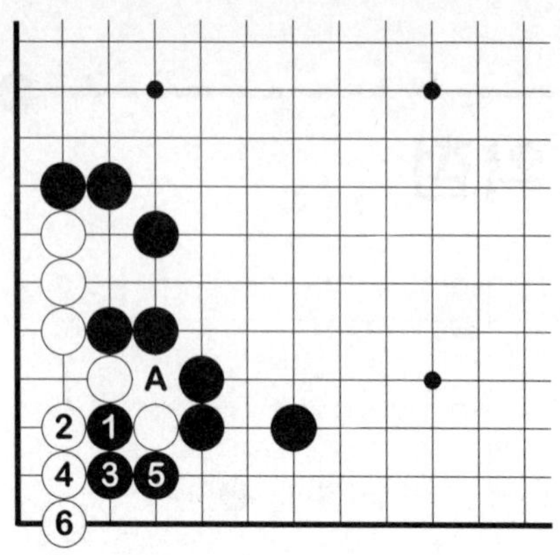

1도(정해)

흑1로 껴 붙이는 것이 맥점이다. 계속해서 백은 2로 단수친 후 이하 6까지 삶에 연연할 수밖에 없다. 이후 흑은 A의 따냄을 보장받았다.

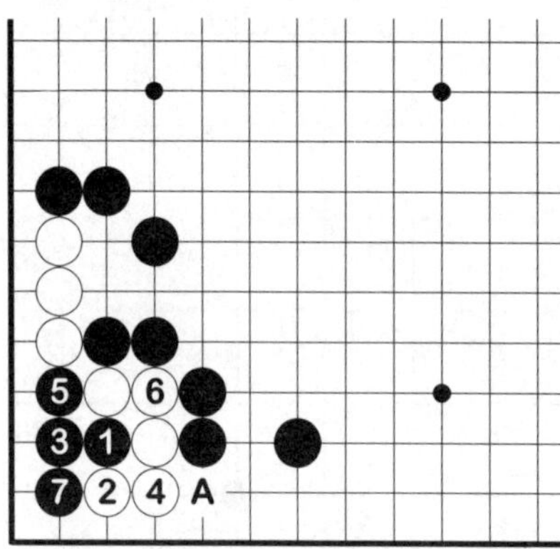

2도(변화)

흑1 때 백2로 단수친 후 4에 이어서 버티는 변화이다. 이때는 흑3으로 이은 후 이하 7까지 공격해서 그만이다. 이후 백이 A에 두어도 흑은 호구로 막을 수 있다는 것이 강점이다.

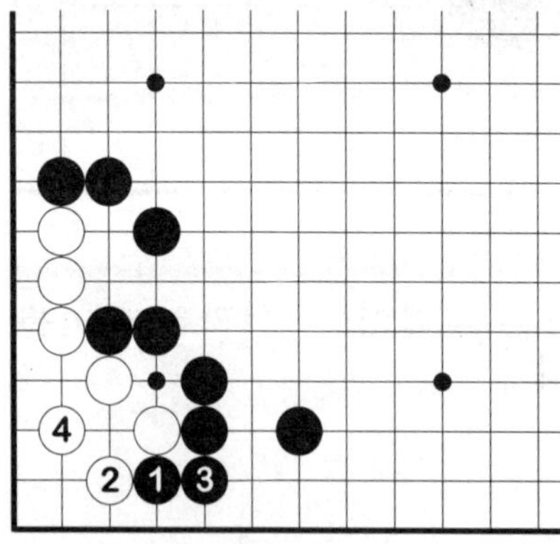

3도(실패)

단순히 흑1·3으로 젖혀 이어도 선수가 된다. 그러나 백4까지 진행되고 나면 정해에 비해 6집이나 손해를 보고 있다.

34 버림돌 작전

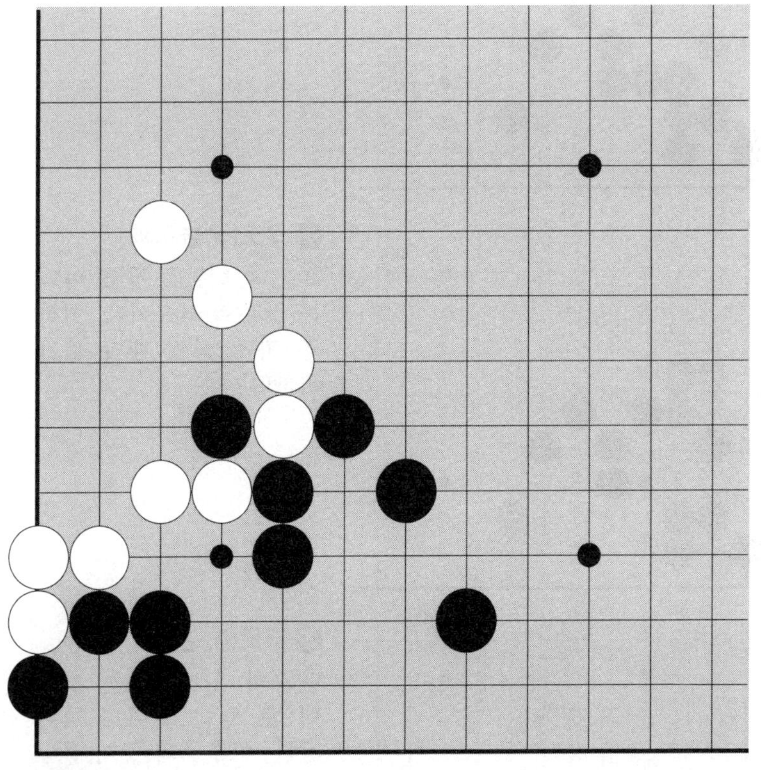

잡혀 있는 흑 한 점을 최대한으로 이용해야 한다. 어떤 수순을 밟아야 할까?

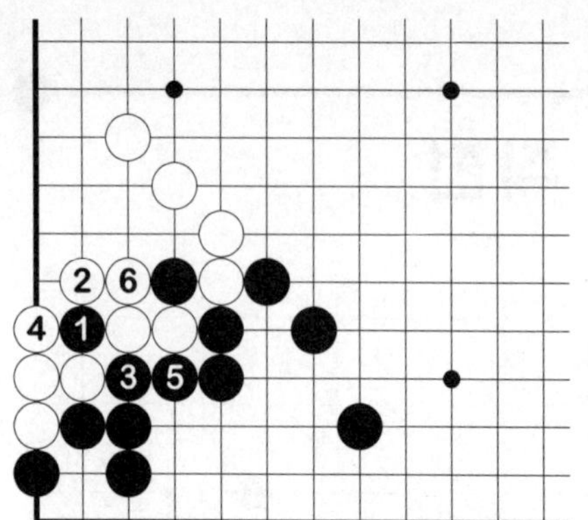

⬤ 1도(정해)

흑1이 절묘한 맥점이다.
백2 때 흑3·5로 공략하
면 흑은 공배를 모두 조일
수 있다.

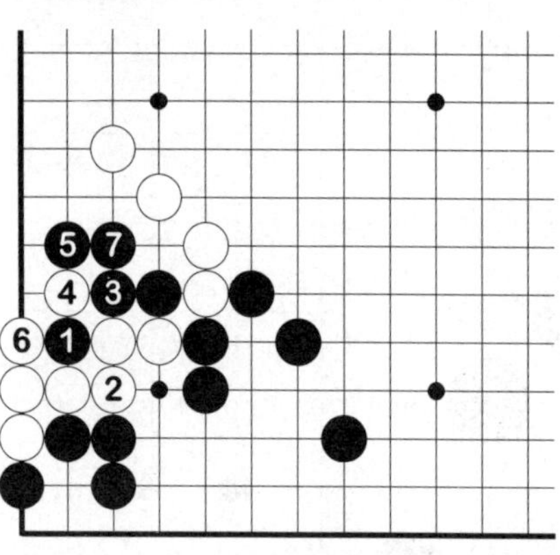

⬤ 2도(꽃놀이패)

흑1 때 백2로 잇고 버티
는 것은 무리수이다. 이하
흑7까지 되면 패가 불가
피하다.

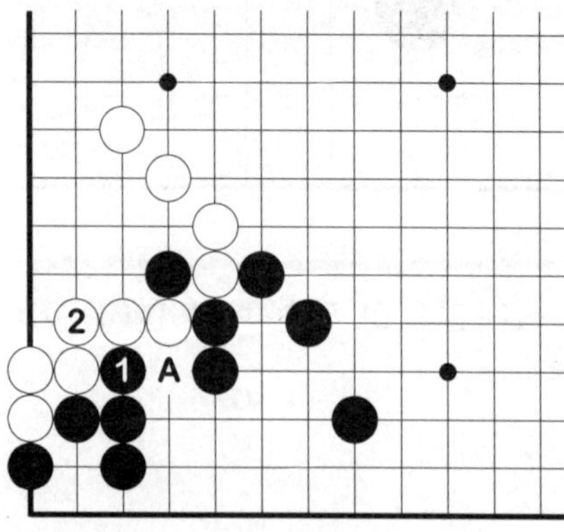

⬤ 3도(미흡)

단순히 흑1로 두는 것은
백2로 잇는 것이 호착이
된다. 이후 A의 곳이 선수
가 되지 않는다는 것이 흑
으로선 불만이다.

35 뒤바뀐 귀의 주인

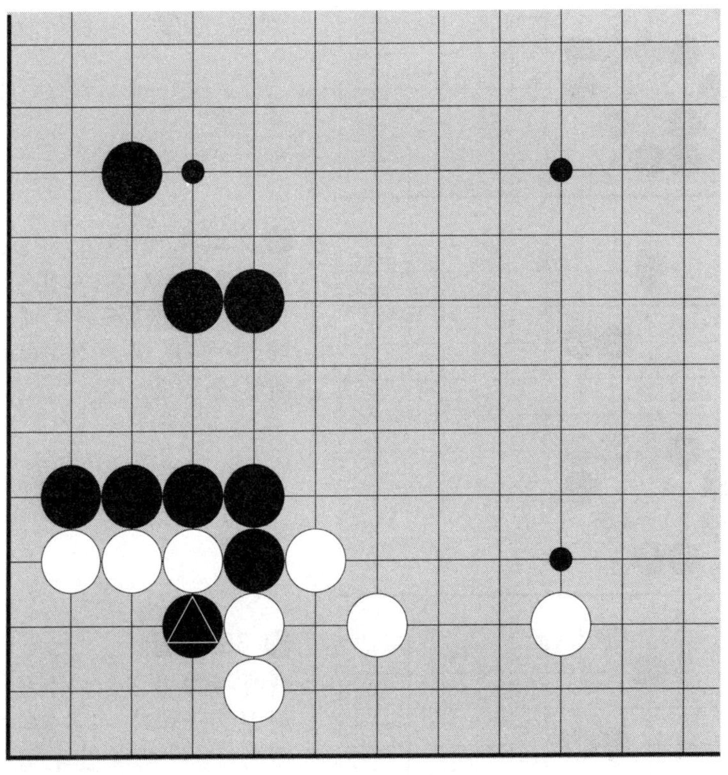

잡혀있는 흑⯅ 한 점을 활용하면 귀의 주인이 흑으로 바뀌게 된다.

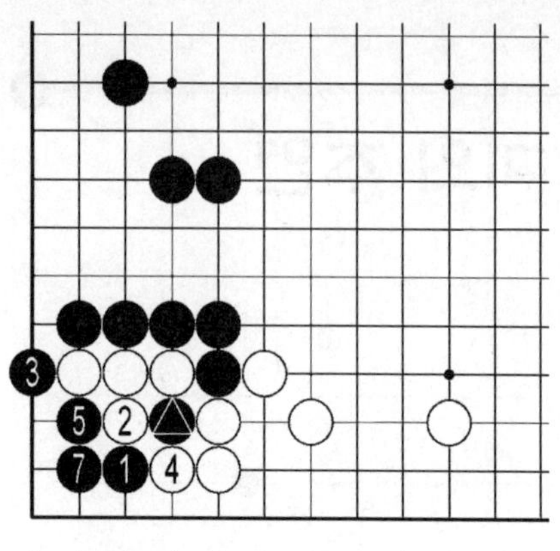

● 1도(정해)

흑1의 마늘모가 끝내기의 맥이며 백2에는 3부터 괴롭히고 7까지 귀를 크게 차지했다.
(백⑥…흑▲)

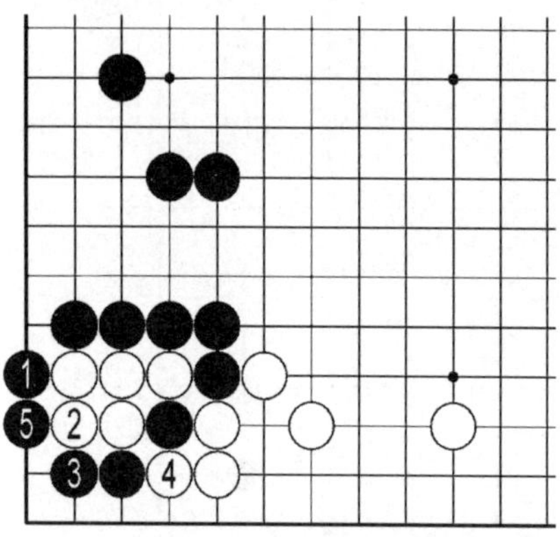

● 2도(백, 우수)

흑1 때 백2로 받는 것은 의문수. 이하 흑5 이후 백이 잇는다면 흑은 선수를 취할 수 있다.

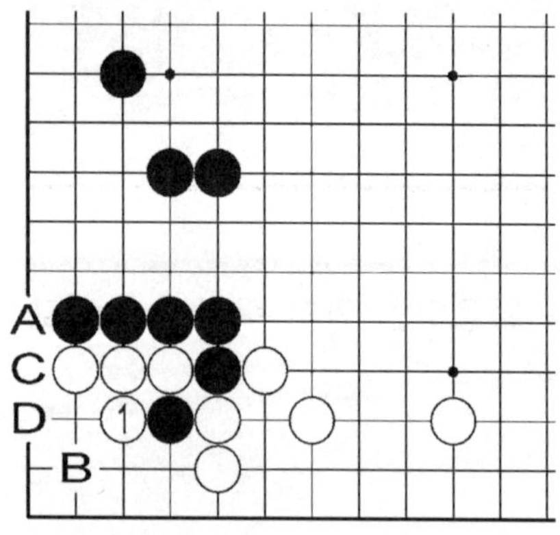

● 3도(18집)

백이 둔다면 1로 단수쳐서 보강 곳이다. 이후 A의 젖혀이음이 백의 권리. 백1로 B의 뜀은 흑C, 백D, 흑A로서 귀에 수가 남는다. 이 형태는 정해와 비교할 때 차이가 18집이나 된다.

36 자충을 유도

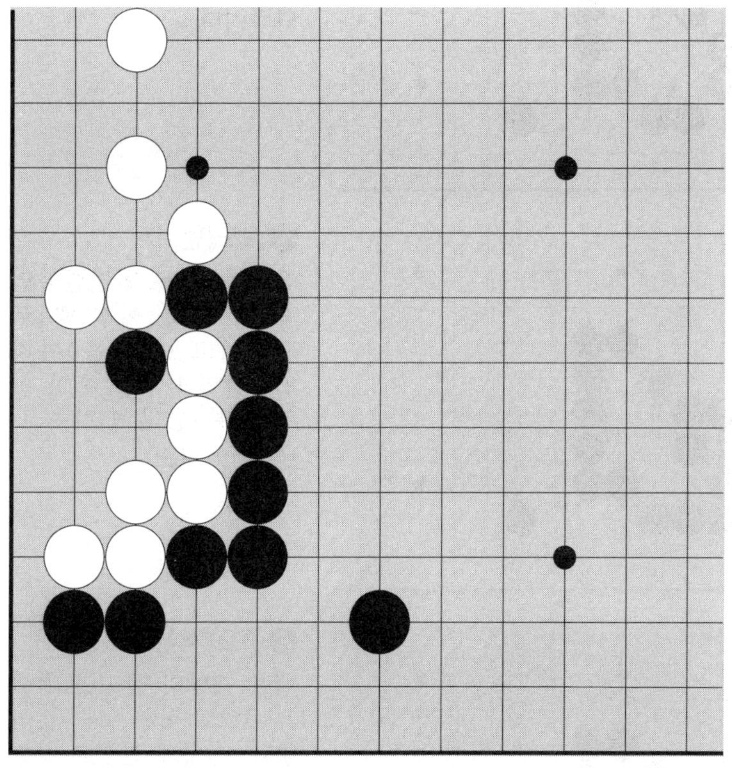

잡혀 있는 흑 한 점을 활용해서 이득을 취하는 문제이
다. 상대의 자충을 유도하는 수순이 중요하다.

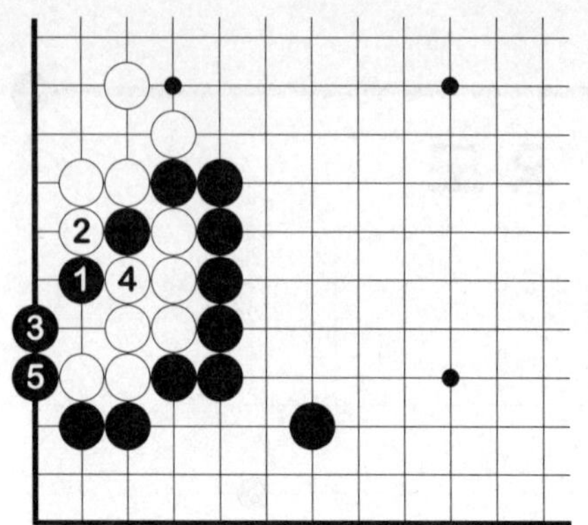

● 1도(정해)

흑1의 입구자가 맥점이
다. 백2에는 흑3이 연이
은 맥점. 계속해서 백4로
따내고 흑5로 넘어서 일
단락이다.

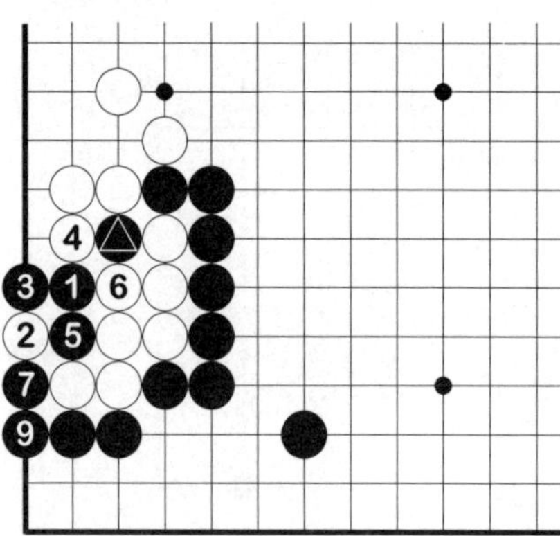

● 2도(변화)

흑1 때 백2로 반발한다면
흑3이 급소. 이후 백4로
단수치고 이하 흑9까지
일단락인데 백은 흑의 연
결을 차단할 수 없다.
(백⑧…흑▲)

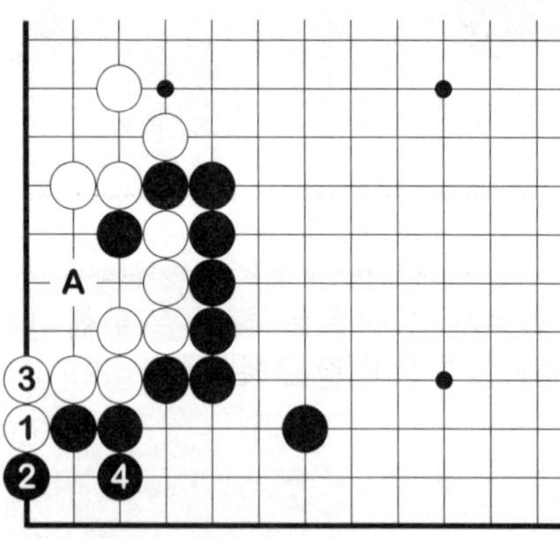

● 3도(역끝내기)

백은 재빨리 선수를 취해
1·3으로 젖혀 잇는 것이
좋다. 이렇게 선수로 젖혀
잇고 나면 이제 흑이 A로
두는 수는 성립하지 않는
다.

37 죽이는 방법

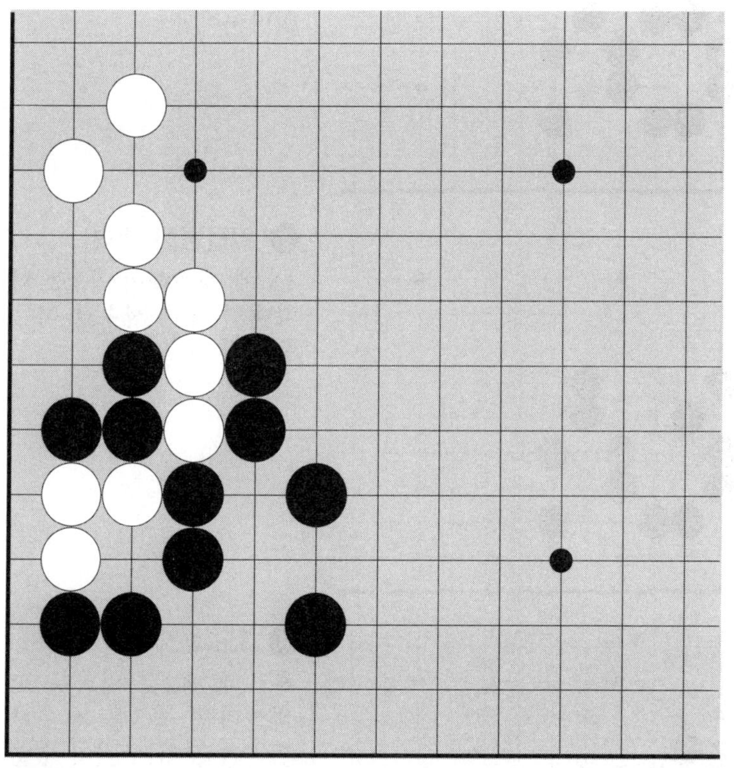

흑 석 점을 어떻게 죽이느냐가 매우 중요하다. 첫수
가 성패를 좌우한다.

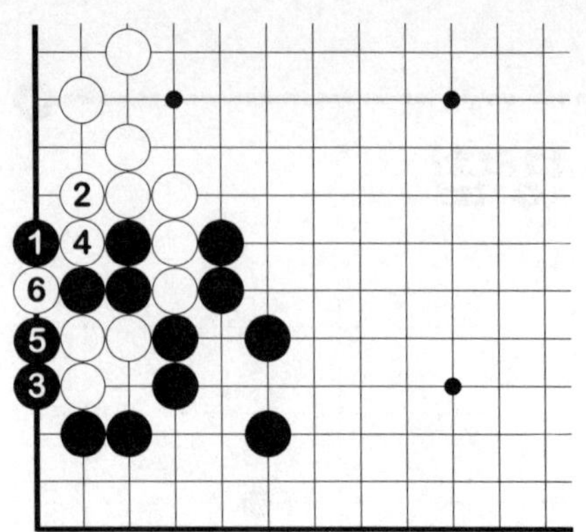

● 1도(정해)

흑1의 마늘모가 맥점이
다. 계속해서 백2로 수를
조이고 이하 백6까지의
진행이면 흑 석 점이 잡히
지만…

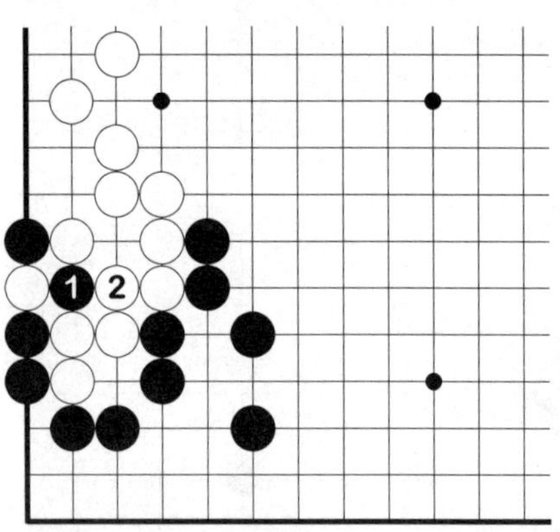

● 2도(정해 계속)

1도에 계속해서 흑1로 되
따내면 흑은 선수로 이득
을 취할 수 있다.

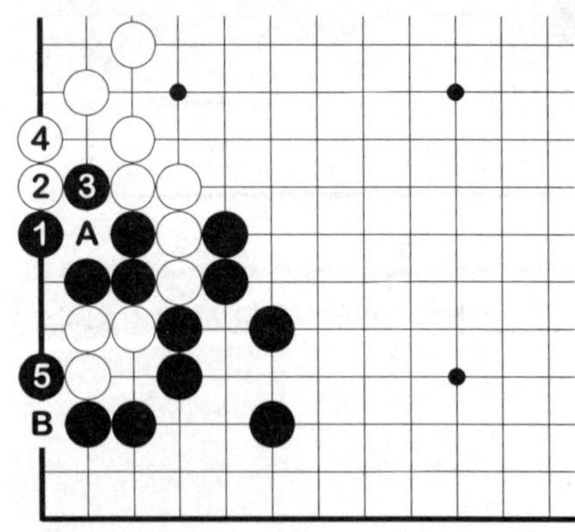

● 3도(변화)

흑1 때 백2로 변화를 모
색한다면 흑3을 선수한
후 5에 젖히는 것이 수순
이다. 이후는 백의 응수가
없다. 애초에 백은 A에 단
수쳐서 잡아 두는 것이 크
다. A에 잡아두면 백B의
젖힘이 선수로 듣는다.

38

1선의 젖힘

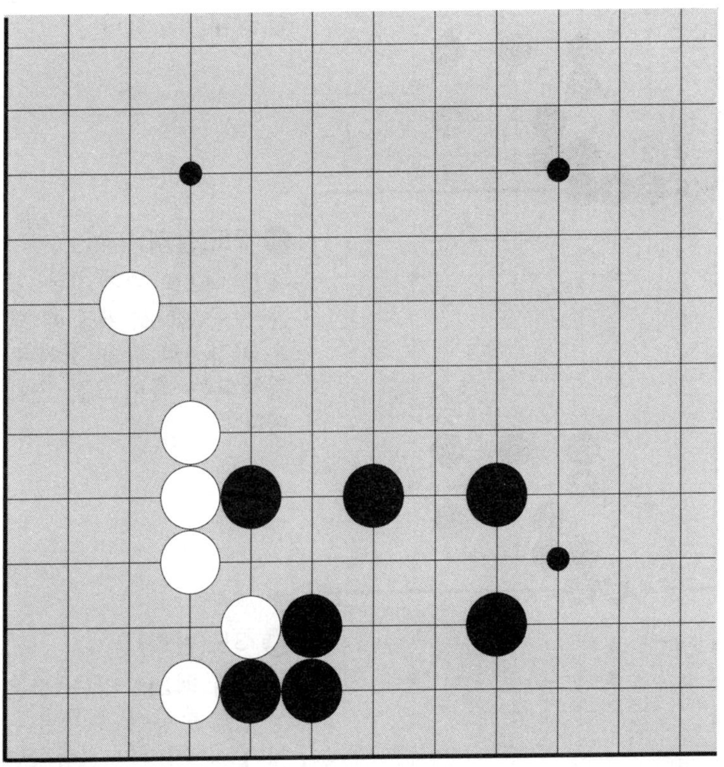

흑이 1선에 젖히면 당연히 선수가 된다. 그러나 어떤
형태로 결말지어 질지는 백의 응수 여하에 달려 있
다.

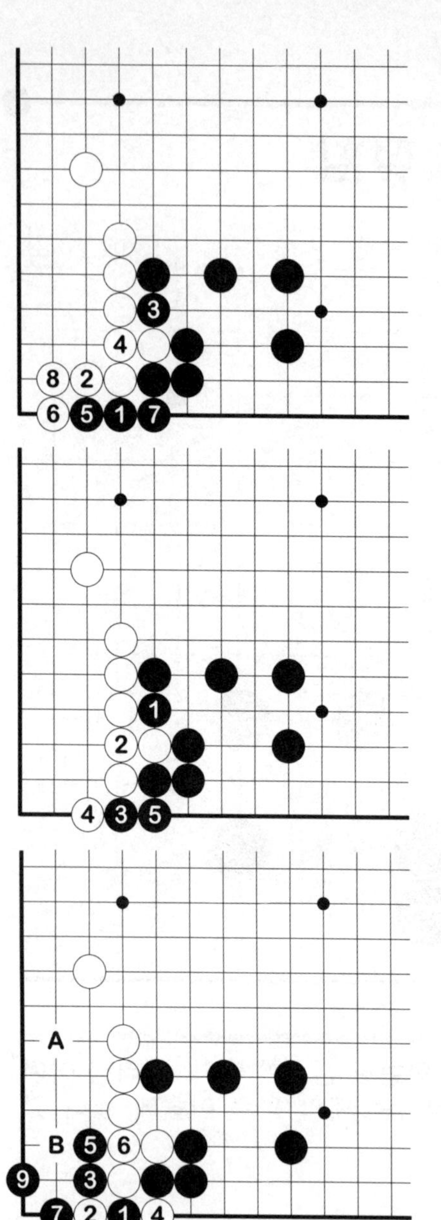

● 1도(정해)

흑1에는 백2로 늦추지 않으면 안 된다. 계속해서 흑은 3으로 단수친 후 이하 백8까지 선수로 상당한 끝내기를 했다.

● 2도(실패)

흑1, 백2를 결정짓는 것은 수순 착오. 흑3 때 백은 곧장 4로 막을 것이다. 정해와는 흑이 2집 손해이다.

● 3도(변화)

흑1 때 백2로 막는 것은 상당한 모험이 수반된다. 이하 흑9까지의 진행이면 패로 수가 난 모습. 그러나 A에 백돌이 있다면 백 B로 붙여서 흑이 죽는다. (백⑧…흑❶)

상급편

39 삭감의 연속

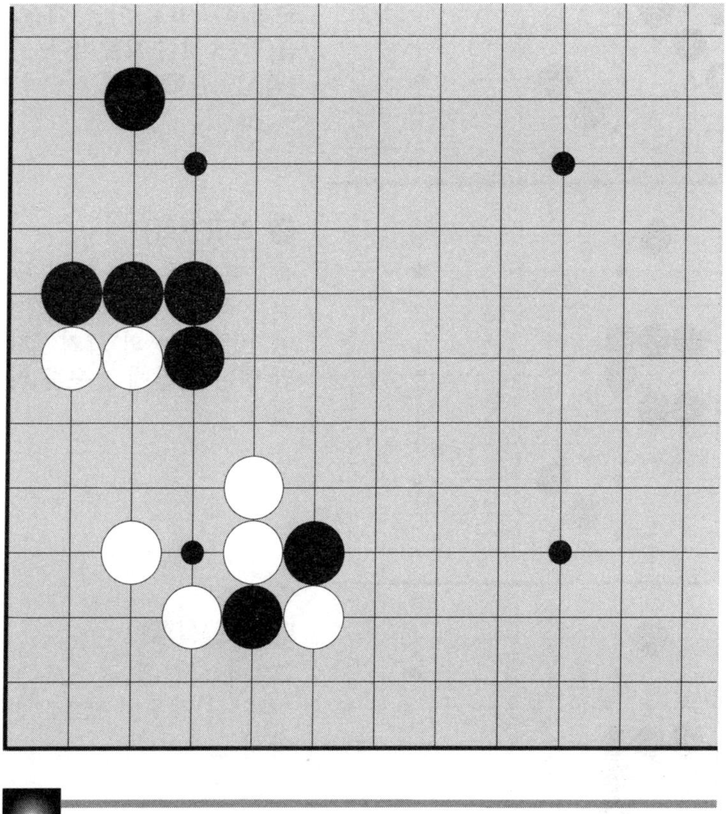

상대의 자충을 활용해서 집을 줄이는 상용의 수순이 있다.

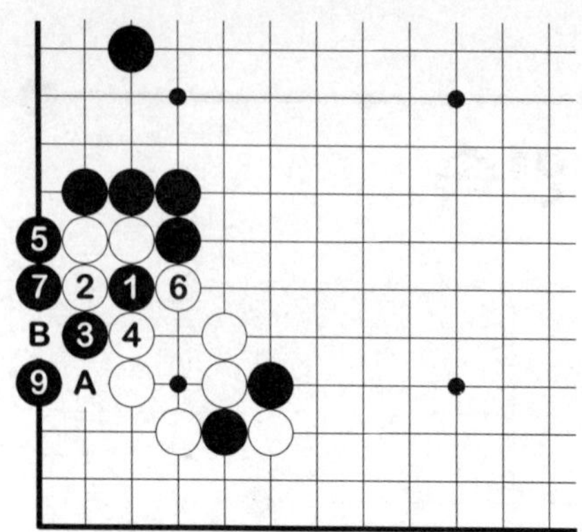

● 1도(정해)

흑1·3의 이단젖힘이 맥점이다. 이하 흑9까지의 진행이면 백집을 상당히 침식했다. 이후 백A로 단수치고 흑B로 이을 때 귀를 막는 것이 보통이다. (백⑧…흑❶)

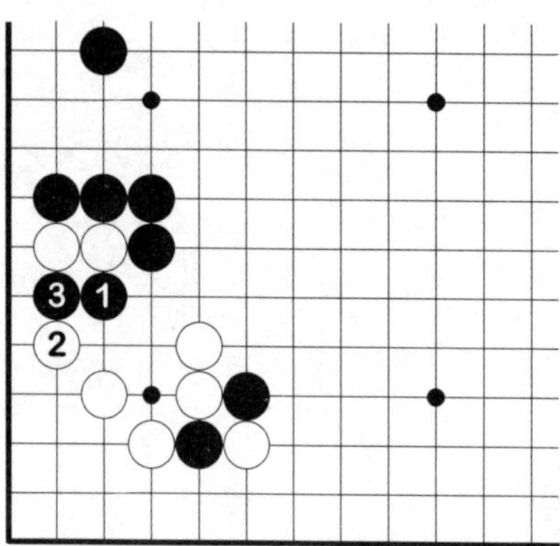

● 2도(변화)

흑1 때 백은 2로 두어 두 점을 버릴 수도 있다. 흑3이 10집 이상의 크기이지만 백은 대신에 선수를 취했다.

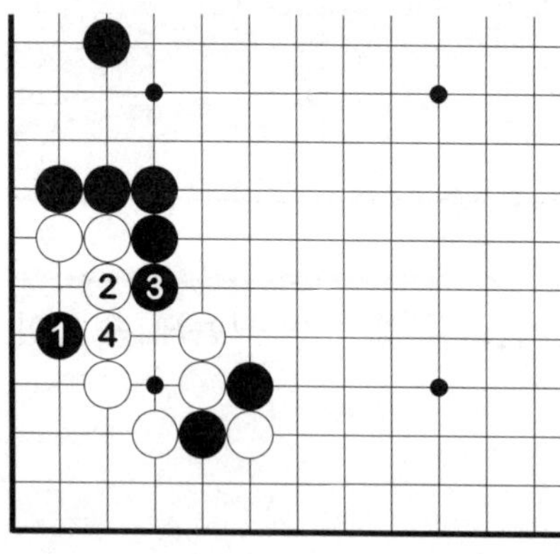

● 3도(실패)

흑1의 치중은 급소로 보이나 이 경우는 백2로 받아서 손해이다.

40 상급편

괴롭힘의 맥

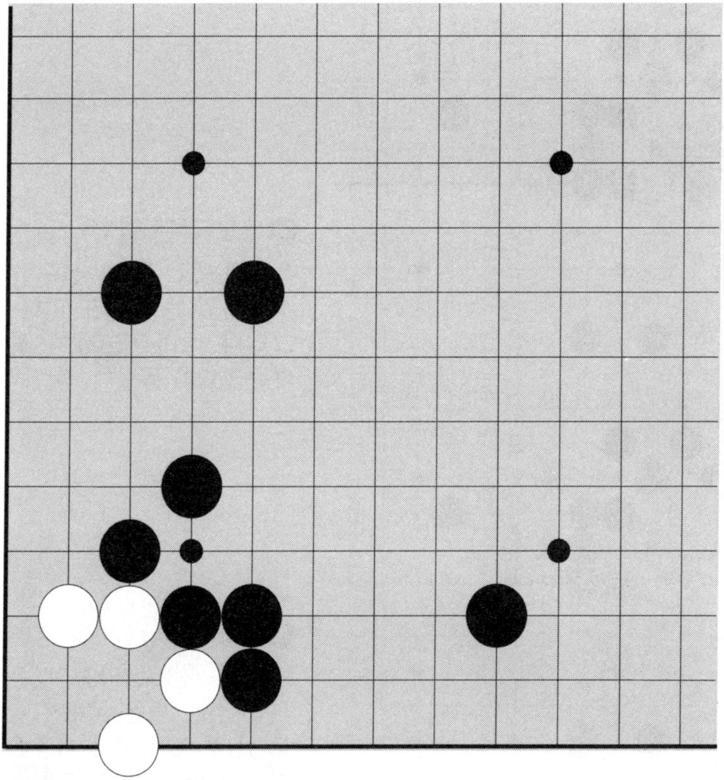

귀의 사활을 위협해서 이득을 취하는 문제이다. 가장 정확한 방법으로 백을 괴롭혀야 한다.

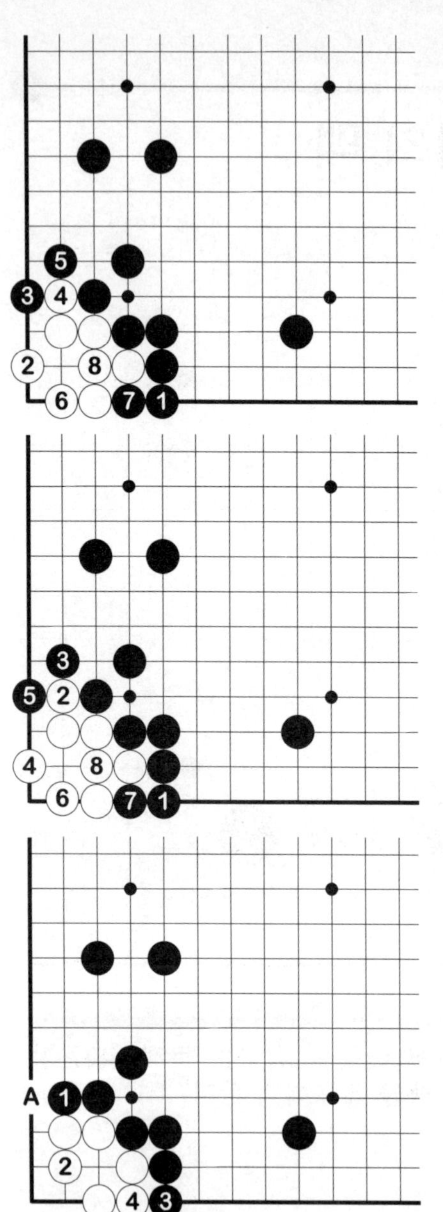

● 1도(정해)

흑1의 내려섬이 끝내기를 고려한 맥점이다. 이후 백2로 두고 이하 백8까지 일단락된다.

● 2도(같은 결과)

흑1 때 백2, 흑3을 선수한 후 4에 두는 방법도 있다. 그러나 이하 백8까지 결과는 1도와 똑같다.

● 3도(속맥)

단순히 흑1로 막는 것은 의문이다. 백은 4까지 살고 난 후 A의 젖혀 이음을 선수로 노릴 것이다.

상급편
41
백집은 몇 집?

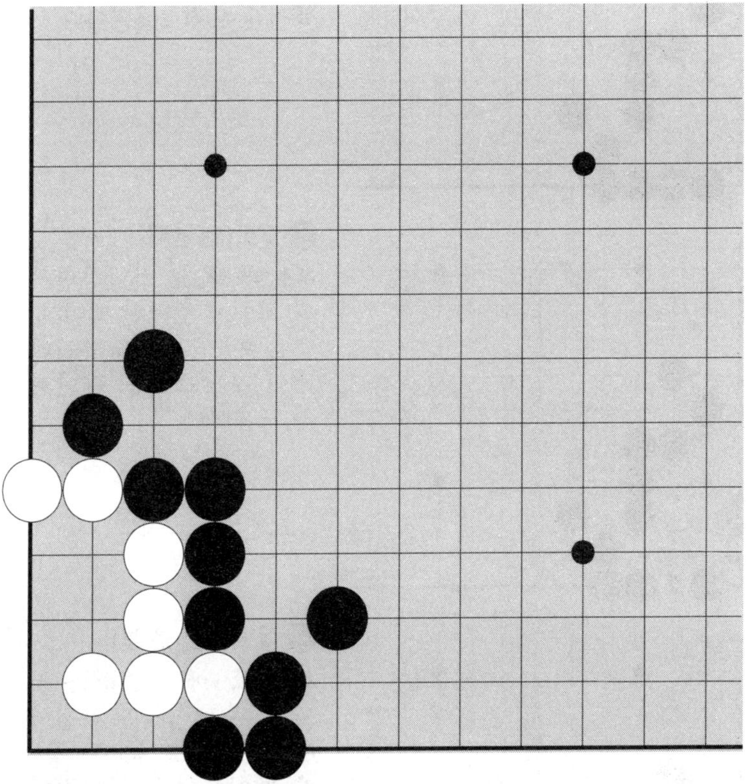

귀의 백을 잡을 수는 없다. 그러나 최대한으로 괴롭
히면 백집을 줄일 수는 있다. 몇 집일까?

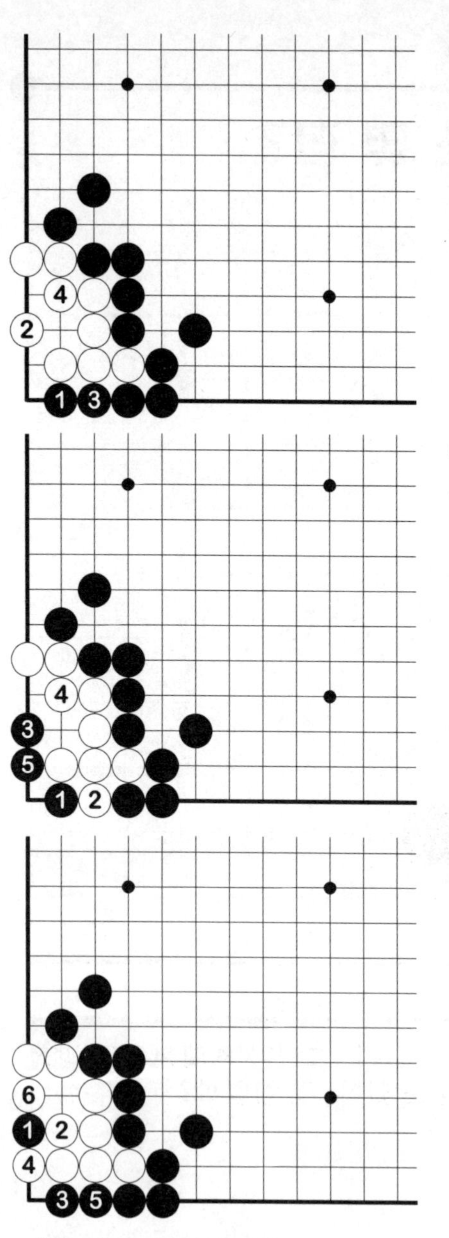

● 1도(정해)

흑1의 붙임으로 백집을
침식한다. 이후 백은 2로
받을 수밖에 없는데 흑3,
백4까지 선수할 수 있다.
백집은 오직 2집뿐이다.

● 2도(만년패)

흑1 때 백2로 차단하면 3
의 치중이 준비된 맥이다.
백4, 흑5까지 일단락인데
백이 부담스러운 만년패
의 모습이다.

● 3도(1집 손해)

먼저 흑1에 치중하는 것
도 좋은 맥이지만 감점이
다. 백은 2로 둔 후 흑3
때 백4로 단수치는 것이
요령이다. 흑5, 백6까지
일단락인데 정해에 비해
백집이 한 집 늘었다.

42 상급편

귀의 사활

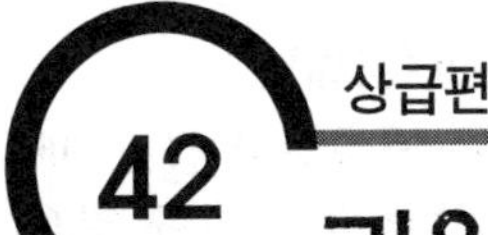

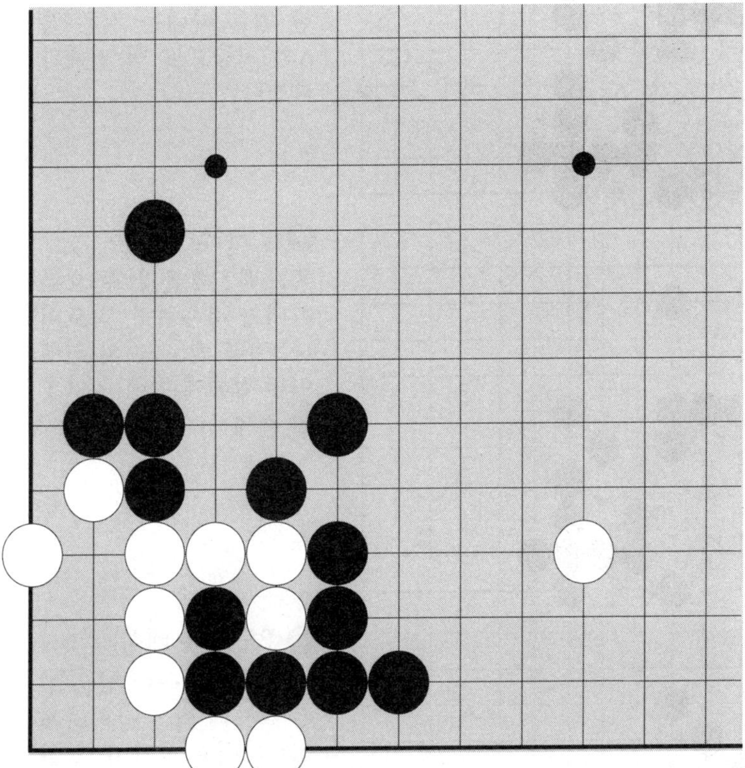

귀의 사활을 이용해서 이득을 취하는 문제이다. 흑은 어떤 수순으로 백을 괴롭히는 것이 최선일까?

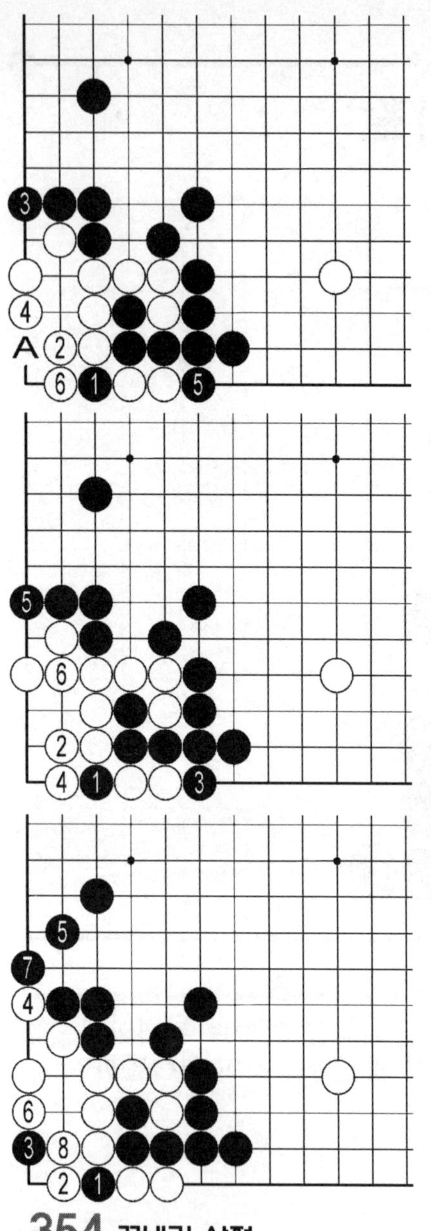

1도(정해)

흑1로 먹여침이 급소. 백은 2로 늦출 수밖에 없으며 이하 백6까지 일단락이다. 수순 중 백2로 흑 한 점을 따내는 것은 흑 A의 치중으로 백 전체가 죽는다.

2도(1집 손해)

흑1, 백2 때 곧장 흑3으로 따내는 것은 수순 착오이다. 이하 백6까지의 진행이면 정해에 비해 흑이 1집 손해이다.

3도(다른 배석)

A 방면에 흑돌이 있을 경우 흑1 때 백은 강력하게 2로 따내고 버틸 수도 있다. 흑3에는 백4로 젖힌 후 6으로 치받는 것이 요령. 그러나 팻감이 부족할 때는 백의 무리이다.

43

최대한의 이익을

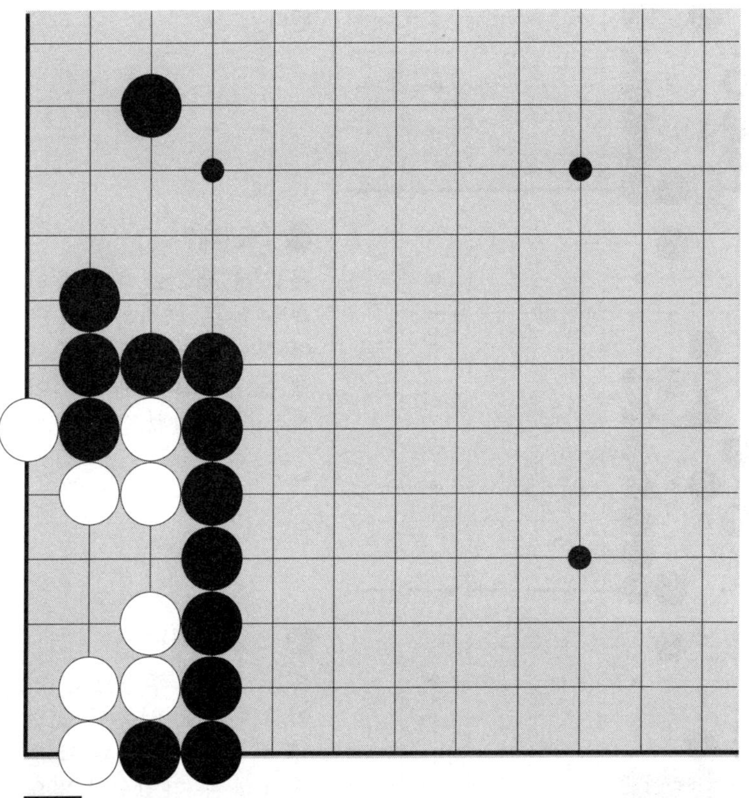

좁은 공간이지만 흑의 끝내기 방법 여하에 따라 상당
한 집차이가 발생한다. 빅을 만들 수 있으면 성공.

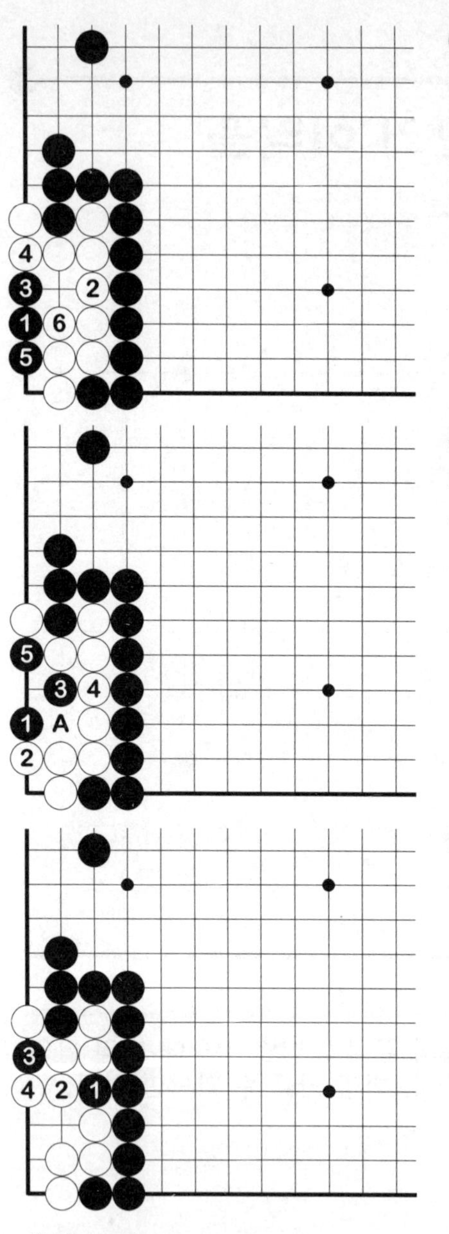

● **1도(정해)**

흑1의 치중이 날카로운 공격이다. 백은 2로 잇고 서 버티는 정도이며 이하 백6까지 흑의 선수빅이 된다.

● **2도(패)**

흑1 때 백2로 버틴다면 흑3·5로 공격하는 수단 이 성립한다. 이후 백은 A 에 둘 수 없다. 패가 되어 서는 백의 실패.

● **3도(실패)**

흑1로 찌른 후 3으로 먹 여치는 것도 일종의 맥점 에 해당한다. 이후 백은 귀에 한 수 가일수가 필요 한 모습. 그러나 정해에는 미치지 못한다.

44

상급편

자충을 유도

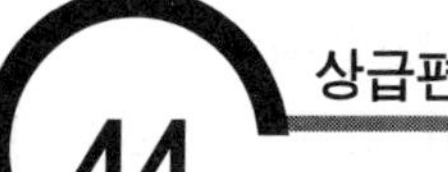

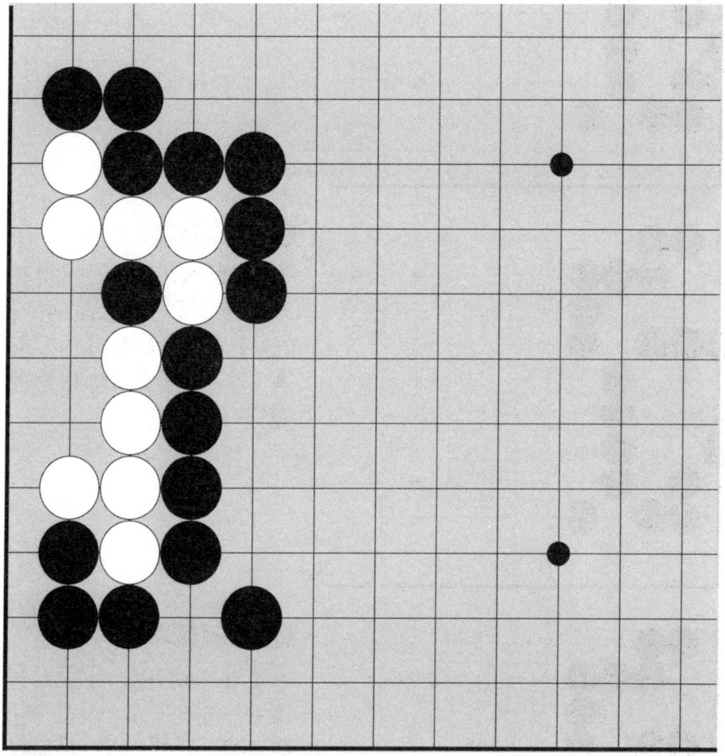

상대의 자충을 이용해서 끝내기하는 문제이다. 첫수가 중요하다.

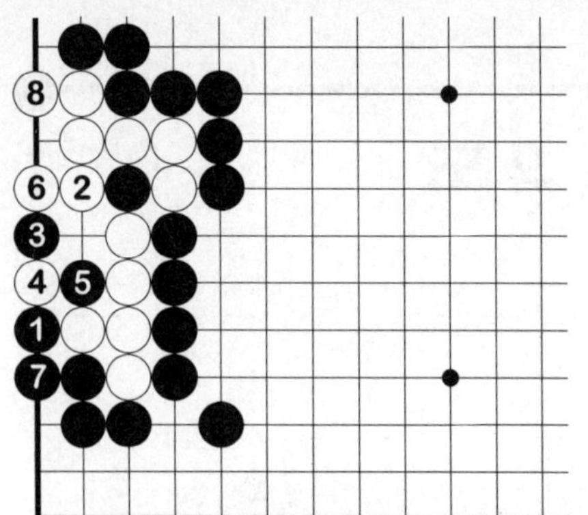

● 1도(정해)

흑1의 젖힘이 정답이다.
백은 2로 물러서는 정도
인데 이하 백8까지 선수
로 처리할 수 있다.

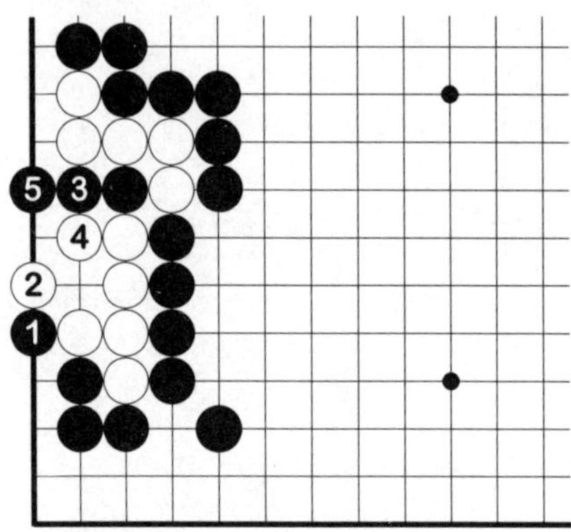

● 2도(변화)

흑1 때 백2로 받는 것은
의문수. 흑은 3으로 나가
는 수가 성립한다. 이하
흑5까지 백은 양자충에
걸렸다.

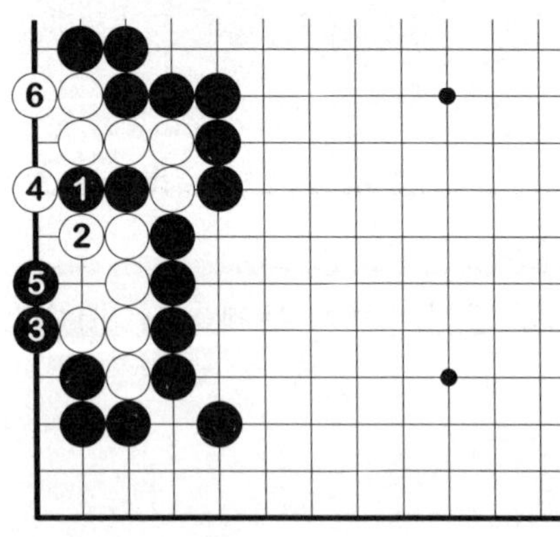

● 3도(실패)

흑1의 나감을 서두르는
것은 수순 착오. 이하 백6
까지의 진행이면 백집은
5집이 되었다.

45 내부를 교란

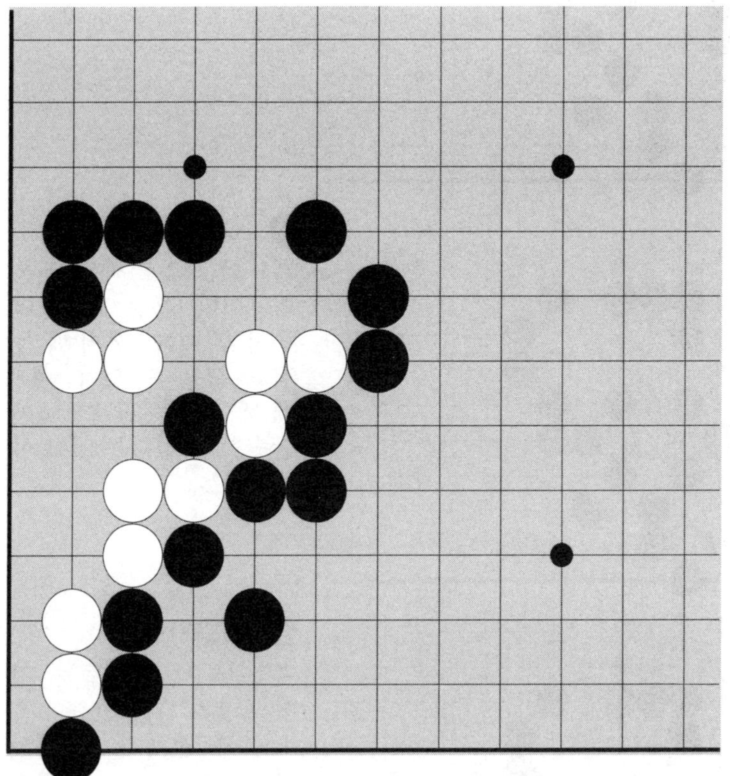

어느 선까지 침투해 들어갈 것인지가 관건이다. 백
의 약점을 추궁하는 수순.

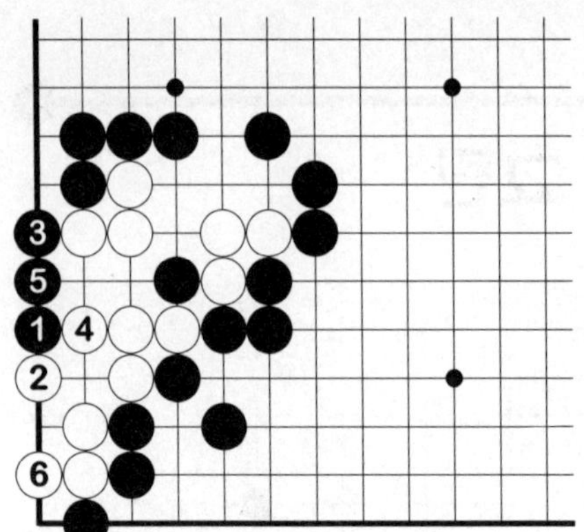

● 1도(정해)

흑1의 치중이 날카로운 맥. 좌우에서 노림수를 갖는다. 백은 이하 6까지 삶을 모색하는 정도이다.

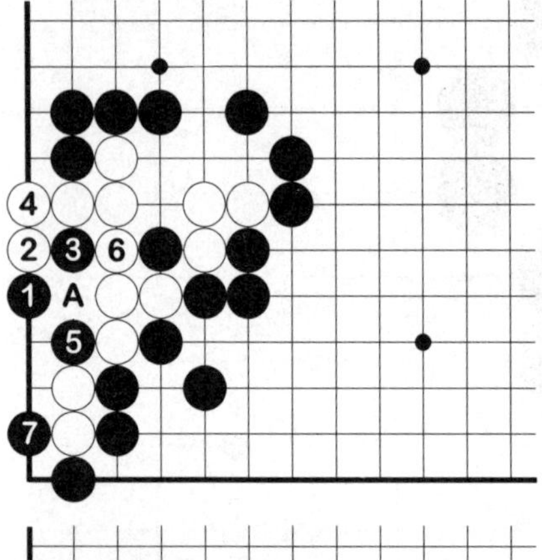

● 2도(변화)

흑1 때 백2로 막는 것은 의문이다. 흑은 3으로 단수친 후 이하 7까지 백 두 점을 잡을 수 있다. 흑5 때 백이 자충 관계상 A에 단수칠 수 없다는 것이 아픔이다.

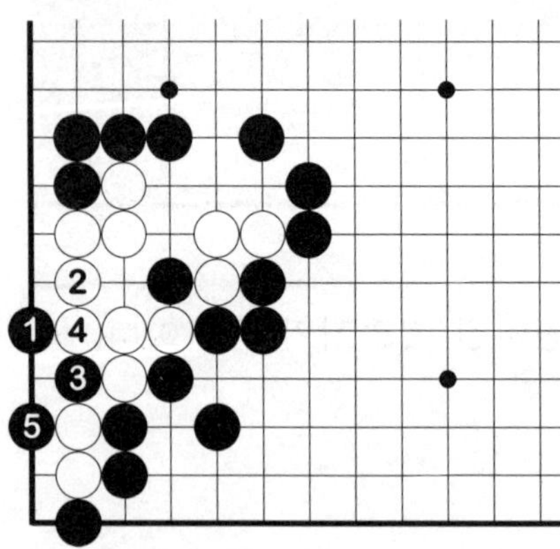

● 3도(패)

흑1 때 백2로 두는 것은 모험이 지나친 수. 흑 3·5면 전체가 패가 된다.

46 상급편

급소 추궁

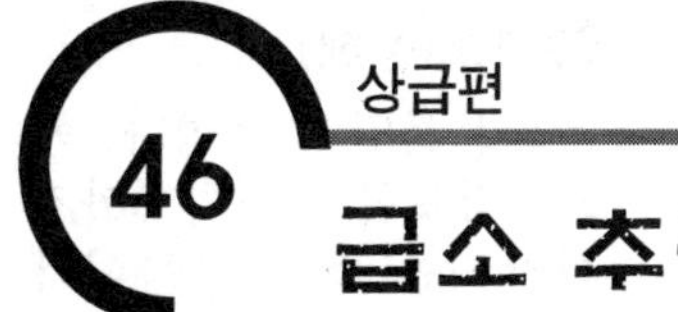

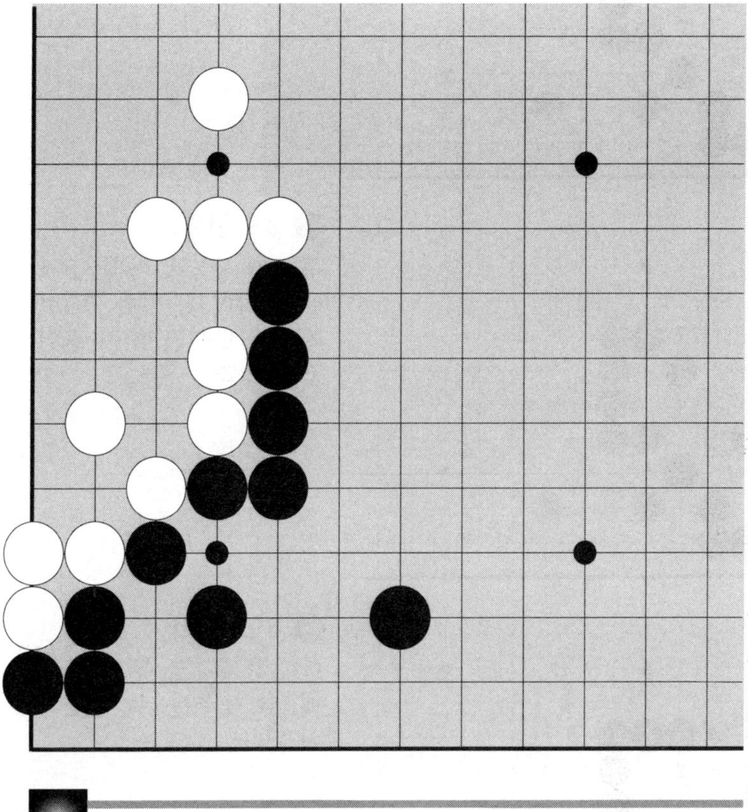

백의 급소를 찔러서 이득을 취하는 문제이다. 어떤 방법으로 백의 약점을 추궁해야 할까?

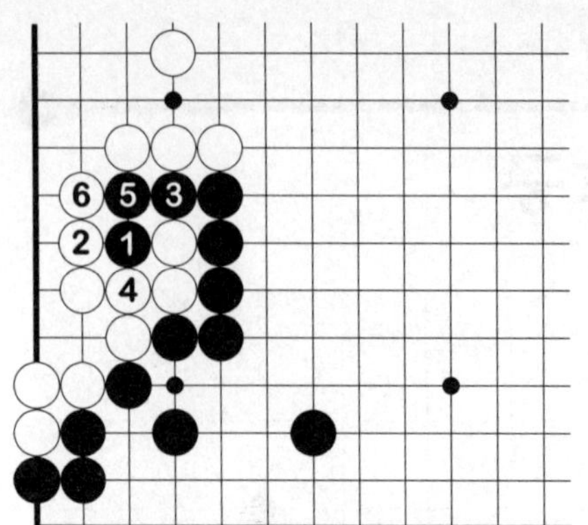

● 1도(정해)

흑1의 붙임이 매섭다. 백
2로 양보하고 이하 6까지
삭감되는 것은 부득이하
다.

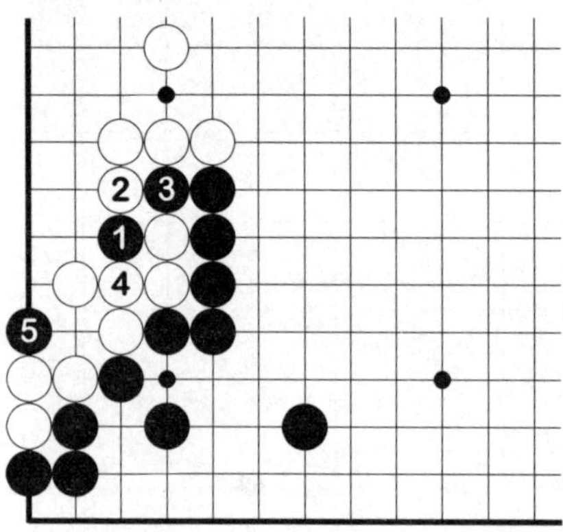

● 2도(변화)

흑1 때 백2로 버티는 것
은 무리이다. 이하 흑5까
지의 진행이면 백 석 점이
잡힌 모습.

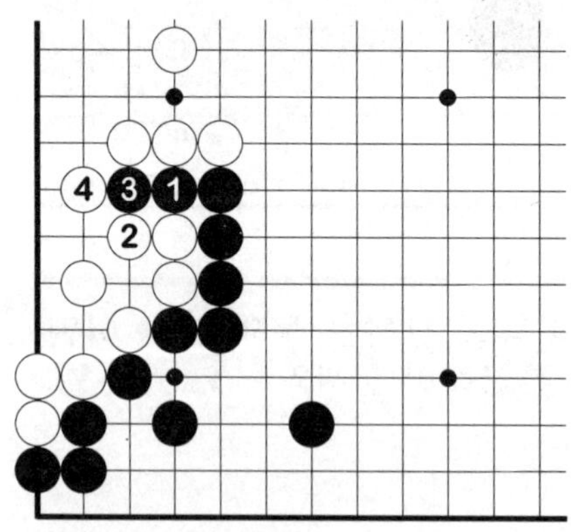

● 3도(실패)

단순히 흑1로 두는 것은
백2로 늦추는 수가 호착
이 된다.

47

약점 추궁

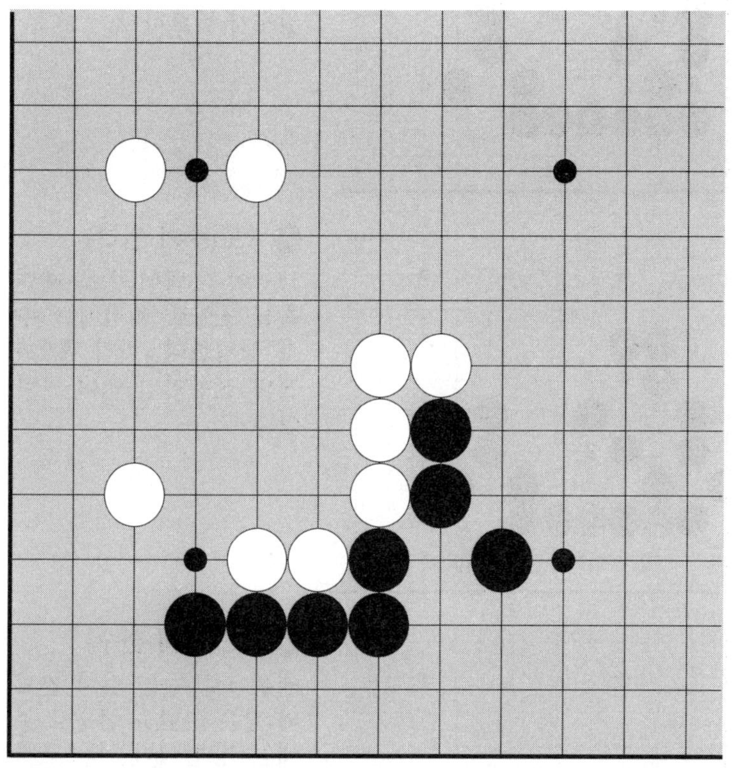

상용의 행마법으로 백집을 침식시킨다. 첫수가 성패
를 가름한다.

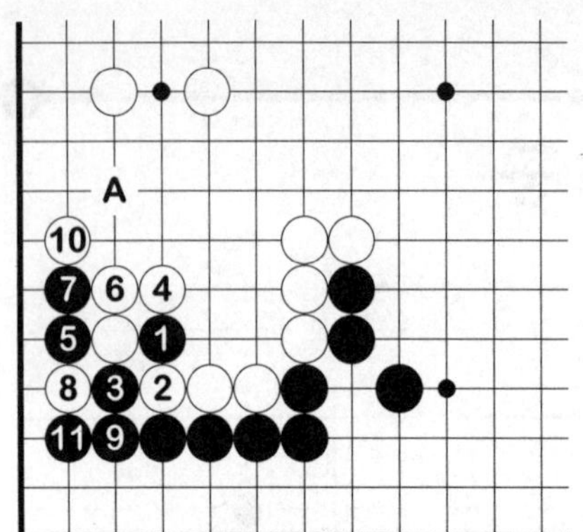

● 1도(정해)

흑1의 건너붙임이 맥점이다. 계속해서 백2로 절단하고 이하 흑11까지 일단락이다. 이후 백은 A의 가일수가 필요하다.

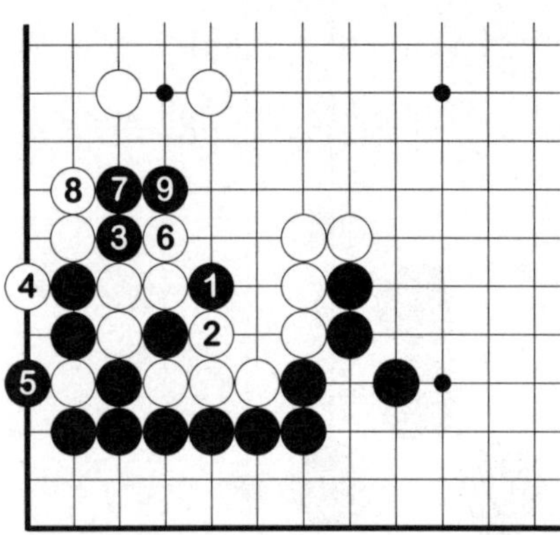

● 2도(수가 된다)

1도 이후 백이 손을 빼면 흑1·3으로 움직이는 수가 성립한다. 이하 흑9까지의 진행이면 백이 곤란한 모습.

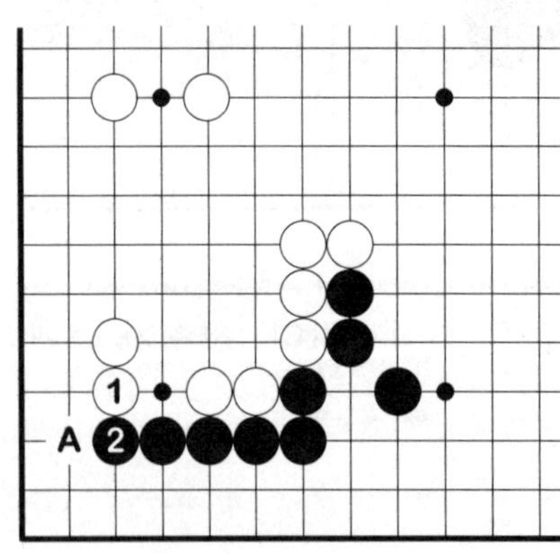

● 3도(백의 선수)

백은 1로 두는 것이 전도와 같은 수단을 선수로 없애는 방법이다. 백1로서 A의 미끄러짐은 이 경우 엷은 것이다.

48 필연적인 수순

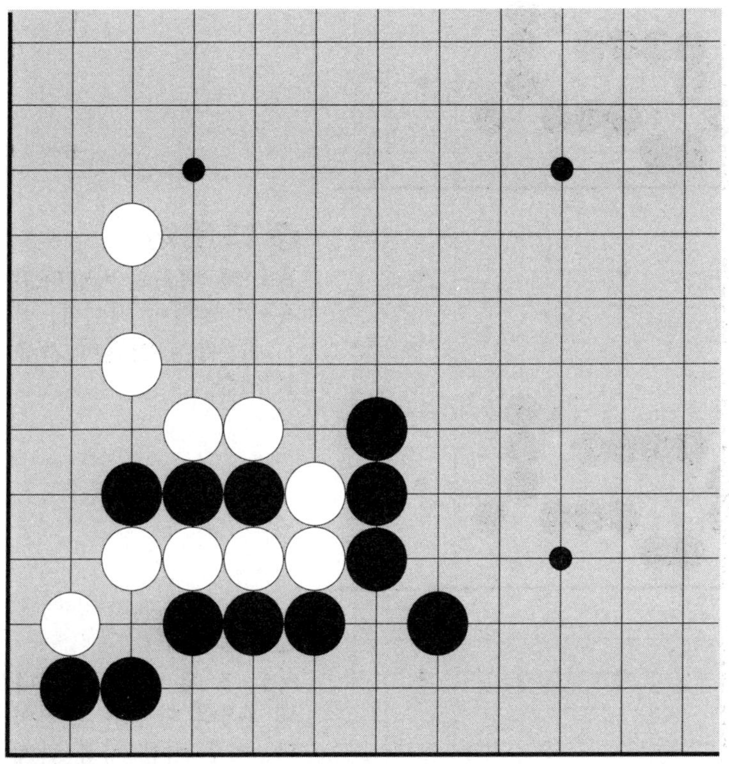

흑 석 점을 살리는 문제이다. 어떤 수순을 밟느냐가 중요하다.

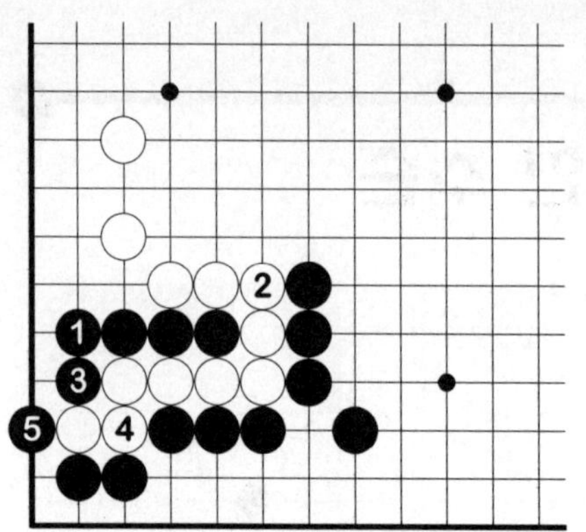

● 1도(정해)

흑1로 뻗는 한 수이다. 계속해서 백은 2로 보강하는 정도인데 흑3·5로 손쉽게 연결할 수 있다.

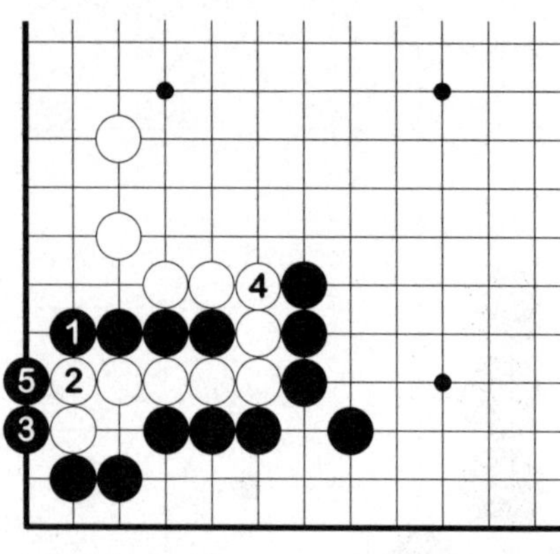

● 2도(변화)

흑1 때 백2로 버틴다면 흑3의 젖힘이 맥이다. 백4, 흑5까지 연결이 가능한 모습.

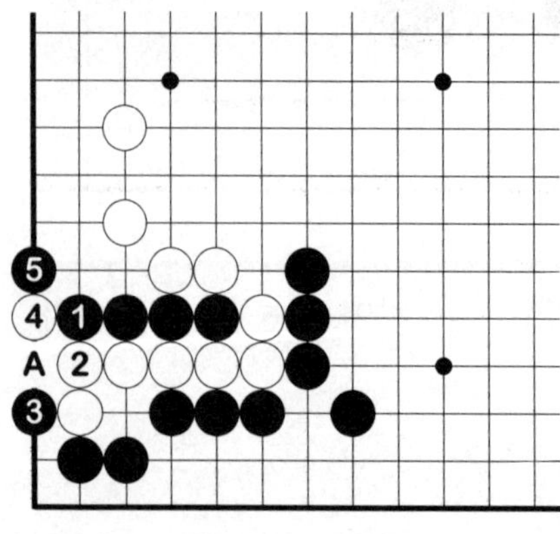

● 3도(연결)

흑1·3 때 백4로 젖힌다면 흑5의 단수가 요령이다. 이후 백은 자충 관계상 A에 이을 수 없다.

49 상급편

단수에 유의

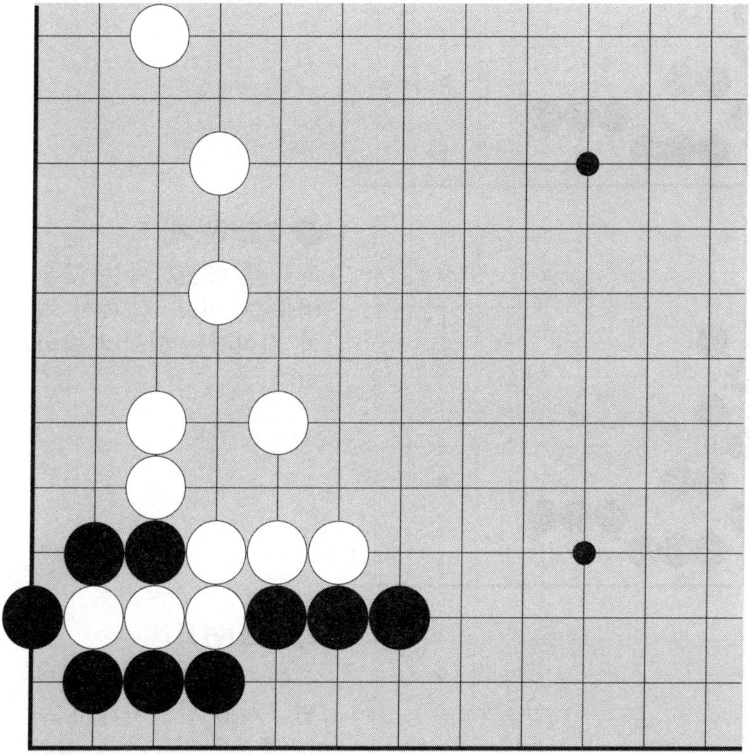

상대의 단수에 유의해서 끝내기를 해야 한다. 가장 적절한 끝내기의 방법은?

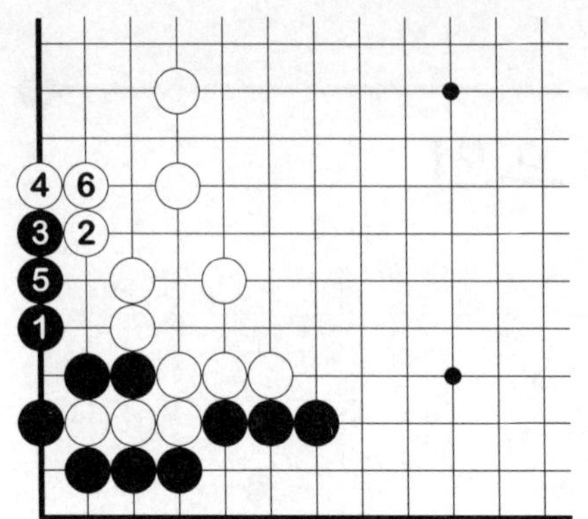

● 1도(정해)

흑1의 마늘모가 이 경우의 맥점이다. 이후 백2로 늦추어서 받고 이하 백6까지 일단락이다.

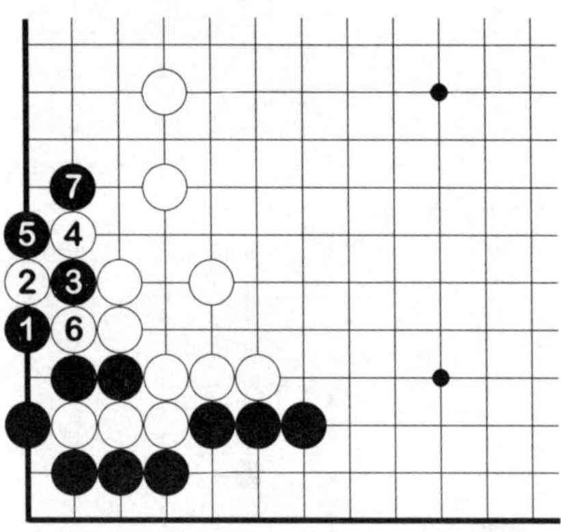

● 2도(큰 패)

흑1 때 백2로 막는 것은 의문수. 이하 흑7까지 패가 되어서는 백의 부담이 크다.

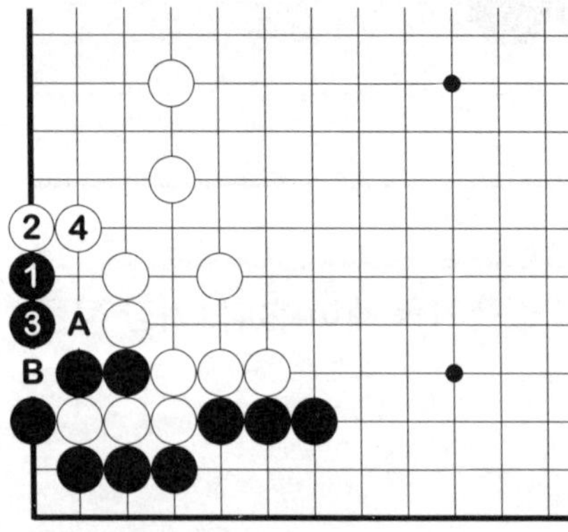

● 3도(변화)

흑은 패를 거부하고 싶다면 1처럼 날일자해서 두는 작전도 가능하다. 이하 백4까지 흑은 선수로 결정지었다. 이후 백A에는 흑B로 이어서 그만이다.

상급편

50 귀의 특수성

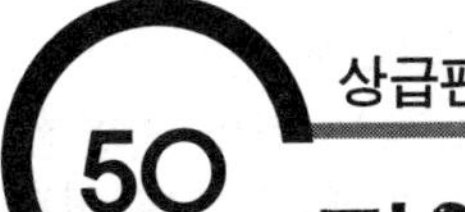

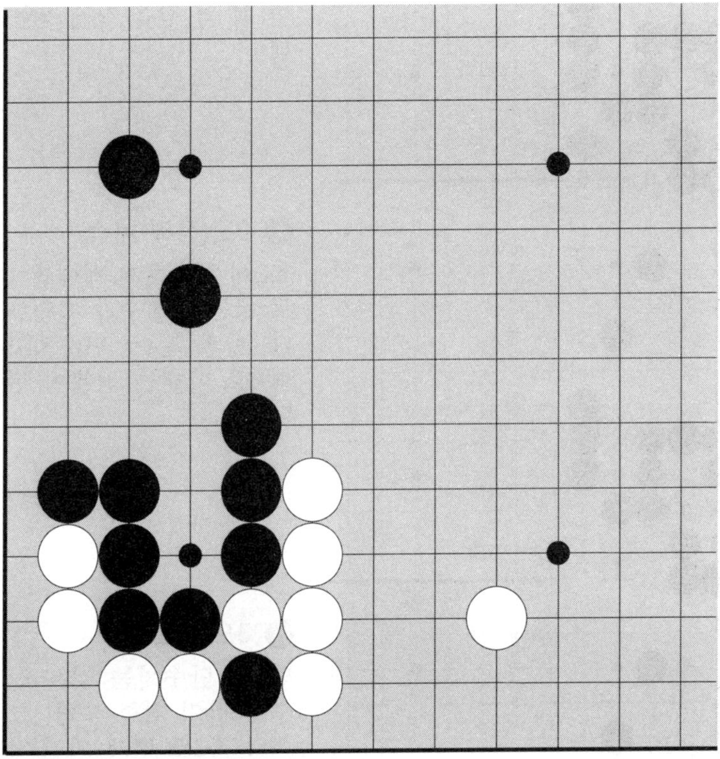

이 문제는 귀의 특수성 때문에 성립한다. 백도 최강으로 맞서야 한다.

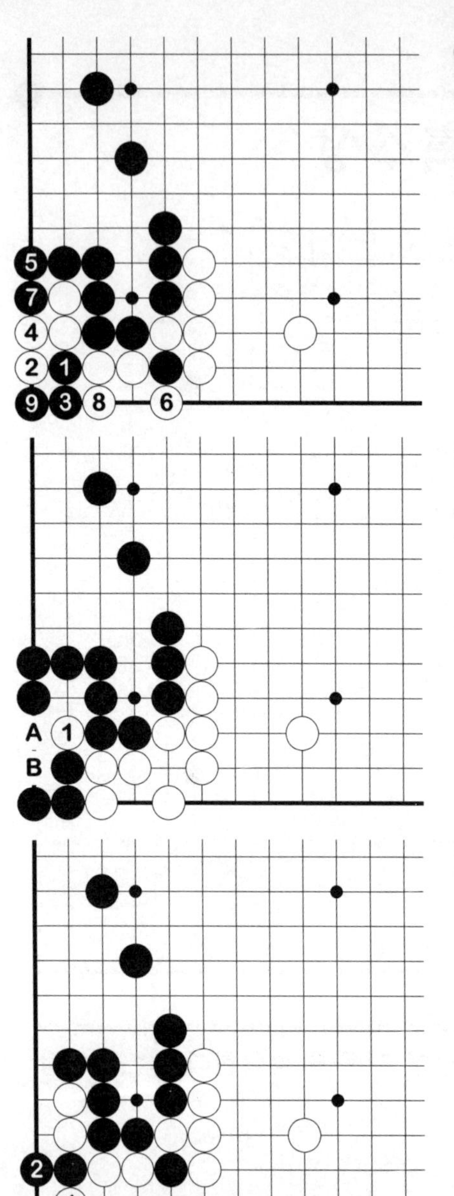

● 1도(정해)

흑1로 끊는 것이 출발점. 백도 2로 단수하여 버티는 것이 좋고 4의 이음도 맥이다. 이하 흑 9까지 흑이 백 넉 점을 잡게 되는데…

● 2도(정해 계속)

1도에 계속해서 백에겐 1로 끊는 후절수가 성립한다. 이후 흑A로 단수치고 백B로 따내는 진행이 된다.

● 3도(변화)

백1로 단수치는 것은 선수를 잡기 위한 수단. 그러나 흑2로 뻗게 되면 백 두 점이 쉽게 잡히고 만다.

51 조이는 맥

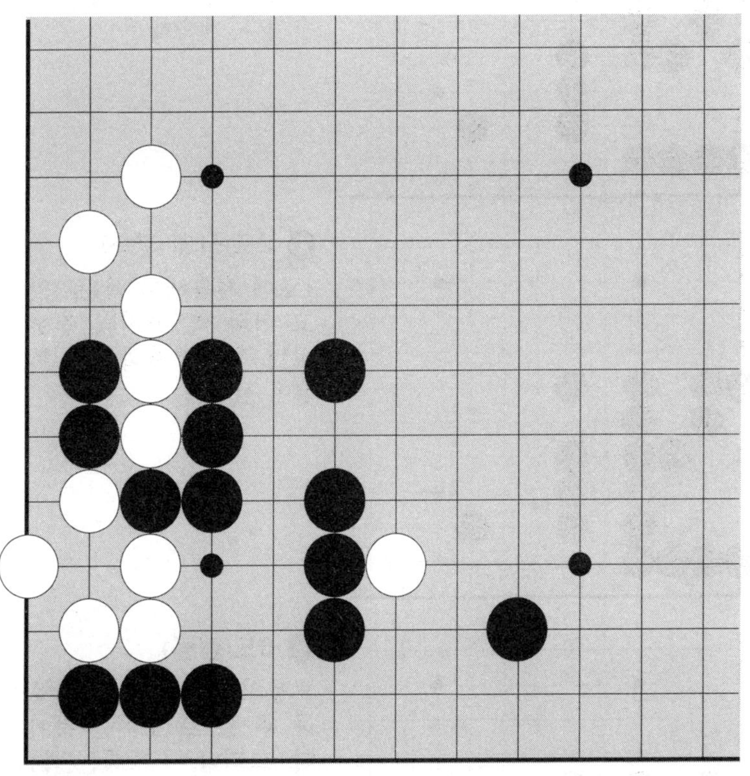

백의 약점을 이용해서 외곽을 조이는 문제이다. 최
대한으로 조이는 수를 듣게 해야 한다.

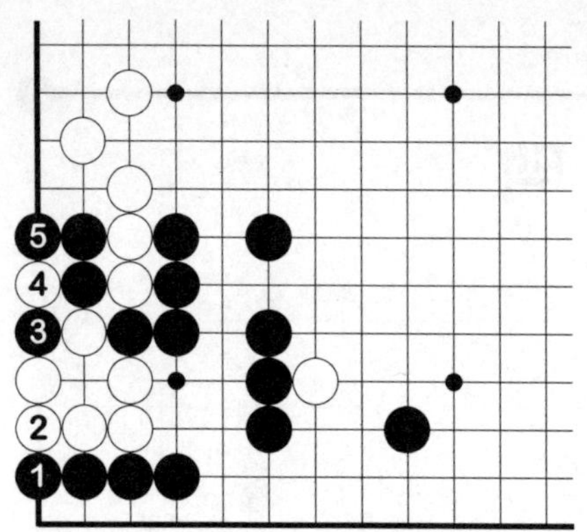

● 1도(정해)

흑1, 백2는 일단 절대적
인 교환. 계속해서 흑3으
로 먹여친 후 백4 때 흑5
로 단수치는 것이 중요한
수이다. 계속해서…

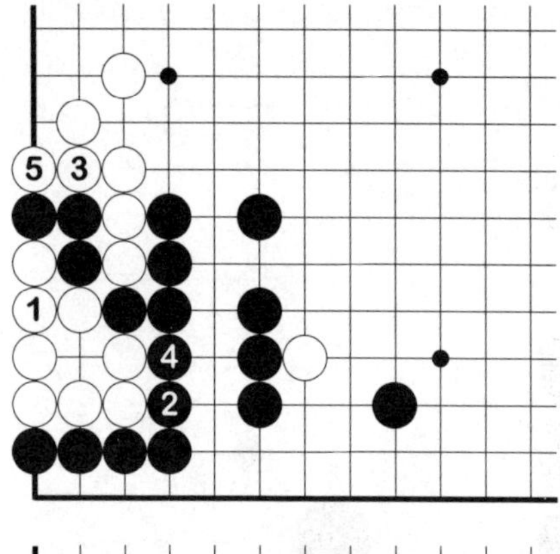

● 2도(정해 계속)

1도에 계속해서 백1로 잇
고 이하 백5까지의 진행
이면 흑은 철저히 선수 활
용을 했다.

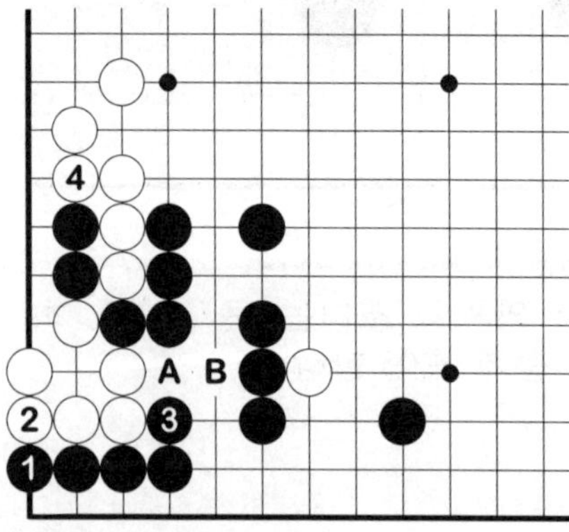

● 3도(평범)

보통의 착상이라면 흑1로
둔 후 3으로 조이는 것이
다. 그러나 이 형태는 백4
로 받게 해서 좋지 않다.
이후 백A, 흑B라고 본다
면 흑은 2집의 손해를 보
았다.

52 버림돌의 묘

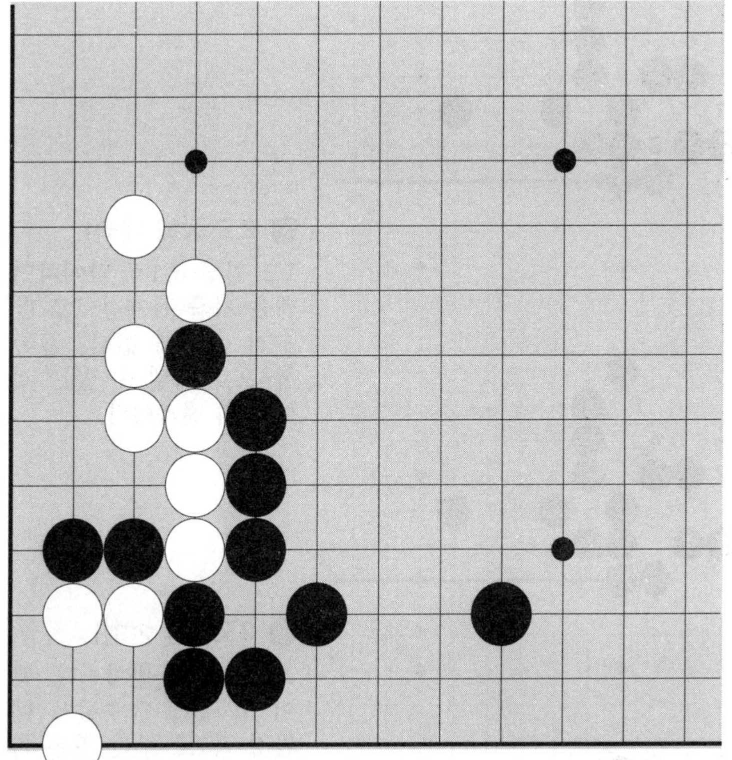

이 문제 역시 귀의 특수성 때문에 성립한다. 절묘한
버림돌의 맥을 이용한다.

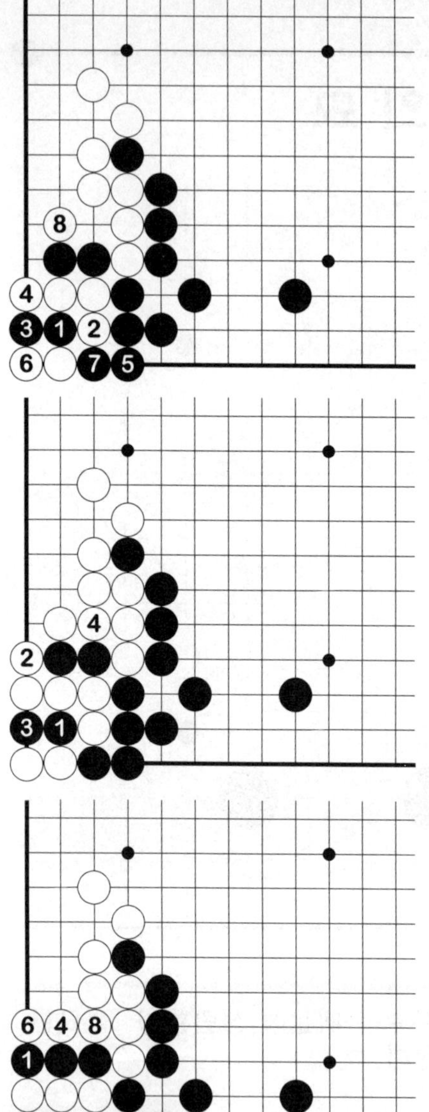

● 1도(정해)

흑1의 끼우기가 매섭다. 이후 백2로 단수치고 이하 백8까지는 필연적인 수순인데…

● 2도(정해 계속)

1도 이후 흑1로 먹여치면 백은 자충 관계상 2로 단수칠 수밖에 없다. 결국 흑3으로 따낼 수 있는 것이 흑의 전과이다.

● 3도(4집 손해)

2도 수순 중 변화이다. 백이 두 점을 단수쳤을 때 곧장 흑1로 두는 것은 의문수. 백은 2로 따낸 후 흑3 때 백4·6으로 공격한다. 이하 백8까지의 진행이면 정답과는 한 수 차이가 난다.
(흑❼…흑🔺)

상급편

53 의심되는 모양

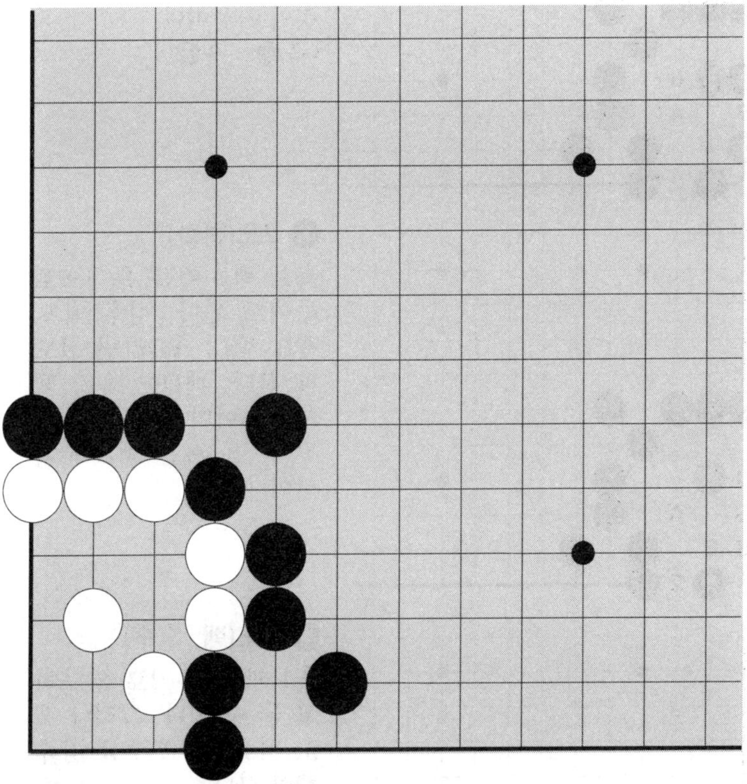

귀의 백은 아직 완전치 않다. 1선에 내려서 있는 한 점을 활용하면 의외의 성과를 거둘 수 있다.

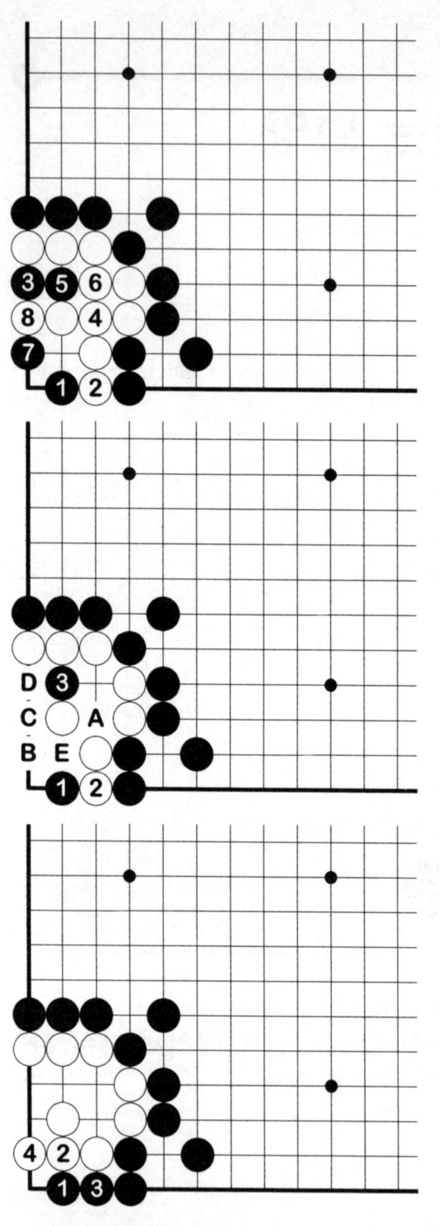

⚫ 1도(정해)

혹1의 치중이 급소이다. 백2에는 혹3의 붙임이 호착이다. 이후 백4로 잇고 이하 혹9까지 빅이 되는 것이 최선이다.
(혹❾…혹❺)

⚫ 2도(변화)

혹1, 백2 때 혹은 3으로 두어도 된다. 이후 백A, 혹B, 백C, 혹D라면 전도와 같다. 백D는 혹E, 백A, 혹B이며 백의 한 집이 된다. 혹3에는 백A가 최선이다.

⚫ 3도(백, 후수)

혹1 때 백은 2로 양보하고 둘 수 잇다. 그러나 혹3, 백4까지 후수를 감수해야 한다.

54 상급편

귀의 백은 몇 집

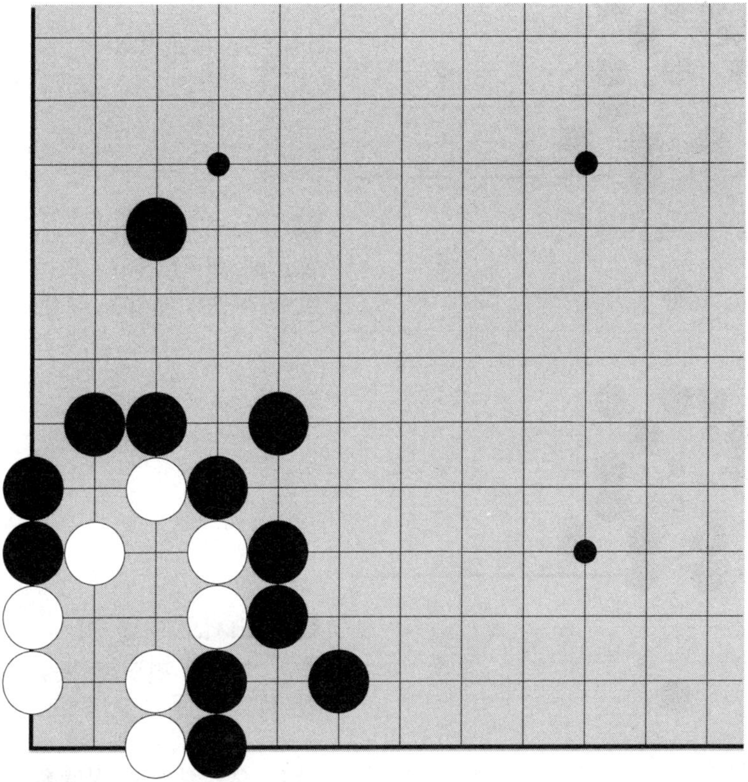

백 전체를 잡을 수는 없다. 그러나 최대한으로 괴롭혀서 백집을 줄여야 한다.

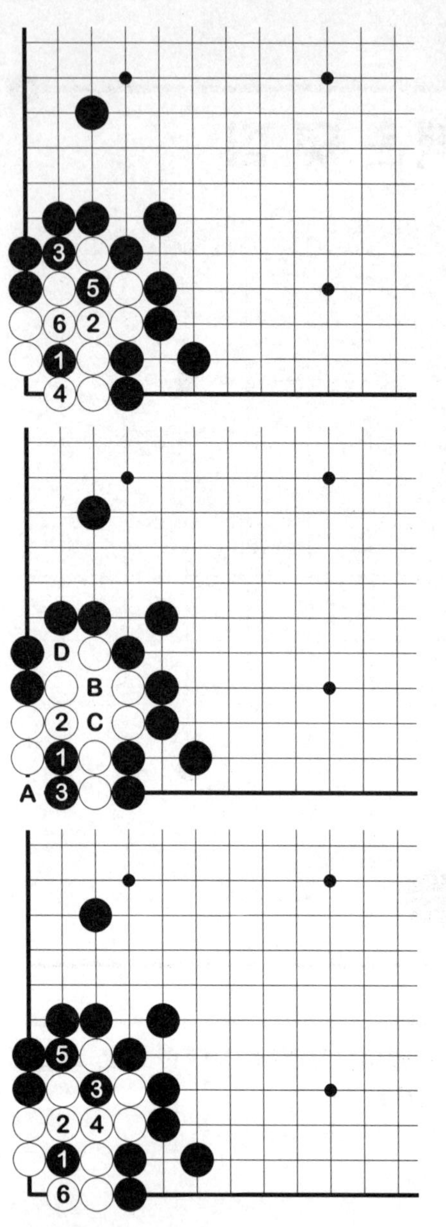

● 1도(정해)

흑1로 끼우는 것이 급소
이다. 백2에는 흑3 이하 6
까지 2집 강한 백집으로
만들었다. 백이 선수로 둔
다면 5에 잇는 정도이며
3집 약한 끝내기였다.

● 2도(변화)

흑1 때 백2로 받는 수는
없다. 흑3이 매서운 약점.
이후 백A는 흑B, 백C는
흑D이므로 죽는다. 백2로
3은 흑C가 양단수이다.

● 3도(서로가 실수)

흑1, 백2 때 전도의 묘수
를 깨닫지 못하고 3으로
두는 것은 대실패. 이 결
과는 결과적으로 정답의
2도보다 2집 약한 손해이
다.

상급편

55 폐부를 찌른다

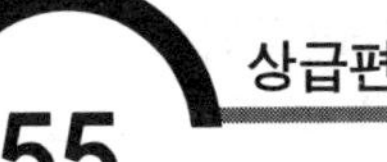

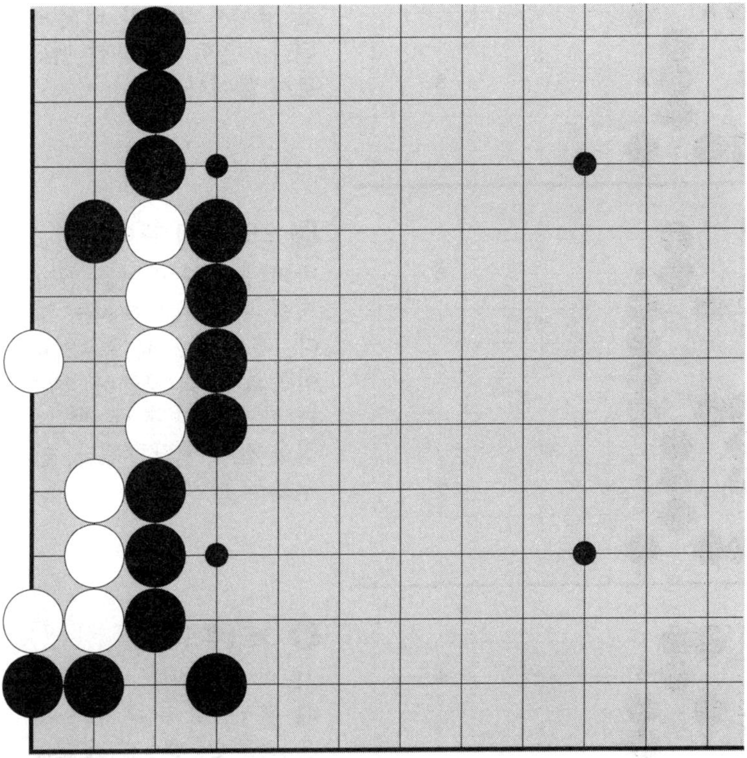

흑의 약점을 찔러 끝내기하는 문제이다. 첫수가 백의 폐부를 찌르는 급소이다.

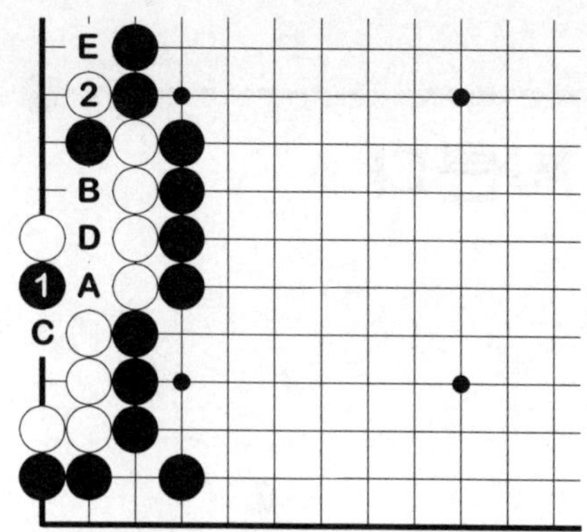

● 1도(정해)

흑1이 붙임이 급소 일격이다. 백A라면 흑B, 백C라면 흑D로 두어 백을 잡을 수 있다. 결국 백은 2로 끊어서 최대한 버티게 된다. 이후 흑E라면 백C로서 삶이다.

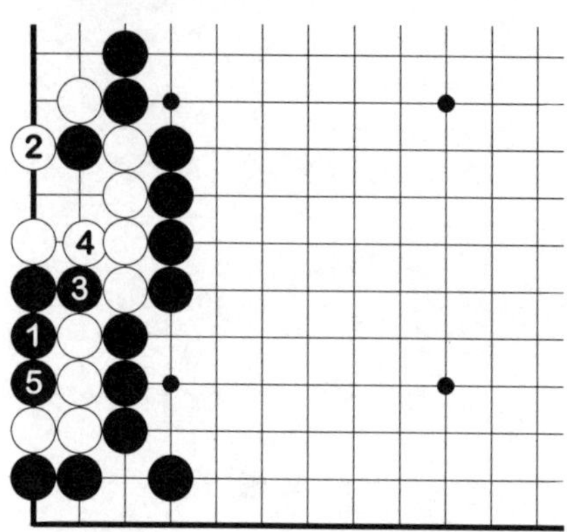

● 2도(정해 계속)

백의 훌륭한 방어를 만났지만 흑도 예사롭지는 않다. 흑1, 백2 때 흑3으로 이쪽의 눈을 뺏는다. 백4는 한 수이며 흑5로 백 넉 점을 잡아 일단락된다. 선수로서 큰 이익.

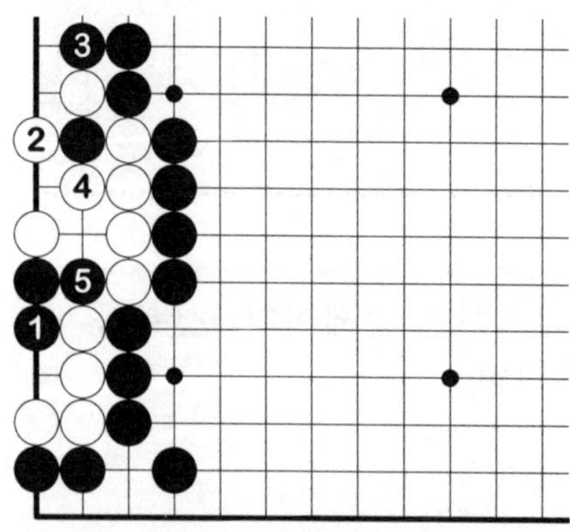

● 3도(후수)

2도의 변화이다. 흑1, 백2 때 흑3으로 단수치는 것은 의문수. 백4로 잡고나면 흑5까지 흑은 후수가 되었다.

상급편

56 공배의 맥점

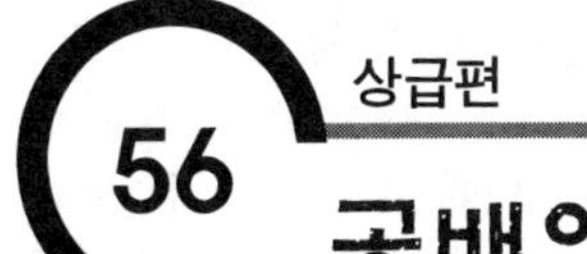

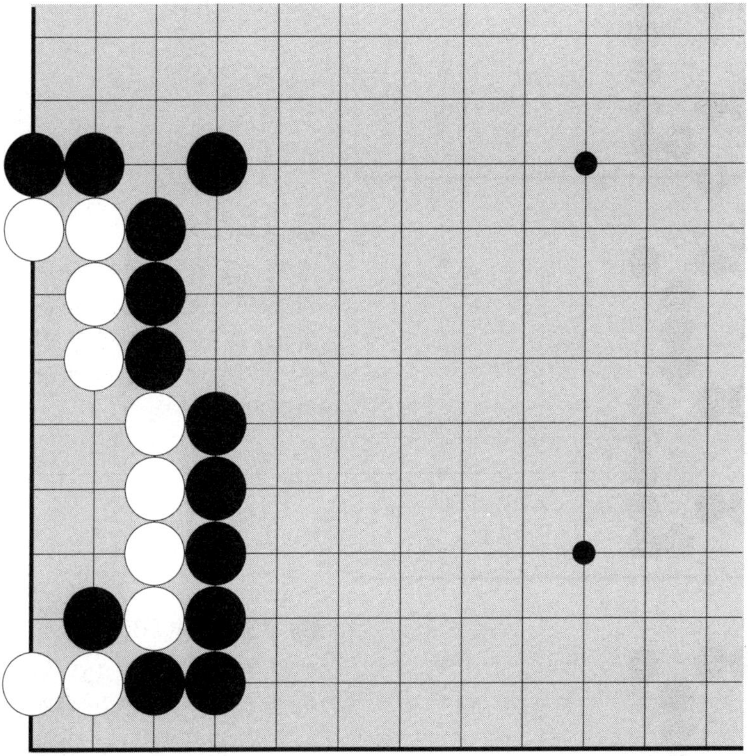

상대의 공배가 모두 메워져 있다는 것이 문제를 성립하게 한다. 백의 자충을 활용할 것.

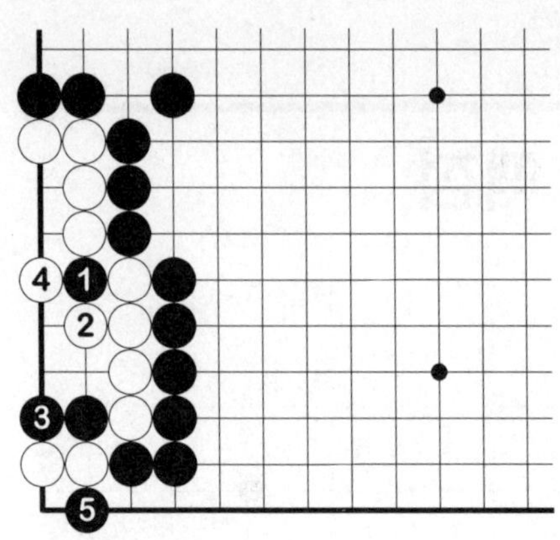

● 1도(정해)

흑1의 끊음이 긴요하며 백2 때 흑3으로 두는 수가 성립한다. 백4 때 흑5로 단수치면 백 두 점을 잡을 수 있다.

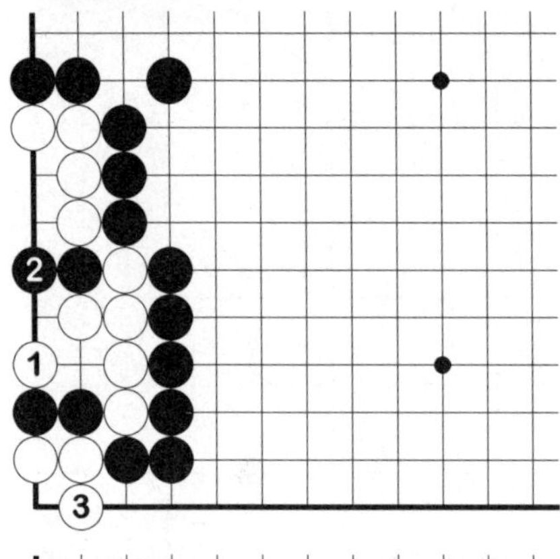

● 2도(변화)

백이 1도의 수순을 따르지 않고 1로 버티는 것은 의문. 흑2로 내려서면 백은 양자충에 걸려 크게 당하고 만다.

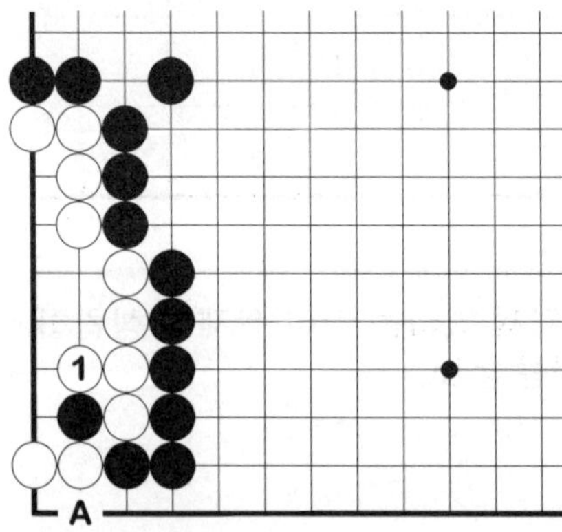

● 3도(후수 10집)

백이 먼저 둔다면 1로 두어 보강하는 것이다. 이후 A의 곳에 흑백 모두 반반의 권리로 보고 반집으로 계산한다면 백1은 약 10집의 끝내기가 된다.

57 넉 점의 활용

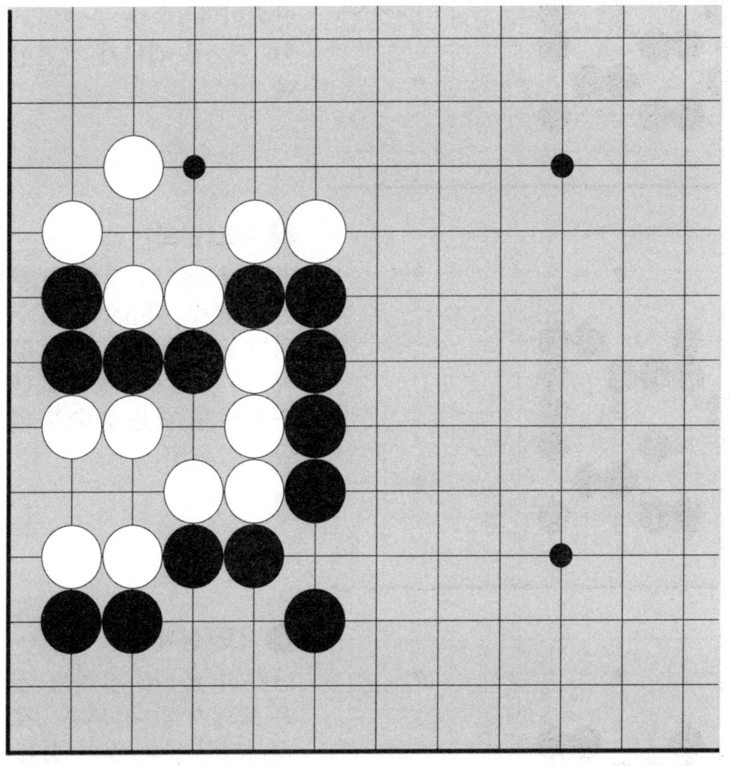

잡혀 있는 흑 넉 점을 활용하면 상당한 전과를 거둘
수 있다. 수순이 특히 중요한 문제.

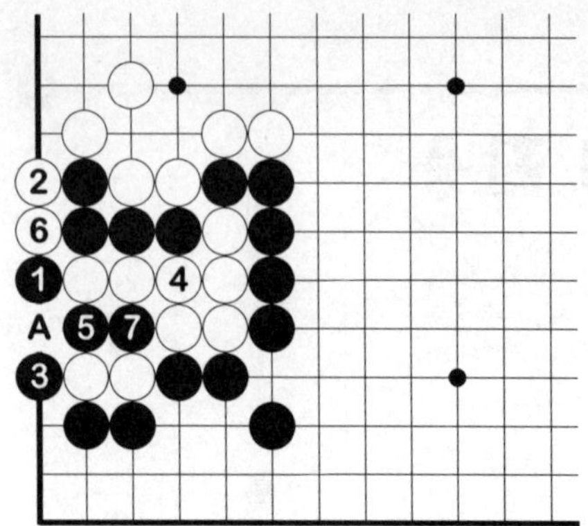

● 1도(정해)

흑1의 젖힘이 출발점이
다. 이후 백2로 젖히고 이
하 흑7까지 일단락인데
흑은 백 두 점을 취해서
만족이다. 수순 중 백4로
5는 흑A로 건너가 전멸이
다.

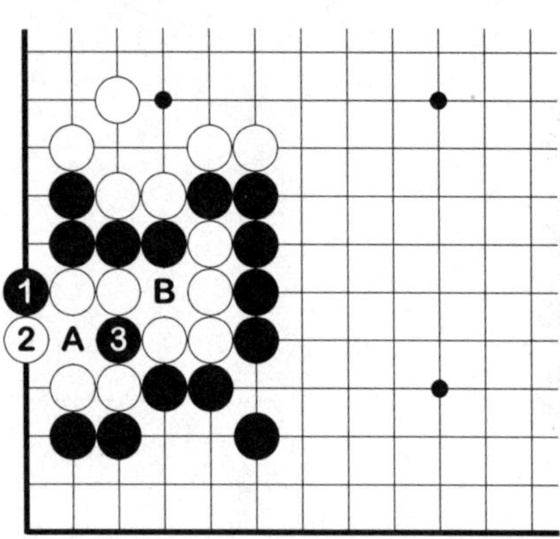

● 2도(변화)

흑1 때 백2로 젖히는 것
은 의문수. 흑3으로 단수
치는 순간 백의 응수가 없
다. 이후 백A는 흑B로 단
수쳤을 때 다음 응수가 없
다.

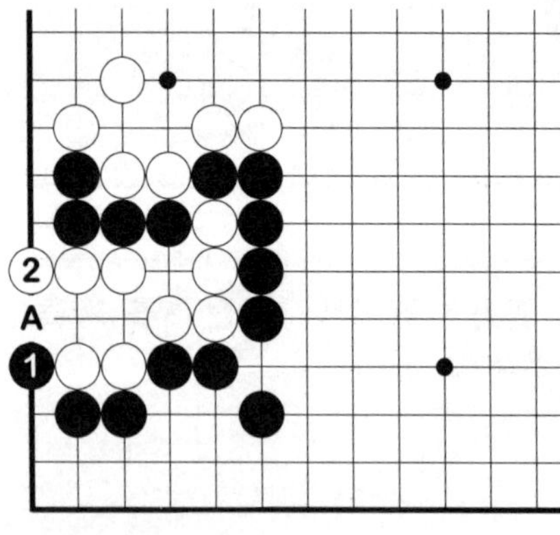

● 3도(실패)

단순히 흑1로 젖히는 것
은 묘미가 없다. 백은 2로
내려서서 받는 것이 호착.
이후 흑은 겨우 A를 선수
하는 정도이다.

NEW 서림바둑사전10

NEW 끝내기사전   값 10,000원

개정 2판1쇄 2021년 6월 25일 인쇄
개정 2판1쇄 2021년 6월 30일 발행

지 은 이/ 서림바둑편찬회

발 행 처/ 서림문화사
발 행 자/ 신 종 호
주　　소/ 경기도 파주시 광탄면 장지산로
　　　　　 278번길 68
홈페이지/ **http://www.kung-fu.co.kr**
전　　화/ (02)763-1445, 742-7070
팩시밀리/ (02)745-4802

등　　록/ 제 406-3000000251001975000017 호(1975.12.1)
특허청 상호등록/ 022307호

©2012.Seolim Publishing Co., Printed in Korea
ISBN 978-89-7186-624-5 13690
ISBN 978-89-7186-007-6(세트)